여러분의 학위취득을 응원하는
해커스독학사의 특별 혜택!

한달합격 동기와 정서 최신기출 강의 할인 10%

E844X358M181C856

해커스독학사(www.haksa2080.com) 접속 후 로그인
▶ [마이클래스] 내 [쿠폰내역] 클릭 ▶ 쿠폰 등록

해커스교육그룹 파격 무료수강 제휴쿠폰 받는 방법

해커스독학사(www.haksa2080.com) 접속 후 로그인
▶ [고객지원] 내 [공지사항] 클릭 ▶ ★해커스교육그룹 제휴쿠폰★ 공지글 클릭
▶ 원하는 쿠폰 클릭 후 각 사이트에서 사용

* 쿠폰은 사이트 로그인 후 1회에 한해 등록이 가능합니다.
* 쿠폰은 등록 후 7일간 사용 가능합니다. (등록기간 만료 시 고객센터 문의)
* 쿠폰 사용과 관련된 기타 문의는 고객센터(1599-3081) 혹은 사이트 내 문의게시판을 이용하시기 바랍니다.

해커스독학사의 단기합격 시스템

1. 핵심만 쏙쏙! 독학사 시험에 특화된 강의
최신기출유형을 반영한 신규/개정판 강의로 독학사 단기합격이 가능!
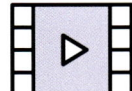

2. 이론부터 문제까지 모두 담은 단권화 교재
최신기출 독학사 시험 문제 분석을 통해
단기합격에 필요한 요소만 모은 핵심 기본서

3. 이론부터 실전까지 효율적인 학습 커리큘럼
이론학습 → 문제풀이 → 핵심요약 → 마무리 모의고사까지!
짧은 기간에도 시험 대비가 가능하도록 최적화된 학습 커리큘럼 제공

4. 과목별 담당 교수님의 1:1 학습 Q&A
궁금한 점은 고민하지 말고 바로 교수님께 1:1로 문의하여 해결

5. 독학사 전문 학습 플래너의 1:1 맞춤 무료 상담
독학사 전문 학습 플래너가 1:1로 체계적인 맞춤 상담 진행
☎ 1599-3081   카톡간편상담 '해커스독학사' 검색

무료 학습자료 제공 · 독학사 단기합격
해커스독학사 www.haksa2080.com / ☎ 1599-3081

한 달 합격

해커스독학사
심리학과
최신기출 이론+문제

2단계 | 동기와 정서

해커스독학사

| 저자 | 고인숙 | 약력 |

중앙대학교 사범대학 교육학과 졸업
중앙대학교 일반대학원 교육학 박사 수료(교육심리 전공)
현 | 해커스독학사 심리학과 교수
　　　해커스원격평생교육원 교수
　　　수원여자대학교 외래교수
　　　배움사이버평생교육원 교수
　　　자단기 강사
전 | 한양여자대학교 외래교수
　　　연성대학교 외래교수

해커스독학사 심리학과 2단계
단기간에 합격의 길로 가는
단 하나의 선택!

〈한달합격 해커스독학사 심리학과 2단계 동기와 정서 최신기출 이론+문제〉는 독학사 2단계 동기와 정서 과목 시험을 준비하는 수험생 여러분이 단기간에 효율적으로 학습하여 좋은 성과를 낼 수 있도록 철저히 계획되어 구성되었습니다.

01. 국가평생교육진흥원의 최신 평가영역 및 출제경향을 충실히 반영하여, 개정된 영역의 핵심 이론까지 빠짐없이 독학사 시험을 준비할 수 있습니다.

02. 본문 이론 중 중요한 키워드만을 엄선한 '핵심 키워드 Top 10', 이론 학습을 도와주는 '핵심 Check', '개념 Plus' 등의 풍부한 학습 보조장치를 제공하여 이론에 대한 폭넓은 이해를 바탕으로 깊이 있게 학습을 할 수 있습니다.

03. '기출개념확인', '실전연습문제', '기출동형모의고사'로 구성된 문제를 수록하였으며, 문제를 풀어보면서 이론을 습득하고 실전에 대비할 수 있어 단기합격이 가능합니다.

04. 교재 내에 수록된 모든 문제에 '정답·해설'을 제공하며, '오답분석', '참고' 등의 다채로운 해설 요소를 통해 문제 풀이 중 부족하게 느꼈던 부분도 꼼꼼히 보완할 수 있습니다.

05. 핵심 요약 내용인 '자신감'을 통해, '핵심 키워드 Top 10'을 집중적으로 복습할 수 있습니다. 본문 이론의 가장 핵심이 되는 내용만을 효율적으로 학습하므로, 단기간에 시험에 대한 감각을 기를 수 있습니다.

본 교재는 공식 평가영역을 철저히 반영하여 핵심 이론과 문제들을 충분히 학습할 수 있도록 구성되었으며, 다양한 예시로 어려운 이론 내용을 학습하는 데 부족함이 없도록 최선을 다하였습니다.

마지막으로 교재 출간에 애써주신 해커스독학사 편집진을 비롯한 많은 분들께 감사 말씀드리며, 본 교재로 학습하는 수험생 여러분에게 좋은 결과가 있기를 기원합니다.

저자 **고인숙**

목차

빠르게 합격에 다가서는 해커스독학사의 학습 Step 4!	6
초단기간에 합격하는 나만의 2주/4주 학습 플랜	10
시험 전 꼭 알고 가자! 독학사 시험 안내	12
이제 실전이다! 2단계 시험 미리보기	16
무엇이든 물어보세요! 독학사 10문 10답	18

■ 본 교재의 목차는 '국가평생교육진흥원'에서 제공하는 '과목별 평가영역'을 반영하여 구성하였습니다.

제1장 | 동기의 개념과 특성

제1절 동기의 구성개념들	22
제2절 동기의 측정	26
◆ 제1장 실전연습문제	32
◆ 제1장 실전연습문제 정답·해설	36

제2장 | 동기 이론

제1절 본능 이론	42
제2절 추동 감소 이론	47
제3절 각성 이론	52
제4절 행동주의 및 사회적 학습 이론	57
제5절 인지주의 및 사회인지	69
◆ 제2장 실전연습문제	78
◆ 제2장 실전연습문제 정답·해설	82

제3장 | 동기의 종류

제1절 생리적 동기	88
제2절 내재적 및 외재적 동기	95
제3절 자극 추구 동기	104
제4절 사회적 동기	108
◆ 제3장 실전연습문제	116
◆ 제3장 실전연습문제 정답·해설	120

제4장 | 정서의 일반원리

제1절 정서의 구성 요소	124
제2절 정서의 신경과학	131
제3절 정서의 진화와 발달	137
제4절 정서 장애	142
제5절 정서의 표현과 측정	149
◆ 제4장 실전연습문제	153
◆ 제4장 실전연습문제 정답·해설	157

한달합격 해커스독학사
심리학과 2단계 동기와 정서 최신기출 이론+문제

제5장 | 정서 이론

제1절	제임스 – 랑게(James – Lange) 이론	162
제2절	캐논 – 바드(Cannon – Bard) 이론	165
제3절	샥터 – 싱어(Schachter – Singer) 2요인 이론	168
제4절	안면 피드백(facial feedback) 가설	171
◆ 제5장 실전연습문제		174
◆ 제5장 실전연습문제 정답 · 해설		178

제6장 | 개별 정서

제1절	공포와 불안	184
제2절	분노	189
제3절	슬픔	196
제4절	정적 정서	199
제5절	혐오와 경멸	207
제6절	자의식적 정서	210
◆ 제6장 실전연습문제		218
◆ 제6장 실전연습문제 정답 · 해설		222

제7장 | 정서와 인지

제1절	정서의 정보 처리	228
제2절	정서 지능	232
제3절	스트레스와 정서	237
제4절	정서 조절	248
◆ 제7장 실전연습문제		253
◆ 제7장 실전연습문제 정답 · 해설		257

기출동형모의고사

기출동형모의고사 제1회	262
기출동형모의고사 제2회	270
기출동형모의고사 제3회	278
◆ 기출동형모의고사 정답 · 해설	286

 **자신감** 300
자세하고 **신**속하게 알려주는 **감**각 키워드

단기합격을 위한 독학사 전문 교수님들의
명품 동영상강의
해커스독학사 www.haksa2080.com

빠르게 합격에 다가서는 해커스독학사의 학습 Step 4!

Step 1. 학습준비 — 학습 전, 전략적으로 학습 계획 세우기!

목차
독학사 시험 주관처인 국가평생교육진흥원에서 제공하는 과목별 평가영역을 기반으로 제작된 목차를 통해서 각 과목의 전반적인 틀을 빠르게 파악할 수 있습니다.

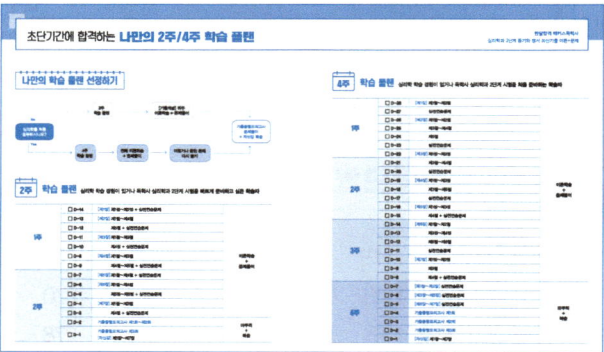

맞춤형 학습 플랜
'나만의 학습 플랜 선정하기'를 참고하여 자신에게 최적화된 2주/4주 플랜을 선택할 수 있습니다. 학습 플랜 선택 후, 매일 정해진 분량을 학습하고 학습 여부를 체크할 수 있습니다.

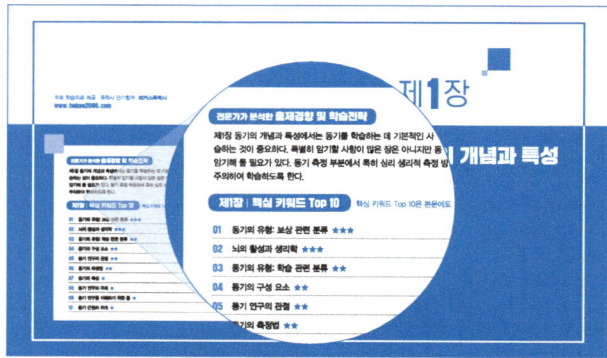

전문가가 분석한 출제경향 및 학습전략
과목별 전문가가 알려주는 시험 출제경향과 공부 방법을 통해서 학습의 방향성을 올바르게 설정할 수 있습니다.

핵심 키워드 Top 10
각 장마다 엄선된 10개의 핵심 키워드로 중요한 내용을 한눈에 확인할 수 있습니다. 또한 키워드 옆에 표시된 ★ 개수로 개념의 중요도를 바로 파악할 수 있으며, 교재 뒤의 요약 페이지와도 연계되어 있어 중요 내용을 복습할 수 있습니다.

한달합격 해커스독학사
심리학과 2단계 동기와 정서 최신기출 이론+문제

Step 2. 이론학습 — 다양한 학습장치를 활용하여 효율적으로 이론 학습하기!

❶ 기출개념
실제로 출제된 이론에는 '기출개념'을 표시하여 빠르게 출제경향을 파악할 수 있습니다.

❷ ★ 표시
'핵심 키워드 Top 10'으로 선정된 키워드에 ★표시를 하여 중요한 개념을 쉽고 빠르게 확인할 수 있습니다.

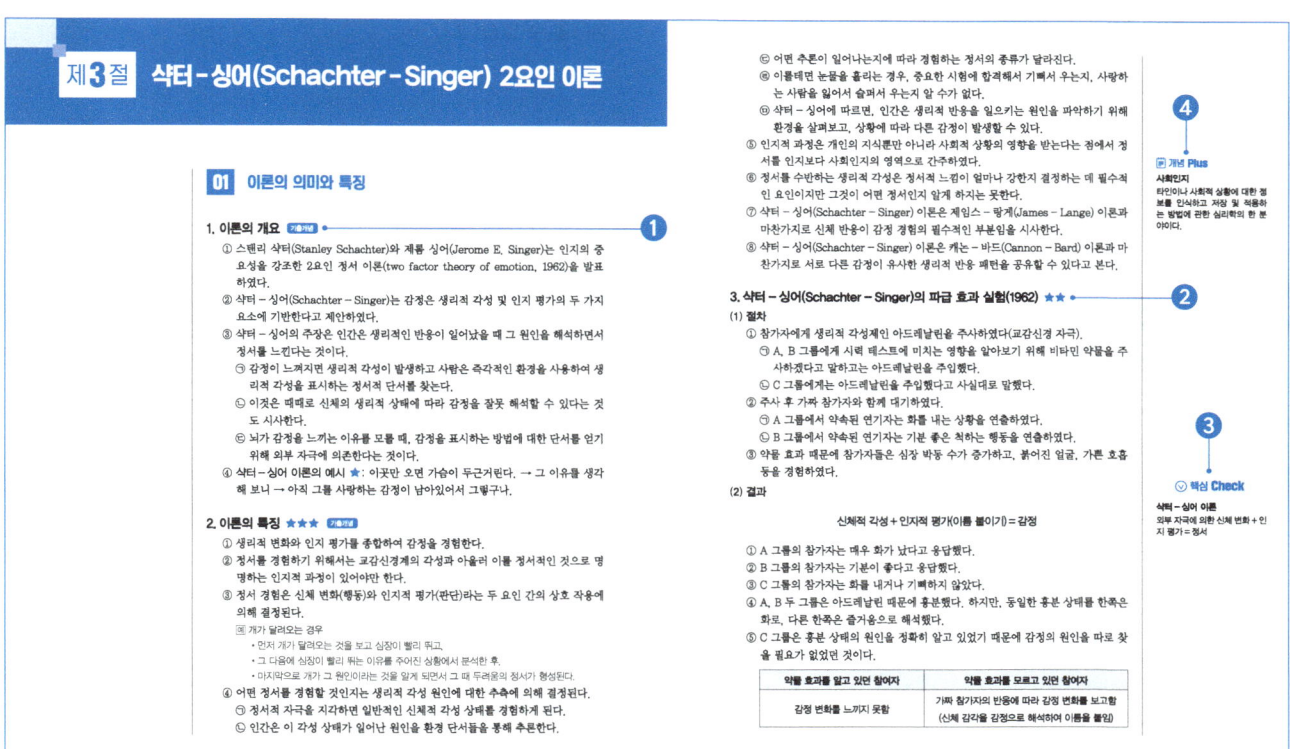

❸ 핵심 Check
중요한 내용을 다시 한번 명쾌하게 설명하거나 관련된 심화이론을 제시하여, 핵심 개념 위주로 꼼꼼히 학습할 수 있습니다.

❹ 개념 Plus
이론 학습 시 함께 알아두면 좋은 내용을 제시하여, 이론을 명확하고 폭넓게 학습할 수 있습니다.

빠르게 합격에 다가서는 **해커스독학사의 학습 Step 4!**

Step 3. 문제풀이 — 최신 출제경향이 반영된 문제를 풀어보며 실전감각 키우기!

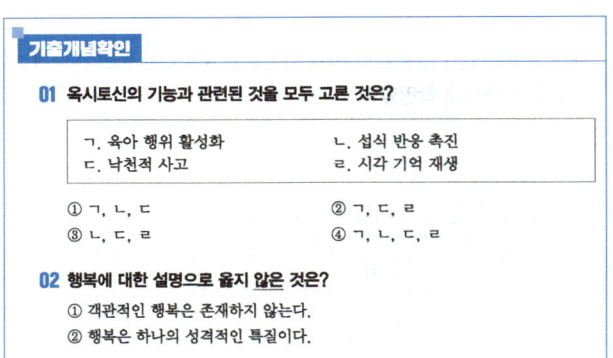

기출개념확인
각 절마다 제공되는 기출개념확인 문제를 풀어보면서, 배운 이론을 잘 이해하고 있는지 점검할 수 있습니다. 또한 문제 아래에 정답과 해설이 제공되기 때문에 빠르게 답안을 확인하고 관련 개념을 쉽게 이해할 수 있습니다.

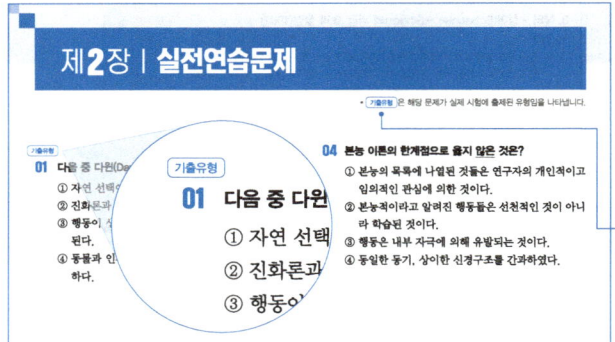

실전연습문제
각 장마다 제공되는 '실전연습문제'를 통해 다양한 유형의 문제들을 풀어보면서 각 장에서 등장한 이론을 다시 한 번 확인 및 점검할 수 있습니다. 그 중 시험에 출제되었던 유형의 문제는 '기출유형'으로 표시하여 분별력 있는 학습이 가능합니다.

〔기출유형〕 표시로 시험에 출제된 유형을 나타내어, 중요 문제 위주로 학습할 수 있습니다.

실전연습문제 정답·해설
'실전연습문제'에 수록되어 있는 모든 문제에 상세한 '정답·해설'을 제공합니다. 정답표를 통해 빠르게 정답을 확인할 수 있으며, '오답분석', '참고' 등의 해설 요소가 포함된 풍부한 해설은 이론의 복습 및 점검을 돕습니다.

한달합격 해커스독학사
심리학과 2단계 동기와 정서 최신기출 이론+문제

Step 4. 최종점검 기출동형모의고사와 요약정리로 최종 실력 다지기!

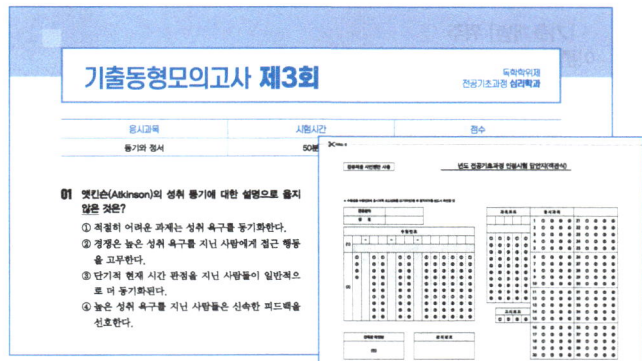

기출동형모의고사 & OMR 카드
최근 독학사 시험을 철저하게 분석하여 실제 시험 유형 및 문제 수와 동일하게 구성한 '기출동형모의고사' 3회분을 수록하였습니다.

또한 '기출동형모의고사'와 함께 수록된 'OMR 카드'를 활용한다면 실제 시험과 가장 유사한 환경에서 자신의 실력을 최종 점검할 수 있습니다.

기출동형모의고사 정답·해설
'기출동형모의고사' 문제 풀이 후 꼼꼼하게 학습을 마무리할 수 있도록 '기출동형모의고사 정답·해설'에서도 '오답분석', '참고' 등의 풍부한 해설 요소를 제공합니다.

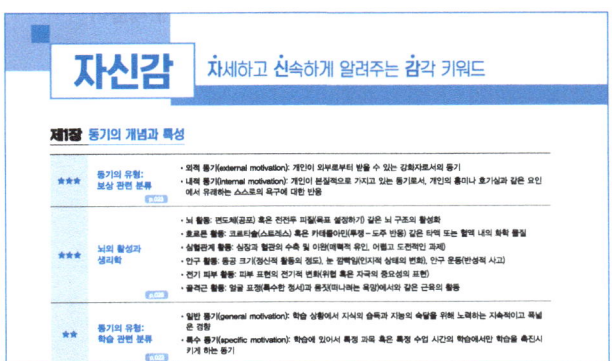

자세하고 신속하게 알려주는 감각 키워드(자신감)
모든 장의 '핵심 키워드 Top10'의 내용만을 모아 교재 마지막 부분에 정리하였습니다. 시험 직전에 해당 키워드 위주로 학습하면 장별 중요 내용을 빠르게 점검할 수 있습니다.

초단기간에 합격하는 나만의 2주/4주 학습 플랜

나만의 학습 플랜 선정하기

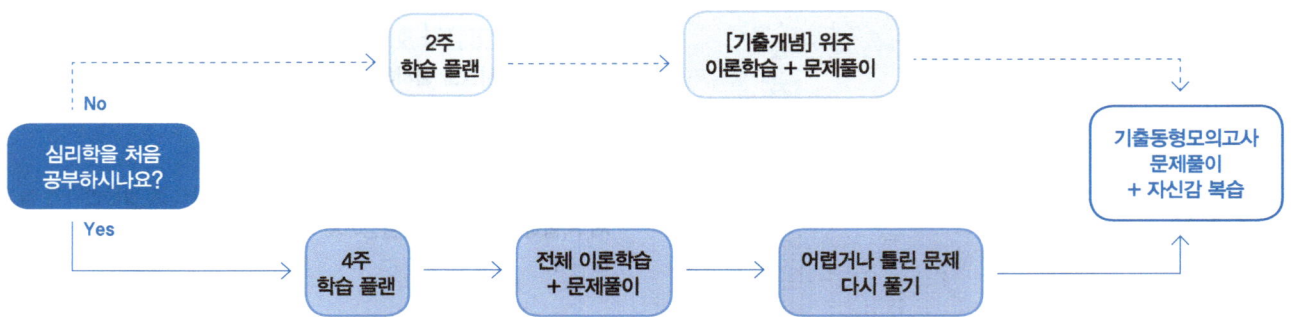

2주 학습 플랜
심리학 학습 경험이 있거나 독학사 심리학과 2단계 시험을 **빠르게 준비하고 싶은** 학습자

1주	☐ D-14	[제1장] 제1절~제2절 + 실전연습문제	이론학습 + 문제풀이
	☐ D-13	[제2장] 제1절~제4절	
	☐ D-12	제5절 + 실전연습문제	
	☐ D-11	[제3장] 제1절~제3절	
	☐ D-10	제4절 + 실전연습문제	
	☐ D-9	[제4장] 제1절~제3절	
	☐ D-8	제4절~제5절 + 실전연습문제	
2주	☐ D-7	[제5장] 제1절~제4절 + 실전연습문제	
	☐ D-6	[제6장] 제1절~제4절	
	☐ D-5	제5절~제6절 + 실전연습문제	
	☐ D-4	[제7장] 제1절~제3절	
	☐ D-3	제4절 + 실전연습문제	
	☐ D-2	기출동형모의고사 제1회~제2회	마무리 + 복습
	☐ D-1	기출동형모의고사 제3회 [자신감] 제1장~제7장	

한달합격 해커스독학사
심리학과 2단계 동기와 정서 최신기출 이론+문제

4주 학습 플랜 심리학 학습 경험이 없거나 독학사 심리학과 2단계 시험을 **처음 준비하는 학습자**

주차	일자	내용	구분
1주	☐ D-28	[제1장] 제1절~제2절	이론학습 + 문제풀이
	☐ D-27	실전연습문제	
	☐ D-26	[제2장] 제1절~제2절	
	☐ D-25	제3절~제4절	
	☐ D-24	제5절	
	☐ D-23	실전연습문제	
	☐ D-22	[제3장] 제1절~제2절	
2주	☐ D-21	제3절~제4절	
	☐ D-20	실전연습문제	
	☐ D-19	[제4장] 제1절~제2절	
	☐ D-18	제3절~제5절	
	☐ D-17	실전연습문제	
	☐ D-16	[제5장] 제1절~제3절	
	☐ D-15	제4절 + 실전연습문제	
3주	☐ D-14	[제6장] 제1절~제2절	
	☐ D-13	제3절~제4절	
	☐ D-12	제5절~제6절	
	☐ D-11	실전연습문제	
	☐ D-10	[제7장] 제1절~제2절	
	☐ D-9	제3절	
	☐ D-8	제4절 + 실전연습문제	
4주	☐ D-7	[제1장~제2장] 실전연습문제	마무리 + 복습
	☐ D-6	[제3장~제5장] 실전연습문제	
	☐ D-5	[제6장~제7장] 실전연습문제	
	☐ D-4	기출동형모의고사 제1회	
	☐ D-3	기출동형모의고사 제2회	
	☐ D-2	기출동형모의고사 제3회	
	☐ D-1	[자신감] 제1장~제7장	

시험 전 꼭 알고 가자! 독학사 시험 안내

01 독학학위제란?

- 「독학에 의한 학위취득에 관한 법률」에 의거하여 국가에서 실시하는 독학학위취득시험에 합격한 자에게 학사학위를 수여하는 제도입니다.
- 독학학위취득시험은 총 4단계(교양과정 인정시험, 전공기초과정 인정시험, 전공심화과정 인정시험, 학위취득 종합시험)로 이루어져 있으며, 시험은 각 단계별로 1년에 1번 실시됩니다.
- 고등학교 졸업 이상의 학력을 가진 자는 누구나 응시할 수 있으며, 4단계 시험까지 모두 합격한 자는 4년제 대학교 졸업자와 동등한 학력을 가지게 됩니다.

02 독학학위제 전공 소개

- 독학학위제 전공 시험은 2단계(전공기초과정 인정시험)부터 실시됩니다.
- 일부 단계만 실시하는 예외적인 전공
  - 유아교육학 및 정보통신학: 3~4단계(전공심화과정 인정시험, 학위취득 종합시험)만 실시
  - 간호학: 4단계(학위취득 종합시험)만 실시

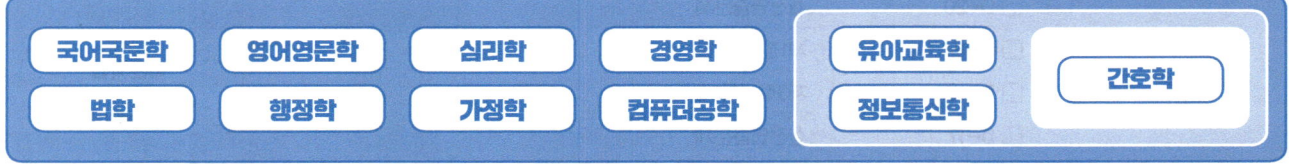

03 원서접수 안내

1) 접수 방법

- 진학어플라이 사이트(www.jinhakapply.com)에서 학교명을 '독학'으로 검색하여 접수가 가능합니다.
- 접수기간 내에는 24시간 접수 가능하며(접수 마감일에는 17:00까지), 접수 마감 전까지 수정 및 취소(환불)가 가능합니다.
  ※ 접수기간 종료 후에는 접수·수정·환불 불가능
  참고 원서접수 방법은 변경될 수 있으니 독학학위제 사이트를 꼭 확인하세요.

2) 접수 준비물

응시자격 증명서류	• 1~3단계 지원자: 고등학교 졸업증명서(고졸 검정고시 합격증명서)
	• 4단계 지원자
	  - 대학교 성적증명서 및 수료(졸업)증명서
	  - 3년제 전문대학 졸업증명서 및 성적증명서
	  - 과정(과목) 면제를 증명할 수 있는 해당 서류
	• 독학학위제 학적보유자: 제출서류 없음
	• 파일은 jpg, jpeg, png, bmp만 등록 가능하며, 파일 사이즈는 5MB 이내여야 함

사진	최근 6개월 이내에 촬영한 3.5cm X 4.5cm의 여권용 사진 파일은 jpg, jpeg, gif만 등록 가능하며, 파일 사이즈는 2MB 이내여야 함
응시료	20,400원(수험료: 18,000원, 인터넷 원서접수 수수료: 2,400원)

한달합격 해커스독학사
심리학과 2단계 동기와 정서 최신기출 이론+문제

04 학위 취득 과정 및 시험 일정

※ 시험 일정은 매년 상이하므로, 자세한 일정은 독학학위제 사이트의 [시험안내] – [시험일정]을 참고하세요.

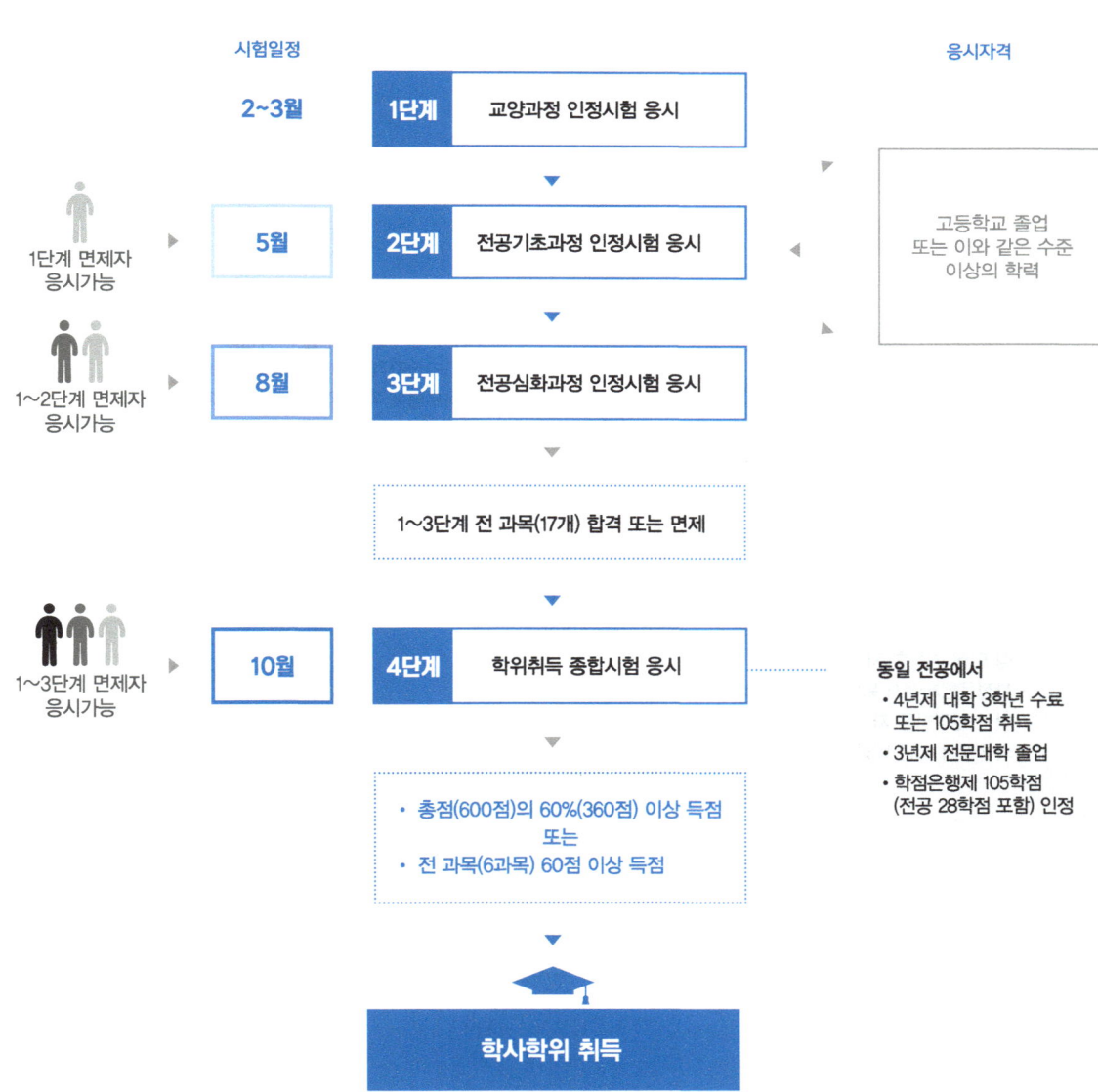

시험 전 꼭 알고 가자! **독학사 시험 안내**

05 단계별 응시자격

- 학사학위 소지자는 취득한 학사학위 전공과 동일한 전공 시험에 응시할 수 없습니다.
- 유아교육학, 정보통신학 전공은 3, 4단계(전공심화과정 인정시험, 학위취득 종합시험)만 개설되어 있습니다. 고등학교 졸업자가 3단계에 응시하는 것은 가능하나, 4단계에 응시하기 위해서는 독학사 1, 2단계(교양과정 인정시험, 전공기초과정 인정시험) 면제 조건을 충족하고, 3단계에 합격하거나 4단계 응시자격을 충족해야 합니다.
- 간호학 전공은 4단계만 개설되어 있습니다. 4단계에 응시하기 위해서는 3년제 전문대학 간호학과를 졸업 또는 4년제 대학교 간호학과에서 3년 이상의 교육과정을 수료하거나 105학점 이상을 취득해야 합니다.

구분	응시자격	단계별 면제 조건
1단계 교양과정 인정시험	고등학교 졸업 또는 이와 같은 수준 이상의 학력 소지자	• 대학(교)에서 각 학년 수료 및 일부 학점 취득자 • 학점은행제를 통해 일부 학점을 인정받은 자 • 국가기술자격법에 따른 자격 취득자 • 교육부령에 따른 각종 시험 합격자 • 면제지정기관에서 면제과목을 이수한 자 등
2단계 전공기초과정 인정시험		
3단계 전공심화과정 인정시험		
4단계 학위취득 종합시험	• 1~3단계 합격자 또는 면제자 • 대학교 및 이에 준하는 각종 학교의 동일전공 인정학과에서 3년 이상의 교육과정 수료(3년제의 경우 졸업) 또는 105학점 이상 취득한 자 • 학점은행제에서 동일전공으로 105학점(전공 28학점 포함) 이상 인정받은 자 • 외국에서 15년 이상의 학교교육과정을 수료한 자	없음 (반드시 응시해야 함)

06 시험 범위

- 시험의 범위와 예시 문항은 독학학위제 홈페이지(bdes.nile.or.kr) > [학습정보] > [과목별 평가영역]에서 확인할 수 있습니다.
- 본 교재의 목차는 과목별 평가영역을 반영하고 있기 때문에 교재의 목차를 통해서도 시험 범위를 알 수 있습니다.

07 기본 출제 방향 및 단계별 평가 수준

단계	기본 출제 방향	평가 수준
1단계 교양과정 인정시험	• 국가평생교육진흥원에서 고시하는 과목별 평가영역에 준거하여 출제하되 특정 영역이나 분야가 지나치게 중시되거나 경시되지 않도록 함	• 대학 교양과정을 이수한 사람이 일반적으로 갖추어야 할 학력 수준을 평가함
2단계 전공기초과정 인정시험	• 독학자의 취업 비율이 높은 점을 감안하여, 과목의 특성상 가능한 경우에는 학문적·이론적인 문항뿐만 아니라 실무적인 문항도 출제함	• 각 전공영역의 학문을 연구하기 위하여 각 학문 계열에서 공통으로 필요한 지식·기술을 평가함
3단계 전공심화과정 인정시험	• 단편적인 지식 암기로 풀 수 있는 문항의 출제는 지양하고, 이해력·적용력·분석력 등 폭넓고 고차원적인 능력을 측정하는 문항 위주로 출제함	• 각 전공영역에 관하여 보다 심화된 전문적 지식·기술을 평가함
4단계 학위취득 종합시험	• 이설(異說)이 많은 내용의 출제는 지양하고 보편적이고 정설화된 내용에 근거하여 출제하며, 그럴 수 없는 경우에는 해당 학자의 성명이나 학파를 명시함	• 독학사 시험의 최종단계로서, 학위를 취득한 사람이 일반적으로 갖추어야 할 소양과 전문 지식·기술을 종합적으로 평가함

이제 실전이다! 2단계 시험 미리보기

01 심리학과 2단계 전공기초과정 인정시험

1) 시험 시간표

교시	1교시 09:00~10:40(100분)	2교시 11:10~12:50(100분)	중식 12:50~13:40(50분)	3교시 14:00~15:40(100분)	4교시 16:10~17:50(100분)
과목	이상심리학 감각 및 지각심리학	사회심리학 생물심리학	–	발달심리학 성격심리학	동기와 정서 심리통계

2) 문항 구성 및 배점

객관식(4지선다형)	주관식	합계
40문항 × 2.5점 = 100점	–	총 40문항(총 100점)

3) 합격 기준 : 전공 8과목 중 60점 이상 득점한 과목이 6과목 이상이면 합격

참고 시험에 대한 전체적인 정보는 해커스독학사 사이트(www.haksa2080.com)의 [독학사 시험안내]에서 확인할 수 있습니다.

02 심리학과 2단계 동기와 정서 시험 문제 분석

본 교재 〈한달합격 해커스독학사 심리학과 2단계 동기와 정서 최신기출 이론+문제〉의 본문에도 실제 독학사 시험과 유사한 유형의 문제와 전문가의 풍부하고 상세한 해설을 수록하여 실전 대비가 가능합니다.

※ 시험 문제 분석은 국가평생교육진흥원 독학학위제에서 제공하는 '시험 문제 예시'를 활용하였습니다.

 문제 예시

안면(얼굴) 피드백(facial feedback) 가설과 가장 어울리지 않는 내용은?

① 제임스 – 랑게(James – Lange) 이론
② 입 주위의 근육 움직임이 정서에 영향을 준다.
③ 자기 표정에 대한 의식이 필요하다.
④ 정서 표현이 기분에 영향을 준다.

정답 ③

 해커스독학사 전문가의 해설

안면 피드백 가설은 안면표정을 변화시키면 거기에 해당하는 정서가 유발된다는 것으로 안면 피드백 효과(facial – feedback effect)라고 한다. 표정에 관여하는 운동 중추와 감정 중추는 서로 인접해 있으면서 영향을 주고받기 때문에, 안면표정의 정보가 뇌에 전달되어 정서 반응을 이끌어낸다는 가설로 근육 작용이나 정서 상태에 대한 의식이 필요한 것은 아니다.

오답분석
① 제임스 – 랑게 이론을 발표한 윌리엄 제임스(William James)는 표정과 행동이 인간의 감정을 좌우할 수 있다고 주장하였다.

03 시험 진행 순서 및 유의사항

시험장 가기 전
- 수험표, 주민등록증 또는 본인임을 입증할 수 있는 신분증, 컴퓨터용 사인펜(객관식 답안 마킹용)을 반드시 준비합니다.

시험장(시험실) 도착 및 착석
- 시험 당일에는 반드시 수험표에 표기된 시험장에 입실해야 합니다.
- 1교시는 시험 시작 20분 전까지, 2~4교시는 시험 시작 15분 전까지 입실을 완료해야 합니다.
  - 참고 1과목 응시자도 각 교시에 해당하는 입실 시간까지 입실을 완료해야 합니다(시험 시작 후 입실 불가).

답안지 작성 및 시험지 배부
- 답안지 작성은 답안지에 기재되어 있는 '답안 작성 시 유의사항'을 숙지하고 그에 따라야 합니다.
- 객관식은 컴퓨터용 사인펜을 사용하여 마킹합니다.
- 문제지에도 수험번호와 성명을 기재해야 합니다.

시험 시간
- 총 4교시로 나누어 시험이 진행됩니다.
- 시험 시간 중에는 수험표와 신분증을 책상 위 좌측 상단에 놓아야 합니다.

쉬는 시간
- 시험 시간 중 50분(12:50~13:40)의 중식 시간이 있습니다.
- 각 교시의 시험이 끝날 때마다 15분의 쉬는 시간이 있으며, 다음 교시의 시험 시작 15분 전까지 착석하여 대기해야 합니다.
  - 참고 3교시는 중식 시간 외 시험 시작 전 별도의 쉬는 시간 없음

시험 종료
- 시험이 시작되고 30분 경과 후 퇴실이 가능합니다.
- 1과목 응시자는 시험이 시작되고 50분 경과 후 퇴실 조치됩니다.
- 퇴실 시, 문제지와 답안지는 반드시 감독관에게 제출해야 합니다.

무엇이든 물어보세요! 독학사 10문 10답

01 학위 제도 관련

Q1. 독학학위제로 학위를 취득하면 정규대학 졸업자와 동등한 학력으로 인정받을 수 있나요?

A. 네, 동등한 학력으로 인정받을 수 있습니다.

독학학위제로 취득한 학위는 「독학에 의한 학위취득에 관한 법률」 제6조 제1항에 따라 대학에서 학사학위를 취득한 사람과 동등한 학력으로 인정 받을 수 있습니다. 따라서 독학학위제로 학위를 취득한 후, 대학 편입이나 대학원 진학이 가능합니다. 단, 대학 또는 대학원별로 모집요강이 다르기 때문에 지원하고자 하는 학교의 모집요강을 꼭 확인하시기 바랍니다.

Q2. 현재 대학생인데 독학학위취득시험에 응시할 수 있나요?

A. 네, 가능합니다.

독학학위제는 이중 학적에 적용되지 않아 대학 재학 중에도 시험에 응시할 수 있습니다.

Q3. 독학학위제 2단계 시험에 응시하여 합격한 과목은 학점은행제에서 학점으로 인정받을 수 있나요?

A. 네, 학점은행제에서 학점을 인정받는 것이 가능합니다.

2단계 시험의 경우, 합격한 과목에 한해 과목당 5학점씩 최대 6과목(총 30학점)까지 인정받을 수 있습니다. 따라서 학점은행제 학위 취득 예정자의 경우, 독학학위제와 병행한다면 더욱 빠르고 효율적으로 학위를 취득할 수 있습니다. 단, 학점은행제에 학습자 등록 및 학점인정 신청을 별도로 해야 학위 취득이 가능합니다. 학점은행제 학점인정 신청기간 및 신청 방법은 학점은행제 홈페이지(www.cb.or.kr)를 통해 확인할 수 있습니다.

Q4. 독학학위제 합격과목은 성적증명서에 어떻게 표기되나요?

A. 1~3단계 시험에서 합격한 과목은 '합격'으로 표기되며, 4단계에서 합격한 과목은 취득점수, 총점, 등급, 100점 환산점수 및 평점이 표기됩니다.

02 학습 방법 관련

Q5. 독학학위제 시험을 준비하기 위한 시험 주관처의 교재나 강좌가 별도로 있나요?

A. 아니요, 시험 주관처인 국가평생교육진흥원에서는 교재나 강좌를 제공하지 않습니다.

국가평생교육진흥원에서는 독학학위제 시험 관련 교재 출판 및 강좌 운영을 하고 있지 않습니다. 하지만, 해커스독학사에서는 1단계부터 4단계까지의 다양한 강좌를 제공하고 있으며, 각 강좌에 필요한 교재도 판매하고 있습니다. 해커스독학사와 함께 독학학위제 시험을 준비하신다면, 수준 높은 교육 서비스 및 교재와 함께 합격에 보다 빠르게 도달할 수 있습니다.

한달합격 해커스독학사
심리학과 2단계 동기와 정서 최신기출 이론+문제

03 원서접수 및 시험 관련

Q6. 2단계 원서접수 시, <u>8과목에 지원</u>하였으나 사정상 <u>6과목까지만 응시</u>하려고 합니다. 이 경우, <u>불이익</u>이 있나요?

A. 아니요, 응시하지 않은 과목에 대한 불이익은 없습니다.

응시하지 않은 과목은 결시 처리됩니다. 따라서 응시한 과목에 대해서만 채점하여 60점 이상 득점할 경우 합격 처리됩니다.

Q7. 독학학위취득시험은 왜 <u>기출문제를 공개</u>하지 않나요?

A. 독학학위취득시험은 대학 교과과정의 일반적이고 공통적인 지식과 기술을 평가할 수 있도록 일정한 수준의 난이도를 유지하는 것이 매우 중요하기 때문입니다.

독학학위취득시험은 경쟁시험이 아닌 독학 후의 학습능력이 대학 졸업학력에 도달하였는지를 측정하는 시험으로 시험의 범위와 수준이 정해져 있는 시험입니다. 그러므로 과목별로 대학 교과과정의 일반적·공통적인 지식과 기술을 평가할 수 있도록 하는 일정 수준의 난이도 유지가 매우 중요하며, 이를 위해 문제를 공개하지 않습니다. 그렇지만 본 교재에 수록되어 있는 '기출개념확인', '실전연습문제'와 '기출동형모의고사'를 활용한다면 철저한 시험 대비가 가능합니다.

04 응시자격 및 시험면제 관련

Q8. 1단계를 응시 못했는데 <u>바로 2단계 시험에 응시</u>할 수 있나요?

A. 네, 바로 2단계 시험에 응시가 가능합니다.

1단계에 응시하지 않았더라도 바로 2단계 응시가 가능합니다. 고등학교 졸업 이상의 학력 소지자인 경우 1~3단계까지는 누구나 순서에 상관없이 자유롭게 응시할 수 있습니다. 단, 4단계의 경우 1~3단계를 모두 합격 또는 면제받아야만 응시가 가능합니다.

Q9. <u>4년제 대학교 국문학과를 졸업</u>했습니다. <u>독학학위제 심리학 학위를 취득</u>하려면 <u>몇 단계까지 면제</u>받을 수 있나요?

A. 이 경우, 1단계(교양과정 인정시험)만 면제받을 수 있습니다.

학위를 취득한 전공과 독학학위제에 지원한 전공이 다를 경우에는 전공과정 면제는 불가능하며 1단계(교양과정 인정시험)만 면제되므로, 지원하고자 하는 독학학위제 전공이 심리학과이고 대학에서 학위를 취득한 전공이 국문학과인 경우에는 2~4단계 시험에 응시하여 합격해야 합니다.

Q10. 대학교에서 '동기와 정서' 과목을 이수했는데 2단계 '동기와 정서' <u>과목 면제</u>가 가능한가요?

A. 아니요, 면제 받을 수 없습니다.

독학학위취득시험에서는 대학에서 이수한 과목으로 시험 과목을 면제받을 수 없습니다. 그러나 대학에서 취득한 일정 이상의 학점으로 시험 단계별 면제는 가능합니다. 단계별로, 1단계 35학점, 2단계 70학점(동일 전공), 3단계 105학점(전공 28학점 필수)을 취득하셨을 경우, 각 단계를 면제받으실 수 있습니다.

무료 학습자료 제공 · 독학사 단기합격 **해커스독학사**
www.haksa2080.com

전문가가 분석한 출제경향 및 학습전략

제1장 동기의 개념과 특성에서는 동기를 학습하는 데 기본적인 사항들을 확인할 수 있다. 이해 위주로 학습하는 것이 중요하다. 특별히 암기할 사항이 많은 장은 아니지만 동기의 유형에 대한 내용은 중요하므로 암기해 둘 필요가 있다. 동기 측정 부분에서 특히 심리 생리적 측정 방법의 종류와 내용에 혼돈이 없도록 주의하여 학습하도록 한다.

제1장 | 핵심 키워드 Top 10
핵심 키워드 Top 10은 본문에도 동일하게 ★로 표시하였습니다.

01	동기의 유형: 보상 관련 분류 ★★★	p.23
02	뇌의 활성과 생리학 ★★★	p.29
03	동기의 유형: 학습 관련 분류 ★★	p.23
04	동기의 구성 요소 ★★	p.24
05	동기 연구의 관점 ★★	p.28
06	동기의 측정법 ★★	p.30
07	동기의 특성 ★	p.22
08	동기 연구의 주제 ★	p.26
09	동기 연구를 이해하기 위한 틀 ★	p.27
10	동기 근원의 위계 ★	p.28

제1장

동기의 개념과 특성

제1절 동기의 구성개념들
제2절 동기의 측정

제1절 동기의 구성개념들

01 동기(motivation)의 개념과 정의

1. 동기의 개념
① '움직인다'는 의미의 라틴어 'movere'에서 유래되었다.
② 개인 활동과 행동의 활발성을 증가시키기도 하고 감소시키기도 하는 요인으로, 개인의 행동 수준 또는 강도를 결정해 주는 심리적 구조이며 과정이다.
③ 인간 행동의 촉진적 역할을 하는 추동(drive), 욕구(need), 흥미, 가치 및 태도 등을 포함하는 말로서 체내의 심리적 결핍 상태 또는 평형이 파괴된 상태이다.
④ 어떤 일을 행하게 되는 원천이다.
⑤ 개인의 행동을 결정하는 의식적·무의식적 원인이다.

2. 학자들의 정의
① 워렌(Warren, 1943): 개인의 행동을 결정하는 요인으로 작용하는 의식적 경험 또는 무의식적 조건이다.
② 거스리(Guthrie, 1952): 반응의 강도를 높이는 조건이다.
③ 린슬리(Lindsley, 1957): 어떤 목표를 지향하는 행동을 일으키고, 방향을 잡아주고 유지하는 힘의 총합이다.
④ 앳킨슨(Atkinson, 1958): 행동의 방향과 강도 및 지속에 대한 직접적인 영향이다.
⑤ 콤 & 스니그(Comb & Snygg, 1959): 자아 개념을 보존하고 향상시키기 위한 지속적인 힘이다.
⑥ 영(Young, 1961): 인간과 동물의 행위를 결정짓는 요인이다.
⑦ 차한(Chauhan, 1980): 동인과 목표를 연결하는 개념이다.

3. 동기의 특성 ★
① 개개인의 동기는 정확하게 파악하기 어려우며, 행동은 단 하나의 동기에 의해서 유발된다고 판단하기 어렵다.
② 동기는 행동의 다양성을 낳는 요인이며, 유발된 특정 행동을 일정 목표나 대상으로 이끌어 가는 역할을 한다.
③ 동기는 생리적인 면, 심리적인 면, 연상적인 면, 감정적인 면 등을 지니고 있다.
④ 동기는 개인차가 존재한다.
⑤ 동기는 시간적으로나 공간적으로 거리가 있는 목표 대상에 대해서도 작용한다.

4. 동기의 기능

구분	내용
행동 촉진 기능	동기는 유기체의 행동을 촉진시킴
목표 지향 기능	동기는 유기체의 행동 방향을 결정지어 줌
선택적 기능	동기는 유기체가 행동을 선택하게 하는 기능을 함

> **핵심 Check**
>
> **동기의 기능**
> - 행동 촉진 기능
> - 목표 지향 기능
> - 선택적 기능

02 동기의 유형

1. 학습 관련 분류 ★★

(1) 일반 동기(general motivation)
① 일반 동기는 학습 상황에서 지식의 습득과 지능의 숙달을 위해 노력하는 지속적이고 폭넓은 경향을 의미한다.
② 일단 형성되기 시작하면 초등학교와 중등학교를 거쳐 대학과 직장, 그 밖의 사회생활에까지 계속 유지되며, 교육과정 전반에 걸쳐 영향을 미치게 된다.
③ 교과목에 따라 어느 정도 차이는 있을 수 있지만, 긍정적인 동기 유발은 특정 과목이나 주제 영역을 뛰어넘어 광범위한 영역에서 활성화될 수 있다.

(2) 특수 동기(specific motivation)
① 특수 동기는 학습에 있어서 특정 과목 혹은 특정 수업 시간의 학습에서만 학습을 촉진시키는 동기를 의미한다.
② 교사의 통제 범위 안에 들어 있다고 볼 수 있으며 특정 전략에 의해 변화될 수 있다.
③ 학생들이 자신이 좋아하는 교사의 교과목에 대해 다른 교과목보다 높은 학업 성취를 나타내는 경향과 관련 있다.

2. 보상 관련 분류 ★★★ [기출개념]

(1) 외적 동기(external motivation)
① 개인이 외부로부터 받을 수 있는 강화자로서의 동기를 의미한다.
② 과제와 관련 없는 외부의 보상을 얻으려는 것과 관련된 동기이다.
③ 단기적인 효과는 있으나 장기적인 효과를 기대하기 어렵다.
④ 개인 내부의 동기를 감소시키거나 개인에게 낮은 자기인식과 편협한 초점을 형성시킬 수 있다.

(2) 내적 동기(internal motivation)
① 개인이 본질적으로 가지고 있는 동기로서, 개인의 흥미나 호기심과 같은 요인에서 유래하는 스스로의 욕구에 대한 반응을 의미한다.
② 개인이 과제에 대한 외부의 보상과 상관없이 능동적으로 활동에 참여할 때 형성된다. 과제를 하거나 활동하는 그 자체가 보상이 되는 동기이다.
   예 개인의 성취 동기, 자아 실현의 욕구 등이 있다.

> **개념 Plus**
>
> **내적 동기**
> 내적 동기는 외부의 보상과 무관하게 개인이 본질적으로 갖는 동기로 흥미나 호기심 같은 내적 보상으로 유발되는 동기이다.

03 동기의 구성 요소 ★★

1. 생물학적 요소 [기출개념]
① 행동생물학에서 행동은 유전 구조의 산물이므로 유전자가 지시하는 대로 행동을 시작하고 방향을 결정한다고 가정한다.
② 행동신경과학에서는 보상 중추가 동기와 관련되어 있다고 본다.
　㉠ 보상 시스템은 강력한 생물학적 힘을 발휘해서 인간이 적극적으로 무엇인가를 원하고 찾도록 만들고 일단 그것을 얻으면 기분이 좋아지게 만든다.
　㉡ 보상에 대한 기대가 인간 행동에 동기부여를 하는 것이다.
　㉢ 뇌의 보상 중추는 쾌감 중추라고도 하며 자극을 받으면 도파민 분비가 증가한다.

2. 학습된 요소
① 동기는 본능과 같이 생물학적으로 주어진 것이 아닌, 성장하면서 서서히 획득되는 추동, 즉 권력, 성공, 성취에 대한 욕구 등과 관련된 것이다.
② 공포감과 같은 정서는 고전적 조건화에 의해 학습된 대표적인 정서로서 행동의 근원이 되는 요인이다.
③ 조작적 조건화에서 말하는 일차적·이차적 강화나 내재적·외재적 보상 등은 행동의 근원이 되는 동기의 학습된 요소이다.

3. 인지적 요소
① 톨만(Tolman)의 기대라는 인지적 개념에 기초하여 1950~1960년대에 인지 혁명이라 일컫는 심리학의 패러다임 전환이 제기되었고, 이와 더불어 동기의 개념 탐색에서도 인지적 요소가 강조되었다.
② 인간의 기대, 목표, 신념, 태도 등이 동기를 결정한다고 본다.

📋 개념 Plus

고전적 조건화와 조작적 조건화
- **고전적 조건화**: 자극과 반응 사이의 자연적 생리적 관계를 이용하여 서로 관계가 없는 상이한 자극에 대해서 동일한 반응을 조건화하는 것이다.
- **조작적 조건화**: 어떤 반응에 대해 선택적으로 보상함으로써 그 반응이 일어날 확률을 증가시키거나 감소시키는 방법이다.

✓ 핵심 Check

동기의 구성 요소
동기는 생리적 요소, 학습된 요소, 인지적 요소로 구성된다.

기출개념확인

01 동기의 특성에 대한 설명으로 옳지 않은 것은?

① 개개인의 동기는 정확하게 파악하기 어렵다.
② 동기는 개인차가 존재한다.
③ 동기는 행동의 다양성을 낳는 요인이다.
④ 동기는 시간적으로 거리가 있는 목표 대상에 대해서는 작용하지 않는다.

02 동기의 유형에 대한 설명 중 옳지 않은 것은?

① 일반 동기는 학습 상황에서 지식의 습득과 지능의 숙달을 위해 노력하는 지속적이고 폭넓은 경향을 의미한다.
② 특수 동기는 교사의 통제 범위 안에 들어 있다고 볼 수 있으며 특정 전략에 의해 변화될 수 있다.
③ 내적 동기는 단기적인 효과는 있으나 장기적인 효과를 기대하기 어렵다.
④ 외적 동기는 과제와 관련 없는 외부의 보상을 얻으려는 것과 관련된 동기이다.

정답 · 해설

01 ④ 동기는 시간적으로나 공간적으로 거리가 있는 목표 대상에 대해서도 작용한다.
02 ③ 단기적인 효과는 있으나 장기적인 효과를 기대하기 어려운 것은 외적 동기이다.

제2절 동기의 측정

01 동기 연구

1. 동기 연구에 대한 근본적인 물음
(1) 무엇이 행동을 일으키는가?
  동기가 행동의 시작, 지속, 변화, 목표 지향성 및 종결에 영향을 미치는 방식에 대한 연구로 상세화할 수 있다.
  ① 행동은 어떻게 시작되는가?
  ② 일단 시작된 행동은 어떻게 시간이 흘러도 유지되는가?
  ③ 왜 행동은 다른 목표들을 제쳐두고 특정 목표를 향하는가?
  ④ 왜 행동은 그 방향이 변화하는가?
  ⑤ 왜 행동은 멈추는가?

(2) 행동의 강도가 왜 변하는가?
  광범위한 개인차가 존재하는 동기에 대해서 그 차이가 발생하는 방식과 함축적인 의미를 탐구한다.
  ① 왜 사람은 시점과 상황에 따라 다르게 행동하는가?
  ② 개인 간 동기의 차이는 무엇이고, 왜 그런 차이가 발생하는가?

2. 동기 연구의 주제 ★
(1) 동기는 적응을 돕는다.
  ① 환경은 항상 변하고, 동기는 변화하는 환경에 적응하는 것을 돕는다.
  ② 생리적인 적응
  ③ 심리적인 적응

(2) 동기는 주의를 지시하고 행동을 준비시킨다.
  ① 특정 행동을 선택하도록 주의를 안내함으로써 행동에 영향을 준다.
  ② 주의를 한 방향으로 할당하도록 지시한다.
  ③ 선택적 주의(selective attention)

(3) 동기는 시간에 따라 변하고 진행 중인 행동의 흐름에 영향을 준다.
  ① 주의는 시간에 따라 변화한다.
  ② 동기 강도는 시간에 따라 변화한다.
  ③ 사람들은 다양한 강도를 지닌 다수의 동기들을 가지고 있으며, 그 중 일부가 특정 시기, 상황에서 주의를 사로잡고 행동의 흐름에 참여, 영향을 준다.

④ 동기는 휴지, 출현, 만족 혹은 좌절을 거친다.

(4) 동기에는 유형이 존재한다.
① 내재적 – 외재적 동기
② 학습동기 – 수행동기
③ 성공접근 동기 – 실패회피 동기

(5) 동기는 접근경향성과 회피경향성을 포함한다.
① 흥미, 희망, 즐거움, 고통, 좌절: 초기 동기 이론은 인간은 혐오적인 상태를 피하려고 끊임없이 투쟁한다고 보았다.
② 성취 상황(되고 싶다, 하고 싶다): 같은 도전 상황에도 개인 간의 경향성은 다를 수 있다.

(6) 동기 연구는 사람들이 원하는 것이 무엇인지를 밝혀준다.
① 사람들이 희망하고, 원하고, 필요하고 두려워하는 것이 무엇인지 알아야 한다.
② 사람들의 본질에 대해 파악한다.
③ 상이한 문화권 사람들의 공통성을 밝힌다.
④ 학습된 동기에 대해 밝힌다.
⑤ 동기의 두 측면인 보편성과 문화 적응을 파악한다.

(7) 동기는 번영하기 위해서 지지 조건이 필요하다.
① 개인의 동기는 사회적, 환경적 맥락과 분리되기 어렵다.
② 동기는 소속된 집단에 영향을 받는다.

(8) 동기의 원리는 응용될 수 있으며, 좋은 이론이 가장 실용적이다.
① 동기 연구는 교육, 조직, 스포츠, 치료 영역 등에 활용된다.
② 자신과 타인을 동기화하는 두 가지 접근법이 있다.
③ 동기는 결핍된 것, 외부에서 발생이 필요하다.
④ 내부로부터 나오는 동기를 지지한다.
⑤ 좋은 이론은 실용적이다.

3. 동기 연구를 이해하기 위한 틀 ★

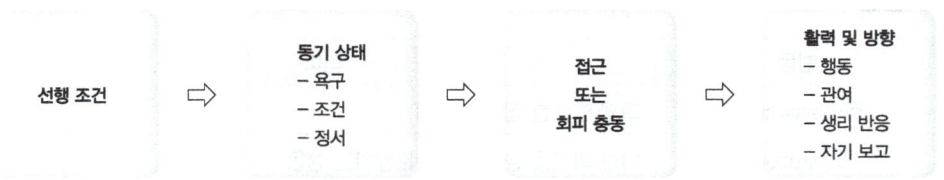

[그림 1-1] 동기 연구를 이해하기 위한 틀

개념 Plus
욕구의 종류 예
- 심리적 욕구는 유능성, 소속성 등이다.
- 생리적 욕구는 배고픔과 갈증 등이다.

4. 동기 연구의 다양한 영역

동기에 대한 새로운 패러다임은 한 사람의 행동이 하나의 큰 원인에 의해 영향을 받는 것이 아니라 다양한 수준의, 그리고 서로 상호작용하는 다양한 요인들에 영향을 받는다는 것이다.

(1) 동기 근원의 위계 ★

동기	
내적 동기	외적 동기
욕구: 생명의 유지 및 성장과 안녕의 육성에 필수적이고 필요한 개체	행동을 활성화하고 방향을 제공하는 역량을 가진 동기의 환경적·사회적·문화적 근원
인지: 사고, 신념, 기대 및 자기 개념과 같은 심적 사건들	
정서: 감정, 생리적 준비성, 기능, 표현	

(2) 동기 연구의 관점 ★★

관점	동기 출현 원인
행동적	환경 자극
정신 분석	무의식
신경적	뇌 활성화
생리적	호르몬 활성화
인지적	정신적 사건·사고
사회인지적	세상에 노출됨에 의해 유도되는 사고 방향
문화적	집단·조직·국가
진화적	유전자와 유전적 능력
인본적	인간 잠재력 고취

02 동기의 표현

1. 행동

행동	의미
주의(attention)	과제에 대한 집중과 주의
노력(effort)	어떤 과제를 성취하려고 분발하는 행동
잠재기(latency)	어떤 자극 사건에 대해 초기에 노출될 때 반응을 지연하는 시간
지속성(persistence)	반응을 시작하고 나서 멈출 때까지의 시간
선택(choice)	두 가지 혹은 그 이상의 행동 경로가 있을 때, 다른 것에 비해서 어떤 행동 경로에 대한 선호
반응확률(probability of response)	행동이 발생할 다수의 상이한 기회가 있을 때, 특정 목표 지향적 반응이 발생 할 경우의 수

행동	의미
표정 (facial expression)	코 찡그리기, 윗입술 치켜 올리기 및 눈썹을 찡그리기와 같은 얼굴 움직임
몸짓(bodily gestures)	자세, 체중 이동, 발, 팔 및 손의 운동 같은 몸짓

2. 관여(투자)

관여	내용
행동적 관여	주의, 노력, 지속성
정서적 관여	흥미, 즐거움
인지적 관여	전략, 자기 조절
음성	자기표현, 참여

📑 **개념 Plus**

관여(투자)
동기를 추론하기 위해서 그 정보를 점검하는 방법 중 관여는 어떤 사람이 어떤 활동에 참여할 때의 행동 강도, 정서의 질 및 개인적 투자를 의미한다.

3. 뇌의 활성과 생리학 ★★★

구분	내용
뇌 활동	편도체(공포) 혹은 전전두 피질(목표 설정) 같은 뇌 구조의 활성화
호르몬 활동	코르티솔(스트레스) 혹은 카테콜아민(투쟁 – 도주 반응) 같은 타액 또는 혈액 내의 화학 물질
심혈관계 활동	심장과 혈관의 수축 및 이완(매력적 유인, 어렵고 도전적인 과제)
안구 활동	동공 크기(정신적 활동의 정도), 눈 깜빡임(인지적 상태의 변화), 안구 운동(반성적 사고)
전기 피부 활동	피부 표현의 전기적 변화(위협 혹은 자극의 중요성 표현)
골격근 활동	얼굴 표정(특수한 정서), 몸짓(회피 욕망)과 같은 근육의 활동

📑 **개념 Plus**

편도체
뇌의 변연계(limbic system)에 속하는 구조의 일부로서 동기, 학습, 감정과 관련된 정보를 처리하는 데 중요한 역할을 한다.

4. 자기 보고

① 면접 혹은 설문지를 통한 자신의 동기 수준에 대하여 단순히 물어보는 것이다.
② 장점
  ㉠ 관리가 쉽다.
  ㉡ 많은 사람들을 동시에 조사할 수 있다.
  ㉢ 구체적인 정보를 물을 수 있다.
③ 단점
  ㉠ 자기 보고의 내용과 실제로 하고 있는 것 사이에 일치성이 부족하다.
  ㉡ 어떻게 느끼고 있다고 말하는 것과 정신 생리적 활동 간의 일치성이 부족하다.

03 동기의 측정법 ★★

1. 심리 생리적 측정법 [기출개념]

(1) 개념

생리적 활동은 인간의 내적 과정을 추론하는 중요 요소이다. 동기, 정서가 자율신경계와 어떤 관련이 있는지 살펴보는 방법이다.

(2) 종류

구분	동기 출현 원인
뇌 활동 측정	뇌파 검사(EEG), 기능적 자기 공명 영상(fMRI)
생리적 현상 측정	심장 박동 수, 신경 긴장도, 피부 전도 변화, 혈압, 호흡
화학 물질 분비도 측정	도파민 및 여러 호르몬 분비

> ◉ 핵심 Check
>
> **도파민**
> 뇌 안에서 도파민은 실행(executive function), 운동(motor control), 동기 부여(motivation), 각성(arousal), 강화(reinforcement), 보상(reward) 등을 조절한다.

(3) 한계점

① 데이터는 객관적이나 결과 판독에 왜곡이 발생할 가능성이 있다.
② 시간의 지연이 나타날 수도 있기 때문에 일반화에 무리가 있다.

2. 자기 보고식 측정법 [기출개념]

(1) 개념

특정 척도를 사용해서 자신의 동기 상태를 보고하는 방법이다.

(2) 한계점

① 거짓 보고 가능성이 있다.
② 왜곡 가능성이 있다.
③ 자기 자신에 대해 잘 모르는 상태에서 할 수도 있다.
④ 보고하는 정도에 차이가 있을 수도 있다.

3. 행동 관찰법

(1) 개념

행동과 표정 등 겉으로 드러나는 움직임을 관찰하여 내적 상태를 추론하는 방법이다.

(2) 한계점

관찰자의 주관적 해석이 불가피하다.

> ◉ 핵심 Check
>
> **동기 측정 방법**
> 심리 생리적 측정법, 자기 보고법, 행동 관찰법이 있다.

기출개념확인

01 동기를 측정하는 방법 중 종류가 <u>다른</u> 것은?

① 심장 박동 수 측정
② 호르몬 분비 측정
③ 피부 전도 변화 측정
④ 혈압, 호흡 측정

02 동기 연구 관점과 동기 출현 원인에 대한 연결이 옳지 <u>않은</u> 것은?

① 신경적 관점 – 뇌 활성화
② 생리적 관점 – 유전자
③ 행동적 관점 – 환경자극
④ 인지적 관점 – 정신적 사건

정답·해설

01 ② 호르몬 분비 측정은 화학 물질 분비를 측정하는 것이다.
　　오답분석
　　① 심장 박동 수 측정은 생리적 현상을 측정하는 것이다.
　　③ 피부 전도 변화 측정은 생리적 현상을 측정하는 것이다.
　　④ 혈압, 호흡 측정은 생리적 현상을 측정하는 것이다.
02 ② 동기 출현의 원인을 생리적 관점은 호르몬 활성화에 두고 있고, 진화적 관점은 유전자와 유전적 능력에 두고 있다.

제1장 | 실전연습문제

*「기출유형」은 해당 문제가 실제 시험에 출제된 유형임을 나타냅니다.

01 다음 중 동기의 개념으로 옳지 않은 것은?
① 동기는 어떤 일을 행하게 되는 원천이 되는 것이다.
② 동기는 체내의 심리적 결핍 상태 또는 평형이 파괴된 상태를 의미한다.
③ 동기는 개인의 행동을 결정하는 무의식적인 원인이다.
④ 동기는 개인의 행동 수준 또는 강도를 결정해 주는 심리적 구조이다.

02 다음 중 동기의 정의에 대한 설명으로 옳은 것은?
① 반응의 강도를 낮추는 조건이다.
② 개인의 행동을 결정하는 요인으로 작용하는 의식적 경험이다.
③ 인간과 동물의 행위를 결정짓는 요인이다.
④ 행동의 방향과 강도 및 지속에 대한 간접적인 영향이다.

03 다음 중 동기의 특성에 대한 설명으로 옳지 않은 것은?
① 개개인의 동기는 정확하게 파악하기 어렵다.
② 동기는 특정 행동을 일정 목표나 대상으로 이끌어가는 역할을 한다.
③ 동기는 개인마다 개인차가 존재한다.
④ 동기는 시간적으로나 공간적으로 가까운 목표 대상에 대해서만 작용한다.

[기출유형]
04 동기의 기능에 해당하지 않는 것은?
① 행동 촉진 기능
② 목표 지향 기능
③ 선택적 기능
④ 정서 촉진 기능

05 다음 중 동기의 개념에 대한 설명으로 옳지 않은 것은?
① 동기의 사전적 의미는 '어떤 일이나 행동을 일으키게 하는 계기'이다.
② motivation(동기)은 '움직이다'라는 의미의 라틴어 동사 'movere'에서 왔는데 이는 'to move', 즉 '움직이게 하다'라는 의미를 가지고 있다.
③ 인간이 행동을 하고 행동을 하도록 유도하는 요인으로 개인의 내부에 있는 욕구, 필요, 추진력, 충동 등으로 정의되기도 한다.
④ 욕구와 반의어로 사용되는 용어로는 동인 혹은 추동(drive)이 있다.

[기출유형]
06 다음 중 동기의 유형에 대한 설명으로 옳지 않은 것은?
① 일반 동기는 일단 형성되기 시작하면 평생 유지되는 경향이 있다.
② 특수 동기는 교사의 통제 범위 안에 들어있지 않다.
③ 외적 동기는 단기적인 효과는 있으나 장기적인 효과를 기대하기 어렵다.
④ 내적 동기는 개인이 본질적으로 가지고 있는 동기이다.

07 다음 중 동기 유형에 대한 설명으로 옳은 것은?

① 일반 동기와 특수 동기는 보상 관련 동기 분류이다.
② 특수 동기는 특정 전략에 의해 변화가 불가능하다.
③ 외적 동기는 내적 동기를 증가시키는 데 결정적인 역할을 한다.
④ 개인의 성취 동기, 자아 실현의 욕구 등은 대표적인 내적 동기의 예이다.

08 다음의 설명에 가장 부합하는 동기 유형은?

> 개인이 본질적으로 가지고 있는 동기로서, 개인의 흥미나 호기심과 같은 요인에서 유래하는 스스로의 욕구에 대한 반응을 의미한다.

① 일반 동기 ② 특수 동기
③ 내적 동기 ④ 외적 동기

09 동기의 구성 요소에 대한 설명으로 옳지 않은 것은?

① 행동생물학에서는 유전자가 지시하는 대로 행동을 시작하고 방향을 결정한다고 가정한다.
② 행동신경과학에서는 엔도르핀을 분비하는 보상중추가 동기와 관련되어 있다고 본다.
③ 공포는 조작적 조건화에 의해 학습된 정서이다.
④ 인간의 기대, 목표, 신념, 태도 등이 동기를 결정한다.

10 동기의 구성 요소에 대한 설명으로 옳은 것은?

① 강화나 보상 등에 의해 동기는 학습된다.
② 공포감은 조작적 조건화에 의해 학습된 정서이다.
③ 보상 중추를 자극 받으면 코르티솔이 분비된다.
④ 권력이나 성취 욕구는 본능적 동기이다.

11 다음의 내용에 해당하는 욕구는?

> • 유능성   • 소속감   • 자율성

① 생리적 욕구   ② 심리적 욕구
③ 사회적 욕구   ④ 심미적 욕구

12 동기 연구 관점과 동기 원인의 연결이 잘못된 것은?

① 행동적 관점 – 환경자극
② 신경적 관점 – 호르몬 활성화
③ 정신 분석 관점 – 무의식
④ 진화적 관점 – 유전자와 유전적 능력

13 동기 출현의 원인을 세상에 노출됨에 의해 유도되는 사고 방향에 관점을 두고 연구하는 견해는?

① 인지적 관점　② 사회인지적 관점
③ 문화적 관점　④ 인본적 관점

14 동기에 대한 설명으로 옳지 <u>않은</u> 것은?

① 동기는 변화하는 환경에 적응하는 것을 돕는다.
② 동기는 주의를 지시하고 행동을 준비시킨다.
③ 동기는 정서 경험의 영향을 받는다.
④ 동기의 강도는 시간의 변화에 영향을 받지 않는다.

15 동기의 진행 과정에 나타나는 것을 모두 고르면?

| ㄱ. 휴지 | ㄴ. 출현 |
| ㄷ. 만족 | ㄹ. 좌절 |

① ㄴ, ㄷ　② ㄱ, ㄴ, ㄷ
③ ㄴ, ㄷ, ㄹ　④ ㄱ, ㄴ, ㄷ, ㄹ

16 동기의 행동적 표현에 대한 설명이 옳지 <u>않은</u> 것은?

① 노력(effort): 어떤 과제를 성취하려고 분발하기
② 잠재기(latency): 반응을 시작하고 나서 멈출 때까지의 시간
③ 반응 확률(probability of response): 행동이 발생할 다수의 상이한 기회가 있을 때, 특정 목표 지향적 반응이 발생할 경우의 수
④ 몸짓(bodily gestures): 자세, 체중 이동 그리고 발, 팔 및 손의 운동 같은 몸짓

17 동기를 추론하기 위해서 그 정보를 점검하는 방법 중 관여는 어떤 사람이 어떤 활동에 참여할 때의 행동 강도, 정서의 질 및 개인적 투자를 의미한다. 관여의 영역에 해당하는 것을 모두 고르면?

| ㄱ. 행동 | ㄴ. 정서 |
| ㄷ. 인지 | ㄹ. 음성 |

① ㄱ, ㄴ　② ㄴ, ㄷ
③ ㄱ, ㄴ, ㄷ　④ ㄱ, ㄴ, ㄷ, ㄹ

[기출유형]

18 동기 표현의 자기 보고 방법에 대한 설명으로 옳지 <u>않은</u> 것은?

① 면접이나 설문지를 통해 단순히 물어보는 것이다.
② 자기 보고는 관리가 용이하다.
③ 자기 보고를 통해 구체적 정보를 얻을 수 있다.
④ 자기 보고의 내용은 실제와 일치성이 높다.

기출유형

19 동기 측정 방법 중 생리적 측정법에 대한 설명으로 옳지 않은 것은?

① 관찰자의 주관적 해석이 불가피하다.
② 뇌파 검사(EEG), 기능적 자기 공명 영상(fMRI)등을 이용한다.
③ 생리적 활동은 인간의 내적 과정을 추론하는 중요 요소이다.
④ 시간의 지연이 나타날 수도 있기 때문에 일반화에 무리가 있다.

기출유형

20 생리학적 방법으로 동기를 측정하는 내용에 대한 설명으로 옳지 않은 것은?

① 전전두 피질은 목표 설정하기와 관련된다.
② 코르티솔은 스트레스와 관련된 호르몬이다.
③ 동공의 크기로 인지적 상태의 변화를 알 수 있다.
④ 표정은 특수한 정서 상태를 나타낸다.

제1장 | 실전연습문제 정답·해설

01	02	03	04	05
③	③	④	④	④
06	07	08	09	10
②	④	③	③	①
11	12	13	14	15
②	②	②	④	④
16	17	18	19	20
②	④	④	①	③

01 ③

동기는 개인의 행동을 결정하는 의식적·무의식적 원인이다.

02 ③

동기는 인간과 동물의 행위를 결정짓는 요인이다.

[오답분석]
① 반응의 강도를 높이는 조건이다.
② 개인의 행동을 결정하는 요인으로 작용하는 의식적 경험 또는 무의식적 조건이다.
④ 행동의 방향과 강도 및 지속에 대한 직접적인 영향이다.

03 ④

동기는 시간적으로나 공간적으로 거리가 있는 목표 대상에 대해서도 작용한다.

04 ④

동기의 기능은 행동 촉진 기능, 목표 지향 기능, 선택적 기능이 있다.

05 ④

욕구는 유기체의 행동을 일으키게 하는 생활체 내부의 원인으로 추동(drive)과 동의어로 사용되는 용어이다.

06 ②

특수 동기는 교사의 통제 범위 안에 들어 있다고 볼 수 있으며 특정 전략에 의해 변화될 수 있다.

07 ④

내적 동기는 개인의 흥미나 호기심과 같은 요인으로 유발되는 것으로 성취 동기, 자아 실현 욕구 등이 이에 해당된다.

[오답분석]
① 일반 동기와 특수 동기는 학습 관련 동기 분류이다.
② 특수 동기는 특정 전략에 의해 변화될 수 있다.
③ 외적 동기는 개인 내부의 동기를 감소시키거나 개인에게 낮은 자기 인식과 편협한 초점을 형성시킬 수 있다는 비판을 받기도 한다.

08 ③

내적 동기는 개인이 본질적으로 가지고 있는 동기로서, 개인의 흥미나 호기심과 같은 요인에서 유래하는 스스로의 욕구에 대한 반응을 의미한다. 내적 동기는 개인이 과제에 대한 외부의 보상과 상관없이 능동적으로 활동에 참여할 때 형성된다.

09 ③

공포감과 같은 정서는 고전적 조건화에 의해 학습된 대표적인 정서로서 행동의 근원이 되는 요인이다.

10 ①

강화나 보상 등은 외적 동기를 유발한다.

오답분석

② 공포감과 같은 정서는 고전적 조건화에 의해 학습된 것이다.
③ 뇌의 보상 중추는 쾌감 중추라고도 하며 자극을 받으면 도파민 분비가 증가한다.
④ 권력, 성공, 성취에 대한 욕구 등은 학습된 동기이다.

11 ②

심리적 욕구는 유능성, 소속성 등이다.

오답분석

① 생리적 욕구는 배고픔과 갈증 등이다.

12 ②

신경적 관점은 뇌 활성화이고, 생리적 관점이 호르몬 활성화이다.

13 ②

동기 출현의 원인을 세상에 노출됨에 의해 유도되는 사고 방향에 관점을 두고 연구하는 견해는 사회인지적 관점이다.

오답분석

① 인지적 관점 – 정신적 사건·사고
③ 문화적 관점 – 집단·조직·국가
④ 인본적 관점 – 인간 잠재력 고취

14 ④

동기 강도는 시간에 따라 변화한다. 사람들은 다양한 강도를 지닌 다수의 동기들이 내재되어 있고, 그 중 일부가 특정 시기, 상황에서 주의를 사로잡고 행동의 흐름에 참여, 영향을 준다.

15 ④

동기는 휴지, 출현, 만족 혹은 좌절을 거치므로 모두 가지고 있다.

16 ②

잠재기(latency)는 어떤 자극 사건에 대해 초기에 노출될 때 사람이 반응을 지연하는 시간이다.
지속성(persistence)이 반응을 시작하고 나서 멈출 때까지의 시간이다.

참고 동기의 행동적 표현

행동	의미
주의(attention)	집중과 과제에 대한 주의
노력(effort)	어떤 과제를 성취하려고 분발하기
잠재기(latency)	어떤 자극사건에 대해 초기에 노출될 때 어떤 사람이 반응을 지연하는 시간
지속성(persistence)	반응을 시작하고 나서 멈출 때까지의 시간
선택(choice)	두 가지 혹은 그 이상의 행동 경로가 있을 때, 다른 것에 비해서 어떤 행동 경로에 대한 선호를 나타내기
반응 확률(probability of response)	행동이 발생할 다수의 상이한 기회가 있을 때, 특정 목표 지향적 반응이 발생할 경우의 수
표정(facial expression)	코를 찡그리기, 윗입술을 치켜 올리기 및 눈썹을 찡그리기와 같은 얼굴 움직임
몸짓(bodily gestures)	자세, 체중 이동 그리고 발, 팔 및 손의 운동 같은 몸짓

17 ④

행동, 정서, 인지, 음성 모두 해당된다.

참고 관여

구분	내용
행동적 관여	주의, 노력, 지속성
정서적 관여	흥미, 즐거움
인지적 관여	전략, 자기 조절
음성	자기 표현, 참여

18 ④

자기 보고의 내용과 실제로 하고 있는 것 사이에 일치성 부족하다. 또 어떻게 느끼고 있다고 말하는 것과 정신 생리적 활동이 나타내는 것 사이의 일치도 부족하다.

19 ①

행동 관찰법의 한계점으로, 관찰자의 주관적 해석이 불가피하다는 점이 있다.

20 ③

동공의 크기로 정신적 활동의 정도를 알 수 있다.

참고 뇌의 활성과 생리학

구분	내용
뇌 활동	편도체(공포) 혹은 전전두 피질(목표 설정) 같은 뇌 구조의 활성화
호르몬 활동	코르티솔(스트레스) 혹은 카테콜아민(투쟁-도주 반응) 같은 타액 또는 혈액 내의 화학 물질
심혈관계 활동	심장과 혈관의 수축 및 이완(매력적 유인, 어렵고 도전적인 과제)
안구 활동	동공 크기(정신적 활동의 정도), 눈 깜빡임(인지적 상태의 변화), 안구 운동(반성적 사고)
전기 피부 활동	피부 표현의 전기적 변화(위협 혹은 자극의 중요성 표현)
골격근 활동	표정(특수한 정서), 몸짓(회피 욕망)과 같은 근육의 활동

무료 학습자료 제공 · 독학사 단기합격 **해커스독학사**
www.haksa2080.com

무료 학습자료 제공 · 독학사 단기합격 **해커스독학사**
www.haksa2080.com

전문가가 분석한 출제경향 및 학습전략

제2장 동기 이론은 학습자들이 가장 어려워하는 영역 중 하나이지만 출제 경향성이 높은 장이기 때문에 특히 유념하여 학습하여야 할 부분이다. 각 학자들이 제시한 이론을 정확히 이해하고 각 이론에서 강조하는 핵심 언어를 연결하여 정리하는 것이 중요하다. 학습된 내용을 도출하기 위해서 정리된 내용을 토대로 암기하는 것이 학습의 주요 포인트라 할 수 있다.

제2장 | 핵심 키워드 Top 10
핵심 키워드 Top 10은 본문에도 동일하게 ★로 표시하였습니다.

01	추동 감소 이론 ★★★	p.49
02	고전적 조건화의 주요 현상 ★★★	p.57
03	자기 가치 이론: 3가지 유형과 동기 상황 ★★★	p.72
04	추동의 4가지 특성 ★★	p.49
05	여키스–도슨 법칙(Yerkes–Dodson law) ★★	p.53
06	강화물의 유형 ★★	p.61
07	모델링의 유형 ★★	p.66
08	귀인 세 차원의 8가지 조합 ★★	p.70
09	자기 효능감 증진 방법 ★★	p.74
10	동기 향상 방안 ★★	p.75

제2장

동기 이론

제1절 본능 이론
제2절 추동 감소 이론
제3절 각성 이론
제4절 행동주의 및 사회적 학습 이론
제5절 인지주의 및 사회인지

제1절 본능 이론

01 다윈(Charles R. Darwin)

1. 행동의 본능적 요소 [기출개념]

(1) 자연 선택(natural selection)
① 자연 선택은 종을 만들어내는 동기적 힘이다.
② 모든 생물은 살아남을 수 있는 것보다 더 많은 수의 자손을 낳는다.
③ 개체들은 저마다 다른 형질을 가지며 이들 중 일부는 후손에 유전된다.
④ 생존에 적합한 형질을 지닌 개체군이, 생존에 부적합한 형질을 지닌 개체군에 비해 생존과 번식에서 이익을 본다.
⑤ 자손은 조상에 비해 환경에 더 잘 적응하는 형질을 가진다.

(2) 성 선택(sexual selection)
① 다윈이 처음으로 주창한 성 선택은 특별한 배우자를 차지하기 위한 경쟁을 의미한다.
② 성 선택의 메커니즘은 성내 선택과 성간 선택 두 가지로 나뉜다.
  ㉠ 성내 선택: 수컷 경쟁으로 다른 경쟁자들을 제거하기 위해 수컷들끼리 싸움을 벌이는 현상이다.
  ㉡ 성간 선택: 수컷이 암컷에게 구애하기 위해 신체적 특징들을 발달시키는 현상이다.
③ 대부분의 경우에는 수컷이 구애하고 암컷이 선택하지만, 몇몇 종에서는 배우자 선택을 수컷이 주로 하는 경우도 있다.

2. 본능 이론의 출현 [기출개념]

(1) 진화론과 생물학적 결정론 제시
① 다윈은 동기 분야에서 본능 이론이 출현하는 초석을 만들었다.
② 정신적인 동기의 개념에서 기계적이고 유전적인 개념으로 변화되었다.

(2) 본능
① 다윈 연구 이전에는 본능이 정념, 소망, 정서 등의 개념과 중복되는 모호한 것이었으나, 다윈이 동물 행동과 생존 가치를 강조함으로써 본능의 정의에 초점을 부여하였다.
② 환경에 적응하도록 설계된 생물학적 본능의 중요성을 제안하였다.

핵심 Check

행동의 본능적 요소
다윈의 행동의 본능적 요소에는 자연 선택, 성 선택이 있다.

개념 Plus

본능(instinct)
- 어떤 생물체가 태어난 후에 경험이나 교육에 의하지 않고 선천적으로 가지고 있는 억누를 수 없는 감정이나 충동이다.
- 한 동물 종의 모든 개체에 걸쳐 고정된 패턴을 가진 학습되지 않은 행동이다.
  [예] 영아의 반사 행동, 새의 집 짓기, 각인(imprinting), 병아리가 알을 깨고 나오는 것 등이 있다.

(3) 인간 – 동물 이원론의 종식
① 한 종의 생존이나 멸종에 필요한 유일한 기준은 그 종의 생존을 조장하는지 여부이다.
② 만일 행동이 생존을 조장하지 않는다면, 그 행동은 사라진다.
③ 동물에게 작동하는 행동이 인간에게도 작동한다.
④ 동물과 인간의 행동을 주도하는 동기 원리는 동일할 수밖에 없다(Darwin, 1872).

02 제임스(W. James)

1. 본능에 대한 생각 `기출개념`
① 제임스는 본능에 대한 생각을 널리 퍼뜨린 최초의 인물이다.
② 본능은 목표를 예견하지도 않고 어떤 행동에 대한 사전 교육도 없이 그 목표를 달성하는 행동 능력이다(James, 1890).
③ 제임스는 사람의 본능의 종류가 매우 많다고 주장하고, 대부분의 인간의 행동을 설명할 수 있다고 여겨지는 본능 목록을 작성하였다.
  ㉠ 어린 시절에는 모방, 말소리, 내기, 경쟁, 싸우기, 특정 물체에 대한 두려움, 부끄러움, 사교성, 놀이, 호기심, 무엇을 가지려는 욕심 등의 본능이 크게 나타난다.
  ㉡ 어른이 되면, 사냥, 겸손, 사랑, 양육의 본능이 나타난다.
  ㉢ 본능 목록이 너무 많아 이론적 권위가 추락되었다.
④ 본능은 자극을 보는 것만으로도 목표 지향 행동을 활성화시킨다.
  ㉠ 본능이 이끌고 지능은 단지 뒤따를 뿐이다.
  ㉡ 본능의 역할을 강조하였지만, 다른 한편으로는 본능은 다른 많은 동기적 힘의 하나일 뿐임을 주장하였다.
⑤ 본능은 반사와 학습의 중간적인 것이다.
⑥ 본능은 인간의 행동의 전부는 아니다.

2. 습관에 대한 생각(습관은 제2의 본성) `기출개념`
① 본능이 사람과 동물의 행동 대부분을 유도하지만 '습관'과 같은 행동은 일생 동안 학습과 수정이 가능하다.
② 인간은 습관의 집합체이고, 적응 과정은 생물체에게 습관, 즉 신경 생리적 과정을 형성시킨다.
③ 반복적인 행동이 뇌의 신경 경로를 계속적으로 활성화시킴으로써, 시간이 지나면서 행동은 더 쉽고 능숙하게 이루어진다.
④ 의식을 포함하여 인간의 모든 것은 습관에 의해 일어나는 것이고, 적응 과정이 생물체에게 습관을 형성시키고 습관을 생리적 과정으로 연결시킨다.
⑤ 제임스의 습관 형성에 대한 신경생물학적 견해는 파블로프(Pavlov)의 설명과 일치한다.

📑 **개념 Plus**

본능 단명의 법칙
다른 동물과 마찬가지로 인간의 본능도 발생 직후 적절히 관리하지 못하면 사라진다.

예 아기 때 나타나는 충동과 관심 등을 발견 즉시 올바른 행동의 습관이 되도록 이끌어 주지 못하면 이 습관을 다시 만들 수 있을 기회가 영영 사라질 수도 있다.

03 맥두걸(William McDougall)

1. 본능에 대한 생각
① 본능은 인간 행동을 책임지는 유일한 동기적 힘이다.
② 본능을 정서적이고 목표지향적 용어로 정의하였다(McDougall, 1908).
③ 인간은 목표를 향해 달려가는 것이 아니라 본능적 힘에 의해서 목표로 떠밀려가는 것이다.
④ 본능은 학습된 것이 아니며 획일적으로 발현되고 모든 동물 종에서 보편적이어야 한다.
⑤ 본능은 인지, 행동, 정서로 구성되어 있다.
  ㉠ 본능은 인간 행동에 영향을 미친다.
  ㉡ 본능은 특정 대상을 향해 선택적으로 주의를 집중시킴으로써 인지에 영향을 미친다.
    ⓐ 도망가기 본능이 점화되면, 인간은 선택적으로 위협적인 대상에 주의를 기울인다.
    ⓑ 생식 본능이 점화되면, 생식 기회의 신호가 있는 대상에게 선택적으로 주의를 기울인다.
  ㉢ 주의를 기울여 탐색하면, 자동적으로 회피 또는 접근 행동을 하게 된다.
  ㉣ 그 행동에 수반된 정서를 경험하게 된다.
⑥ 본능 목록
  ㉠ 인간 행동을 주도하는 1차 본능 목록을 작성하였다.
  ㉡ 일차적으로 도망가기, 혐오감, 호기심, 호전성, 자기 비하, 자기 주장, 양육, 생식, 획득, 구성 본능을 포함한 10가지 본능을 확인하였다.
  ㉢ 1932년에는 먹이 찾기, 수면, 신체 욕구 등과 같이 보다 기본적인 본능을 포함하여 목록이 18개 본능으로 확대되었다.
  ㉣ 맥두걸은 이후에 본능을 '성향(propensity)'이라고 하였다(McDougall, 1908).

04 본능 이론의 문제점

1. 쿠오(Kuo, 1921)의 견해
① 본능의 유형에 대한 합의가 없다.
  ㉠ 본능의 유형은 어떤 것이 있는지, 몇 가지가 있는지에 대한 합의가 없다.
  ㉡ 본능의 목록에 나열된 것들은 연구자의 개인적·임의적 관심에 의한 것이다.
② 본능적이라고 알려진 행동들은 선천적인 것이 아니라 학습된 것이다.
  ㉠ 강화를 받아 유지되는 반응들도 있고 강화를 받지 않아 소거되는 반응들도 있다.
  ㉡ 강화에 의한 임의적인 반응들이 모여서 행동이 구성된다.

③ 행동은 외부 자극에 의해 유발되는 것이다.
  ㉠ 본능은 행동의 배후에 있는 동기 유발의 힘이 될 수 없다.
  ㉡ 행동은 유전적인 프로그래밍의 결과가 아니라 외적 통제에 의해 형성된다.

2. 톨만(Tolman, 1923)의 견해

① 원인을 설명하지 않는 어떤 행동(예 호기심)을 본능적이라고 임의적으로 지칭하게 되면 본능이란 개념의 설명적 가치가 없어진다.
② 무엇이 본능인지, 아닌지를 결정할 명확한 기준이 확립되지 않았다.
③ 본능주의자들이 제시한 본능이라는 개념은 본유주의와 유사하다.

3. 본능 이론의 문제점

① 모든 유형의 행동들을 본능으로 분류한다.
  ㉠ 초기의 본능 이론가들은 인간 행동에 '이름을 붙이기'에 몰두하였다.
    예 • 자기 비하 본능, 자기 주장 본능, 손잡이 본능 등 모든 행동을 본능으로 분류하였다.
       • 한 사회학자는 무려 5,759개 본능을 집대성하기도 하였다.
  ㉡ 인간 행동을 설명하지 못하였다.
    ⓐ 인간 행동을 설명하는 데 필요한 본능의 목록을 작성하면 거의 6,000개에 달한다.
    ⓑ 본능에 의해서 인간 행동의 동기를 체계적으로 설명할 수 없다.
② 동일한 동기, 상이한 신경 구조를 간과하였다.
  ㉠ 신경계가 복잡할수록 유기체는 적응적이다.
  ㉡ 인간의 행동은 융통성을 보이지만, 새의 행동 패턴은 고정적이다.
③ 동일한 자극에 대해서 모든 인간이 동일한 본능 행동을 보인다는 가정이 연구에서 지지되지 못하였다.

개념 Plus

본유주의
관념론의 특유한 용어로 자아(自我), 신(神), 수학, 공리 등의 관념은 본래 인간이 가지고 있는 것이며, 경험에 의한 것이 아니다.

기출개념확인

01 동기에 대한 본능 이론에 대한 설명으로 옳지 <u>않은</u> 것은?

① 다윈(Darwin)은 본능의 정의에 동물 행동과 생존 가치를 강조하였다.
② 다윈(Darwin)은 동물과 인간의 행동을 주도하는 동기 원리는 동일하다고 보았다.
③ 제임스(James)는 본능이 사람과 동물의 행동 대부분을 유도하기 때문에 행동은 학습으로도 수정이 불가능하다고 하였다.
④ 맥두걸(McDougall)은 본능이 인간 행동을 책임지는 유일한 동기적 힘이라고 주장하였다.

02 동기에 대한 본능 이론의 문제점으로 적절하지 <u>않은</u> 것은?

① 본능에 유형에 대한 합의가 없다.
② 행동은 내부 자극에 의해 유발되는 것이다.
③ 본능적이라고 알려진 행동들은 학습된 것이다.
④ 동일한 동기, 상이한 신경 구조를 간과하였다.

정답·해설

01 ③ 제임스(James)는 본능이 사람과 동물의 행동 대부분을 유도하지만 '습관'과 같은 행동은 일생 동안 학습과 수정이 가능하다고 주장하였다.
02 ② 행동은 외부 자극에 의해 유발되는 것이다. 행동이 유전적인 프로그래밍의 결과가 아니라 외적 통제에 의해 형성된다.

제2절 추동 감소 이론

01 추동(drive)의 개념

1. 추동(drive) `기출개념`
① 추동이란 생물적 욕구가 박탈되었을 때마다 발생하는 각성이나 에너지의 한 형태이다(Dashiell, 1928).
② 추동은 배고픔, 갈증, 성, 고통이라는 네 가지 주요 원천에서 발생한다.
③ 유기체가 먹이, 물, 성을 박탈당하거나 고통에 노출될 때에는 언제나 추동의 증가를 경험하게 된다.
④ 생리적 욕구가 각성 상태(추동, drive)를 만들고, 각성 상태인 추동은 유기체로 하여금 욕구를 감소시키도록 이끈다.

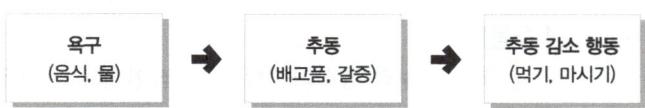

[그림 2-1] 추동 진행 과정

⑤ 추동을 감소시키는 대상이나 사건은 1차 강화물(primary reinforcer)이다. 1차 강화물은 먹이, 물, 성행위, 고통 회피 등이 포함된다.
⑥ 추동이 강할수록 이러한 1차 강화물을 향한 유기체 행동은 강력해진다.
⑦ 추동 이론가는 모든 행동이 추동을 감소시키는 방식으로 나타난다고 가정한다.

2. 추동 대 본능
① 기능 측면에서 추동은 선행 개념인 본능과 거의 다르지 않다.
② 추동과 본능은 대체로 유기체를 자동적으로 특정 목표로 향하게 한다.
③ 본능은 생득적이고 생물적으로 주도되는 것으로 엄격하게 정의되는 반면, 추동은 그러한 제약이 없다는 점에서 차이가 있다.
④ 추동을 생물적 욕구로 표현하더라도, 학습된 반응도 수반한다. 유기체는 어떤 행동이 추동을 감소시키고 어떤 행동이 추동을 감소시키지 않는지를 학습해야만 하기 때문이다.

📒 개념 Plus

추동 감소의 생리적 목표
추동 감소의 생리적 목표는 항상성(homeostasis)으로, 이는 안정된 내적 상태를 유지하려는 경향성이다.
예) 체온 조절 시스템

추동
유기체에게 먹이를 24시간 박탈하면, 높은 수준의 추동을 경험하게 된다.
- 높은 추동은 유기체 내에서 형성되어 추동을 감소시키기 위해 먹이를 찾아 나서도록 동기화시킨다.
- 먹이를 박탈한 쥐와 박탈하지 않은 쥐를 도착 지점에 먹이가 놓여있는 미로에 집어넣으면, 추동의 차이로 인해서 먹이가 박탈된 쥐가 미로를 더 빠르게 달려가게 된다.

✅ 핵심 Check

추동의 자질
- 욕구 박탈이 추동을 일으킨다.
- 추동은 혐오적이기 때문에 유기체는 항상 추동을 감소시키고자 노력한다.
- 모든 행동은 추동을 감소시키려는 시도로 간주할 수 있다.
- 추동 감소를 수반하는 행동은 강화됨으로써, 추동을 학습을 위한 필요 조건으로 만든다.

02 프로이트(Freud)

1. 프로이트의 추동(drive) 개념 `기출개념`
① 동기와 관련된 프로이트의 핵심 개념은 'trieb'로 추동, 충동 등으로 번역되는 것이다.
② trieb는 독일어로 drive 혹은 instinct로 번역되지만, 정확한 번역이 어렵다. trieb는 어떤 분명한 목적보다는 '추진시키는 압력'으로 일반적으로 방향성을 억제할 수 없는 압력이라는 의미의 개념이다.
③ 프로이트는 생물적 구성체를 논의할 때 instinct(본능)라는 단어를 사용하기도 하였다. 이 사실은 프로이트가 trieb를 instinct와 동일한 의미로 생각하지 않았음을 시사한다.
④ 인간의 많은 행동이 성적인 충동이나 배고픔과 같은 무의식적 충동에서 비롯된다.
⑤ 프로이트의 추동이라는 개념은 본능과는 다른 것이지만, 본질적으로 다윈의 본능 이론의 연장선상에 있다.

2. 프로이트의 추동의 3가지 유형 `기출개념`
프로이트는 행동을 동기화시키는 세 가지 유형의 추동을 제안하였다.

(1) 삶 추동(life drive, 성 추동)
① 이 추동은 음식과 물 그리고 성적 생식과 같은 기본적인 생존과 쾌락주의적 즐거움을 반영한다.
② 삶 추동은 자신의 삶을 유지시키며 그 삶을 후속 세대에 전달하는 기능을 갖는다.
③ 리비도(libido)란 삶 추동이 생성하는 에너지를 의미한다.

(2) 죽음 추동(death drive)
① 삶 추동만을 가지고는 인간의 모든 행동을 설명할 수 없다고 생각한 프로이트는 죽음의 추동을 추가하였다(『쾌락원리를 넘어서』, *Beyond the Pleasure Principle*, 1920).
② 프로이트는 전쟁이나 천재지변과 같은 외상 사건을 경험한 사람은 그 경험을 의식에서 되새기기 쉽다는 사실에 주목하고 사람들이 죽고자 하는 무의식적 소망을 가지고 있지만 평소에는 삶 추동이 이러한 소망을 가라앉힌다고 보았다.
③ 타나토스(thanatos)는 죽음 추동이 생성하는 에너지를 의미한다.

(3) 자기 보존 추동(self preservation drive)
① 프로이트는 사람들이 자신의 존재를 보존하기 위한 일련의 행동을 삶 추동과 연관지어 설명하였다.
② 삶 추동과 자기 보존 추동의 차이
  ㉠ 삶 추동: 종의 생존을 보장하는 것이다.
  ㉡ 자기 보존 추동: 개체의 생존을 보장하는 것이다.

(4) 정신 건강과 신체 건강의 핵심
정신 건강과 신체 건강의 핵심은 삶 추동, 죽음 추동, 자기 보존 추동을 규칙적으로 만족시키는 것이다.

3. 추동의 4가지 특성 ★★

구분	내용
근원	신체의 결핍이 추동을 일으킴
압력	신체 결핍의 강도가 증가하고 불안과 같은 심리적 불편감으로 의식하도록 함
대상	불안을 감소시키고 신체의 결핍을 충족시키기 위해 욕구를 충족시키는 환경의 대상을 탐색하고 그것을 소모시킴
목표	환경의 대상이 성공적으로 신체의 결핍을 충족시킨다면 적어도 얼마 동안 충족 상태가 되고 불안은 잠잠해짐

03 헐(Clark Hull)

1. 추동 감소 이론 ★★★ 기출개념

① 추동은 생물적 욕구를 활성화시키며 유기체는 추동을 감소시키는 행동을 하고자 동기화된다.
② 추동은 현재의 신체적 결핍으로 이루어진 종합 에너지원으로 음식, 물, 성, 수면 등의 결핍에 의해 발생하는 욕구가 합해져서 전체적인 신체적 욕구를 이룬다.
③ 헐의 주요 관심
  ㉠ 추동을 구성하는 것은 무엇이며 그 특성은 무엇인가?
  ㉡ 추동이 어떻게 행동에 영향을 미치는가?
  ㉢ 행동에 영향을 미치는 동기적 요인은 어떤 것들이 있는가?
④ 행동 유발 공식

$$\text{반응 경향성} = \text{추동}(drive) \times \text{습관 강도(학습의 강도)}$$

⑤ 유기체는 배고픔, 갈증, 수면, 성 등에 대한 다양한 추동 자극을 구별할 수 있고, 이들에 대해서 과거에 강화된 방식대로 행동하는 반응을 한다.
⑥ 추동은 행동 전개의 세 가지 측면에서 중요하다.
  ㉠ 추동이 없이는 학습이 일어날 수 없다.
  ㉡ 추동이 없이는 행동이 일어날 수 없다.
  ㉢ 추동이 없이는 적응적인 행동을 가져올 반응들과 연결될 수 있는 추동 자극도 전혀 존재하지 않는다.

2. 추동 이론의 구성

헐의 이론은 다음과 같은 두 가지 성분으로 구성되어 있다.

(1) 불특정 각성(nonspecific arousal)
① 추동은 불특정 각성의 형태를 취한다.
② 생물적 욕구(배고픔, 갈증 등)가 동일한 일반화된 각성을 촉발한다.
③ 일반화된 각성은 다시 모든 행동에 에너지를 공급하는 것이지 단지 박탈된 욕구와 관련된 행동에만 국한되지 않는다.
> 예 먹이가 박탈된 고양이는 적극적으로 먹이를 찾을 뿐만 아니라 적극적으로 물도 찾으며 고통에 반응하기도 한다.

(2) 습관(habit)
① 추동 감소는 학습과 행동의 핵심 요인이다.
② 반복적으로 발생하는 추동에 의한 불편함을 감소시키기 위해, 유기체는 그 추동을 감소시켜 주는 보상이나 유인 자극을 얻게 해주는 행위를 반복적으로 수행하게 된다.
③ 특정 행위의 반복적인 수행을 통해서 유기체는 보상을 얻는 방식에 영향을 미치는 습관을 형성하게 된다.
> 예 배가 고픈 강아지에게 두 발로 설 때마다 먹이를 주게 되면, 배가 고플 때마다 먹이를 요구하는 방법으로써 두 발로 서게 될 것이다.

④ 추동이나 습관 하나만으로는 행동이 나타나지 않는다. 추동이 발생하였지만 습관이 형성되지 않았거나, 습관은 형성되어 있지만 추동이 발생하지 않는다면 행동은 나타나지 않는다.

> **개념 Plus**
> **유인 자극(incentive)**
> · 행동을 동기화시키는 긍정적 또는 부정적인 환경 자극이다.
> · 생리적 욕구와 유인 자극이 동시에 존재할 때 강력한 추동을 경험하게 된다.

04 추동 이론의 문제점

1. 일반화 가능성(generalizability)이 부족함

추동 이론은 배고픔이나 갈증과 같은 생물적 욕구에 대한 먹이나 물과 같은 1차 강화물에는 잘 적용할 수 있지만, 칭찬이나 돈과 같은 2차 강화물(조건강화물)에는 적용할 수 없다.
> 예 돈은 음식과 물과 같은 1차 강화물을 구입하는 데 사용할 수 있는 강력한 2차 강화물이지만, 돈 자체가 사람들의 추동을 감소시키지는 않는다.

2. 학습을 하는 데 항상 추동 감소가 필요한 것은 아님

(1) 세필드와 로비(Sheffield & Roby, 1950) 연구
단맛이 나지만 영양가는 없는 보상(인공 감미료)을 받은 쥐가 설탕을 보상으로 받은 쥐 못지않게 미로를 신속하게 달리는 것을 학습하였다.

(2) 할로우(Harlow, 1953) 연구
추동 감소와는 정반대되는 효과, 즉 추동의 증가가 학습을 촉진시킬 수 있다는 사실도 보여주었다.

기출개념확인

01 프로이트(Freud)가 제시한 추동의 유형에 대한 설명으로 옳지 않은 것은?

① 추동의 유형에는 삶의 추동, 죽음의 추동, 자기 보존의 추동이 있다.
② 삶 추동은 종의 생존을 보장하는 것이다.
③ 리비도(libido)란 자기 보존 추동이 생성하는 에너지를 의미한다.
④ 삶 추동만을 가지고는 인간의 모든 행동을 설명할 수 없다.

02 헐(Hull)의 추동 감소 이론에 대한 설명으로 옳지 않은 것은?

① 추동 없이 학습이 일어날 수 있다.
② 추동 없이 행동이 일어날 수 없다.
③ 추동 감소가 학습과 행동의 핵심 요인이다.
④ 추동 하나로만 행동이 나타나지 않는다.

정답·해설

01 ③ 리비도(libido)란 삶 추동이 생성하는 에너지를 의미한다.
02 ① 추동 없이는 학습이 일어날 수 없다.

제3절 각성 이론

01 각성 이론의 개념

1. 각성 이론 기출개념

① 각성은 자극에 반응을 보이는 생리적, 심리적 상태이다. 각성이 일어날 경우에 증가된 심박 수 및 혈압과 감각 각성, 이동성 및 반응 준비와 연관된 망상 활성계, 자율신경계통과 내분비계통의 활성화를 수반한다.
② 각성 이론은 추동 이론과의 혼란을 피하기 위해 추동이란 용어 대신에 각성이란 용어를 사용한다.
③ 각성 이론은 인간이 일반적으로 적은 자극보다는 많은 자극을 추구한다는 사실의 관찰로부터 나오게 된 이론이다.
④ 사람마다 최적의 자극 수준에 개인차가 있지만, 일반적으로 사람들은 자신의 능력과 관련하여 도전적인 활동에 참여할 때 더 행복해하고 더 많이 동기화된다.
⑤ 각성 이론은 하나의 전체로서의 유기체를 강조하고, 유기체가 어떻게 활성화되는지를 이해하면 유기체의 행동을 잘 이해할 수 있다고 본다.
⑥ 각성 이론은 강화가 추동의 감소뿐만 아니라 최적 수준을 향한 추동의 변화로 구성된다는 입장이다.
⑦ 각성 이론은 정서나 동기를 행동의 활성화라는 연속선상에 두고 본다.
⑧ 행동 활성화의 연속성은 낮은 각성 수준(혼수 상태 혹은 수면)에서 시작하여 높은 각성 수준(분노)까지 도달한다.
⑨ 최적 각성 수준
  ㉠ 최적 각성 수준은 가장 적합한 상태의 각성을 이룰 수 있게 만드는 동기를 의미한다.
  ㉡ 인간은 신체적으로 최적의 각성 수준을 유지하려고 동기화된다(최적의 각성 수준 추구).
  ㉢ 만일 현재의 각성 수준이 최적 수준보다 더 높으면, 그 감소가 강화이지만 현재의 수준이 최적 수준보다 낮으면, 감소보다 증가가 강화이다.
  ㉣ 각성 수준이 정확히 최적 수준이면, 강화는 그 순간 불가능할지도 모른다.
  ㉤ 각성 수준과 최적 수준 모두 끊임없이 변하기 때문에 둘의 한계는 매우 일시적이다.

2. 여키스 – 도슨 법칙(Yerkes – Dodson law) ★★ 기출개념

① '여키스 – 도슨 법칙(Yerkes – Dodson law)'은 로버트 여키스(Robert Yerkes)와 존 도슨(John Dodson)이 밝혀낸 법칙이다.
② 각성 수준과 수행 수준의 관계를 제시한 원리이다.
③ 인간의 감각 – 지각의 각성 상태와 과제 수행 능력 사이에는 역 U자 형태의 관계가 성립한다.
　㉠ 생리적 또는 정신적 각성에 따라 수행 능력이 향상되지만 어느 정도까지만 증가한다.
　㉡ 각성의 수준이 너무 높아지면 수행 능력이 저하된다.
　㉢ 수행 능력은 과제 특성에 따라 달라진다.
　　ⓐ 쉬운 과제: 각성 수준이 비교적 높을 때 수행 효율성이 높다.
　　ⓑ 어려운 과제: 각성 수준이 낮을 때 최고의 수행 효율성이 높다.

> **핵심 Check**
>
> **여키스 – 도슨 법칙(Yerkes – Dodson law)**
> 각성 수준과 수행 수준과의 관계를 제시한 원리로 각성 상태와 과제 수행 능력 사이에는 역 U자 형태의 관계가 성립한다는 것이다.

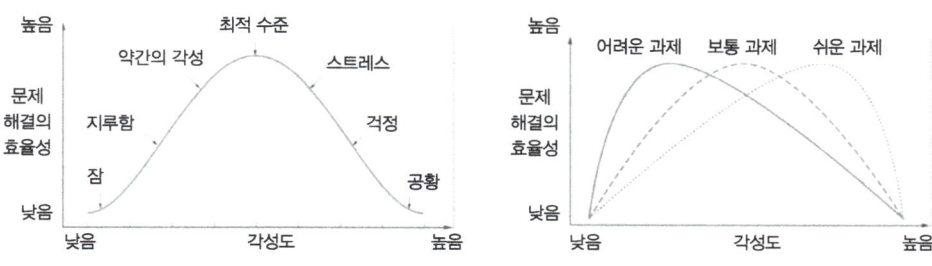

[그림 2-2] 과제 특성에 따른 수행 능력

02 망상활성계(RAS; Reticular Activating System)

1. 망상활성계(RAS) 기능

① RAS는 포유류 뇌의 한 영역으로, 척수를 타고 올라오는 감각 정보를 대뇌로 전달하는 신경망이다.
　㉠ RAS는 뇌간에서 뻗어 나온 신경 세포와 신경 섬유 다발로서 뇌의 여러 영역으로 이어진다.
　㉡ 상행성 RAS는 대뇌 피질, 시상, 시상 하부 등으로 연결되고, 하행성 RAS는 소뇌와 연결되어 몸의 감각신경들로 이어진다.
　㉢ 감각 기관으로 입력되는 거의 모든 정보가 RAS를 거쳐 뇌로 들어간다. 이 관문에서 정보가 걸러진다. 어떤 정보를 뇌로 보내고, 어떤 정보를 무시할지 RAS가 결정한다.
② 수면과 각성, 호흡, 심장 박동, 행동 유발 등 인간 생체의 여러 중요한 기능을 관장한다.
③ 아세틸콜린, 노르에피네프린, 도파민, 세로토닌 등의 각성과 관련된 흥분성 신경 전달 물질을 만들어낸다.
④ RAS는 우리의 인식 내용과 각성 수준에 지대한 영향을 미친다.

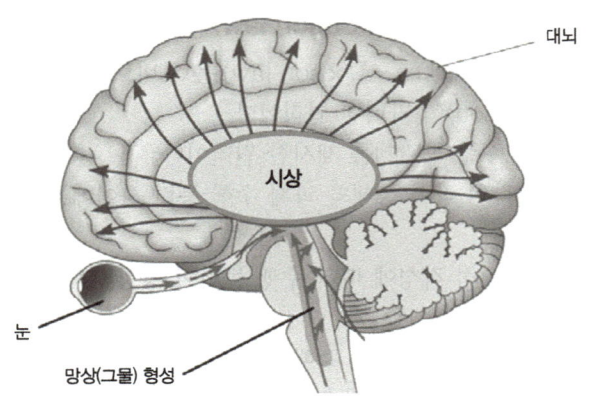

[그림 2-3] 망상활성계(RAS)

2. 망상활성계(RAS) 연구
① 20세기 중반에 생리학자들은 뇌의 깊은 곳에 정신적 각성, 주의력, 기민성, 동기부여를 관장하는 모종의 구조체가 있다고 설명하였다.
② RAS의 존재에 대하여 과학계가 처음 관심을 갖게 된 것은 1949년이었다.
　㉠ 모루치(Moruzzi)와 마군(Magoun)이 뇌의 수면·각성 메커니즘을 조절하는 신경 성분을 조사한 결과를 과학학술지 「뇌파 검사와 신경생리학」("Electro-cephalography and Clinical Neurophysiology") 창간호에 발표한 것이 계기가 되었고, 모루치와 마군의 연구가 RAS의 발견으로 이어졌다.
　㉡ 모루치와 마군은 RAS에 전기 자극을 하면 피질의 전기적 활동이 변화되는데, 이 변화가 외부 자극에 주의를 기울일 때 나타나는 변화와 다르지 않음을 발견하였다.
　㉢ 각성 이론은 모루치와 마군의 RAS의 발견으로 강력한 지지를 받게 되었다.
③ 여키스와 도슨(Yerkes-Dodson)의 법칙에서 낮은 각성 수준에서 높은 각성 수준으로의 변화는 RAS와 관련이 있으며, 중간 각성 수준에서 높은 각성 수준으로의 변화는 변연계가 주로 관여한다고 할 수 있다.

03 헵(Donald Hebb) 이론

1. 헵(Hebb)의 감각 박탈 실험(1951년)
① 피험자들에게 눈을 가리고 귀도 막고 손도 통 속에 넣어 모든 감각을 박탈한 후, 대신에 마음껏 잠을 자고 식사와 화장실 가는 것만 허락했다.
② 하루에 20달러씩 받기로 했던 피실험자들은 채 하루를 견디지 못하고 환청을 듣기 시작해 중도에 실험 참여를 포기했다.
③ 피험자가 탈락하여 하는 수 없이 헵 박사가 직접 이 실험의 피험자가 되었다. 헵은 그 후 7일 동안 환각과 환청 등에 시달렸고, 거의 미칠 지경에 이르러 7일 만에 실험을 포기했다.

④ 이 실험으로 얻은 이론이 인간은 자극을 추구한다는 '최적 각성 이론'이다.

2. 헵(Hebb)의 견해

① 헵은 뉴런의 작용이 어떻게 학습과 같은 심리학적 과정에 기여했는지에 대해 관심을 두었다.
② 동기는 RAS에 의한 대뇌 피질의 활성화이다.
③ RAS는 감각 정보를 대뇌 피질이 처리할 수 있도록 대뇌 피질을 활성화한다.
④ 감각 정보의 역할
  ㉠ 단서 기능: 정보를 제공한다.
  ㉡ 각성 기능: 개체를 각성시키는 역할을 한다.

> **개념 Plus**
>
> **대뇌 피질**
> **(대뇌 겉질, cerebral cortex)**
> • 대뇌의 표면에 위치하는 신경 세포들의 집합이다.
> • 대뇌 피질은 부위에 따라 기능이 다르며 각각 기억, 집중, 사고, 언어, 각성 및 의식 등의 중요 기능을 담당한다.

04 각성 이론의 문제점

1. 각성 이론의 문제점

① 행동적 측정치와 피질 및 자율계의 각성에 대한 측정치들 간에 상관관계가 크지 않다는 점이다.
② 피질 각성이 정서 상태를 나타낸다는 가정의 일반화의 문제이다.
  ㉠ 피질 각성이 상황에 따라서 다른 상태를 보인다는 연구 보고가 있다(Lacey, 1967).
  ㉡ 피질 각성이 동기 유발된 행동과 동등한 것인지 분명하지 않다.
  ㉢ 피질 각성이 어떻게 행동을 통제하는지 분명하지 않다.
③ 각성을 이해하려면 그 배후에 있는 생리적 기제만 알면 된다고 가정한다. 하지만 각성을 이해하려면 환경적 요인과 유기체의 과거의 경험도 파악해야 할 필요가 있다.

기출개념확인

01 RAS에 대한 설명으로 옳지 않은 것은?

① 수면과 각성, 호흡, 심장 박동, 행동 유발 등을 관장한다.
② 주의력과 기민성, 동기 부여를 관장한다.
③ 흥분성 신경 전달 물질을 만들어낸다.
④ 감각 기관으로 입력되는 모든 정보를 대뇌 피질로 전달한다.

02 여키스 – 도슨 법칙(Yerkes – Dodson law)에 대한 내용으로 옳은 것은?

① 각성 상태와 과제 수행 능력 사이에는 U자 형태의 관계가 성립한다.
② 정신적 각성에 따라 수행 능력은 계속 상승한다.
③ 쉬운 과제는 각성 수준이 높아져도 수행 능력이 떨어지지 않는다.
④ 어려운 과제는 각성 수준이 높을 때 최고의 수행 능력이 나타난다.

정답·해설

01 ④ RAS는 뇌의 게이트 키퍼다. 감각 기관으로 입력되는 거의 모든 정보가 RAS를 거쳐 뇌로 들어간다. 이 관문에서 정보가 걸러진다. 어떤 정보를 뇌로 보내고, 어떤 정보를 무시할지 RAS가 결정한다.

02 ③ 쉬운 과제는 각성 수준이 비교적 높을 때 수행 능력도 높고, 각성 수준이 높아져도 수행 능력이 떨어지지 않는다.

오답분석
① 각성 상태와 과제 수행 능력 사이에는 역 U자 형태의 관계가 성립한다.
② 정신적 각성에 따라 수행 능력이 향상되지만 어느 정도까지만 증가한다고 규정한다. 각성의 수준이 너무 높아지면 성능이 저하된다.
④ 어려운 과제는 각성 수준이 너무 높아지면 수행 능력이 현저히 떨어지는 양상을 보인다. 즉, 어려운 과제는 각성 수준이 낮을 때 최고의 수행 능력이 나타난다.

참고 여키스와 도슨의 실험
여키스와 도슨은 실험을 통해 쥐들이 미로 찾기를 할 때 전기 충격을 통해 동기 부여를 할 수 있다는 사실을 발견했다. 미로 상자에 풀어놓은 쥐들은 전기 자극이 아주 약할 때는 출구를 찾아 천천히 돌아다녔지만, 자극이 강해질수록 민첩해졌다. 그러나 전기 자극이 매우 강해지자 쥐들은 두려움에 사로잡혔고 미로 규칙을 기억하지 못하며 전보다 낮은 수행 능력을 보였다.

제4절 행동주의 및 사회적 학습 이론

01 고전적 조건 형성

1. 고전적 조건화의 개요 [기출개념]

(1) 이론적 배경
① 러시아의 생리학자 파블로프(Pavlov)에 의해 발전된 이론으로서, 개가 침을 분비하는 여러 가지 상황을 관찰하여 일정한 법칙을 밝혀 낸 결과를 학습의 현상을 설명하는 데 적용한 이론이다.
② 파블로프(Pavlov)의 조건 반사 이론이 왓슨(Watson)의 행동주의와 결합되어 고전적 조건 형성설로 불린다.
③ 조건화란 처음에는 중립적이던 자극이 일정한 훈련을 받게 되면, 나중에는 무조건 자극의 제시 없이 조건 자극만으로도 새로운 반응이나 행동의 변용을 가져올 수 있게 된다는 것이다.

(2) 고전적 조건 형성 실험
① 배고픈 개에게 무조건 자극(음식물)을 가하면 무조건 반응(침)을 보인다.
② 중립 자극(종소리)과 무조건 자극(음식물)을 반복적으로 가한다.
③ 조건 자극(종소리)만 가해도 조건 반응이 나타난다.

(3) 조건 형성 과정

구분	내용
조건 형성 전	무조건 자극(UCS, 음식물) → 무조건 반응(UCR, 침)
조건 형성 중	중립 자극(NS, 종소리) + 무조건 자극(UCS, 음식물) → 무조건 반응
조건 형성 후	조건 자극(CS, 종소리) → 조건 반응(CR, 침)

(4) 고전적 조건화의 주요 현상 ★★★

구분	내용
자극의 일반화	일단 조건이 형성되고 난 직후 유기체가 유사한 조건 자극에 대해서 모두 반응하는 것을 의미함 예 • 개가 종소리만 듣고도 침을 흘리게 된 후면 비슷한 종소리만 들어도 침을 흘리게 됨 • 국사 시간에 교사의 지루한 설명으로 재미가 없었다면 유사한 과목인 사회나 세계사에도 흥미를 느끼지 못함

개념 Plus
조건, 무조건 자극 및 반응
- **무조건 자극**(UCS; Unconditioned Stimulus): 자동적으로 정서적·생리적 반응을 만들어 내는 자극이다.
- **무조건 반응**(UCR; Unconditioned Response): 자동적·자연적으로 일어나는 정서적·생리적 반응이다.
- **중립 자극**(NS; Neutral Stimulus): 반응과 연결되지 않은 자극이다.
- **조건 자극**(CS; Conditioned Stimulus): 조건 형성 후 정서적·생리적 반응을 일으키는 자극이다.
- **조건 반응**(CR; Conditioned Response): 이전 중성 자극에 대한 학습된 반응이다.

구분	내용
변별	조건화된 자극과 유사한 자극에 모두 반응하던 유기체가 자극을 구분해서 반응하게 되는 것을 의미함 예 • 비슷한 종소리만 들어도 침을 흘리던 개가 처음의 종소리와 거의 같은 것에 대해서만 침을 흘리게 되는 경우 • 국사 시간이 지루하게 느껴졌던 것과 마찬가지로 사회나 세계사도 재미없을 것이라고 생각했는데 사회 담당 교사의 다양한 학습 자료 제시나 열정적인 교수법에 의해 흥미를 느끼게 된 경우
소거	조건이 형성되고 난 후 무조건 자극이 제시되지 않고 조건 자극만 반복해서 제시될 경우, 조건 반응은 점점 약해져서 마침내 일어나지 않게 되는 현상을 말함 예 • 고기를 주지 않고 종소리만 반복해서 들려주게 되면 나중에는 종소리를 들어도 침을 흘리지 않게 됨 • 학기 초나 수업 시작 시에만 열정적인 수업 태도를 보이더니 점차 사회 담당 교사도 국사 교사와 유사하게 지루한 수업을 진행하여 사회 과목에 대한 흥미도 점점 사라지게 됨
제지(금지)	일단 형성된 조건 반응도 실험 장면에서 조건 자극과 무조건 자극과 관계없는 다른 자극이 개입되면 조건화 과정이 간섭 받아 약화되고 중단되는 현상을 말함 예 종소리와 고기의 짝짓기 과정에서 다른 음악 소리가 개입되면 침 분비가 줄어들거나 사라짐
자발적 회복과 재조건 형성	• 조건 반응이 일어나지 않게 된 후(소거 현상이 일어난 후) 일정 기간이 흐른 뒤, 조건 자극만을 제공할 경우 다시 조건 반응이 일어나게 되는 현상을 말함 • 조건 자극과 무조건 자극을 계속 연결하여 제시하면 조건 반응은 원래의 강도로 돌아가는데, 이를 재조건 형성이라고 함 예 • 음식이 제공되지 않고 종소리만 들려줄 경우 더 이상 침을 흘리지 않는 소거 현상이 일어난 후 일정 기간이 지나서 조건화되었던 그 종소리나 유사한 종소리를 들었을 경우 다시 조건화된 반응, 즉 침을 흘리게 되는 경우를 말함 • 사회 담당 교사가 자주 사용하던 흥미로운 교수 기법이나 학습 자료를 다시 사용함으로써 사회 과목에 대해 학기 초 형성되었던 흥미나 학습 동기가 다시 유발된 경우
고차적 조건 형성	• 조건 자극이 조건 반응을 형성하고 난 후, 제2의 자극과 짝지어진 경우 제2자극이 조건 반응을 일으키게 되는 것을 말함 • 이런 방식으로 제3, 4의 조건 자극을 만들어 낼 때, 이를 고차적 조건 형성이라고 함 예 • 발자국 소리(제2의 자극)가 종소리(조건 자극)와 연합되었을 때 발자국 소리만으로도 침을 흘리게 됨 • 사회 담당 교사가 수업 종료 시 쪽지 시험을 볼 때 늘 빨간 뽕망치를 들고 진행하였는데 뽕망치만 보면 수업 종료가 다가옴을 알게 됨과 더불어 사후 평가나 확인 학습을 알리는 신호가 된 경우

(5) 고전적 조건 형성의 기본 원리
① 시간의 원리
  ㉠ 중립 자극을 무조건 자극보다 시간적으로 먼저 제시할 때 가장 효과적으로 조건화가 이루어진다. 가장 적당한 시간적 간격은 약 0.5초 이내이며 5초 이상 지연되면 조건 형성이 이루어지지 않는다고 본다.

ⓒ 조건 자극의 시간적 관계에 따른 조건 반사의 종류

구분	내용
지연 조건화	조건 자극이 무조건 자극보다 먼저(약 0.5초) 제시되고 조건 자극이 제시되는 동안 무조건 자극이 계속 주어짐
동시 조건화	조건 자극과 무조건 자극이 동시에 제시되고 무조건 자극이 주어지는 동안 조건 자극이 계속 제시됨
흔적 조건화	조건 자극을 먼저 제시함. 조건 자극이 종료되고 나서 일정 시간이 지난 후, 무조건 자극을 제시함
역행 조건화	무조건 자극을 먼저 제시하고 조건 자극을 나중에 제시함

ⓒ 지연 조건화 → 동시 조건화 → 흔적 조건화 순서로 조건화가 잘 이루어지고, 역행 조건화는 조건화가 이루어지지 않는다.
② 강도의 원리: 무조건 자극의 강도가 강하면 강할수록 조건 형성이 용이해진다는 것이다. 그러나 너무 강하면 오히려 방해가 될 수도 있다.
③ 일관성의 원리: 조건 형성을 이루기 위해 제시되는 중립 자극이 처음부터 끝까지 일관성이 있어야 한다.
④ 계속성의 원리: 조건 반사 행동이 나타날 때까지 중립 자극을 계속적으로 충분히 제공해야 조건 형성이 가능하게 됨을 의미한다.

(6) 파블로프(Pavlov)식 조건 형성의 법칙
① 내부 제지의 법칙: 조건 형성이 이루어지고 나서 무조건 자극을 제시하지 않고 계속해서 조건 자극만 제시하면, 이미 확립된 조건 반응이 일어나지 않는 법칙이다.
② 외부 제지의 법칙: 조건 형성이 확립된 후 조건 자극과 함께 새로운 방해 자극을 제시하면 조건 반응의 크기가 줄어든다. 또 소거된 조건 반응도 조건 자극을 제시하면 조건 반응이 나타난다. 즉 새로운 외부 자극은 잘 확립된 조건 반응의 양을 줄이거나 조건 반응의 양을 늘리는 데 크게 작용한다.

(7) 고전적 조건형성의 활용
① 체계적 둔감화: 올페(Wolpe)의 상호 제지 이론에서 발달한 상담 기법으로 불안이나 공포를 이를 제지할 수 있는 즐거운 행동과 조건화하고, 강도가 낮은 수준부터 높은 수준까지 점진적으로 접하게 하여 벗어나게 하는 방법이다.
② 혐오 치료: 어떤 행동을 제거하기 위해 그 행동을 할 때마다 혐오스러운 자극을 주는 것이다.
③ 역조건화: 이미 어떤 반응을 일으키고 있는 (무)조건 자극에 새로운 무조건 자극을 더 강하게 연합시킴으로써 이전 반응을 제거하고 새로운 반응을 조건 형성시키는 것이다.
> 예 즐거운 활동을 하는 동안(먹기, 놀이 등) 공포 반응을 야기하는 조건 자극을 제시하면 이 조건 자극은 공포 반응이 아닌 즐거운 활동과 조건화되어 공포 반응을 억제하게 된다. 이를 역조건화라고 한다.

📋 개념 Plus

실험적 신경증

파블로프는 개에게 '원'을 보여줄 때 먹이를 주고, '타원'을 보여줄 때 먹이를 주지 않는 실험을 했다. 개는 점차 두 도형을 구별해 내기 시작했다. 파블로프는 '원'과 '타원'을 구별하기 어렵도록 점점 더 애매한 도형을 보여줬다. 애매한 모양의 도형 앞에서 개는 계속 침을 흘리거나 오줌을 쌌다. 바닥을 긁고 주변을 물어 뜯는 이상 행동까지 보였다. 개가 미칠 때까지 실험은 계속 되었다. 이를 파블로프는 '실험적 신경증'이라 일컬었다.

리틀 알버트 실험

9개월 알버트(Albert)라는 영아에게 흰쥐를 가지고 실험을 하였다. 처음에 알버트(Albert)에게 흰쥐를 보여주었을 때는 가지고 놀려고 하였으나, 흰쥐와 함께 아이가 무서워하는 큰 소리를 들려주기를 반복하자 여덟 번째부터 흰쥐를 보기만 하면 울면서 피하는 공포 반응을 보였다. 조건 형성을 거쳐 호기심과 호감이 공포로 바뀐 것이다.

존 가르시아(John Garcia)와 동료들의 실험(1955년)

쥐에게 사카린이 들어 있는 물을 주고, 일정 시간이 지난 후에 쥐에게 감마선을 쬐어 먹은 물을 토하게 한다. 쥐에게 사카린이 들어 있는 물을 다시 주지만 쥐는 그 물을 마시지 않는다. 다른 요인이 구토를 유발했을지도 모르는 상황인데도, 쥐는 자신의 구토가 사카린 물 때문이라고 생각한다. 따라서 더 이상 사카린이 들어 있는 물을 마시지 않게 된다.

2. 고전적 조건 형성과 동기화 [기출개념]

(1) 파블로프 신경증 학습
① 어려운 과제를 변별하던 개는 신경증 환자와 유사한 반응을 보인다.
② 신경증은 유기체가 예측할 수 없고 통제 불가능한 상황에 의해서 발생할 수 있다.
③ 상황에 대하여 통제할 수 있는 스스로의 능력은 동기적으로 중요한 의미를 갖는다.

(2) 왓슨(Watson) 정서 조건 학습
① 왓슨은 파블로프의 조건 형성이 단순히 동물의 침 분비의 문제가 아니며, 인간의 특정 대상에 대한 불안, 공포 등과 같은 복잡한 정서 반응 획득의 기본 원리가 될 수 있다는 것을 보여주었다.
② 영아에게 선천적으로 타고난 특질이 있으며 그들의 성장, 발달은 양육 환경과 그들의 생활에서 중요한 위치를 차지하는 부모를 비롯한 주변 사람들의 양육 방식과 태도에 달려 있다.
③ 영아의 정서 반응이 선천적인 것이 아니고 자극과 반응의 연합에 의해서 학습된 것임을 증명하였다.

(3) 맛 혐오 학습(가르시아 효과, Garcia effect)
① 어떤 음식을 먹은 후 구토나 복통 같은 불쾌함을 경험할 경우 다음부터 그 음식을 먹지 않게 되는 현상이다.
② 반복적 학습으로 특정한 반응을 유발하도록 하는 과정을 뜻하는 고전적 조건 형성(classical conditioning) 중 혐오 학습의 한 종류이다.

(4) 고전적 조건 형성의 예
① 자라 보고 놀란 가슴 솥뚜껑 보고 놀란다.
② 불에 덴 강아지 반딧불에도 끙끙한다.
③ 뱀에 물린 사람은 새끼줄에도 놀란다.
④ TV 광고
⑤ 신 과일을 보면 침이 나온다.
⑥ 병원에서 주사를 맞아본 아이들이 병원에만 가도 운다.

02 조작적 조건 형성

1. 조작적 조건화 개요 [기출개념]

(1) 이론적 배경
① 파블로프(Pavlov)의 고전적 조건화는 조건 반응의 외적 자극에 관심을 두었다면, 스키너(Skinner)의 조작적 조건화는 인간이 외부의 자극 없이 의식적으로 행동할 수 있는 존재임에 착안하여 이론을 체계화하였다.
② Skinner는 반응과 조작적 행동을 엄격히 구별하였다.
  ㉠ **반응**: 단순히 자극에 의해서 이끌어져 나오는 것이다.
  ㉡ **조작적 행동**: 유기체가 스스로 의식적으로 발산해서 보여 주게 되는 행동이다.

③ 고전적 조건화가 반응을 유발하는 조건 자극에 관심을 두었다면(S형 조건 반사), 조작적 조건화는 행동의 결과에 관심을 두고 있다(R형 조건 반사).
④ 유기체의 자발적 행동이 자극의 기능을 하고, 보상에 의하여 강화가 이루어진다.

(2) 조작적 조건화 실험
① 흰쥐 상자 실험
  ㉠ 전구, 지렛대, 먹이통, 그물막 장치가 배열된 스키너 박스(Skinner box)를 제작하여 실험하였다.
  ㉡ 상자 안에 흰쥐를 집어넣고 쥐가 지렛대를 누르면 먹이통에서 먹이가 나오도록 하였다.
  ㉢ 흰쥐는 상자 안을 왔다갔다하다가 얼마 안 가서 벽에 지렛대를 누르고 먹이를 얻게 되었다.
  ㉣ 쥐는 그 후에 지렛대를 누르면서 음식물을 먹는 행동을 형성하게 되었다.
    ⓐ 지렛대 – 조건 자극, 지렛대를 누르는 것 – 조건 반응, 음식물 – 강화물
② 조작적 조건 형성 실험의 결과
  ㉠ 유기체의 행동은 스스로 작용한 결과이다.
  ㉡ 먼저 반응을 하고 그 다음에 강화가 주어진다(반응 → 자극 → 강화).
  ㉢ 유기체의 능동적 반응이 간접적으로 자극의 역할을 하여 강화를 가져온다.
  ㉣ 강화가 행동변화의 핵심적 변수이다.

2. 강화와 벌 `기출개념`

(1) 강화(reinforcement)
① 강화의 개념
  ㉠ 강화: 특정 행동이나 반응의 확률 또는 빈도를 증가시키는 현상이다.
  ㉡ 강화물(reinforcer): 강화의 수단으로 사용되는 사물이나 행위이다.
② 강화의 종류
  ㉠ 정적(적극적) 강화: 바람직한 어떤 반응을 보일 때 보상(좋아하는 것, 예 칭찬, 선물)을 줌으로써 후에 어떤 장면에 처했을 때 그 반응이 다시 일어날 확률을 증가시켜 주는 것이다.
  ㉡ 부적(소극적) 강화: 바람직한 어떤 반응을 보일 때 주어진 혐오적 상황(싫어하는 것, 예 화장실 청소)을 제거 또는 면제해 줌으로써 그 결과 반응의 빈도가 증가하는 것이다.
③ 강화물의 유형 ★★

강화물 유형	의미	예
정적 강화물	반응을 한 후 제시했을 때 그 반응의 확률을 증가시키는 기능을 하는 자극	과자, 칭찬, 상, 보너스

개념 Plus
비둘기 상자 실험
실험 상자 안에 콩을 넣어 두고 몇 개의 색깔을 달리한 표적이 있어 특정 표적을 비둘기가 찍으면 콩이 나오고 다른 표적을 찍으며 콩이 나오지 않는 장치를 해 놓았다. 이때 비둘기는 콩이 나오는 색깔의 표적을 계속해서 찍는 것을 보았다. 이것은 효과의 법칙으로 설명될 수 있다.

강화물 유형	의미	예
부적 강화물	반응을 한 후 제거했을 때 그 반응의 확률을 증가시키는 기능을 하는 자극	전기 충격, 꾸중, 벌 청소, 잔소리, 질책
1차적 강화물	선천적으로 반응 확률을 증가시켜 주는 무조건적 강화물	음식, 물, 따뜻함, 수면, 전기 충격, 성
2차적 강화물	• 학습된 강화물: 중립 자극이었던 것이 1차적 강화물과 연결되어 반응 확률을 증가시키는 기능을 획득한 강화물 • 즉 처음에는 강화의 기능이 없었던 물건이나 대상이 인간의 본능적 욕구를 충족시켜주는 1차적 강화물과 연결되어 강화의 기능을 지니게 된 것	돈, 격려, 칭찬, 사회적 인정, 쿠폰, 지위, 휴식, 자격증, 비난, 실격 (돈은 처음에는 종이에 지나지 않았으나 1차적 강화물, 즉 옷이나 음식과 결합하여 강력한 보상이 됨)
일반화된 강화물	2차적 강화물 중에서 여러 개의 1차적 강화물과 결합된 강화물로, 박탈 조건이 아니더라도 효과를 발휘함	돈, 지위, 권력, 명성 (음식물은 박탈된 상태에서만 강화의 기능을 하지만 돈은 박탈 여부에 관계없이 강화물의 기능을 발휘함. 즉 돈은 백만장자에게도 강화의 기능을 발휘함)

(2) 강화 계획

학습자의 행동에 대하여 강화의 제시나 중단을 지시하는 규칙 또는 절차이다. 강화 계획은 시간적 차원과 반응수의 차원을 고려하여 구성될 수 있다.

① 계속적 강화
  ㉠ 새로운 행동을 학습할 때 정확한 반응마다 매번 강화를 제공하는 것으로 학습의 초기에 효과가 있다.
  ㉡ 그러나 새로운 행동을 가르치거나 또는 어떤 행동을 계속 유지시키기 위해서 빈번히 강화를 할 필요는 없다.

② 간헐적(부분) 강화
  ㉠ 계속적으로 강화를 제공하는 것이 아니라 부분적으로 강화를 제공하는 것으로 학습의 후기 단계에 제공하는 것이 효과적이다.
  ㉡ 때로는 계속적으로 주어지는 강화보다 간헐적으로 주어지는 강화가 더욱 효과적일 때도 있다.
  ㉢ 간헐적 강화 계획 유형

강화 계획	강화 절차	적용 사례
고정 간격 계획 (FI; Fixed Interval schedule)	일정한 시간 간격을 두고 강화를 제공함	월급, 기말고사
변동 간격 계획 (VI; Variable Interval schedule)	시간 간격을 일정하게 정하지 않고 변동적으로 강화를 제공함	쪽지 시험, 낚시

강화 계획	강화 절차	적용 사례
고정 비율 계획 (FR; Fixed Ratio schedule)	일정한 반응 횟수가 일어날 때마다 강화를 제공함	보너스
변동 비율 계획 (VR; Variable Ratio schedule)	평균적으로 반응 횟수를 정하여 대략적으로 그만큼의 반응이 일어났다고 볼 때 강화를 제공함	복권, 도박

> **핵심 Check**
>
> **반응 확률이 높은 순서**
> '변동 비율 계획 > 고정 비율 계획 > 변동 간격 계획 > 고정 간격 계획' 순이다.

(3) 벌(punishment)

① 벌의 개념: 벌이란 강화와 상반되는 개념으로 원하지 않는 행동을 제거 또는 약화시키는 것이다.

② 벌의 유형

벌의 유형	의미	예
제1형(적극적, 수여성) 벌	원하지 않는 행동을 보일 때 혐오적인 강화물을 주는 것	싫어하는 것(질책, 체벌 등)
제2형(소극적, 제거성) 벌	원하지 않는 행동을 보일 때 선호하는 강화물을 박탈하는 것	좋아하는 것(컴퓨터 게임, 약속된 외식 등)

3. 고전적 조건화와 조작적 조건화의 비교 〔기출개념〕

고전적 조건화	조작적 조건화
• S형 조건화: 외부의 자극에 의해 유발된 반응에 관심을 둠 • S형 조건화는 강화가 자극과 상관되어 있음 • 행동이 앞서 제시되는 자극에 의해 통제됨 • 인간의 비자발적·반사적인 행동의 발달과 관련됨 → 정서적·불수의적(반응적) 행동이 학습됨 • 자극이 반응 앞에 오며, 반응은 추출(elicited)됨 • 한 자극이 다른 자극에 대치됨	• R형 조건화: 유기체 스스로 방출하는 반응에 관심을 두며, 조작적 조건 형성은 결과에 의해 통제됨 • R형 조건화는 강화가 자발적으로 시도된 반응과 상관되어 있음 • 행동이 뒤따르는 결과에 의해 통제됨 • 인간의 자발적·유목적적 행동의 발달과 관련됨 → 목적지향적·수의적(조작적) 행동이 학습됨 • 반응이 보상(효과) 앞에 오며, 반응은 방출(emitted)됨 • 자극의 대치는 일어나지 않음

03 사회 학습 이론

1. 사회 학습 이론의 개요
① 반두라(Bandura)가 대표적인 학자로서 관찰 학습, 모방 학습, 인지적 행동주의 학습으로도 불린다.
② 사회 학습은 인간 행동의 학습을 실험적인 상황이 아니라 사회생활 속에서 타인의 행동을 관찰하고 모방한 결과로 보며, 주위 사람과 사건들에 주의를 집중함으로써 정보를 획득하는 학습이다.
③ 모델을 직접 관찰함으로써 이루어지는 경우가 많으나 최근에는 대중 매체의 발전으로 언어나 사진, 그림과 같은 상징적 모델을 모방하는 경우도 많다.
④ 조작적 조건 형성의 원리를 이용하여 모방을 통한 인간의 사회 학습을 설명하지만, 인간 행동의 목적 지향성과 상징화나 기대와 같은 인지 과정의 중요성을 인정하고 있다.
⑤ 행동주의에서 인지주의 이론으로 넘어가는 과도기 이론으로 평가받고 있다.
⑥ 학습은 모델의 행동을 모방하거나 대리적 조건 형성을 통해서 이루어진다.

2. 학습 과정 [기출개념]

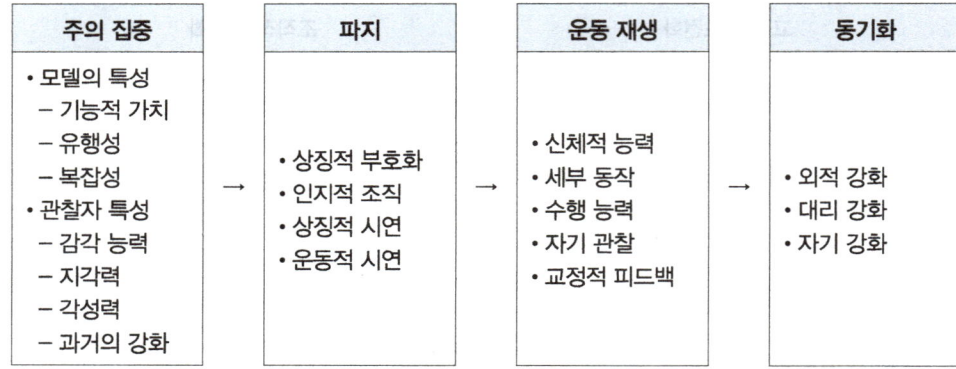

[그림 2-4] 관찰 학습 과정

(1) 주의 집중
① 모방하려는 모델의 행동에 주의를 기울이는 과정이다.
② 모델의 특성과 관찰자의 특성에 영향을 받는다.

(2) 파지
① 모델을 관찰한 후 일정기간 동안 모델의 행동을 언어적 방법이나 상징적인 형태로 기억하는 것이다.
② 상징적 형태로 기억하기 위해서는 모델의 행동을 상징적으로 기호화해야 한다.
③ 정보를 인지적으로 저장할 경우, 관찰 학습이 일어난 뒤 오랜 시간이 경과해도 이용할 수 있다.

(3) 운동 재생
① 모방하려는 것을 실제 행동으로 옮겨 정확하게 재생하는 단계이다.
② 행동의 정확한 재생을 위해 운동 기술과 신체적 능력이 있어야 하고, 이를 위해 성장과 연습이 필요하다.
③ 자신의 행동을 관찰하고 자신의 행동과 기억하고 있는 모델의 행동을 비교하면서 계속 자기의 행동을 수정하여 모델의 행동을 재생할 수 있게 해주는 교정적 피드백이 필요하다.

(4) 동기화
① 강화를 통해 행동의 동기를 높여주는 단계이다. 강화는 관찰자로 하여금 모델과 같이 행동하면 자기도 강화를 받는다는 기대를 갖게 하고 학습의 수행으로 유인하는 구실을 한다.
② 강화는 학습(새로운 행동의 획득)을 유발하는 변인이 아니라 수행(학습의 결과)을 동기화한다.
③ 직접적 강화 외에 대리적 강화와 자기 강화에 의해 영향을 받는다.

> **핵심 Check**
>
> **사회 학습 과정**
> 주의 집중 → 파지 → 운동 재생 → 동기화

3. 학습 전형

(1) 직접 모방 전형(모방 학습)
① 무의도적인 모방으로 관찰자는 모델의 행위를 관찰하고 모델이 하는 행동을 그대로 시행함으로써 보상을 받는다.
② 맹목적인 행동을 습득하기에 적합한 방법이다.
③ 연습을 필요로 하지 않을 때 효과적이다.

(2) 동일시 전형(모형 학습)
① 의도적인 모방으로 관찰자가 모델의 비도구적인 독특한 행동 유형을 습득하는 것이다.
② 관찰자의 행동 중 특수한 반응보다는 모델의 일반적 행동 스타일을 모방하는 것이다.
③ 정신 분석 이론에서 아동이 부모를 동일시하여 그 가치관을 내면화하는 과정이 동일시 전형에 속한다.
④ 반두라(Bandura)와 휴스톤(Huston)의 연구: 불필요한 행동이나 잔인성 등도 동일시 전형의 모방에 의한 것이다.

(3) 무시행 학습 전형
① 관찰자가 모델의 행동을 미리 해 볼 기회가 없거나 모방에 대한 강화가 없음에도 불구하고 학습하는 것이다.
② 동일시 학습과의 차이점은 모방된 행동이 도구적 반응이며 모델 자신이 보상을 받는 것이다.
③ 반두라(Bandura)와 로스(Ross)의 연구: 실제의 성인 모델, 영화 모델, 만화 모델의 공격적인 행동을 관찰한 아동들의 공격적 행동의 모방에는 차이가 없었으나, 실험 상황에서 공격적 행동을 전혀 관찰하지 않은 통제 집단에 비해서는 공격적 행동이 월등히 강하게 나타났다.

(4) 동시 학습 전형
① 모델과 관찰자가 동시에 동일한 과제의 학습을 진행하는 과정에서 관찰자가 모델의 행동을 모방하는 것이다.
② 관찰자로 하여금 모델의 행동에 주의를 기울이도록 제시한다는 점에서 무시행 학습과 다르고, 관찰된 모델의 행동을 정확히 모방하여도 보상을 받지 않는다는 점에서 직접 모방 학습과 다르다.
③ 사회적 촉진: 관찰자의 행동을 모델이 할 때, 모델이 관찰자의 행동에 미치는 영향을 의미한다.
④ 청중 효과: 관찰자의 모방 행동이 사람이 많은 곳에서 반응의 빈도가 증가하는 상태를 말한다.

(5) 고전적 대리 조건 형성 전형
① 모델이 정서적으로 경험하는 것을 관찰하고 모델과 비슷한 정서적 반응을 학습하는 것이다.
② 관찰자의 과거 경험이 모델의 행동과 공유될 때 보다 효과적으로 나타나고 전혀 경험이 상이할 때는 학습이 이루어지기 어렵다.
③ 대리 선동: 관찰자가 모델이 무조건 정서적 반응을 일으키는 것을 목격하고 그에 대해서 정서적으로 반응하는 것이다.
④ 감정 이입: 관찰자의 반응이 모델의 반응과 같을 때 나타난다.
⑤ 동정: 관찰자의 반응이 모델의 반응과 다를 때 나타난다.

4. 관찰 학습 요인 기출개념

(1) 관찰 학습의 효과
① 타인의 행동을 관찰함으로써 학습이 이루어진다.
② 모델의 지위, 능력, 권력이 중요한 요인으로 작용한다.

(2) 대리적 강화와 제거 효과
① 타인의 행동을 관찰함으로써 어떤 특수한 행위를 억제하거나 피하게 하는 경우가 있다.
② 어떤 사람의 행동의 결과가 나쁜 것을 관찰했을 때 제거 효과가 크다.

(3) 자기 통제의 과정
① 모델의 행동이 관찰자의 행동을 통제하는 것이 아니라 관찰자 자신의 내적인 인지적 통제, 자기 규제에 의해 학습이 이루어진다.
② 사회 학습은 모델의 특성뿐만 아니라 관찰자의 과거 경험, 욕구, 의도 등의 요인에 의해 영향을 받게 된다.

(4) 모델링의 유형 ★★

구분	내용
인지적 모델링	• 모델의 시범을 모델의 생각과 행동에 대한 언어적 설명과 함께 보여 주는 과정 • 학습자가 전문가의 사고를 배울 수 있게 해주는 모델링 예 수학 문제에 대한 선생님의 설명을 듣고 문제를 푸는 것

구분	내용
직접 모델링	모델의 행동을 단순하게 모방하려는 시도 예 시험 공부를 할 때 친구를 따라함
상징적 모델링	책, 연극, 영화 또는 TV에 등장하는 주인공들의 행동 모방 예 10대는 10대 취향의 인기 있는 TV쇼에 나오는 연예인처럼 옷을 입기 시작함
종합적 모델링	관찰한 행동의 부분들을 종합함으로써 행동으로 발전 예 형이 책을 꺼내기 위해 의자를 사용하는 것과 엄마가 찬장 문을 여는 것을 보고, 의자를 사용해 혼자 서서 찬장 문을 엶
자기 모델링	자기 자신의 행동을 관찰하고 반성한 결과로 일어나는 모방

(5) 모델링의 효과
① 새로운 행동의 학습: 타인이 하는 행동을 관찰함으로써 새로운 반응을 학습할 수 있다.
② 억제를 변화시키기: 타인의 행동을 관찰함으로써 어떤 특수한 행위를 억제하거나 피하게 되는 수가 있다.
③ 이미 학습한 행동의 촉진: 모방은 행동을 촉진하는 작용을 한다.
④ 정서 유발(정서적 각성 효과): 개인의 정서적 반응은 모델의 정서 표출을 관찰함으로써 바뀔 수 있다.

5. Skinner의 행동주의와 Bandura의 사회학습 이론의 차이점

구분	Skinner	Bandura
인간 행동의 결정 요인	기계론적 환경결정론: 환경이 인간 행동을 결정하는 '일방적' 관계를 제시함	상호 작용적 결정론: 인간행동은 개체의 인지 특성과 행동, 환경의 상호작용의 결과
인간의 합리성에 대한 견해	논의 자체를 거부 (연구 대상에서 제외)	인간은 합리적으로 행동을 계획하는 것이 가능
인간 본성에 대한 견해	자극 – 반응의 객관적 관점에서 설명	환경으로부터의 객관적 자극에 반응할 때 주관적 인지 요인이 관여: 주관적 관점과 객관적 관점을 모두 수용
기본 가정	인간의 자기 통제 능력 부정	인간의 자기 통제 능력 긍정
강화와 학습	외적 강화가 수반되어야 학습 가능	외적 강화 없이 학습 가능
강화와 처벌에 대한 해석	강화인과 처벌인을 행동의 직접적인 원인으로 봄	강화인과 처벌인은 기대를 갖게 한다고 봄 (행동의 간접적 원인)
학습에 대한 관점	관찰 가능한 행동의 변화	이전과는 다른 행동을 나타내 보일 수 있도록 정신 구조의 변화

기출개념확인

01 강화에 대한 설명으로 옳은 것은?

① 벌은 상황에 따라 강화자로 사용할 수 있다.
② 학습의 초기 단계에는 자주 강화를 하는 것이 효과적이다.
③ 변동 비율 강화보다 고정 비율 강화가 더 효과적이다.
④ 부적 강화는 혐오스러운 자극을 제거하여 특정 행동의 빈도를 낮추는 것이다.

02 다음의 설명에 알맞은 반두라(Bandura)의 관찰 학습 과정의 단계는?

• 상징적 부호화　• 인지적 조직　• 상징적 시연　• 운동적 시연

① 주의 집중
② 파지
③ 운동 재생
④ 동기화

정답 · 해설

01 ② 학습의 초기 단계에는 자주 강화를 하는 것이 효과적이다.

> [오답분석]
> ① 벌은 강화자로 사용할 수 없다.
> ③ 고정 비율 강화보다 변동 비율 강화가 더 효과적이다.
> ④ 부적 강화는 혐오 자극을 제거하여 원하는 행동의 빈도를 높이는 것이다.

02 ② 파지는 모델을 관찰한 후 일정 기간 동안 모델의 행동을 언어적 방법이나 상징적인 형태로 기억하는 것을 말한다.

> [참고] **관찰 학습의 과정**
> • **주의 집중**: 모방하려는 모델의 행동에 주의를 기울이는 과정으로 모델의 특성과 관찰자의 특성에 영향을 받는다.
> • **파지**: 모델을 관찰한 후 일정 기간 동안 모델의 행동을 언어적 방법이나 상징적인 형태로 기억하는 것을 말한다.
> • **운동 재생**: 모방하려는 것을 실제 행동으로 옮겨 정확하게 재생하는 단계이다.
> • **동기화**: 강화를 통해 행동의 동기를 높여주는 단계이다. 강화는 관찰자로 하여금 모델과 같이 행동하면 자기도 강화를 받는다는 기대를 갖게 하고 학습의 수행으로 유인하는 구실을 한다.

제5절 인지주의 및 사회인지

01 와이너(Weiner) 귀인 이론(attribution theory)

1. 개요
① 귀인이란 어떤 상황의 성공과 실패에 대한 원인을 귀속시키는 경향성이다.
② 학교의 학생들이 학습의 성공과 실패에 대해 어떻게 설명하는가에 대한 체계적인 이해를 하고자 하는 이론이다.

2. 귀인의 유형(귀인의 3차원) 기출개념

(1) 원인의 소재 차원
성공, 실패의 원인을 학생 자신의 내부에서 찾느냐, 외부에서 찾느냐의 문제이다.

구분	내용
내적 요인	능력, 노력
외적 요인	학습 과제 난이도, 재수

(2) 원인의 안정성 차원
찾아진 원인이 시간과 상황에 따라 어떻게 변하는가의 문제이다.

구분	내용
안정성	능력, 학습 과제 난이도
불안정성	노력, 재수

(3) 통제 가능성 차원
찾아진 이유들이 학생의 의지로 통제될 수 있는가, 통제될 수 없는가의 문제이다.

구분	내용
통제 가능	노력
통제 불가능	능력, 학습 과제 난이도, 재수

3. 귀인 세 차원의 8가지 조합 ★★

차원 분류	실패에 대한 이유
내적 – 안정적 – 통제 불가능	낮은 적성
내적 – 안정적 – 통제 가능	절대 공부를 안 함
내적 – 불안정적 – 통제 불가능	시험 당일에 아팠음
내적 – 불안정적 – 통제 가능	그 시험을 위해 공부하지 않았음
외적 – 안정적 – 통제 불가능	학교의 요구 수준이 너무 높음
외적 – 안정적 – 통제 가능	교사가 편파적임
외적 – 불안정적 – 통제 불가능	운이 나빴음
외적 – 불안정적 – 통제 가능	친구들이 도와주지 못했음

4. 귀인 변화 훈련

① 통제 부위는 변할 수도 있고 어느 정도 특정 상황이나 활동에 따라 다를 수도 있다.
② 귀인 변화 훈련은 학생들의 성공과 실패에 대한 귀인을 바꾸어 줌으로써 동기화하려는 것을 목적으로 한다.
③ 귀인 변화 훈련 시 주의점
  ㉠ 학습된 무기력감에 빠진 학생들의 경우에는 노력을 강조하는 귀인 변화 훈련이 악영향을 미칠 수도 있음을 주의해야 한다.
  ㉡ 누적된 학습 결손으로 인해 학습된 무기력감에 빠진 학생들의 경우 귀인 변화 훈련과 효율적인 학습 전략의 교수가 수반되어야 한다.

> **✓ 핵심 Check**
> **와이너(Weiner)의 귀인 변경 프로그램**
> '실패 → 능력 결핍 → 무능감 → 성취 감소'에서 '실패 → 노력 결핍 → 죄책감과 수치감 → 성취 증가'로 변경되었다.

5. 동기를 증가시키는 요인 [기출개념]

① 외적 요인보다는 내적 요인에 귀인한다.
② 안정적 요인보다는 불안정적 요인에 귀인한다.
③ 통제 불가능 요인보다는 통제 가능 요인에 귀인한다.

6. 귀인 이론의 시사점

① 학습의 성공과 실패에 대한 학생 자신의 지각을 강조한다.
② 학습의 성공과 실패에 대한 이유를 찾는 인지적인 과정과 찾아진 인지적인 요소를 중시한다.
③ 학생들에게 자신의 학습 결과에 대해 스스로 책임지도록 해야 한다.
④ 실제로 학습 현장에서 성공감을 맛볼 수 있게 해주어야 한다.
⑤ 학교에서는 학생들에게 성공은 자신의 노력과 능력에 달려 있다는 느낌과 확신을 갖도록 가르칠 필요가 있다.
⑥ 학습의 성공과 실패를 자신의 노력에서 찾도록 해야 한다.

02 로크(Locke) 목표 설정 이론(goal setting theory)

1. 개요 `기출개념`
① 목표 설정 이론(goal setting theory)은 1968년에 로크(E. A. Locke)에 의하여 개념화된 인지 과정 이론이다.
② 인간의 동기는 목표가 분명할 때 잘 일어난다는 이론이다.
③ 목표를 실제 행위나 성과를 결정하는 요인으로 보는 이론이다.
④ '조직이 구체적이고 어려운 목표를 수립하더라도, 목표의 성취에 영향을 미치는 요소들이 매우 많고 목표도 쉽사리 수용되지 않은 상황에서는 성취수준이 높아질 수 있을까?'라는 질문에 초점이 주어졌다.

2. 목표
① 목표란 획득하기를 바라는 상태로서 개인이나 조직이 장래의 어떤 시점에서 도달하고자 하는 상태를 말한다(Locke & Latham, 1990).
② 목표는 동기의 기초이며 특정한 방향으로 행동을 이끈다.
③ 목표는 개인이 일에 얼마나 많은 노력을 기울여야 하는지를 결정하기 위한 지침을 제공한다.
④ 목표는 의도적인 행동이며, 과업수행에 영향을 미치며 또한 평가기준을 제시한다.

3. 목표의 요소(Hoy & Miskel)

구분	내용
목표의 구체성	구체적인 목표가 막연한 목표보다 더 높은 과업 수행을 가져옴
목표의 곤란성	쉬운 목표보다는 어려운 목표가 동기를 더 자극하여 성취 수준을 높임
목표 설정에 참여	목표 설정에 구성원의 참여는 구성원의 업무 만족과 목표에의 헌신을 가져와 장기적으로 높은 과업 수행을 이끎

4. 목표 설정 이론의 적용

구분	내용
제1단계	성취 가능한 범위 내에서 어렵고 구체적인 목표를 설정하고 수량과 시간 측면에서 명쾌하게 목표를 정함
제2단계	다양한 보조 수단을 동원하여 목표 수용도와 집착(몰입)을 확보
제3단계	적절한 훈련과 정보를 제공하여 목표 달성 지원 및 성과에 대한 구체적인 피드백을 제공

5. 목표 이탈

① 목표 이탈은 목표에 대한 노력과 전념을 줄이는 것이다.
② 목표가 달성 불가능함을 깨닫게 된 이후에도 노력을 계속하거나, 노력은 안 하지만 목표는 그대로 둔 경우, 그 사람은 심리적 스트레스에 취약하게 된다.
③ 목표가 달성 불가능할 경우에 목표 이탈은 새로운 대안 목표를 채택하도록 적응적 행동 방침이 될 수 있다.
④ 대안 목표가 없다면 목표 이탈은 공허한 느낌만 가지게 하므로 최악의 상황이 된다.

03 코빙턴(Covington) 자기 가치 이론(self-worth theory)

1. 개요

① 인간은 누구나 자기 자신을 가치 있는 유능한 존재로 인식하기를 원하며, 이러한 자기 가치를 보호하려는 욕구가 인간의 행동을 결정한다는 이론이다.
② 자기 가치는 자신에 대한 평가, 자기 자신에 대한 감정이나 정서적 반응이다.
③ 자기 가치는 자기 존중감과 유사한 개념이다.

> **개념 Plus**
> **자기 존중감**
> 자아 개념의 평가적인 측면으로 자신의 가치에 대한 판단과 그러한 판단에 관련된 감정이다.

2. 3가지 유형과 동기 상황 ★★★

유형	내용
숙달 지향형	자기 효능감이 높은 학습자로 성취에 가치를 부여하고 능력은 증가할 수 있는 것으로 봄
실패 회피형	능력에 대한 고정적인 견해를 가지고 수행 목표를 세움
실패 수용형	실패가 계속되면 자신이 무능하다고 인식하게 되며 자신의 실패가 낮은 능력 때문이라고 생각함

3. 자기 장애 전략(self-handicapping strategy) 기출개념

(1) 개념
① 자기 존중감을 보호하기 위하여 사용하는 자기 보호 전략이다.
② 자신의 자존심을 유지하기 위해 실패를 정당화할 수 있는 구실을 찾아낸다.
③ 학업 실패 시 자신의 유능함을 유지하고 무능함을 보여주지 않기 위해 사용한다.

(2) 특징
① 실패의 원인을 능력 부족이 아닌 노력이나 통제 불가능한 외적 요인에 귀인한다.
② 성공의 원인은 노력이 아닌 자신의 능력에 귀인한다.

(3) 자기 장애 전략의 예
① 비현실적 목표 설정하기: 비현실적으로 높은 목표를 설정해 놓고 실패했을 때 능력 부족이 아니라 과제 곤란도에 귀인한다.

② 실패의 원인을 변명하기: 실패의 원인을 노력 부족으로 돌리거나 질병, 가정 사정, 교사의 수업 등 통제 불가능한 외적 요인 때문이라고 변명한다.
③ 자해 전략 사용하기: 공부를 하지 않거나, 미루거나 꾸물거린다.
④ 학습 활동에 소극적으로 참여하기: 실패할 수 있는 장면을 의도적으로 회피한다.

(4) 자기 장애 전략의 문제점
실패 수용 학습자는 자기를 실패로 이끄는 자기 파괴적인 것 때문에 자기 존중감을 잃고 자신의 가치를 보호할 수 없게 되어 결국 자신의 무능력을 인정하고 학업을 포기하게 된다.

(5) 자기 가치 증진 전략
① 현실적인 목표를 세우도록 한다.
② 위험 부담을 안고 도전할 수 있도록 격려한다.
③ 실패에 건설적인 적응을 하도록 지도한다.

04 반두라(Bandura) 자기 효능감 이론(self-efficacy theory)

1. 개요
① 자기 효능감이란 어떤 과제를 수행하는 데 있어서 일정한 수준의 목표를 달성하기 위한 활동을 조직하고 실천할 만한 능력이 있다는 개인적 신념이다(Bandura, 1977).
② 반두라는 사람들이 성취 후에 느끼는 자기 존중감과 자기 만족감을 물질적 보상보다 더 중요하게 느낀다는 것을 발견하고 자기 효능감을 중요한 동기 요인으로 제시했다.
③ 자기 효능감은 노력의 강도를 결정한다.
④ 자기 효능감은 결과 예상치와 효능 예상치로 구분된다.
  ㉠ 결과 예상치: 특정 행동이 어떤 결과를 만들어낼 것인가에 대한 예상치이다.
  ㉡ 효능 예상치: 결과를 만들어내는 데 필요한 행동을 얼마나 잘 수행할 수 있을 것인가에 대한 예상치이다.

2. 자기 효능감의 원천 기출개념

구분	내용
달성 체험(성공 경험)	가장 중요한 요인으로, 자기 자신이 무언가를 달성하거나 성공한 경험
대리 경험	자기 이외의 다른 사람이 무언가를 달성하고 성공하는 행위를 관찰하는 것
언어적 설득	언어적인 격려, 본인의 능력에 대한 설명을 듣는 것
생리적 정서적 고양	술 등의 약물 및 기타 요인

> **핵심 Check**
> **자기 효능감의 원천**
> 자기 효능감의 원천에는 성공 경험, 대리 경험, 언어적 격려, 생리적 각성이 있다.

3. 자기 효능감 유형

유형	내용
자기 통제적인 자기 효능감	각자의 행동을 통제하는 기본적인 자기 효능감
사회적 자기 효능감	대인 관계에서의 자기 효능감
학업적인 자기 효능감	학교에서의 학습 등에서 자기 효능감

4. 자기 효능감의 영향
① 자기 효능감이 높으면 어려운 과제를 선택하거나, 목표를 높이 세우며, 오래 씨름한다.
② 자기 효능감이 낮으면 염려하거나 다른 생각을 하는데, 효능감이 높으면 과제에 몰두하며 자신 있어 한다.
③ 높은 자기 효능감은 과제를 더 열심히 하게 만들며 두려움과 불안을 감소시킨다.

5. 자기 효능감 증진 방법
① 학습 전략에 관한 훈련을 실시한다.
② 성패의 결과를 노력에 귀인하도록 훈련한다.
③ 구체적이고 근접한 목표를 설정한다.
④ 실질적 성취에 대한 보상으로 자기 효능감을 증진시킨다.

05 앳킨슨(Atkinson) 기대 가치 이론(expectancy-value theory)

1. 개요
① 개인은 당면한 상황에 대한 믿음과 가치에 대한 평가를 기반으로 자신의 태도를 개발 및 수정한다는 이론이다.
② 기대가 있고 가치가 있을 때 그 행동을 잘하게 된다.
③ 기대 중에서도 그 일을 성공하게 될 것이라는 긍정적인 보상을 기대할수록 그 행동을 하게 되고, 반대로 부정적인 결과의 기대를 가질수록 그 행동을 적게 한다.
④ 자신이 성공할 것이라는 기대에 그 성공에 대해 부여하는 가치를 곱한 값만큼 동기화된다.

2. 동기화 요소: 기대와 가치에 영향을 주는 요소 기출개념

(1) 성공 기대

구분	내용
목표	• 수행해야 할 과제 목표 • 목표가 구체적이고 단기적일수록 과제 성공에 대한 기대가 높아짐
과제 난이도	• 과제 난이도에 대한 지각 • 과제 난이도를 어떻게 지각하느냐에 따라 과제 성공 가능성에 대한 기대가 달라짐
자기 도식	• 자신의 능력에 대한 신념, 자기 개념 • 자기 도식이 긍정적일수록 과제 성공에 대한 기대가 높아짐
정서적 기억	• 과제에 대한 과거의 경험으로 인해 개인이 가지는 감정 • 이전에 성공한 경험이 있을 경우에 과제에 대한 성공 기대가 높아짐

(2) 과제 가치

구분	내용
내적 흥미	• 과제 자체에 대한 흥미 • 과제 자체에 흥미를 가질 때 학습 동기가 촉진됨
중요성 (획득 가치)	• 과제를 잘 수행하는 것이 삶에 중요한 의미를 갖는 정도 • 과제 수행이 삶에 중요한 의미가 있다고 생각될 때 학습 동기가 촉진됨
효용 가치	• 과제가 현재나 미래의 목표 달성에 얼마나 유용한가의 정도 • 과제가 목표 달성에 효용성을 지닐 때 학습 동기가 촉진됨
비용가치	• 과제에 참여하기 위해 포기해야 하는 것들을 얼마나 감내할 수 있는가의 정도 • 과제 수행 결과로 얻는 가치가 비용보다 더 높다고 인식될 때 학습 동기가 촉진됨

3. 동기 향상 방안 ★★

(1) 성공 기대 높이기

구분	내용
구체적인 장기 및 단기 목표 설정	구체적인 장기 목표와 이를 달성하기 위한 단기 목표를 함께 설정하여 단계적으로 목표에 접근하도록 하면 목표 달성을 위한 노력을 증진하게 되어 성공 가능성에 대한 기대를 높일 수 있음
도전적 과제의 제공	도전적 과제를 제시하여 성공하도록 하며 과제에 대한 성공 기대를 높이면서 자기 능력에 대한 긍정적인 신념을 형성하게 함
구체적·긍정적 피드백 제공	과제 수행의 성공 부분과 부족 부분에 대한 구체적이면서 긍정적 피드백을 제공하면 과제 수행에 대한 자신감이 형성되어 성공 기대감을 높일 수 있음
과거의 수행과 성취 제시	과거의 성공 경험은 미래의 성공에 대한 기대에 영향을 주기 때문에 성공 기대감을 향상할 수 있음

(2) 과제 가치 높이기

구분	내용
과제의 중요성 강조	과제가 삶에 얼마나 중요한 의미를 지니는지 강조함으로써 과제 가치에 대한 인식을 높일 수 있음
과제의 효용성 강조	과제가 미래의 목표 성취에 얼마나 필요한지 강조함으로써 과제의 가치를 높일 수 있음

> **핵심 Check**
>
> **동기 향상 방안**
> 동기 향상 방안에는 성공 기대 높이기, 과제 가치 높이기가 있다.

06 드웩(Dweck) 마인드셋(mindset)

1. 개요
① 드웩은 자신을 한계 이상까지 끌어올린 사람들은 삶을 살아가는 '관점'이 다르다고 주장한다.
② 드웩은 사회과학 방법론을 동원해 마인드셋(mindset), 즉 마음가짐의 중요성을 밝혀냈다.
③ 마인드셋은 학습되는 인지적 개념이다.
④ 마인드셋은 신념 체계(belief system)와 같은 것이다.
⑤ 마인드셋은 자신의 자질·특징·능력이 고정됐다고 보는지 아니면 성장할 수 있다고 보는지에 대한 것이다.
⑥ 지능 지수가 높지만 '고착형 마인드셋'을 지닌 사람들이 있고, 지능 지수가 낮지만 '성장형 마인드셋'을 지닌 사람들도 있다.

2. 마인드셋 유형
(1) **성장형 마인드셋(growth mindset)**
① 개인적 특성은 유연하고 변화가능하며, 노력을 통해 발달될 수 있다고 믿는다.
② 노력은 의미 있는 도구이며, 기술과 능력의 발전 및 활성화를 위한 수단으로 생각한다.
③ 어려운 상황에서 동기적으로 적응적이다.
④ 숙달 목표를 수용하는 경향이 있다.

(2) **고착형 마인드셋(fixed mindset)**
① 개인적 특성은 고정적이고 정해져 있으며, 변화 가능하지 않다고 믿는다.
② 많이 노력하는 것은 수행할 수 있는 능력이 부족하다는 증거라고 생각한다.
③ 어려운 상황에서 동기적으로 부적응적이다.
④ 수행 목표를 수용하는 경향이 있다.

3. 목표 지향성 [기출개념]
(1) **숙달 목표 지향성(mastery goal)**
① 자신의 유능함을 개발하고 발전시키거나 과제를 숙달하는 것에 중점을 둔다.

② 도전적인 과제를 선호한다.
③ 효과적인 자기 조절 학습 전략을 사용한다.
④ 과제에 대한 집중력과 지속력이 높은 경향이 있다.
⑤ 어려운 과제를 숙달의 기회로 삼아 부정적인 정서를 덜 경험한다.

(2) **수행 목표 지향성(performance goal)**
① 다른 사람과 비교해 유능함을 증명하거나 드러내는 것에 관심을 둔다.
② 최소한의 명백한 노력으로 성공하려고 한다.
③ 어려운 과제를 만나면 불안, 우울, 실패에 대한 두려움 등의 부정적인 정서를 경험하는 경우가 많다.

4. 성장형 마인드셋을 가지는 방법(How to change from a fixed mindset to a growth mindset)
① 1단계: 고착형 마인드셋의 목소리를 들어라.
② 2단계: '나는 기회를 가졌다'는 사실을 인식하라.
③ 3단계: 성장형 마인드셋과 대화해 보라.
④ 4단계: 성장형 마인드셋의 행동을 취하라.

기출개념확인

01 자기 효능감의 원천에 해당하는 요소들을 모두 고른 것은?

| ㄱ. 언어적 격려 | ㄴ. 대리 경험 |
| ㄷ. 생리적 정서적 고양 | ㄹ. 성공 경험 |

① ㄱ, ㄴ, ㄷ
② ㄴ, ㄷ, ㄹ
③ ㄱ, ㄷ, ㄹ
④ ㄱ, ㄴ, ㄷ, ㄹ

02 내적이고 안정적이며, 통제 불가능한 귀인 변인은?
① 지능
② 행운
③ 노력
④ 과제 곤란도

정답·해설
01 ④ 자기 효능감의 원천에는 성공 경험, 대리 경험, 언어적 격려, 생리적 정서적 고양 등이 있다.
02 ① 지능은 내적, 안정성, 통제 불가능한 변인이다.

> 오답분석
> ② 행운은 외적, 불안정성, 통제 불가능 변인이다.
> ③ 노력은 내적, 불안정성, 통제가능 변인이다.
> ④ 과제 곤란도는 외적, 안정성, 통제 불가능 변인이다.

제2장 | 실전연습문제

* 기출유형 은 해당 문제가 실제 시험에 출제된 유형임을 나타냅니다.

기출유형

01 다음 중 다윈(Dawin)의 견해로 옳지 <u>않은</u> 것은?
① 자연 선택이란 종을 만들어내는 동기적 힘이다.
② 진화론과 생물학적 결정론으로 이론을 수립하였다.
③ 행동이 생존을 조장하지 않더라도 그 행동은 유지된다.
④ 동물과 인간의 행동을 주도하는 동기 원리는 동일하다.

기출유형

02 다음 중 제임스(James)의 본능 이론에 대한 설명으로 옳은 것은?
① 본능은 반사적인 것이다.
② 본능은 유기체 행동의 전부이다.
③ 본능은 한 번 나타나면 평생 유지된다.
④ 습관은 일생 동안 학습과 수정이 가능하다.

03 맥두걸의 본능 이론에 대한 내용으로 옳은 것을 모두 고른 것은?

> ㄱ. 본능이 인간 행동을 책임지는 유일한 동기이다.
> ㄴ. 본능은 반사와 학습의 중간적인 것이다.
> ㄷ. 본능은 인지, 행동, 정서로 구성되어 있다.
> ㄹ. 본능은 모든 동물 종에서 보편적이어야 한다.

① ㄱ, ㄴ, ㄷ   ② ㄱ, ㄷ, ㄹ
③ ㄴ, ㄷ, ㄹ   ④ ㄱ, ㄴ, ㄷ, ㄹ

04 본능 이론의 한계점으로 옳지 <u>않은</u> 것은?
① 본능의 목록에 나열된 것들은 연구자의 개인적이고 임의적인 관심에 의한 것이다.
② 본능적이라고 알려진 행동들은 선천적인 것이 아니라 학습된 것이다.
③ 행동은 내부 자극에 의해 유발되는 것이다.
④ 동일한 동기, 상이한 신경구조를 간과하였다.

기출유형

05 추동에 대한 설명으로 옳지 <u>않은</u> 것은?
① 추동의 원천은 배고픔, 갈증, 성, 고통 등이다.
② 유기체는 욕구가 박탈당했을 때 추동의 감소를 경험한다.
③ 추동을 감소시키는 대상은 1차 강화물이다.
④ 기능 측면에서 추동은 선행 개념인 본능과 거의 다르지 않다.

기출유형

06 프로이트(Freud)가 행동을 동기화시키는 추동의 유형으로 제시한 것을 모두 고른 것은?

> ㄱ. 삶의 추동   ㄴ. 죽음의 추동
> ㄷ. 자기 보존의 추동   ㄹ. 종족 보존의 추동

① ㄱ, ㄴ   ② ㄱ, ㄷ
③ ㄱ, ㄴ, ㄷ   ④ ㄱ, ㄴ, ㄷ, ㄹ

07 다음과 같은 공식으로 행동을 설명하는 학자는?

> 반응 경향성 = 추동(drive) × 습관 강도(학습의 강도)

① 프로이트(Freud)　② 제임스(James)
③ 헐(Hull)　　　　　④ 헵(Hebb)

08 다음 중 추동 감소 이론의 문제점에 대한 내용으로 옳지 않은 것은?

① 추동 이론은 강화물에 대하여 일반화가 가능하다.
② 학습이 일어나는 데 추동 감소가 항상 필요한 것은 아니다.
③ 추동의 증가가 학습을 촉진시킬 수 있다는 연구 결과도 있다.
④ 2차 강화물에 대하여 추동 이론을 적용하기 어렵다.

09 인간의 각성(arousal) 상태와 과제 수행 능력을 설명하는 여키스-도슨 법칙(Yerkes-Dodson law)에 대한 설명으로 옳지 않은 것은?

① 각성과 수행의 관계는 U형 곡선으로 나타난다.
② 수행능력은 과제 특성에 따라 달라진다.
③ 어려운 과제는 긴장감을 풀고 대하는 것이 더 효과적이다.
④ 생리적 또는 정신적 각성에 따라 수행 능력이 달라진다.

10 망상활성계(RAS)에 대한 설명으로 옳은 것은?

① 망상활성계는 감각 기관에서 얻은 모든 정보를 대뇌피질로 보낸다.
② 망상활성계는 수면과 호흡 등 인간 생체의 여러 중요한 기능을 관장한다.
③ 망상활성계는 각성과 관련한 흥분성 신경 전달 물질을 피질로 전달한다.
④ 망상활성계는 각성 수준의 변화에는 관계하지 않는다.

11 감각 박탈 실험을 통하여 인간은 자극을 추구한다는 각성 이론을 설명한 학자는?

① 파블로프(Pavlov)　② 스키너(Skinner)
③ 헵(Hebb)　　　　　④ 헐(Hull)

12 다음 중 고전적 조건화에 대한 설명으로 옳지 않은 것은?

① 조건화가 이루어지려면 중립 자극은 무조건 자극과 동시에 혹은 그에 조금 앞서서 주어야 한다.
② 중립 자극은 무조건 자극을 제시한 직후에 제시할 때 조건 형성이 잘 일어난다.
③ 조건화가 이루어진 후 무조건 자극의 제시 없이 계속 조건 자극만 제시하면 조건화되었던 행동이 사라진다.
④ 조건 형성을 이루기 위해 제시되는 중립 자극이 처음부터 끝까지 일관성이 있어야 한다.

13. 다음에서 김 교사가 하늘이의 행동을 변화시키기 위해서 사용한 강화 원리는?

> 하늘이는 수학을 잘 하는 아동이다. 김 교사는 수학 시간에 하늘이에게 자신이 푼 문제를 발표하게 하였다. 하늘이는 긴장했는지 얼굴이 빨개지면서 한 마디도 하지 못했다. 다음 시간부터 김 교사는 하늘이가 수학 시간에 한 마디라도 발표하면 그때마다 관심을 보여 주었고, 오랫동안 발표를 할 때에는 적극적으로 관심을 보여 주었다. 그 이후 하늘이는 차차 용기를 내어 스스로 발표하게 되었다.

① 정적 강화
② 부적 강화
③ 상반 행동 강화
④ 차별 행동 강화

14. 다음 중 사회학습 이론에서 강화의 의미로 옳지 않은 것은?

① 학습의 동기화 과정에서 중요한 요인이다.
② 강화를 통해 행동의 동기를 높일 수 있다.
③ 외부로부터 제시되는 강화를 중요시 한다.
④ 관찰자에게 학습에 대한 기대를 가지게 한다.

15. 영희는 "시험 칠 때 갑자기 배가 아팠어요."라고 시험점수가 낮은 이유를 부모님께 말씀드렸다. 영희의 말을 와이너(Weiner)의 귀인 이론에 근거하여 원인의 소재, 안정성, 통제 가능성의 세 차원으로 설명할 때, 바르게 나열한 것은?

	원인 소재	안정성	통제 가능성
①	내적 요인	안정적	통제 가능
②	내적 요인	불안정적	통제 불가능
③	외적 요인	안정적	통제 가능
④	외적 요인	불안정적	통제 불가능

16. 목표와 동기에 대한 설명으로 적절하지 않은 것은?

① 목표 이론은 목표가 실제 행위나 성과를 결정하는 요인으로 간주한다.
② 목표는 동기의 기초이며 특정한 방향으로 행동을 이끈다.
③ 어려운 목표보다는 쉬운 목표가 동기 유발을 촉진한다.
④ 목표 이탈은 새로운 목표를 설정하게 하는 적응적 행동일 수 있다.

17. 다음의 사례를 설명하기에 가장 적절한 이론은?

> 높은 성적을 받아 자신의 유능감을 높임으로써 자신의 가치를 높이기 위해 컨닝과 같은 부정행위를 한다.

① 목표 설정 이론
② 자기 효능감 이론
③ 자기 가치 이론
④ 기대 가치 이론

18. 다음 중 반두라의 자기 효능감에 대한 설명으로 가장 적절하지 않은 것은?

① 개인이 스스로 상황을 극복할 수 있고 자신에게 주어진 과제를 성공적으로 수행할 수 있다는 신념이나 기대를 말한다.
② 자아 인지 발달은 물론 성취 지향적인 행동과 밀접한 관계가 있다.
③ 높은 자기 효능감은 긍정적인 자아 인지를 촉진하고 지속적인 과제 지향적 노력을 하게 한다.
④ 자기 스스로 환경을 통제하고 결과에 대하여 보상을 주는 것이다.

19 기대 가치 이론에서 기대와 가치에 영향을 주는 요인들에 대한 설명으로 적절하지 <u>않은</u> 것은?

① 목표의 구체성 정도에 따라 과제 성공에 대한 기대가 달라진다.
② 정서적 기억에 따라 과제 성공에 대한 기대가 달라진다.
③ 과제가 개인의 목표 달성에 유용할 때 효용 가치에 따라 학습 동기가 높아진다.
④ 과제에 투자하는 비용이 클수록 학습 동기가 높아진다.

`기출유형`

20 드웩의 마인드셋 이론에 대한 설명으로 가장 적절하지 <u>않은</u> 것은?

① 성장형 마인드셋을 가진 사람은 개인의 능력은 변화가능하다고 생각한다.
② 고착형 마인드셋을 가진 사람은 수행 목표를 수용하는 경향이 있다.
③ 숙달 목표 지향성은 도전적인 과제를 선호한다.
④ 수행 목표 지향성은 과제에 대한 집중력과 지속력이 높은 경향이 있다.

제2장 | 실전연습문제 정답·해설

01	02	03	04	05
③	④	②	③	②
06	07	08	09	10
③	③	①	①	②
11	12	13	14	15
③	②	①	③	②
16	17	18	19	20
③	③	④	④	④

01 ③
행동이 생존을 조장하지 않는다면, 그 행동은 사라진다.

02 ④
본능이 사람과 동물의 행동 대부분을 유도하지만 '습관'과 같은 행동은 일생 동안 학습과 수정이 가능하다.

오답분석
① 본능은 반사와 학습의 중간적인 것이다.
② 본능은 인간의 행동의 전부가 아니다.
③ **본능 단명의 법칙**: 다른 동물과 마찬가지로 인간의 본능 또한 발생 직후 적절히 관리하지 못하면 사라지고 만다.

03 ②
ㄴ은 제임스의 견해이다. 맥두걸은 본능은 학습된 것이 아니며 획일적으로 발현되고 모든 동물 종에서 보편적이어야 하며, 본능이 인간 행동을 책임지는 유일한 동기적 힘이라고 주장하였다.

04 ③
외부 자극에 의해 유발되는 것이 행동이다. 또한 본능은 행동의 배후에 있는 동기 유발적인 힘이 될 수 없으며, 행동은 유전적인 프로그래밍의 결과가 아니라 외적 통제에 의해 형성된다.

05 ②
유기체가 먹이, 물, 성을 박탈당하거나 고통에 노출될 때에는 언제나 추동의 증가를 경험하게 된다.

06 ③
프로이트는 행동을 동기화시키는 세 가지 유형의 추동으로 삶의 추동, 죽음의 추동, 자기 보존의 추동을 제안하였다.

07 ③
헐의 행동 유발 공식으로, '반응 경향성 = 추종(drive) × 습관 강도(학습의 강도)'이다.

08 ①
추동 이론은 일반화 가능성(generalizability)이 부족하다. 추동 이론을 배고픔이나 갈증과 같은 생물적 욕구에 대한 먹이나 물과 같은 1차 강화물에는 잘 적용할 수 있지만, 칭찬이나 돈과 같은 2차 강화물(조건 강화물)에는 적용할 수 없다.

09 ①
인간의 감각 – 지각의 각성(arousal) 상태와 과제 수행 능력(quality of performance) 사이에는 역 U자 형태의 관계가 성립한다.

10 ②
망상활성계는 수면과 각성, 호흡, 심장 박동, 행동 유발 등 인간 생체의 여러 중요한 기능을 관장한다.

오답분석
① 망상활성계는 포유류 뇌의 한 영역으로, 척수를 타고 올라오는 감각 정보를 취사 선택해 대뇌 피질로 보내는 신경망을 말한다.
③ 망상활성계는 아세틸콜린, 노르에피네프린, 도파민, 세로토닌 등의 각성과 관련한 흥분성 신경 전달 물질을 만들어낸다.

④ Yerkes – Dodson의 법칙에 따르면 낮은 각성 수준에서 높은 각성 수준으로의 변화는 망상활성계와 관련이 있으며, 중간 각성 수준에서 높은 각성 수준으로의 변화는 변연계가 주로 관여한다고 할 수 있다.

11 ③

헵은 모든 감각을 박탈한 실험을 통해 사람은 자극을 추구한다는 '최적 각성 이론'을 설명하였다.

12 ②

중립 자극을 제시한 직후에 무조건 자극을 제시할 때 조건 형성이 잘 일어난다.

참고 **조건화의 원리**

구분	내용
시간의 원리	중립 자극을 무조건 자극보다 시간적으로 먼저 제시할 때 가장 효과적으로 조건화가 이루어지며 가장 적당한 시간적 간격은 약 0.5초 이내이며 5초 이상 지연되면 조건 형성이 이루어지지 않는다고 봄
강도의 원리	무조건 자극의 강도가 강하면 강할수록 조건 형성이 용이해진다는 것이다. 그러나 너무 강하면 오히려 방해가 될 수도 있음
일관성의 원리	조건 형성을 이루기 위해 제시되는 중립 자극이 처음부터 끝까지 일관성이 있어야 함
계속성의 원리	조건 반사 행동이 나타날 때까지 중립 자극을 계속적으로 충분히 제공해야 조건 형성이 가능하게 됨을 의미함

13 ①

정적(적극적) 강화는 바람직한 어떤 반응을 보일 때 보상(좋아하는 것, 칭찬, 선물 등)을 줌으로써 후에 어떤 장면에 처했을 때 그 반응이 다시 일어날 확률을 증가시켜 주는 것이다.

14 ③

사회 학습 이론에서는 외부에서 제시되는 직접 강화뿐 아니라 대리 강화, 자기 강화도 중시한다.

15 ②

시험 칠 때 아픈 것은 자기 자신의 몸 상태와 연관되므로 '내적 요인', 몸 상태는 고정적인 것이 아니므로 '불안정적', 자신의 의지에 의해 통제될 수 있는 것이 아니므로 '통제 불가능'에 해당한다.

16 ③

쉬운 목표보다는 어려운 목표가 동기 유발을 더 자극하여 성취 수준을 높여 준다. (목표의 곤란성)

17 ③

인간은 누구나 자기 자신을 가치 있는 유능한 존재로 인식하기를 원하며, 이러한 자기 가치를 보호하려는 욕구가 인간의 행동을 결정한다는 이론이다.

18 ④

자기 효능감이란 개인이 스스로 상황을 극복할 수 있고 자신에게 주어진 과제를 성공적으로 수행할 수 있다는 신념이나 기대를 말한다. 이러한 자기 효능감 판단은 아동의 자아 인지 발달은 물론 아동의 성취 지향적인 행동과 밀접한 관계가 있다.

참고 **높은 자기 효능감과 낮은 자기 효능감**
높은 자기 효능감은 긍정적인 자아 인지를 촉진하고 지속적인 과제 지향적 노력을 하게 하여 높은 성취 수준에 도달하게 하나, 낮은 자기 효능감은 부정적인 자기 평가를 하여 자신감이 결여되고 성취 지향적 행동을 위축시킬 수 있다.

19 ④

비용 가치는 과제에 참여하기 위해 포기해야 하는 것들을 얼마나 감내할 수 있는가의 정도이며, 과제 수행 결과로 얻는 가치가 비용보다 더 높다고 인식될 때 학습 동기가 촉진된다.

20 ④

수행 목표 지향성은 어려운 과제를 만나면 불안, 우울, 실패에 대한 두려움 등의 부정적인 정서를 경험하는 경우가 많다.

참고 **목표 지향성**

- **숙달 목표 지향성(mastery goal)**
  - 자신의 유능함을 개발하고 발전시키거나 과제를 숙달하는 것에 중점을 둔다.
  - 도전적인 과제를 선호한다.
  - 효과적인 자기 조절 학습 전략을 사용한다.
  - 과제에 대한 집중력과 지속력이 높은 경향이 있다.
  - 어려운 과제를 숙달의 기회로 삼아 부정적인 정서를 덜 경험한다.
- **수행 목표 지향성(performance goal)**
  - 다른 사람과 비교해 유능함을 증명하거나 드러내는 것에 관심을 둔다.
  - 최소한의 명백한 노력으로 성공하려고 한다.
  - 어려운 과제를 만나면 불안, 우울, 실패에 대한 두려움 등의 부정적인 정서를 경험하는 경우가 많다.

무료 학습자료 제공 · 독학사 단기합격 **해커스독학사**
www.haksa2080.com

전문가가 분석한 출제경향 및 학습전략

제3장 동기의 종류는 출제 경향성이 높은 영역이라 할 수 있다. 각 절마다 제시된 동기의 종류를 설명하는 이론을 확실하게 이해하고 숙지하는 것이 중요하다. 그리고 각 동기를 명확하게 구분할 수 있도록 암기하는 것이 필요하다. 특히 내재 동기와 외재 동기, 숙달 목표와 수행 목표에 대한 철저한 학습이 중요하다.

제3장 | 핵심 키워드 Top 10
핵심 키워드 Top 10은 본문에도 동일하게 ★로 표시하였습니다.

01	앳킨슨(Atkinson)의 성취 동기 모형 ★★★	p.110
02	숙달 목표와 수행 목표 ★★★	p.112
03	욕구의 종류 ★★	p.88
04	외재 동기 4가지 유형 ★★	p.101
05	자극 추구 동기의 개념 ★★	p.104
06	친애와 친밀(affiliation and intimacy) ★★	p.112
07	내재 동기에서 중요한 요인 ★	p.95
08	대립 과정 이론 ★	p.105
09	사회적 욕구가 행동을 동기화시키는 방식 ★	p.108
10	성취 욕구를 포함하고 만족시키는 조건 ★	p.112

제3장

동기의 종류

제1절 생리적 동기
제2절 내재적 및 외재적 동기
제3절 자극 추구 동기
제4절 사회적 동기

제1절 생리적 동기

01 욕구와 조절

1. 욕구(need)의 개념
① 욕구는 생리적·심리적 기구에 생기는 부족 상태를 보충하고 과잉 상태를 배제하려는 생리적·심리적 과정이다.
② 욕구는 인간의 내부에서 일어나는 필요에 의한 조건으로 생명·성장·안녕에 필수적인 조건이다.
③ 욕구가 만족될 때, 행복이 유지 및 증대된다.
④ 욕구가 저지될 때, 행복을 혼란시키는 손상이 발생한다.
⑤ 욕구는 에너지를 발생시킨다.

2. 욕구의 종류 ★★ 기출개념

구분	예	내용
생리적 욕구 (physiological needs)	• 갈증 • 배고픔 • 성욕	• 생물학적 체계와 관계, 주기적 시간 과정 • 신체적 안녕을 조절하고 성장, 삶에 잠재적 위협이 되는 신체적 불균형을 조정하는 욕구 • 유기체의 생물학적 조건으로 생물학적 체계의 기능이 내재되어 있음
심리적 욕구 (psychological needs)	• 자율성 • 유능성 • 관계성	• 중추신경계 과정과 관계, 의식에 존재 • 개인적 성장, 사회적 발달, 심리적 안녕을 촉진할 수 있는 환경과의 상호 작용을 추구하는 주체적인 욕구 • 인간 본성 추구와 발달에 내재하는 인간 고유의 심리 처리
사회적 욕구 (social needs)	• 성취 • 친애 • 친밀 • 권력	• 중추신경계 과정과 관계, 의식에 존재 • 사회화 과정에서의 긍정적인 정서와 관련된 환경적 사건과의 상호 작용을 추구하고, 이에 시간을 사용하는 욕구 • 사회화에 의해 발달적으로 획득된 심리 처리

✓ 핵심 Check
욕구의 종류
- **생리적 욕구**: 갈증, 배고픔, 성욕
- **심리적 욕구**: 자율성, 유능성, 관계성
- **사회적 욕구**: 성취, 친애, 친밀, 권력

3. 조절의 과정
① 생물학적 욕구는 생리적 박탈과 결핍으로 인하여 발생한다.
② 심리적 추동은 생물학적 욕구를 충족시키기 위해 발생한다.
③ 추동은 유기체가 행동하도록 에너지를 동원하며 그 행동으로 생리적 욕구를 만족할 수 있는 방향으로 이끈다.

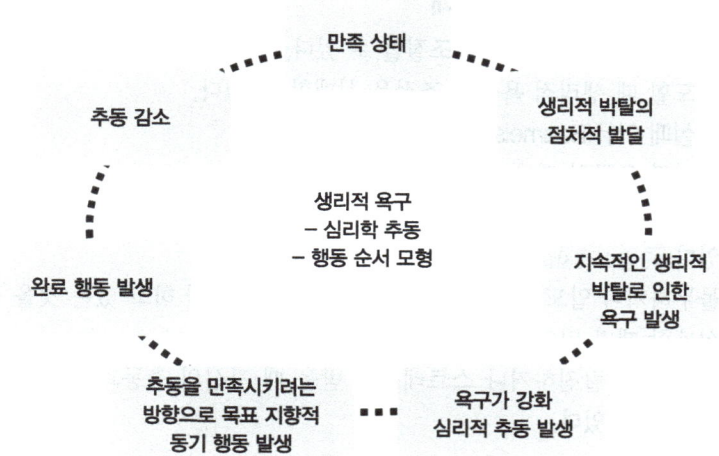

[그림 3-1] 생리적 욕구 - 심리학 추동 - 행동 순서 모형

4. 조절 과정의 구성

(1) 생리적 욕구
결핍된 생물학적 상태이다.

(2) 심리적 추동
무의식에 기재하던 생물학적 욕구가 표출된 것으로 동기적 특성을 가진다.

(3) 항상성
안정된 내적 상태를 유지하려는 경향성으로 회복 행동을 격려하고 지시하는 데 필요한 동기를 발생시키는 방법이다.

(4) 부적 피드백
항상성의 생리적 정지 체계로 추동은 행동을 활성화하지만 부적 피드백은 행동을 멈추게 한다.

(5) 다중 입력 - 다중 출력
① 추동은 다양한 입력과 출력 변인 간의 관련성을 통합시키는 중재 변인이다.
② 추동은 다중 입력(활성화 방법)이 있고 다중의 출력(행동 반응)이 있다.
③ 추동은 박탈 상태와 회복을 위한 목표 지향적 행위 사이를 중계한다.

(6) 유기체 내적 기제
① 유기체 내부의 모든 생물학적 조절 체계를 포함한다.
② 생물학적 욕구를 활성화하고 유지하며 멈추기 위해 협력하여 행동한다.
③ 내적 기제의 범주: 뇌구조, 뇌분비계, 신체 기관이다.

(7) 유기체 외적 기제
① 외부의 모든 환경적인 영향들을 포함한다.
② 심리적인 추동을 활성화하고 유지하며 멈추기 위한 역할을 한다.
③ 외적 기제의 범주: 인지적, 환경적, 문화적 영향이다.

개념 Plus

부적 피드백
신경계 축색에서 분비된 신경 전달 물질의 일부가 자기 축색이 분비한 신경 전달 물질에 민감한 자가 수용기와 결합함으로써 신경 전달 물질의 추가적인 분비를 감소시키는 것을 가리킨다.

5. 생리적 욕구의 자기 조절 실패
① 정신 상태가 생리적 욕구를 조절할 수 있다. 그러나 생물학적 충동이 정신적 통제를 압도할 때 생리적 욕구의 조절은 실패할 수 있다.
② 조절 실패 이유(Baumeister 등, 1994)
  ㉠ 생리적 욕구의 힘을 간과하는 경향이 있다.
  ㉡ 사람들은 적절한 기준이 무엇인지 모를 수도 있고 비현실적인 기준을 가질 수 있다(예 섭식 장애).
  ㉢ 몰두하거나 압도되거나 혹은 취하였을 때, 자신이 하고 있는 것을 점검하는 데 실패할 때가 있다.
  ㉣ 피곤하고, 탈진하거나 스트레스를 받을 때 자신의 충동과 욕망을 제어하기 어려울 때가 있다.

02 배고픔

1. 배고픔의 생리적 조절 [기출개념]
① 음식의 박탈 시간은 배고픔에 영향을 미친다.
② 위의 60%가 비워지면 약간의 배고픔을, 90%가 비워지면 최대의 배고픔을 느낀다.
③ 섭식 중추와 포만 중추

구분	내용
섭식 중추	• 뇌의 외측 시상 하부(LH; Lateral Hypothalamus) • 식욕을 강화시키는 오렉신(orexins)을 생산
포만 중추	• 뇌의 복내측 시상 하부(VMH; Ventromedial Hypothalamus) • 렙틴(leptin)은 지방 세포에서 방출되어 음식 섭취를 줄이고, 포도당 인슐린을 줄이고 대사율을 증가시키라는 신호를 포만 중추로 보냄

2. 배고픔 이론 [기출개념]
(1) 당질 평형 가설(단기 생리적 모형)
① 혈당 수준이 배고픔에 결정적 영향을 준다(Mayer, 1952).
② 낮은 혈당 수준은 뇌의 외측 시상 하부(LH; Lateral Hypothalamus)를 자극하여 배고픔을 증가시킨다.
③ 혈당 수준이 적정 수준 이상일 때는 뇌의 복내측 시상 하부(VMH; Ventromedial Hypothalamus)를 자극하여 배고픔을 감소시킨다.
④ 혈당은 일정한 수준을 유지해야 한다.

(2) 지방 평형 가설(장기 에너지 균형)
① 지방은 에너지를 생산한다.
② 저장된 지방의 양이 항상성 균형 이하로 감소할 때 지방 조직은 그렐린(ghrelin)을 혈류에 분비하여 체중증가 동기를 증진시키고 음식물 섭취를 늘리게 한다.

③ 지방의 양이 향상성 균형 이상으로 증가할 때 지방 조직은 렙틴(leptin)을 혈류에 분비하여 체중 감소 동기를 증진시키고 음식물 섭취를 줄이게 한다.
④ 지방 저장이 비교적 안정되고 지속적인 에너지원이기 때문에 단기적 변동을 설명하는 당질 평형 가설을 보완해서 설명해주고 있다.

(3) 조절점 이론(set-point theory)
① 출생 후 초기 유전적 특질에 의해 결정되는 체중 혹은 지방 조절 장치를 갖는다.
② 지방 세포수의 개인차를 초래한다.
③ 배고픔과 포만은 개인의 지방 세포 크기에 따른다.

3. 배고픔과 환경적 영향
음식물을 보는 것, 냄새, 모습, 맛, 시간대, 스트레스가 섭식 행동의 선행 조건들이 된다.

(1) 사회적 촉진 효과
① 다른 사람들과 함께 먹을 때 50% 더 많이 먹는다.
② 상황적 압력이 섭식 행동에 영향을 미친다.
③ 사회적 촉진은 다이어트에도 영향을 미친다.
④ 비만인 형제나 동성 친구가 있는 경우 비만일 확률이 50% 더 높다.

(2) 절식 포기 상황
① 다이어트를 하는 것은 기존의 생리적 체계에 혼동을 줄 수 있다.
② 스트레스, 불안, 우울, 알코올, 고칼로리 음식에 노출되는 조건 등에 의해서 폭식을 하는 경우가 많다.

(3) 인지적으로 조절된 섭식 양식
① 인지적으로도 섭식 행동이 조절될 수 있다.
② 내적 단서에 대한 자신의 반응성을 약화시킨다.
③ 무의식적인 생리적 통제를 의식적인 인지적 통제로 대체한다.
④ 인지적 통제가 부적 피드백 체계의 임무를 할 수 없다.

> 개념 Plus
>
> **사회적 촉진(social facilitation)**
> 혼자가 아닌 다른 사람과 함께 작업할 때 개개인의 작업 효과가 개선 또는 감소된다는 것으로 사회적 제약(social inhibition)이라고도 한다.

03 갈증

1. 갈증의 조절

(1) 수분의 항상성
① 인간은 2일 동안 물을 마시지 못하면 사망한다.
② 신체의 2/3는 물로 구성되어 있다.
③ 신체 내 물의 양이 2% 정도가 감소되면 갈증을 느낀다.
④ 신체 내 물의 양이 3% 정도가 감소되면 탈수 증상이 나타난다.

(2) 갈증의 생리적 조절
① 신체의 수분은 세포 내액과 세포 외액의 형태로 존재한다.
② 세포 내액은 세포 내부의 물로 체중의 약 40%에 해당한다.

③ 세포 외액은 세포 외부에 있는 체액으로 체중의 약 20%에 해당한다.
④ 세포 내액의 보충이 필요할 때는 삼투성 갈증(탈수)이 발생한다.
⑤ 세포 외액의 보충이 필요할 때는 혈량성 갈증(출혈, 구토)이 발생한다.
⑥ 뇌의 시상 하부는 세포의 수축을 감시하고 호르몬을 방출한다.
⑦ 신장은 농축된 소변, 간에 물을 저장하라는 신호를 보낸다.
⑧ 이러한 불수의적 과정 동안 의식적인 심리적 갈증 상태를 일으킨다.

(3) 갈증 충족
① 갈증의 충족은 부적 피드백이 작동한다.
② 입, 위, 장, 혈류, 세포 등에서 다중 부적 피드백이 작동한다.

2. 갈증과 환경적 영향
① 물을 쉽게 구할 수 있는지에 대한 지각이 갈증에 영향을 미친다. 물이 풍부한 곳에 사는 동물은 부족한 곳에 사는 동물보다 물을 적게 마시는 경향이 있다.
② 유기체는 생리적 욕구와 상관없이 일정한 주기(시간)에 따라 수분을 섭취한다.
③ 대부분의 포유류는 음식 섭취 전후에 수분을 섭취한다.
④ 수분 섭취에 가장 영향을 주는 것은 맛인데 단맛이 가장 큰 유인가를 가지고 있다.
⑤ 사회 – 문화적 영향들이 알코올과 카페인이 함유된 음료를 마시는 데 영향을 미친다.
⑥ 생리적 욕구 이외에도, 관계·소속의 욕구를 충족시키기 위해 마시는 행동이 발생한다.

04 성

1. 성의 기능
종족 보존, 애정 표현 수단, 쾌락 추구의 기능이 있다.

2. 성 호르몬
① 남성 호르몬: 안드로겐(androgen)으로 테스토스테론(testosterone)을 주성분으로 한다.
② 여성 호르몬: 에스트로겐(estrogen)과 프로게스테론(progesterone) 등이 있다.
③ 인간의 성 행동은 호르몬에 의해 영향을 받으나 호르몬에 의해 결정되지는 않는다.
④ 안드로겐(androgen)과 에스트로겐(estrogen)은 각각 남성과 여성의 성적 동기에 중요한 역할을 한다.
⑤ 호르몬은 외적 자극들에 대한 개인의 성적 반응성을 촉진한다.
⑥ 성적 행동은 시상 하부를 자극하여 옥시토신(oxytocin)을 혈류로 분비한다.
⑦ 옥시토신(oxytocin)이 분비되면 쾌감을 불러일으키고 이는 사회적 관계성과 유대감을 증진시킨다.

핵심 Check

성 호르몬
- 여성 호르몬
  - 에스트로겐(estrogen)
  - 프로게스테론(progesterone)
- 남성 호르몬
  - 안드로겐(androgen)
  - 테스토스테론(testosterone)

3. 남녀의 성적 차이

구분	남자	여자
생식에 들이는 노력	하루에 2억여 개의 정자를 생산함	한 달에 1~2개의 난자를 성숙시켜 냄
성적 욕구에 대한 반응	• 생리적 각성과 심리적 욕구 사이의 상관이 높음 • 욕구-각성-오르가슴의 3단계 성 반응 주기를 보임	• 생리적 각성과 심리적 욕구 사이의 상관이 낮음 • 남성의 성 반응 주기처럼 해소되기보다는 친밀감의 증가로 이어짐
성에 대한 기대	• 감각, 새 파트너가 중요 • 섹스가 없으면 여자가 자신을 사랑하지 않는다고 생각함 • 마약, 알코올, 섹스에 잘 중독됨	• 관계, 친밀감이 아주 중요함 • 대화가 없으면 남자가 자신을 사랑하지 않는다고 생각함 • 관계, 감정 의존에 잘 중독됨
성적 지향	• 여자에 비해 더 단기적인 성적 동기와 덜 엄격한 기준을 가지고 있음 • 성적 접근 가능성(젊음과 매력)의 단서들을 가치 있게 여김 • 배우자의 순결에 가치를 둠	• 남자에 비해 남자의 재력, 사회적 지위, 유망한 장래에 가치를 둠 • 남성의 근육이 중간 정도일 때 여성들은 가장 매력적인 것으로 평가하는 경향이 있음
	남자와 여자는 그들의 성적 동기와 배우자 찾기 책략에 독특한 심리적 기제들을 진화시켜 옴	

4. 성과 환경적 영향

① 사회적·문화적·진화적 영향과 같은 환경적 변인들이 인간의 성적 동기에 많은 영향을 미친다.
② 후각·촉각·청각·시각적 자극이 인간의 성적 동기에 영향을 미친다.
③ 신체적 매력에 대한 표준은 문화에 따라 다르다. 이는 경험, 문화적 동의, 사회화를 통해 학습되기 때문이다.
④ 매력적인 얼굴 평가의 기준은 서로 다른 문화에서도 비슷한 경향성을 보인다.
   예 눈의 크기, 입의 넓이, 광대뼈의 돌출 등
⑤ 성적 스크립트(sexual script)
   ㉠ 성적 스크립트는 전형적인 성적 만남이 포함하고 있어야 하는 것들에 대한 개인의 이야기다.
   ㉡ 성에 대한 동기, 감정, 언어적·비언어적 행동들을 포함한다.
   ㉢ 개인차와 남녀의 차이가 있으며 실질적인 경험 후에 수정이 된다.
⑥ 성적 도식(sexual schema)
   ㉠ 성적 도식은 성적 자기에 대한 인지적 표상이다.
   ㉡ 과거 경험을 통해 형성되는 것으로 정적 측면과 부적 측면을 가진 성적 자기에 대한 신념이다.

기출개념확인

01 다음 중 심리적 욕구를 모두 고른 것은?

ㄱ. 성취	ㄴ. 자율
ㄷ. 유능	ㄹ. 관계

① ㄱ
② ㄱ, ㄴ, ㄷ
③ ㄴ, ㄷ, ㄹ
④ ㄱ, ㄴ, ㄷ, ㄹ

02 다음 중 성적 욕구에 대한 설명으로 적절하지 않은 것은?

① 성적 행동은 시상 하부를 자극하여 옥시토신(oxytocin)을 혈류로 분비한다.
② 프로게스테론(progesterone)은 남성 호르몬이다.
③ 남자와 여자는 성에 대한 기대가 다르다.
④ 후각, 촉각, 청각, 시각적 자극이 인간의 성적 동기에 영향을 미친다.

정답·해설

01 ③ 성취는 사회적 욕구이다.

참고 **욕구의 종류**

구분	예	내용
생리적 욕구 (physiological needs)	• 갈증 • 배고픔 • 성욕	• 생물학적 체계와 관계, 주기적 시간 과정 • 신체적 안녕을 조절하고 성장, 안녕, 삶에 잠재적 위협이 되는 신체적 불균형을 조정하는 유기체의 생물학적 조건으로 생물학적 체계의 기능이 내재되어 있음
심리적 욕구 (psychological needs)	• 자율성 • 유능성 • 관계성	• 중추신경계 과정과 관계, 의식에 존재 • 개인적 성장, 사회적 발달, 심리적 안녕을 촉진할 수 있는 환경과의 상호 작용을 추구하는 주체적인 욕구로 인간 본성 추구와 발달에 내재하는 인간 고유의 심리 처리
사회적 욕구 (social needs)	• 성취 • 친애 • 친밀 • 권력	• 중추신경계 과정과 관계, 의식에 존재 • 자신의 사회화 과정에서의 긍정적인 정서와 관련된 환경적 사건과의 상호 작용을 추구하고, 이에 시간을 사용하는 사회화에 의해 발달적으로 획득된 심리 처리

02 ② 에스트로겐(estrogen)과 프로게스테론(progesterone) 등은 여성 호르몬이다. 남성 호르몬은 안드로겐(androgen)이라고도 불리며 테스토스테론(testosterone)을 주성분으로 한다.

제2절 내재적 및 외재적 동기

01 내재 동기

1. 내재 동기의 개념 [기출개념]
① 내재 동기는 자신의 흥미에 따르고 역량을 연습하고, 적정 도전을 추구하고 숙달하려는 선천적인 경향성이다.
② 심리적 욕구들이 환경과 개인의 관계에 의해 육성되거나 지지될 때, 사람들은 흥미로운 활동을 하고 있는 동안에 느끼는 심리적 욕구의 만족과 경험이 자발적으로 발생된다.
③ 내적 동기로 인한 활동은 활동 그 자체가 목적이 된다.

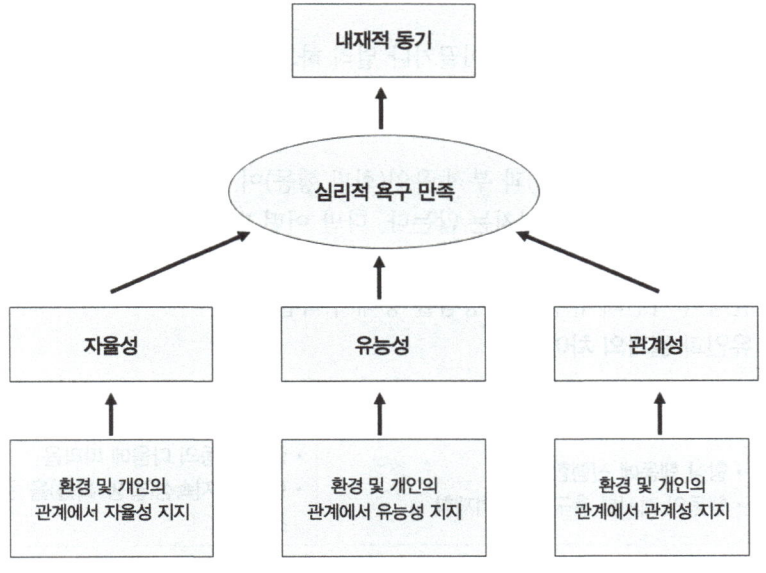

[그림 3-2] 내재 동기의 기원

2. 내재 동기에서 중요한 요인 ★

(1) **지속성(persistence)**
사람들은 내재 동기가 높을수록 과제에 대한 지속성이 더 높아진다.

(2) **창의성(creativity)**
사람들은 외적 압력에 의해서보다는 일 자체의 흥미, 즐거움, 만족 및 도전에 의해 일차적으로 동기화될 때 가장 창의적이다.

> 📋 **개념 Plus**
> **개념적 방식**
> 정확한 답을 기억하고 재생하는 것과는 대조적인 방식이다.

(3) 개념적 이해·고품질의 학습(conceptual understanding·high quality learning)
사람이 내재적으로 동기화될 때, 보다 유연하고 개념적인 방식으로 정보를 생각하고 통합한다.

(4) 최적 기능과 안녕(optimal functioning & well-being)
내재적 목표를 추구하는 것은 외재적 목표를 추구하는 것보다 더 나은 기능을 하도록 하고, 더 좋은 심리적 안정을 가져온다.

02 외재 동기

1. 외재 동기의 개념
① 외재 동기는 활동 자체와는 별개로 환경적 유인과 결과로부터 발생하는 동기이다.
② 보상을 받거나 처벌을 피하려는 것으로 동기화된다.
③ 외적 동기로 인한 활동은 목적을 달성하기 위한 수단으로 주로 사용한다.

2. 동기의 외적 조절 `기출개념`

(1) 유인(incentive)
① 사람들을 특정 행동으로 이끌거나 멀리 하도록 하는 환경적 사건이다.
② 유인은 항상 행동에 선행하고, 사람들에게 어떤 결과가 올 것인지에 대한 기대를 발생시킨다.
③ 정적 유인(접근 행동)과 부적 유인(회피 행동)이 있다.
④ 유인은 행동을 일으키지는 않는다. 다만 어떤 반응이 시도될 것인가 혹은 그렇지 않을 것인가에 대한 가능성에 영향을 준다.
⑤ 환경적 사건의 유인가는 경험을 통해서 학습된다.
⑥ 유인과 결과의 차이점

유인	결과
• 항상 행동에 선행함 • 행동의 개시를 촉구 혹은 억제함	• 항상 행동의 다음에 따라옴 • 행동의 지속성(발생 확률)을 증가 또는 감소시킴

(2) 강화인(reinforcer)
① 관점에 따른 강화인

실용적 관점	이론적 관점
행동을 증가시키는 어떤 외재적 사건	행동에 대한 효과와 독립적인 방식으로 정의되어야 한다고 봄

② 강화인의 종류

정적 강화인	부적 강화인
환경자극으로 이것이 제시되었을 때, 앞으로 바람직한 행동이 일어날 확률을 증가시킴	환경자극으로 이것이 제거되었을 때, 앞으로 바람직한 행동이 일어날 확률을 증가시킴
예 돈, 칭찬, 관심, 성적, 장학금, 승인 등	예 잔소리, 울기, 감독, 마감 시한 등

③ 강화인이 행동을 증가시키는 방식
  ㉠ 추동(drive)을 감소시킨다.
  ㉡ 불안과 같은 부정적인 각성(arousal)을 감소시킨다.
  ㉢ 흥분과 같은 긍정적인 각성을 증가시킨다.
  ㉣ 사람들에게 가치 있는 것을 제공한다.
  ㉤ 뇌의 유쾌한 자극을 만들어 낸다.
  ㉥ 고빈도 행동을 할 수 있는 기회를 제공한다.

④ 강화인의 성질
  ㉠ 강화인은 질적으로 다를 수 있다.
  ㉡ 강화인의 효과는 다를 수 있다.
  ㉢ 강화인 제공의 즉시성이 행동 증가의 효과에 부분적으로 영향을 미친다.

⑤ 강화인 여부를 결정하는 4가지 특징
  ㉠ 수혜자가 지각한 강화물의 가치가 주는 사람과 다를 수 있다.
  ㉡ 어떤 강화인은 어떤 사람들에게는 효과적이나 다른 사람들에게는 비효과적일 수 있다.
  ㉢ 동일한 강화인이 어떤 때는 효과적이나 다른 때에는 비효과적일 수 있다.
  ㉣ 강화물의 강도에 따라 효과가 달라질 수 있다. 역치 강도 이상의 강화인이 제공되어야 한다.

(3) 처벌

① 환경적 자극으로 이것이 제시되었을 때, 앞으로 바람직하지 않은 행동이 나타날 확률을 감소시키는 것이다.

② 벌의 종류

수여성 벌(제1종의 벌)	제거성 벌(제2종의 벌)
• 부적 강화물을 가하는 것 • 불쾌 자극을 제시하는 것	• 정적 강화물을 박탈하는 것 • 쾌 자극을 제거하는 것
예 전기 충격, 잔소리, 범칙금 부과 등	예 급여 삭감, 오락 금지 등

③ 처벌의 부작용
  ㉠ 체벌(physical punishment)은 공격성을 가르칠 수 있다.
    ⓐ 종종 체벌을 받은 사람은 뒤에 다른 사람에게 비슷한 체벌을 주는 행동을 한다(Bandura, 1986).
  ㉡ 처벌은 더 강한 반응의 원인이 된다.
    ⓐ 권위있는 사람에게 저항하는 것을 배운 학생들은 처벌을 받은 뒤 더욱 반항적이 되기 쉽다(Nilsson & Archer, 1989).

ⓒ 처벌은 단지 일시적으로 행동을 억제시킬 뿐이다.
    ⓐ 처벌을 주는 사람이 계속적으로 처벌을 사용하려고 하지 않는 한, 처벌은 불량 행동의 문제를 해결할 수 있는 장기적인 해결책은 아니다(Walters & Grusec, 1977).
ⓔ 처벌은 사람들이 처벌인뿐만 아니라 처벌을 주는 사람까지도 피하게 만든다.
    ⓐ 처벌을 받은 사람은 잡히지 않을 지능적인 방법을 찾으려 하고, 처벌을 주는 사람을 피할 것이다(Cressey, 1978).
ⓜ 처벌은 부정적인 감정을 초래한다.
    ⓐ 고전적 조건화를 통해 학생들은 교실과 처벌받은 것을 연합할 것이고, 교실은 부정적인 감정을 생산해 내는 조건화된 자극이 된다(Baldwin & Baldwin, 1998).

(4) 보상

① 보상은 잠재적 동기요인이다.
② 보상은 어떤 때는 작용하지만, 어떤 때는 작용하지 않는다.
③ 보상에 대해 선천적으로 민감하게 만드는 생리적 기제
   ㉠ 뇌의 도파민 방출, 행동 활성화 체계(BAS)를 활성화시킨다.
   ㉡ BAS의 활성화는 선천적으로 희망과 흥미 같은 긍정적 감정의 발생과 관련이 있다.
   ㉢ 행동을 촉진하는데, 개인적 이득을 알려주는 환경적 신호에 접근하도록 격려한다.
④ 외재적 보상은 긍정적 정서를 활성화시키고, 개인적 이득 기회를 신호해 주기 때문에 행동을 촉진한다.
⑤ 보상의 숨겨진 대가
   ㉠ 보상의 숨겨진 대가는 내재적 동기에 대한 보상의 역효과를 의미한다.
   ㉡ 내재적으로 흥미로운 활동에 대한 외재적 보상을 제공하는 것은 전형적으로 미래의 내재적 동기를 손상시킬 수 있다.
⑥ 기대된 보상, 유형적 보상
   ㉠ 기대된 보상은 내재적 동기를 손상시키고, 기대하지 않은 보상은 그렇지 않다.
   ㉡ 유형적 보상은 내재적 동기를 손상시키고, 언어적, 상징적 보상은 그렇지 않다.
⑦ 외재적 보상의 원하는 효과와 원하지 않는 효과

활동을 유발하기 위한 보상의 사용	
원하는 일차적 효과	원하지 않는 부작용
명령이나 요구 따위에 응하여 어떤 활동이나 행동을 하게함	• 내재적 동기를 감소시킴 • 학습의 질과 과정을 방해함 • 자율적·자기 조절 능력을 방해함

03 인지 평가 이론

1. 인지 평가 이론의 개요
① 인지 평가 이론은 외적 사건이 내적·외적 동기에 어떤 영향을 미치는지와 그 사건이 유능성과 자율성에 미치는 효과에 의해 어떻게 조절될 수 있는지를 설명한다.
② 인간에게는 자율성과 유능성이라는 심리적 욕구가 있다.
③ 외부 사건이 가지는 통제적 측면은 인간의 자율성 욕구에 영향을 미친다.
④ 외부 사건이 가지는 정보적 측면은 인간의 유능성 욕구에 영향을 미친다.

2. 인지 평가 이론의 명제
(1) 명제 1: 이 사건이 대체로 행동을 통제하려고 하는가?
① 지각된 인과의 소재(PLOC)에 따라 동기가 달라진다.
② 내적 PLOC를 촉진하는 사건들은 자율성과 내재적 동기가 높은 채로 외재적 동기는 영향을 받지 않는다.
③ 외적 PLOC를 촉진하는 사건들은 자율성과 내재적 동기를 감소시키고 외재적 동기를 증가시킨다.

(2) 명제 2: 이 사건이 대체로 유능성 정보를 제공하는가?
① 지각된 유능성에 따라 동기가 달라진다.
② 영향력 정보가 긍정적이면 유능성과 내재적 동기는 증가한다.
③ 영향력 정보가 부정적이면 유능성과 내재적 동기는 감소한다.

(3) 명제 3: 외적 사건이 통제적인지 정보적인지에 대한 지각이 내재적 동기와 외재적 동기에 대한 영향력을 결정한다.
① 명제 1과 2를 완전한 이론적 진술로 묶어서 인지평가 이론의 유용성을 설명한다.
② 행동의 개시와 조절에 적절한 사건들은 각기 기능적 중요성을 지닌 세 가지 잠재적인 측면을 갖는다.
　㉠ 정보적 측면은 내적 PLOC와 지각된 유능성을 촉진함으로써 내재적 동기를 향상시킨다.
　㉡ 통제적 측면은 PLOC를 촉진함으로써 내재적 동기를 감소시키고 외재적 동기를 촉진한다.
　㉢ 무동기를 촉진하는 측면은 지각된 무능성을 촉진함으로써 내재적 동기를 감소시키고 무동기를 촉진한다.
　㉣ 어떤 사람에게 이 세 측면들의 상대적 현저성은 그 사건의 기능적 중요성을 결정한다.

3. 통제적 사건과 정보적 사건

어떤 외적 사건은 상대적으로 통제적 혹은 정보적 방식으로 제공될 수 있다.

(1) 칭찬
① 당연히 해야 하는 느낌(의무형)을 표현하는 어휘를 첨가하는 것은 일종의 압력의 느낌이 나는 피드백을 주는 것이다.
  예 당신은 해야 할 만큼 잘 하셨습니다.
② 분명하고, 구체적이며 유능성을 전달하는 피드백은 정보적인 기능을 갖는다.
  예 잘 하셨습니다. 당신이 그 일을 성실하게 책임지고 잘 마무리하셨습니다.
③ 동기적 효과는 칭찬 그 자체가 아니라 칭찬이 주어지는 방식에 있다.
④ 칭찬이 통제적으로도 사용될 수 있다.
⑤ 칭찬할 때 다른 사람이 어떤 행동을 촉진하기 위해 칭찬을 사용하고 있다는 것을 알게 되면 자기 결정과 내적 동기는 감소한다.

(2) 경쟁
① 경쟁이 통제적인 방식으로 경험될 때 내재적 동기를 감소시킨다. 경쟁자들은 과제 자체에 대한 관심보다 승리의 보상에 관심을 두기 때문이다.
② 사회적 맥락이 경쟁에서 승리를 강조하지 않으면 경쟁의 정보적 측면이 비교적 더 잘 지각된다.
③ 승리와 진전은 지각된 유능성을 촉진하고 내재적 동기를 증가시킨다.
④ 실패와 진전의 결핍은 지각된 유능성을 훼손하고 내재적 동기를 감소시킨다.
⑤ 승리는 실패에 비해 내적 동기를 증가시키지만, 내적 동기를 증가시키는 것은 승리에 따르는 보상보다는 유능감을 지각하는 것이다.
⑥ 경쟁에서 실패한 경우에도, 자신이 개인적 표준 이상으로 유능하게 수행을 하였다고 느끼면 내재적 동기는 높은 수준을 유지한다.
⑦ 내재적 동기가 번영하기 위해서는 유능성과 자율성이 높아야 한다.
⑧ 유능감과 자기 결정을 높이기 위해서는 외적 사건들이 정보적 방식으로 제시되어야 한다.

4. 자기 결정 이론 기출개념

(1) 개요
① 자기 결정 이론은 외적 동기와 내적 동기가 대립적 형태로 존재하는 것이 아니라 자기 결정의 정도에 따라 무동기 상태로부터 내적 동기 상태에 이르기까지 연속적으로 존재한다고 본다.
② 인지 평가 이론은 개인이 활동을 할 때 내적 동기와 외적 동기의 변화를 설명하지만 내재적으로 흥미 없는 활동의 경우에는 인지평가 이론이 적용되지 않는다.
③ 개인이 흥미 없는 활동을 할 수 있는 동기를 어떻게 가지게 되는가는 동기적으로 중요한 사항이다.
④ 자기 결정 이론은 지각된 인과 소재 또는 자기 결정 연속선에 의해 내재 동기, 외재 동기, 무동기의 세 가지 유형으로 구분한다.

> **개념 Plus**
>
> **자기 결정성 이론(SDT; Self-Determination Theory)**
> 데시와 라이언(Deci & Ryan, 1975)에 의해 제안된 이론으로 개인들이 어떤 활동을 할 때, 내재적 동기 또는 외재적 동기에 따라 활동의 결과가 달라진다는 이론이다.

⊙ 동기의 유형을 나타내는 자기 결정 연속선

행동	동기	조절 유형	지각된 인과 소재	관련된 조절 과정
자기 결정 되지 않은	무동기	무조절	비개인적	무의도, 무가치, 무능, 통제 결핍
	외재 동기	외적 조절	외적	응종, 외적 보상과 처벌
		내사 조절	어느 정도 외적	자기 통제, 자아 관여, 내적 보상과 처벌
		동일시 조절	어느 정도 내적	개인적 중요성, 의식적 가치 부여
		통합된 조절	내적	일치, 자각, 자기와의 통합
자기 결정된	내적 동기	내적 조절	내적	흥미, 선천적 만족

(2) 외재 동기 4가지 유형 ★★

① 외적 조절
  ㉠ 외적 조절은 자기 결정 되지 않은 외재 동기의 전형이다.
  ㉡ 대체로 어떤 외적 요구를 충족시키기 위해서, 아니면 매력적 유인, 결과 혹은 보상을 얻거나 처벌을 피하기 위해서 외적으로 조절된 행동을 한다.
  ㉢ 외재적 동기 요인의 존재와 부재가 동기의 상승과 하강을 조절한다.
  ㉣ 다른 세 가지의 유형에 비해 빈약한 기능과 성과를 보인다.
    예 시험 날짜가 임박했을 때만 공부를 한다.

② 내사 조절
  ㉠ 내사 조절은 생각이나 행동에 대하여 타인의 요구를 받아들이지만 진심으로 수용되지 않은 것을 의미한다.
  ㉡ 내적 강요에 의해서, 죄책감과 수치 같은 내적으로 통제되는 정서를 피하기 위해서 행동을 한다.
  ㉢ 내사에 의해 동기화된 행동을 할 때 높은 긴장과 압력을 느끼는 것은 부분적으로만 내재화가 이루어졌다는 증거이다.
    예 나는 오늘까지 그 일을 끝내야만 한다.

③ 동일시 조절
  ㉠ 동일시 조절은 당면한 행동이 자신에게 중요하거나 유용하다고 보기 때문에 자발적으로 그 생각이나 행동이 가지는 가치와 유용성을 받아들인다.
    예 나의 미래를 위해서 과외활동은 매우 중요하다.

④ 통합된 조절
  ㉠ 통합된 조절은 자신의 가치감과 정체감을 반영하기 때문에 행동을 한다.
  ㉡ 새로운 방식의 생각이나 느낌, 행동을 이미 자신이 가지고 있는 생각, 느낌, 행동하는 방식과 일치시키는 것을 포함한다.
  ㉢ 친사회적 발달과 심리적 안녕과 같은 긍정적인 결과와 관련된다.
    예 내가 이것을 하는 것은 나의 가치와 믿음에 부합하기 때문이다.

⊙ 핵심 Check

외재 동기의 4가지 유형
- 외적 조절
- 내사 조절
- 동일시 조절
- 통합 조절

(3) 흥미 없는 활동을 하도록 동기 부여하기

① 흥미 없는 활동을 하도록 동기를 부여하기 위해서 유인을 사용하는 것은 응종, 저질의 학습, 최소한의 기능하기, 외적 조절에 의존하도록 만드는 문제점이 있다.

② **합리적 근거 제시**
  ㉠ 흥미롭지 않은 활동을 하는 동안에 노력을 하는 것이 왜 유용하고 중요한지 이유에 대해 설명한다.
  ㉡ 합리적 근거 제시는 통합된 조절을 하도록 육성하여 개인의 노력을 증가시킨다.

③ **흥미 육성**
  ㉠ 흥미: 특정 활동 영역에 대한 매력으로부터 발생하는 특수 동기이다.
  ㉡ 상황에 대한 흥미를 느낄 수 있는 요소들을 포함시킨다.
  ㉢ 개인적 흥미를 지속할 수 있는 활동을 유지할 수 있도록 한다.
  ㉣ **상황적 흥미 육성**: 매력 있는 외적 자극에 의해 촉발되고 어떤 활동에 대한 단기적인 매력으로 존재한다.
  ㉤ **개인적 흥미 육성**: 지속적인 노력은 시간 경과에 따라 특정 활동, 상황 혹은 주제를 추구하도록 하는 분명한 선호를 발생시킨다.
  ㉥ **흥미의 증가**: 주의, 학습, 지식, 성취가 증진된다.

기출개념확인

01 동기의 외적 조절 요인에 대한 설명으로 적절하지 않은 것은?

① 유인은 항상 행동에 선행하고, 행동을 유발한다.
② 정적 강화인은 바람직한 행동이 일어날 확률을 증가시키는 것이다.
③ 강화인은 추동(drive)을 감소시킨다.
④ 처벌은 더 강한 반응의 원인이 될 수 있다.

02 인지 평가 이론에 대한 설명으로 옳은 것은?

① 외재적 동기가 번영하기 위해서는 유능성과 자율성이 높아야 한다.
② 외부 사건이 가지는 통제적 측면은 인간의 유능성 욕구에 영향을 미친다.
③ 외부 사건이 가지는 정보적 측면은 인간의 자율성 욕구에 영향을 미친다.
④ 영향력 있는 정보가 긍정적이면 유능성과 내재적 동기는 증가한다.

정답·해설

01 ① 유인은 항상 행동에 선행하고 행동의 개시를 촉구 혹은 억제한다. 유인은 행동을 일으키지는 않는다.

02 ④ 지각된 유능성에 따라 동기가 달라진다. 영향력 있는 정보가 긍정적이면 유능성과 내재적 동기는 증가한다. 영향력 있는 정보가 부정적이면 유능성과 내재적 동기는 감소한다.

오답분석
① 내재적 동기가 번영하기 위해서는 유능성과 자율성이 높아야 한다.
② 외부 사건이 가지는 통제적 측면은 인간의 자율성 욕구에 영향을 미친다.
③ 외부 사건이 가지는 정보적 측면은 인간의 유능성 욕구에 영향을 미친다.

제3절 자극 추구 동기

01 자극 추구 동기

1. 자극 추구 동기

(1) 자극 추구의 개념
① 자극 추구는 행동 활성화 체계(BAS; Behavioral Activation System)의 새로운 자극이나 보상 신호에 대한 반응이다.
② 자극 추구는 도파민과 관련성이 높다.
③ 자극 추구는 행동이 활성화되는 성향에서의 개인차가 있다.
④ 자극 추구가 높은 사람의 경우 탐색적이고 자극적인 모험을 추구하고 충동적이며, 단조로운 작업을 지루해하고 좌절을 경험하는 상황을 견디지 못한다.

(2) 자극 추구 동기의 개념 ★★ 기출개념
① 자극 추구 동기는 생명 유지와는 관계가 없지만 생득적 동기이다.
② 자극 추구 동기는 다양하고 복잡한 경험과 감각을 추구하고자 하는 동기이다.
  ㉠ 어떤 활동이 신체적 욕구에 대하여 아무 충족을 주지 않을지라도 환경을 적극적으로 탐색하려는 동기가 있다.
  ㉡ 노르에피네프린이 방출되면 기분이 좋게 느껴지기 때문에 자극을 추구하는 동기화가 된다.
  ㉢ 활동
    ⓐ 유기체는 무료한 시간을 보내거나 신체적 활동을 하지 않을 경우 이를 견디어 내는 인내심 부족하다.
    ⓑ 유기체는 가능한 한 자신이 적절하다고 느끼는 정도까지 활동하고자 한다.
  ㉣ **탐색과 조작**: 새로운 것에 대한 호기심으로 낯선 것을 접하며 이를 탐색하고 사물을 파악하려는 동기가 있다.
③ 유기체가 어떤 목적을 향하여 특정한 행동을 유도하도록 하는 상태이다.
  ㉠ 유기체는 안정된 내적 환경을 유지시키려는 항상성 원리에 의해 움직인다.
  ㉡ 항상성이 깨지면 유기체는 내적 상태를 원래대로 되돌려 놓기 위해 추동이 증가된다.
  ㉢ 추동은 욕구에 따른 심리적 결과로서 유기체로 하여금 강한 목표 지향적 활동을 이끈다.
  ㉣ 인간과 동물은 추동을 감소시키는 것과 정반대로 오히려 자극이나 긴장을 찾기 위해 동기화되기도 한다.

📋 **개념 Plus**

노르에피네프린
노르아드레날린(noradrenalin)의 다른 이름으로 부신 수질에서 생성되는 화학 물질이다. 교감신경계의 신경 전달 물질 및 호르몬으로 작용할 수 있다. 교감신경계가 자극되어 노르에피네프린이 분비되면 집중력, 대사 활동, 혈류량이 증가한다.

④ 자극 추구 동기 수준이 높은 청소년은 비행을 저지를 가능성이 높은 경향이 있다.
⑤ 자극 추구 동기의 결핍은 인간의 인지적 측면에도 부정적인 영향을 미친다.

2. 대립 과정 이론 ★ 기출개념

(1) 대립 과정 이론의 개요
① 대립 과정이란 어떤 정서나 동기 상태와 상반되는 내적 상태가 유도되는 경향성이다.
② 동기와 정서의 역동성은 정상 상태로부터 일탈되는 것을 상쇄시킨다.
③ 기쁨이나 즐거움은 부정적인 방향으로, 슬픔이나 고통은 긍정적인 방향으로 나아가는 대립 과정이 출현한다.
④ 대립 과정은 본래의 정서나 동기보다 미약한 경험을 하게 한다. 극단적인 쾌감은 단순한 기쁨으로 극단적인 공포는 단순한 두려움으로 표현된다.
⑤ 내적으로 유도된 대립과정은 일차과정의 크기에 비례해서 출현하며 반복되는 정도에 따라 커지는 특징이 있다.
⑥ 정서나 동기가 크면 클수록 여러 번 반복되면 될수록 대립 과정에서 유도된 이차과정도 커진다.
⑦ 우리가 느끼고 경험하는 정서는 차츰 그 강도가 약화된다. 이것은 반복 경험할수록 주의도 감소되고 대단한 것이 아닌 것으로 간주하게 만든다.

(2) 대립 과정 이론 실험

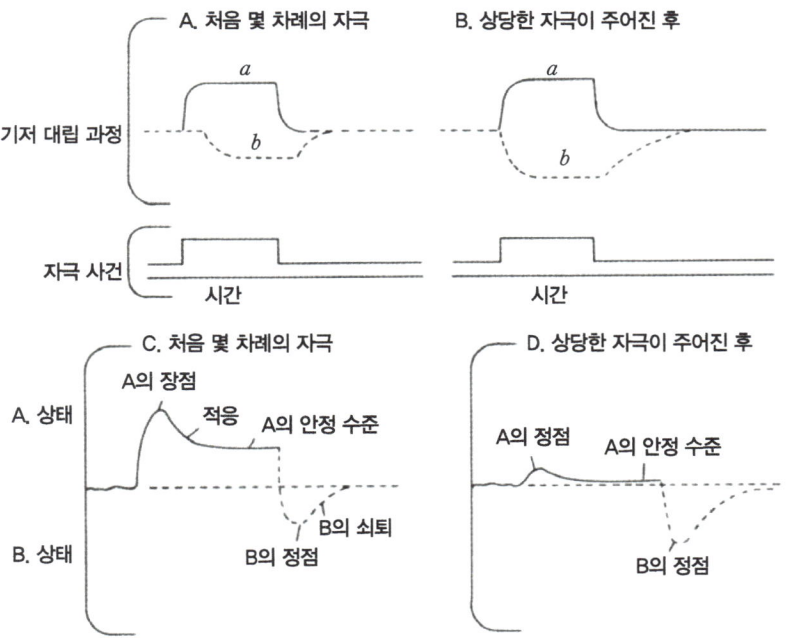

[그림 3-3] 대립 과정 이론에 따른 정서의 변화

① 사람은 언제나 서로 대립하는 두 쌍의 정서를 동시에 느낀다.
  예 우리가 쾌감을 느낄 때, 우리 몸 속 어딘가는 불쾌감을 동시에 느끼고 있다.
② 두 가지 대립 정서 중에서 처음에 우세하던 정서는 반복될수록 약화되고, 처음에는 약하던 정서는 반복될수록 더 강해진다.

✓ 핵심 Check

대립 과정 이론
한 자극에 의해서 처음 만들어지는 반응(A)이 끝나게 되면, 그 후에는 이와 상반되는 제2의 반응(B)이 나타난게 된다는 것이다. 즉 유쾌한 느낌을 불러일으키는 자극은 그 이후에 불쾌한 느낌에 의해 대립되고, 처음에 불쾌한 느낌을 주는 자극은 그 이후에 유쾌한 느낌에 의해 대립된다는 것이다.

📋 개념 Plus

솔로몬(Solomon)과 콜비트(Corbit) 실험(1974)
- 비행기에서 낙하산을 타고 뛰어내리는 스카이다이버들이 스카이다이빙을 하는 과정 동안에 어떤 기분이었고, 그 기분이 어떻게 변해 가는지를 조사했다.
- 스카이다이빙 초보자들은 점프 직전에 엄청난 공포감을, 무사히 착지한 직후부터는 엄청난 안도감을 느꼈다.
- 초보자들이 점프를 반복할수록 점프 직전에 느끼는 공포감은 점점 줄어들고 착지 후에 느끼는 안도감은 점점 더 커졌다.
- 스카이다이빙 고수가 되면 점프를 하러 비행기를 타고 하늘에 떠오르는 순간부터 마음이 차분해짐을 느낀다.

③ 처음에 짜릿하고 쾌감을 주던 일은 반복하면 할수록 점점 더 지루하고 불쾌한 일이 되고, 처음에는 고통스럽고 불쾌한 일이 반복될수록 오히려 황홀한 쾌감을 주는 일이 될 수도 있다.

(3) 약물 중독과 대립 과정
① 동기의 대립 과정은 약물 중독 현상을 잘 설명한다.
② 중독성 약물을 장기간 투여하면 내성 효과가 나타나고, 약물 투여를 금지하면 금단 징후를 겪는다.
③ 대립 과정 이론에 의하면, 내성과 금단 징후는 이차 과정의 영향으로부터 생긴다.
④ 약물을 투여하게 되면 약물 투여 효과와 이차 동기인 약물 투여 반대 효과가 나타난다. 처음에는 약물 투여 효과가 크게 작용하지만 여러 번 반복되면서 약물 투여로 비롯되는 효과와 반대되는 효과가 점점 커지게 된다.

기출개념확인

01 자극 추구 동기에 대한 설명으로 옳지 않은 것은?

① 자극 추구는 도파민과 관련성이 높다.
② 자극 추구 동기는 생명 유지와는 관계가 없는 학습된 동기이다.
③ 자극 추구 동기의 결핍은 인간의 인지적 측면에도 부정적인 영향을 미친다.
④ 인간은 자극이나 긴장을 찾기 위해 동기화되기도 한다.

02 대립 과정 이론에 대한 설명으로 옳은 것은?

① 대립 과정이란 어떤 정서나 동기 상태와 상반되는 외적 상태가 유도되는 경향성을 말한다.
② 대립 과정은 본래의 정서나 동기보다 강력한 경험을 하게 한다.
③ 사람은 언제나 서로 대립하는 두 쌍의 정서를 동시에 느낀다.
④ 우리가 느끼고 경험하는 정서는 차츰 그 강도가 강해진다.

정답·해설

01 ② 자극 추구 동기는 생명 유지와는 관계가 없지만 생득적(본유) 동기이다.

02 ③ 사람은 언제나 서로 대립하는 두 쌍의 정서를 동시에 느낀다. 예를 들어 우리가 쾌감을 느낄 때, 우리 몸 속 어딘가는 불쾌감을 동시에 느끼고 있다.

> **오답분석**
> ① 대립 과정이란 어떤 정서나 동기 상태와 상반되는 내적 상태가 유도되는 경향성을 말한다.
> ② 대립 과정은 본래의 정서나 동기보다 미약한 경험을 하게 한다.
> ④ 우리가 느끼고 경험하는 정서는 차츰 그 강도가 약화된다.

제4절 사회적 동기

01 획득된 욕구

1. 획득된 욕구(사회적 욕구, social needs)의 개념
① 획득된 욕구는 경험, 발달 및 사회화 과정을 통해서 획득된 심리적 조건으로 사회적 욕구(social needs)이다.
② 사회적 욕구에 해당하는 적절한 환경적 유인이 존재하면, 정서적·행동적 잠재력이 활성화된다.
③ 사회적 욕구는 경험과 획득한 가치관에 의해 형성되어 욕구 수준에 개인차가 있다.
④ 사회적 욕구는 시간이 지남에 따라 출현되고 변화된다.
⑤ 사회적 욕구에는 성취 욕구, 친애와 친밀 욕구, 권력 욕구 등이 있다.

2. 사회적 욕구를 활성화시키는 환경적 유인

사회적 욕구	욕구를 활성화시키는 유인
성취 (achievement)	개인의 유능감을 보여줄 수 있도록 어떤 일을 잘하려고 하는 것
친애 (affiliation)	다른 사람을 즐겁게 하고 그들의 승인, 인정을 받을 수 있는 기회
친밀 (intimacy)	온화하고 안정적인 관계
권력 (power)	다른 사람에게 영향력을 행사하는 것

3. 사회적 욕구가 행동을 동기화시키는 방식 ★
① 사회적 욕구들을 충족시켜줄 수 있는 환경적 유인이 출현할 때, 사회적 욕구가 발생하고 잠재되어 있던 정서적·행동적 반응이 활성화된다.
② 사람들은 다양한 사건들을 경험하면서 이 사건들에 대해 긍정적 또는 부정적인 유인가를 학습한다.
③ 대상들이 나타나면 사회적 욕구가 활성화되고, 사람들은 긍정적 – 부정적 정서와 접근 – 회피 행동을 통해 반응한다.
④ 사회적 욕구는 성질상 대개 반응적이다. 환경적 유인을 만나기 전까지 잠복 상태로 적절한 유인의 출현의 예상을 학습하며 그러한 환경에 이끌린다.

02 성취(achievement)

1. 성취 욕구의 개념
① 성취 욕구는 어떤 우수성의 표준에 비교해 상대적으로 잘하려는 바람을 의미한다.
② 우수성의 표준은 성공 대 실패, 승리 대 패배, 올바름 대 틀림의 객관적인 결과로 끝나는 유능성에 대한 도전이다.
③ 수행 결과가 개인적 유능감에 대해 의미 있는 평가를 산출한다.
④ 개인이 우수성 표준에 직면하면, 정서적 반응 및 행동적 반응은 다양하다.
　㉠ 성취 욕구가 높은 사람: 접근 지향적 정서와 강한 참여 행동으로 반응한다.
　㉡ 성취 욕구가 낮은 사람: 회피 지향적 정서와 비참여 행동으로 반응한다.

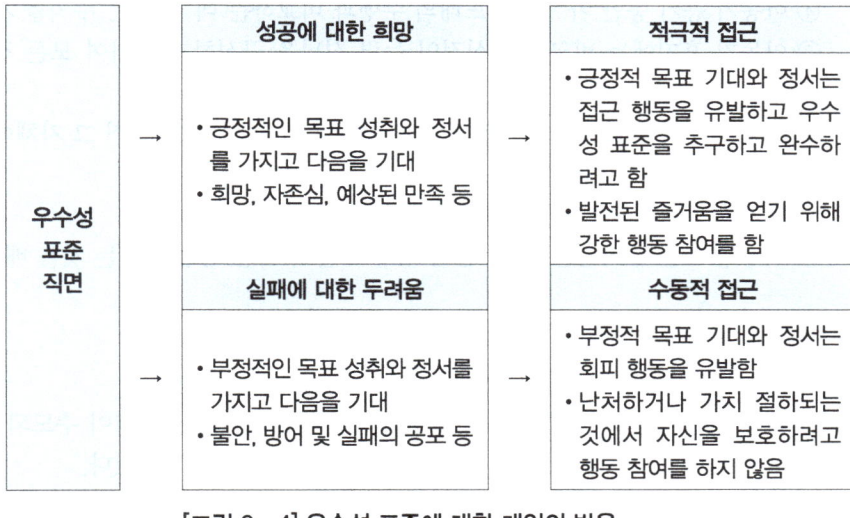

[그림 3-4] 우수성 표준에 대한 개인의 반응

2. 성취 욕구의 기원

(1) 사회화 영향(socialization influences)
① 사회화 영향은 성격 차원으로 성취 욕구를 설명한다.
② 강력하고 원기 왕성한 성취 추구는 부분적으로 사회화 영향으로부터 나타난다.
③ 부모가 다음과 같은 것을 제공하면 아동은 비교적 강한 성취 욕구를 발달시킨다.
　㉠ 현실적이고 명확한 우수성의 표준, 독립성 훈련(자기 신뢰), 높은 수행 포부, 높은 능력의 자기 개념, 성취와 관련된 추구의 정적 가치, 자극 잠재력이 풍부한 가정 환경, 다양한 경험, 풍부한 성취 상상을 할 수 있는 독서물에 대한 노출 등

(2) 인지적 영향(cognitive influences)
① 인지적 영향은 사고 방식으로 성취 욕구를 설명한다.
② 높은 능력의 지각(perceptions of high ability): 과제 지속성과 유능한 수행 모두를 촉진시킨다.
③ 숙달 지향(mastery orientation): 적당히 어려운 과제를 선택하도록 하고 어려움에 대하여 노력을 증가시킴으로써 반응을 한다.

④ 성공에 대한 높은 기대(high expectations for success): 적정한 도전을 찾거나 수행을 잘하려는 것과 같은 접근 지향적 행동을 양성한다.
⑤ 성취에 대한 높은 가치(strong valuing of achievement): 특정 영역에서 가치 있는 성취는 그 영역에서 지속성을 예언한다.
⑥ 낙관적인 귀인 유형(optimistic attribution style): 성공에 따른 희망과 자존심과 같은 정적 정서들을 촉진하고 공포와 불안 같은 부적 정서들을 방지한다.

(3) 발달적 영향(developmental influences)
① 발달적 영향은 인지 양식이 형성되는 과정으로 성취 욕구를 설명한다.
② 성취와 관련된 신념, 가치 및 정서들은 모두 예언 가능한 발달 형태를 보인다.
③ 유아들은 비현실적으로 높은 신념을 보유하고, 실패 후에도 자신의 능력에 대한 신념을 낮추지 않고, 또래들에 비교하여 자신들의 빈약한 수행을 무시한다.
④ 아동기 중기 동안 아이들은 또래의 수행과 비교하는 데 더 많은 주의를 기울인다.
⑤ 아동기 후기에는 비교적 현실적인 능력 신념을 구성하기 위하여 모든 정보(자기 평가, 또래 평가, 교사 평가 및 부모 평가)들에 의존한다.
⑥ 어린 아이들은 타인들의 인정을 매우 가치 있게 여기지만, 성취 그 자체에 대해서는 거의 관심이 없다.
⑦ 성취와 관련된 가치는 내면화되는 것이 필요하다.
⑧ 우수성 표준에 직면할 때, 자존심 경향 또는 수치심 경향이 되는 것을 배운다.

3. 앳킨슨(Atkinson)의 성취 동기 모형 ★★★ 기출개념

(1) 앳킨슨 모형의 개요
① 앳킨슨의 기대 가치 모형에 의해 성취 동기를 이해하려는 노력이 주도되었다.
② 성취 노력과 행동을 접근 대 회피의 타고난 투쟁으로 설명하였다.
③ 성취 욕구는 부분적으로만 성취 행동을 예언한다고 주장하였다.
④ 성취 행동은 개인 성향적 성취 욕구뿐만 아니라 어떤 과제에서 과제 특수적 성공 확률 및 그 과제에서의 성공에 대한 유인에 의존한다.

> **핵심 Check**
> 앳킨슨의 성취 동기 모형
> - 성공 추구 동기(Ms)가 높은 사람: 난이도가 중간 정도의 과제를 선택한다.
> - 실패 회피 동기(Maf)가 높은 사람: 난이도가 높은 어려운 과제를 선택한다.

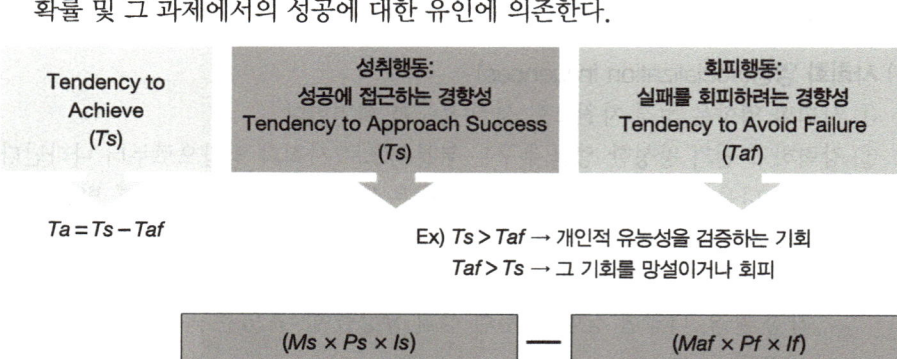

[그림 3-5] 앳킨슨(Atkinson) 성취 동기 모형

(2) 앳킨슨의 4가지 변인

성취 행동과 3가지 예언 요인으로 구성된다.

구분		내용
성취 행동		성공에 접근하는 경향성
세 가지 예언 요인	성취 욕구	개인의 성취 욕구의 강도
	성공의 확률	지각된 성공의 확률
	성공에 대한 유인	성공의 유인가

(3) 미래를 위한 성취

① 미래 성취 지향은 장기 목표를 향한 개인의 심리적 거리를 의미한다.
② 미래 목표는 즉각적인 목표보다 접근하기 어렵다.
③ 미래 성취 추구는 현재의 동기에 추가적인 미래 동기를 더함으로써, 현재 성취 동기에 추가할 수 있다.
④ 성취 행동은 성취 욕구 강도, 실패 회피 욕구 강도, 지각된 성공 확률뿐만 아니라, 현재의 성취가 미래의 성취로 이어지는지의 여부에 따라 결정된다.
⑤ 장기적 미래 시간 관점을 지닌 사람들은 일반적으로 더 동기화된다.
⑥ 단기 목표에만 초점을 두는 것은 부적응적 행동을 발생시키는 경향이 있다.

4. 행위 역동 모형(dynamics – of – action model)

① 성취 행동은 어떤 행동의 흐름 내에서 발생한다.
② 행동의 흐름은 세 가지 유인에 의해서 결정된다.

구분	내용
유인	• 접근 경향성을 증가시키고 과거 보상과 연합된 환경 자극(성공과 관련)을 접하면 발생함 • 유인은 성공 접근 경향성과 동일함
억제	• 회피 경향성을 증가시키고 과거 처벌과 연합된 환경 자극(실패와 관련)을 접하면 발생함 • 억제는 실패 회피 경향성과 동일함
완료	• 어떤 활동을 수행하는 것이 그 자체의 중지를 발생시킴 • 완료적 힘을 추가하는 것은 성취행동을 일회적 혹은 정적으로보다는 역동적으로 이해하도록 하기 위함

③ 시간 경과에 따른 성취 행동
  ㉠ 성취 과제를 시작하는 반응 잠재기는 동기의 강도에 달려 있다.
  ㉡ 성취 과제에서의 지속성은 동기의 강도에 달려 있다.
  ㉢ 비성취 과제로의 전환은 완료의 발생과 함께 나타난다.

5. 성취 욕구를 포함하고 만족시키는 조건 ★

(1) 적절히 어려운 과제
　　적절한 도전적인 과제는 성공으로부터 자존심과 능력 진단을 위한 정보의 혼합을 제공하는데 이 혼합은 높은 성취 욕구를 동기화한다.

(2) 경쟁
　　높은 성취 욕구를 가진 사람들에게는 정적 정서와 접근 행동을 격려하나, 낮은 성취 욕구를 가진 사람에게는 부적 정서, 회피 행동 및 무력한 수행을 조장한다.

(3) 기업가 정신
　　높은 성취 욕구를 가진 사람들은 도전, 독립적인 일, 개인적 책임감 및 신속한 수행 피드백을 제공하는 직업을 선호한다.

6. 성취 목표 〔기출개념〕

(1) 숙달 목표와 수행 목표 ★★★

숙달 목표 (mastery goals)	수행 목표 (performance goals)
• 유능감을 더 향상시키려 함 • 과정에 더 초점을 두고 진보를 중시함 • 자기 조절형 학습을 배양 • 자아를 더 개발시키고 향상시키고자 함 • 노력과 지속성을 통해 어려움을 극복함	• 유능감을 입증하려고 함 • 높은 능력을 보임 • 규준에 기초한 유능감을 평가함 • 남들보다 조금 더 노력함으로써 성공함 • 주로 결과에 초점을 맞춤

> **핵심 Check**
>
> **숙달 목표와 수행 목표**
> • **숙달 목표**: 자신의 유능함을 개발하고 발전시키거나 과제를 숙달하는 것에 중점을 둔다.
> • **수행 목표**: 다른 사람과 비교해 유능함을 증명하거나 드러내는 것에 관심을 둔다.

(2) 숙달 목표 채택
① 배움을 얻을 수 있는 도전 과제를 선호한다.
② 개념을 기반으로 하는 학습 전략을 사용한다.
③ 외재적 동기보다 더 큰 내재적 동기를 경험한다.
④ 정보와 도움을 더 많이 요청한다.
⑤ 더 많은 노력, 더 긴 지속성, 더 나은 수행을 보이도록 한다.

03 친애와 친밀(affiliation and intimacy) ★★

1. 친애와 친밀 욕구의 개념

(1) 친애 욕구
① 사람들과 정적이고, 애정적인 관계를 형성하거나 유지하거나 또는 회복하는 것이다.
② 다른 사람으로부터 배척을 받는 것에 대한 공포와 밀접한 관련이 있다.

(2) 친밀 욕구
① 다른 사람과 함께 있으려는 욕구보다는 다른 사람과 온화하고, 긴밀하며, 의사소통이 가능한 교환을 기꺼이 경험하려고 하는 것이다.

② 과거 배척 불안에 대한 개념을 친애로, 현대적인 정적 개념화를 친밀로 표현하고 있다.

(3) 비교

친애 욕구는 대인 관계를 성립, 유지, 회복하는 것을 염려하는 욕구이고, 친밀 욕구는 온화하고, 긴밀하고, 긍정적인 관계를 가지려는 욕구이다.

2. 친애와 친밀 욕구의 특성

친애 욕구(부적 측면)	친밀 욕구(정적 측면)
• 결핍 지향성 동기 • 박탈 – 사랑 • 사회적 수용, 승인 및 재확인 • 대인 관계를 성립하고, 유지하고, 회복하는 것을 염려하는 욕구 • 만족될 때 안도의 정서를 초래하고, 갈등이나 경쟁적 상황을 회피 • 부정적 정서를 회피하기 위해 타인과 상호 작용하며 대인 관계에서 불안을 경험함	• 성장 지향성 동기 • 존재 – 사랑 • 호혜적이고 지속적인 관계 • 온화하고, 긴밀하고, 긍정적인 관계를 가지려는 욕구 • 관계에서 밀접한 온화성을 성취함으로써 욕구를 만족 • 어떤 사람의 사회적 참여의 질에 대한 관심을 반영함

> **핵심 Check**
>
> **친애와 친밀**
> - **친애**: 다른 사람 혹은 사람들과 정적이고, 애정적인 관계를 형성하거나, 유지하거나 혹은 회복하는 것으로, 다른 사람으로부터 배척을 받는 데에 대한 공포와 밀접한 관련이 있다.
> - **친밀**: 다른 사람과 함께 있으려는 욕구라기보다는 다른 사람과 온화하고, 긴밀하고, 의사소통이 가능한 교환을 기꺼이 경험하려고 하는 것으로 사회적 관여의 질에 대한 관심을 반영한다.

04 권력(power)

1. 권력 욕구의 개념

① 권력 욕구는 물질적 및 사회적 환경을 자신의 개인적 이미지 혹은 계획에 맞추려는 욕망이다.
② 권력 욕구가 높은 사람은 다른 사람이나 집단을 통제하고 영향력을 행사하려는 욕망을 가진다.
③ 권력 추구는 종종 지배, 평판, 신분 또는 직업 등을 중심으로 나타난다.

2. 권력 욕구를 포함하고 만족시키는 조건

(1) 리더십

높은 권력 욕구를 가진 사람들은 집단에서 인정받기를 추구하고, 권력과 영향력을 확립하려는 노력으로 자신이 다른 사람의 눈에 띄도록 하는 방법을 찾는다.

(2) 공격성

① 공격성은 권력 욕구를 포함하거나 만족시키는 수단이어야 한다.
② 권력 욕구의 공격적 표현은 대개 공격적 행위보다는 공격을 하려는 충동으로 표현된다.
③ 사회가 일반적으로 사람들의 외적으로 표현되는 공격적 행위들을 통제하거나 억제하기 때문이다.

(3) 유력한 직업
사전 계획에 따라서 다른 사람들의 행동 방향을 지시할 수 있는 위치에 있는 직업을 선호한다.

(4) 신분적 소유물
권력 욕구가 높은 사람들은 권력을 상징하는 소장품을 축적하는 경향이 있다.

3. 권력과 목표 추구
① 권력 욕구가 높은 사람들은 권력 욕구가 낮은 사람들보다 그들이 추구하는 목표와 결과들을 기꺼이 획득한다.
② 권력은 접근 경향성을 높이고, 회피 경향성을 낮춘다.
③ 높은 권력과 획득 행위는 함께 작용한다.

기출개념확인

01 온화하고 안정적인 관계로 사회적 욕구를 활성화시키는 유인은?
① 성취 ② 친밀
③ 친애 ④ 권력

02 성취 동기에 대한 설명으로 옳은 것은?
① 수행 목표는 과정에 초점을 두고, 숙달 목표는 결과에 초점을 둔다.
② 경쟁은 높은 성취 욕구를 가진 사람들에게는 부적 정서, 회피 행동을 조장한다.
③ 숙달 목표를 채택하는 경우에는 정보와 도움을 더 많이 요청한다.
④ 앳킨슨은 성취 욕구가 전적으로 성취 행동을 예언한다고 주장하였다.

정답·해설

01 ② 친밀은 다른 사람과 함께 있으려는 욕구보다는 다른 사람과 온화하고, 긴밀하고 그리고 의사소통이 가능한 교환을 기꺼이 경험하려고 하는 것이다.

참고 **사회적 욕구를 활성화시키는 환경적 유인**

사회적 욕구	욕구를 활성화시키는 유인
성취 (achievement)	개인의 유능감을 보여줄 수 있도록 어떤 일을 잘하려고 하는 것
친애 (affiliation)	다른 사람을 즐겁게 하고 그들의 승인, 인정을 받을 수 있는 기회
친밀 (intimacy)	온화하고 안정적인 관계
권력 (power)	다른 사람에게 영향력을 행사하는 것

02 ③ 숙달 목표 채택은 배움을 얻을 수 있는 도전 과제를 선호하고 정보와 도움을 더 많이 요청한다.

오답분석
① 숙달 목표는 과정에 초점을 두고, 수행 목표는 결과에 초점을 둔다.
② 경쟁은 높은 성취 욕구를 가진 사람들에게는 정적 정서와 접근 행동을 격려하나, 낮은 성취 욕구를 가진 사람에게는 부적 정서, 회피 행동 및 무력한 수행을 조장한다.
④ 앳킨슨은 성취 욕구가 단지 부분적으로만 성취 행동을 예언한다고 주장하였다.

제3장 | 실전연습문제

*기출유형은 해당 문제가 실제 시험에 출제된 유형임을 나타냅니다.

01 다음은 어떤 욕구의 종류에 해당하는가?

> • 자율성   • 유능성   • 관계성

① 생리적 욕구   ② 사회적 욕구
③ 심리적 욕구   ④ 인지적 욕구

02 식욕을 억제하고 에너지 소비를 증가시키는 역할을 하는 호르몬은?

① 오렉신(orexins)   ② 렙틴(leptin)
③ 그렐린(ghrelin)   ④ 도파민(dopamine)

03 다음 중 갈증에 대한 설명으로 적절하지 않은 것은?

① 갈증이 해소되면 정적 피드백이 작동한다.
② 신체 내 물의 양이 2% 정도가 감소되면 갈증을 느낀다.
③ 세포 외액의 보충이 필요할 때, 출혈이나 구토 등이 발생한다.
④ 마시는 행동은 생리적 욕구뿐만 아니라 다른 욕구를 충족하기 위해서도 발생한다.

04 다음 중 여성 호르몬을 모두 고른 것은?

> ㄱ. 안드로겐(androgen)
> ㄴ. 에스트로겐(estrogen)
> ㄷ. 프로게스테론(progesterone)
> ㄹ. 테스토스테론(testosterone)

① ㄱ, ㄴ   ② ㄱ, ㄷ
③ ㄱ, ㄹ   ④ ㄴ, ㄷ

05 다음의 설명에 가장 부합하는 동기는?

> 활동이 개인의 심리적 욕구를 충족시켜 자발적인 만족과 경험을 발생시키는 동기이다.

① 일반 동기   ② 특수 동기
③ 내재 동기   ④ 외재 동기

06 다음 중 내재 동기에 대한 설명으로 옳지 않은 것은?

① 내재 동기는 도전을 추구하고 숙달하려는 학습된 경향성이다.
② 내재 동기로 인한 활동은 활동 그 자체가 목적이 된다.
③ 내재 동기가 높을수록 과제에 대한 지속성이 더 높아진다.
④ 자율성, 유능성, 관계성은 내재 동기와 관련이 있다.

[기출유형]

07 내재적으로 동기화된 사람에 대한 설명으로 적절하지 않은 것은?

① 유연하고 개념적인 방식으로 정보를 생각하고 통합한다.
② 과제에 대하여 활동적이고 호기심이 많다.
③ 긍정적인 피드백이 있어야 지속적인 활동을 한다.
④ 적정 수준의 도전을 추구한다.

[기출유형]

08 외재 동기의 종류에 해당하지 않는 것은?

① 칭찬 ② 관심
③ 잔소리 ④ 흥미

[기출유형]

09 외적 동기를 조절하는 요인에 대한 설명으로 옳지 않은 것은?

① 유인가는 경험을 통해서 학습된다.
② 강화인은 추동을 감소시킨다.
③ 처벌은 더 강한 반응의 원인이 될 수 있다.
④ 기대된 보상은 내재적 동기를 증진시킨다.

10 동기와 보상에 대한 설명으로 옳지 않은 것은?

① 외재적 보상은 긍정적 정서를 활성화시킨다.
② 보상은 행동 활성화 체계(BAS)를 활성화시킨다.
③ 외재적 보상은 내재적 동기를 손상시키지 않는다.
④ 기대하지 않은 보상은 내재적 동기를 손상시키지 않는다.

[기출유형]

11 동기의 인지 평가 이론에 대한 설명으로 옳은 것은?

① 지각된 인과 소재(PLOC)에 따라 동기가 달라진다.
② 외부 사건이 가지는 통제적 측면은 인간의 유능성 욕구에 영향을 미친다.
③ 외부 사건이 가지는 정보적 측면은 인간의 자율성 욕구에 영향을 미친다.
④ 외적 PLOC를 촉진하는 사건들은 외재적 동기를 감소시키고 내재적 동기를 증가시킨다.

[기출유형]

12 인지 평가 이론에서 다음 설명에 해당하는 동기의 조절 유형은?

> 당면한 행동이 자신들에게 중요하거나 혹은 개인적으로 유용하다고 보기 때문에 자발적으로 그 생각이나 행동이 가지는 가치와 유용성을 받아들인다.

① 외적 조절 ② 내사 조절
③ 동일시 조절 ④ 통합된 조절

13 다음 중 흥미 없는 활동을 동기화하는 전략에 대한 설명으로 옳지 <u>않은</u> 것은? [기출유형]

① 흥미롭지 않은 활동을 하는 동안에 노력을 하는 것이 중요한 이유에 대하여 설명한다.
② 합리적 근거 제시는 내사 조절을 하도록 육성하여 개인의 노력을 증가시킨다.
③ 상황에 대한 흥미를 잡을 수 있는 요소들을 포함시킨다.
④ 유인의 사용은 외적 조절에 의존하도록 만드는 문제점이 있다.

14 자극 추구 동기에 대한 설명으로 적절하지 <u>않은</u> 것은?

① 환경으로부터 학습된 동기이다.
② 다양하고 복잡한 경험과 감각을 추구하고자 하는 동기이다.
③ 새로운 것을 탐색하고 조작하는 것과 관련된 동기이다.
④ 노르에피네프린과 관련된 동기이다.

[기출유형]
15 대립 과정 이론에 대한 설명으로 옳지 <u>않은</u> 것은?

① 사람은 쾌감과 불쾌감을 동시에 갖지 않는다.
② 처음에는 불쾌한 자극이 반복될수록 쾌감을 주는 일이 될 수도 있다.
③ 어떤 정서나 동기 상태와 상반되는 내적 상태가 유도되는 경향성을 설명한다.
④ 즐거움은 부정적인 방향으로, 고통은 긍정적인 방향으로 나아가는 대립 과정이 출현한다.

16 사회적 욕구에 해당하는 것을 모두 고른 것은?

| ㄱ. 성취 | ㄴ. 친애 |
| ㄷ. 관계 | ㄹ. 권력 |

① ㄱ, ㄴ, ㄷ   ② ㄱ, ㄴ, ㄹ
③ ㄱ, ㄷ, ㄹ   ④ ㄴ, ㄷ, ㄹ

17 성취 욕구에 대한 설명으로 옳지 <u>않은</u> 것은?

① 성취 추구는 부분적으로 사회화 영향으로부터 나타난다.
② 우수성의 표준에 비교하여 상대적으로 잘하려는 바람이다.
③ 우수성 표준에 따라 정서적, 행동적 반응은 다양하다.
④ 성취 욕구가 낮은 사람은 접근 지향적 정서를 보인다.

18 앳킨슨의 성취 모형에서 성취를 예언하는 변인으로 옳지 <u>않은</u> 것은?

① 성취 행동   ② 성취 욕구
③ 성공의 확률   ④ 성공에 대한 유인

19 친애와 친밀에 대한 설명으로 옳은 것은?

① 친밀은 다른 사람으로 부터 배척을 받는 것에 대한 공포와 밀접한 관련이 있다.
② 친밀 욕구는 대인 관계를 성립, 유지, 회복하는 것을 염려하는 욕구이다.
③ 친애는 성장 지향성 동기와 관련이 있다.
④ 친애는 부정적 정서를 회피하기 위해 타인과 상호 작용하는 욕구이다.

20 권력 욕구에 대한 설명으로 옳지 않은 것은?

① 권력은 접근 경향성을 낮추고, 회피 경향성을 높인다.
② 권력 욕구가 높은 사람은 신분적 소유물을 축적하는 경향이 있다.
③ 높은 권력과 획득 행위는 함께 작용한다.
④ 리더십은 권력 욕구과 관련이 있다.

제3장 | 실전연습문제 정답·해설

01	02	03	04	05
③	②	①	④	③
06	07	08	09	10
①	③	④	④	③
11	12	13	14	15
①	③	②	①	①
16	17	18	19	20
②	④	①	④	①

01 ③

자율성, 유능성, 관계성은 심리적 욕구의 종류이다.

오답분석

① 생리적 욕구는 갈증, 배고픔, 성욕 등이다.
② 사회적 욕구는 성취, 친애와 친밀, 권력 등이다.

02 ②

렙틴(leptin)은 지방 세포로부터 분비된 호르몬으로 시상 하부의 수용체에 작용하여 식욕을 억제하고 에너지 소비를 증가시키는 역할을 한다. 그렐린과 함께 식욕을 길항적으로 조절하여 체내 에너지 항상성을 유지시킨다.

오답분석

① 오렉신(orexins)은 뇌의 시상 하부 쪽에서 분비되어 식욕을 관장하는 신경 전달 물질로 허기가 지면 오렉신 호르몬의 분비는 증가하고, 포만감을 느끼면 분비가 감소한다. 또한 의식을 깨우거나 주의력을 높이는 등의 각성 기능을 가지고 있다.
③ 그렐린(ghrelin)은 체중 증가에 관여하는 호르몬으로 식욕을 촉진한다.
④ 도파민(dopamine)은 뇌의 쾌락 보상 체계와 관련있다.

03 ①

갈증의 충족은 부적 피드백이 작동한다.

04 ④

ㄴ, ㄷ. 여성 호르몬은 에스트로겐(estrogen), 프로게스테론(progesterone)이다.

오답분석

ㄱ, ㄹ. 남성 호르몬은 안드로겐(androgen)이라고도 불리며 테스토스테론(testosterone)을 주성분으로 한다.

05 ③

내재 동기는 심리적 욕구들이 환경과 개인의 관계에 의해 육성되거나 지지될 때, 사람들이 흥미로운 활동을 하고 있는 동안에 느끼는 심리적 욕구의 만족과 경험이 자발적으로 발생된다.

06 ①

내재 동기는 자신의 흥미에 따르고 역량을 연습하고, 적정 도전을 추구하고 숙달하려는 선천적인 경향성이다.

07 ③

내재적으로 동기화된 사람은 피드백과 관계없이 활동에 대한 지속성이 높다.

08 ④

흥미는 내재 동기이다.

참고 외재 동기 - 강화인

정적 강화인	부적 강화인
환경 자극으로 이것이 제시되었을 때, 앞으로 바람직한 행동이 일어날 확률을 증가시킴 예 돈, 칭찬, 관심, 성적, 장학금, 승인 등	환경 자극으로 이것이 제거되었을 때, 앞으로 바람직한 행동이 일어날 확률을 증가시킴 예 잔소리, 울기, 감독, 마감 시한 등

09 ④

기대된 보상은 내재적 동기를 손상시키지만 기대하지 않은 보상은 그렇지 않다. 유형적 보상은 내재적 동기를 손상시키지만, 언어적, 상징적 보상은 그렇지 않다.

10 ③

내재적으로 흥미로운 활동에 대한 외재적 보상을 제공하는 것은 전형적으로 미래의 내재적 동기를 손상시킬 수 있다.

11 ①

지각된 인과의 소재(PLOC)에 따라 동기가 달라진다.

오답분석

② 외부 사건이 가지는 통제적 측면은 인간의 자율성 욕구에 영향을 미친다.
③ 외부 사건이 가지는 정보적 측면은 인간의 유능성 욕구에 영향을 미친다.
④ 외적 PLOC를 촉진하는 사건들은 자율성과 내재적 동기를 감소시키고 외재적 동기를 증가시킨다.

12 ③

동일시 조절에 대한 설명이다.

오답분석

① 외적 조절은 매력적 유인, 결과 혹은 보상을 얻거나 처벌을 피하기 위해서 외적으로 조절된 행동을 한다.
② 내사 조절은 내적 강요에 의해서, 죄책감과 수치 같은 내적으로 통제되는 정서를 피하기 위해서 행동을 한다.
④ 통합된 조절은 자신의 가치감과 정체감을 반영하기 때문에 행동을 한다.

13 ②

합리적 근거 제시는 통합된 조절을 하도록 육성하여 개인의 노력을 증가시킨다.

14 ①

자극 추구 동기는 생명 유지와는 관계가 없지만 생득적(본유) 동기이다.

15 ①

사람은 언제나 서로 대립하는 두 쌍의 정서를 동시에 느낀다.

16 ②

ㄱ, ㄴ, ㄹ. 성취, 친애와 친밀, 권력은 사회적 욕구이다.

오답분석

ㄷ. 자율성, 유능성, 관계성은 심리적 욕구이다.

17 ④

성취 욕구가 낮은 사람은 회피 지향적 정서와 비참여 행동으로 반응할 수 있다.
성취 욕구가 높은 사람은 접근 지향적 정서와 강한 참여 행동으로 반응한다.

18 ①

앳킨슨의 네 가지 변인은 성취 행동과 세 가지 예언 요인으로 구성된다. 세 가지 예언 요인은 성취 욕구, 성공의 확률, 성공에 대한 유인이다.

19 ④

친애는 다른 사람 혹은 사람들과 정적이고, 애정적인 관계를 형성하거나 유지하거나 혹은 회복하는 것이다.

오답분석

①, ② 친밀이 아닌 친애에 대한 설명이다.
③ 친애가 아닌 친밀에 대한 설명이다.

20 ①

권력은 접근 경향성을 높이고, 회피 경향성을 낮춘다.

무료 학습자료 제공 · 독학사 단기합격 **해커스독학사**
www.haksa2080.com

전문가가 분석한 출제경향 및 학습전략

제4장에서는 정서에 관한 기본 이론과 정서 장애를 다루고 있다. 특히 정서의 신경과학 부분은 가장 혼동될 수 있는 영역이므로 뇌 구조와 연결된 동기와 정서를 정확하게 암기하는 것이 중요하다. 그중에서도 자율신경계의 기능과 신경 전달 물질은 출제 빈도가 높은 영역임을 유념하여야 한다. 정서 장애 부분은 심화된 학습을 하기보다는 각 장애의 증상을 단순 암기를 넘어서 이해하도록 학습하는 것이 필요하다.

제4장 | 핵심 키워드 Top 10 핵심 키워드 Top 10은 본문에도 동일하게 ★로 표시하였습니다.

01	정서: 대처 기능 ★★★	p.127
02	정서의 구성 요소 ★★	p.128
03	동기와 정서 관련 뇌 구조 ★★	p.131
04	정서의 측정 방법 ★★	p.150
05	정서의 정의(Plutchik, 1982) ★	p.124
06	정서적 의사소통의 발달 ★	p.141
07	범불안 장애: 원인 ★	p.143
08	우울 장애: 원인 ★	p.145
09	양극성 장애: 원인 ★	p.146
10	강박 장애: 원인 ★	p.147

제4장

정서의 일반원리

제1절 정서의 구성 요소
제2절 정서의 신경과학
제3절 정서의 진화와 발달
제4절 정서 장애
제5절 정서의 표현과 측정

제1절 정서의 구성 요소

01 정서의 본질

1. 정서의 개념 `기출개념`
① 사람의 마음에 일어나는 여러 가지 감정 또는 감정을 불러일으키는 기분이나 분위기이다.
② 희로애락과 같이 일시적으로 급격히 일어나는 감정, 진행 중인 사고 과정이 멎게 되거나 신체 변화가 뒤따르는 강렬한 감정 상태이다.
③ 외적, 내적 사건에 대한 주관적이고 의식적인 반응이다.
④ 언어 기제, 생리학적 기제, 행동 기제, 신경 기제를 포함하는 일련의 협응 반응이다.

2. 정서의 정의(Plutchik, 1982) ★ `기출개념`
① 정서는 관찰되는 것이 아니라 추론되는 것이다.
② 모든 정서는 자극에 대한 반응으로 기분, 감정, 기질이다.
③ 모든 정서는 인지, 느낌, 행동의 세 가지 측면을 포함한다. 인지는 평가, 느낌은 일종의 감각, 행동은 행동 경향성을 의미한다.
④ 정서는 기능적이다. 즉 유용하다.

3. 정서의 역할 `기출개념`
① 경험의 질을 결정하는 데 중요한 역할을 한다.
② 문제를 야기한다.
③ 세상을 보는 시각과 사회 속에서의 자신의 역할에 영향을 미친다.
④ 발달 지표로서의 역할을 한다.
⑤ 임상 도구로서의 역할을 한다.
⑥ 의사소통 수단으로서의 역할을 한다.
　㉠ 타인에게 개인의 감정을 전달한다.
　㉡ 타인이 개인에게 상호 작용하는 방식에 영향을 미친다.
　㉢ 사회적 상호 작용을 초래하고 촉진한다.
　㉣ 관계를 창조, 유지하고 종료한다.

개념 Plus
정서 관련 용어

구분	내용
정서 (emotion)	유기체에게 특별히 중요한 내적 또는 외적 사건에 대한 별개의 일관된 반응
느낌 (feeling)	정서의 주관적 표상
기분 (mood)	확산된 정서 상태
정동 (affect)	정서, 느낌, 기분을 모두 아우르는 용어

4. 정서와 동기

(1) 동기와 정서의 관계성
① 정서와 동기는 행동을 활성화하거나 그 행동의 방향을 결정한다.
② 정서는 동기화된 행동을 수반하기도 한다.

(2) 동기와 정서의 차이점
① 동기가 주로 내부 요인에 의해 유발되는 반면, 정서는 주로 외부 요인에 의해 유발된다.
② 동기가 주로 특정 욕구에 의해 유발되는 반면, 정서는 광범위한 종류의 자극에 의해 유발된다.

02 정서의 분류

1. 정서의 종류 [기출개념]

(1) 생물학적 관점
학자들에 따라 2~8개의 정서를 강조하지만 다음과 같은 공통점이 있다.
① 소수의 기본 정서가 존재한다.
② 기본 정서는 모든 유기체에게 보편적이다.
③ 기본 정서는 생물학과 진화의 산물이다.

(2) 인지적 관점
① 기본정서의 중요성을 인정한다.
② 흥미로운 정서 경험들은 경험에 의해 후천적으로 발생한다.
③ 무한한 수의 정서가 존재한다.
④ 정서는 주어진 의미 구조에 대한 반응으로 발생한다.

(3) 정서의 개수 문제에 대한 절충
① 기본 정서는 단일한 정서가 아니라 연관된 정서군이다.
② 1차 정서와 2차 정서를 구분한다.

2. 정서의 분류 [기출개념]

(1) 비연속적 접근
① 인간에게 기본 정서가 존재한다고 가정한다.
② 에크만(Ekman, 1972)은 행복, 놀람, 슬픔, 분노, 혐오, 두려움 등 여섯 가지 정서를 제시하였다.
③ 사람들은 문화권에 상관없이 기본 정서를 잘 인식하는 경향이 있다.

(2) 차원적 접근
① 정서를 몇 가지의 기본적인 차원으로 범주화한다.
② 러셀(Russel, 1980)은 쾌 – 불쾌, 각성 수준(흥분 – 안정)의 두 차원에 근거하여 정서를 범주화한 원형 모형(circumplex model)을 제시하였다.

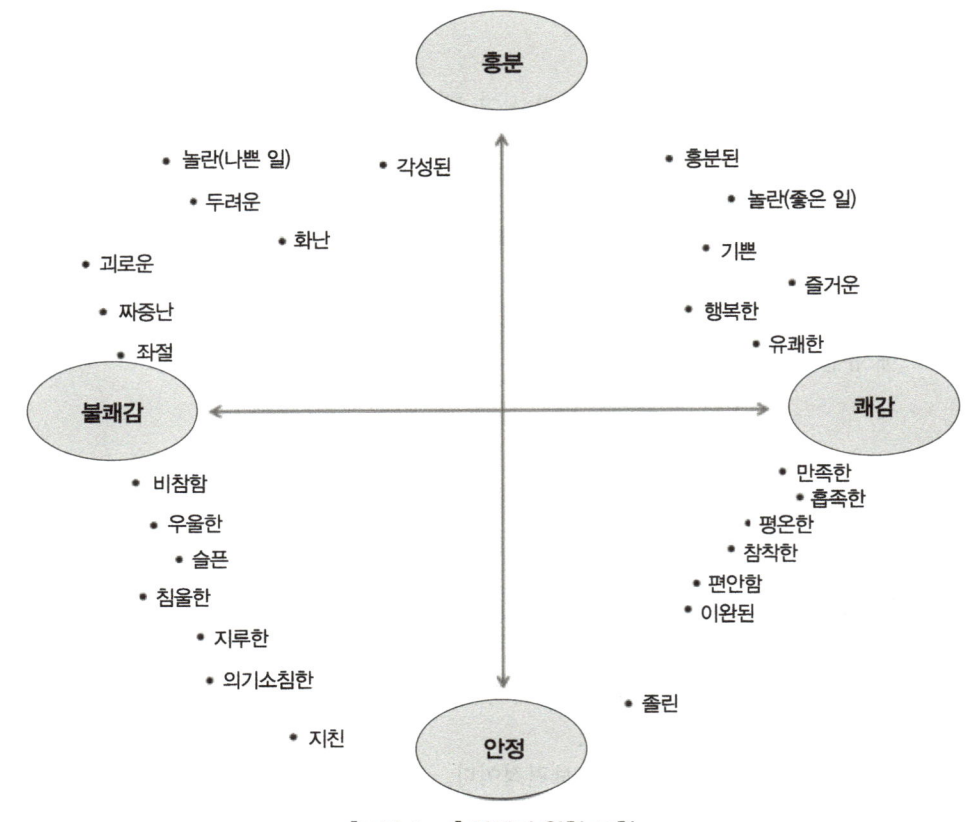

[그림 4-1] 러셀의 원형 모형

3. 기본 정서 기출개념

(1) 우리 종 내에서 보편적이어야 함
① 어떤 정서는 모든 문화에서 발견되지만, 다른 정서는 모든 사회에서 발견되지 않으면 안 된다.
② 문화 특정적인(culture-specific) 정서들을 제외해야 한다.

(2) 특정 원형적인 삶의 사건 혹은 선례에 대한 기능적인 반응을 촉진해야 함
① 우리가 어떤 정서를 공유한다면 우리는 그 정서를 느끼는 능력을 진화시켜온 것이다.
② 진화의 과정에서 경험되어진 것이라면 가능하다.

(3) 생애 초기에 명확해야 함
① 신생아는 갑작스러운 큰 소리를 듣거나 혹은 다른 아기의 울음 소리를 들으면 함께 운다.
② 생애 초기 미소를 짓는 것과 찡그리는 것은 2~3개월 안에서 출현한다.
③ 공포, 분노, 놀람 등의 표정들은 생애 초기에 점진적으로 출현한다.

(4) 범문화적이어야 함
① 범문화적이라면 사람들의 얼굴 표정이나 음성 톤을 통해서 공유할 수 있다.
② 모든 문화의 사람들이 동일한 얼굴 표정을 인식하고 동일한 양식으로 해석한다.

③ 1차 정서는 생리적 기반, 뇌 혹은 자율신경계의 활동을 가져야 한다.
④ 정서와 생리적인 관계를 고려해야 한다.

4. 정서의 기능 기출개념

(1) 대처 기능 ★★★
① 정서의 기능은 근본적인 삶의 과제에 직면하여 자동적이고, 빠르게, 성공적으로 수행해 온 반응으로 준비시키는 데 있다.
② 나쁜 정서는 없다. 상황이나 환경이 나쁠 수는 있지만 정서적 반응 자체는 나쁘지 않다.
③ 정서는 개인이 직면하는 환경에서 주의의 초점을 정하고 행동 방향을 안내하기 때문에 모든 정서는 유익하다.
④ 당혹감은 부정적 정서이지만 기능적으로는 좋은 정서이다. 사회적 실수가 뒤따르는 순간 청중들 앞에서 긍정적인 자아상을 유지하도록 대처하기 때문이다.

근본적인 삶의 과제	정서	대처 기능(정서의 목적)
목표를 향한 전진, 성취	기쁨	진정, 놀이
이별 또는 실패	슬픔	이별이나 실패 뒤집기
목적 추구의 방해	분노	장애물이나 제한 극복
존재하는 위협이나 위험	공포	보호, 회피
상한 물건	혐오	밀어내기
새로움, 욕구 관여	흥미	탐색, 정보 흡수
성취	자부심	기술 습득, 지속하기
다른 사람을 열등하다고 판단	경멸	사회적 위계 유지
열등감을 느낌	수치심	자기 보호, 자기 회복
부적절한 행동	죄책감	행동 반성, 수정

(2) 사회적 기능
① 정서는 타인에게 개인의 감정을 전달한다.
   예) 유아의 표정은 돌봐 주는 사람의 특수한 돌봄을 이끌어 낸다.
② 정서는 타인과 상호 작용하는 방식에 영향을 미친다.
   예) 친구와 장난감을 가지고 갈등하는 상황에서, 분노나 슬픔 등의 정서를 표현한 아동은 아무런 정서도 표현하지 않는 아동에 비해 장난감을 가지게 될 가능성이 많다.
③ 정서는 사회적 상호 작용을 초래하고, 유연하게 하며, 촉진한다.
   예) 어린 아동이 낯선 사람에게 미소를 띠며 다가가면, 낯선 사람도 역시 웃을 가능성이 높다.
④ 정서는 관계를 창조하고, 유지하고, 종료한다.
   예) 기쁨의 정서적 표현은 사람들을 화합하게 하고 상호 작용을 촉진하지만 분노의 정서적 표현은 긍정적 상호 작용을 단절하게 한다.

03 정서의 구성 요소 ★★

1. 정서의 구성 요소

(1) 정서의 구성 요소의 개요
① 정서적 경험은 여러 가지 요소들과 변인들을 가지고 있다.
② 정서적 요소와 변인들은 상호 작용을 통하여 다양한 정서적 경험을 만들어낸다.
③ 파킨슨(Parkinson)은 이러한 요소들을 정서적 경험의 특징으로 간주하였다.
④ 정서적인 사람은 아주 빠른 시간에 정서 구성 요소인 네 가지[상황적 평가(situational evaluations), 신체적 변화(bodily changes), 표현적 행동(expressive behavior), 동기화된 행동(motivated action)]의 활동을 전개한다.

(2) 정서 상태
① 사람과 의도적인 대상 간의 평가적 관계를 포함한다. 이러한 평가적 측면은 정서의 핵심적인 요소이다.
② 사람들이 어떤 상황을 긍정적 또는 부정적으로 평가하지 않는다면 정서적이라고 주장하는 것은 별 의미가 없다.
③ 정서 상태에 있는 사람은 어떤 형태이든지 간에 평가 활동을 전개하고 있는 사람이다.

2. 상황적 평가(situational evaluations)

① 정서에는 긍정적 정서들과 부정적인 정서들이 있다.
  ㉠ 긍정적 정서: 행복, 사랑, 자부심 등이 있다.
  ㉡ 부정적 정서: 분노, 공포, 슬픔 등이 있다.
  ㉢ 긍정적 정서들은 상황을 호의적으로 평가하고 대상들 가까이에 접근하려 한다.
  ㉣ 부정적 정서들은 상황을 좋지 않게 평가하며 문제의 상황으로부터 피하려 한다.
② 상황적 평가는 여러 가지 측면에서 이루어지고 있으며 다음과 같은 차원들이 중요하다.
  ㉠ 사건(event)이 유쾌한가 불쾌한가
  ㉡ 낯선 것인가 친숙한가
  ㉢ 유익한 시사인가 해로운 시사인가
  ㉣ 그 사태에 대한 책임이 내게 있는가 아니면 타인에게 있는가
  ㉤ 그 사태가 통제 가능한 것인가 아니면 불가능한 것인가
  ㉥ 그 사태가 내게 유익한가 아니면 타자에게 유익한가
  ㉦ 그 사태가 나의 규범에 일치하는가 아니면 갈등하는가
③ 사람들은 누구나 자신이 처해 있는 사태에 대해 이러한 형식의 질문을 제기하고 답을 한다.
  ㉠ 어린이들도 미숙하지만 이러한 형식의 삶을 살고 있다.
  ㉡ 이러한 질문을 하지 못하는 사람은 이성적인 생활은 물론 정서적인 생활도 할 수 없다.

핵심 Check

정서의 구성 요소(Parkinson)
- 상황적 평가(situational evaluations)
- 신체적 변화(bodily changes)
- 표현적 행동(expressive behavior)
- 동기화된 행동(motivated action)

개념 Plus

분노한 사람의 경우
- **상황적 평가**: 분노한 사람은 모욕의 견지에서 상황을 평가한다.
- **신체적 변화**: 얼굴이 붉어지고, 심장 박동과 같은 신체적 증상을 경험하게 된다.
- **표현적 행동**: 이를 악물고, 오만상을 찌푸리는 등의 얼굴 표현을 보인다.
- **동기화된 행동**: 문자 또는 은유적인 방식으로 모욕을 준 사람에 대해 공격하고 싶은 충동을 가지게 된다.

3. 신체적 변화(bodily changes)
① 제임스(James) 이후 많은 심리학자들은 정서와 신체 변화의 관계를 꾸준히 연구해왔다.
② 정서적 경험의 본질은 신체적 변화의 지각에 있다(James).
  ㉠ 신체 변화 지각 없이는 정서를 경험할 수 없다.
  ㉡ 정서 상태에 있는 사람은 심장을 비롯한 여러 기관의 움직임을 자각할 수 있다.
  ㉢ 어떤 상황에 직면했을 때 신체 내부에서 일어나는 느낌을 감지할 수 있다.
③ 생리적 반응이 정서 상태와 어떤 관계에 있는가 하는 것은 논쟁적인 부분이다.
  ㉠ 현대의 심리학자들은 제임스(James)의 정서 이론이 가지고 있는 여러 가지 결함들을 발견했지만 그의 이론을 완전히 부정할 수 있는 근거를 발견하지는 못했다(Parkinson).
  ㉡ 신체적으로 느끼는 정서 증상들과 그 증상들의 기초가 되거나 되지 않을 수 있는 실제로 일어난 생리적 변화를 구별하는 것이 중요하다(Parkinson).
  ㉢ 정서 증상과 생리적 변화를 구별하는 것이 중요한 이유는 모든 신체적, 생리적 변화가 정서와 관계를 맺고 있는 것은 아니기 때문이다.

4. 표현적 행동(expressive behavior)
① 정서적 경험의 가장 명백한 지표들 중의 하나는 표현적인 행동이다.
  ㉠ 표현이란 어떤 사람이 다른 사람에게 정서의 징표로서 보여주는 동작과 소리를 의미한다.
  ㉡ 동작과 소리는 의도적일 수 있다.
  ㉢ 얼굴은 가장 중요한 정서 표현의 통로이다.
  ㉣ 정서는 어조, 자세 등으로도 표현된다.
② 사람들은 얼굴, 자세, 어조 등을 통해 자신의 정서 상태를 밖으로 드러낸다.
③ 사람들은 상대방의 표정과 어조를 통해 현재의 정서 상태를 이해하려고 한다.

5. 동기화된 행동(motivated action)
① 정서는 종종 특수한 정서에 적합한 방식으로 행동하도록 충동을 한다.
  ㉠ 화가 날 때, 사랑할 때, 두려워할 때의 행동 양식이 서로 다르다.
  ㉡ 분노는 공격자로부터 자신을 보호하기 위해 타자를 공격한다.
  ㉢ 공포는 위험으로부터 자신을 보호하기 위해 도피한다.
② 정서에 따른 행동 양식을 볼 때 정서는 동기적 상태로 간주될 수 있다.
③ 정서는 동기화된 행동을 유발하지만 모든 동기화된 행동이 정서에 기인하고 있지는 않다.
④ 합리적 판단과 설득에 의해서도 동기화된 행동이 일어날 수 있다.

기출개념확인

01 정서의 정의에 대한 플루치크(Plutchik)의 견해로 옳은 것은?

① 정서는 추론되는 것이 아니라 관찰된다.
② 모든 정서는 자극에 대한 반응이다.
③ 모든 정서는 인지와 느낌 두 가지 측면을 지닌다.
④ 유용한 정서도 있고 유용하지 않은 정서도 있다.

02 정서의 분류에 대한 설명으로 옳지 않은 것은?

① 생물학적 관점 – 기본 정서는 모든 유기체에게 보편적인 것이다.
② 생물학적 관점 – 소수의 기본 정서가 존재한다.
③ 인지적 관점 – 기본 정서를 부정한다.
④ 인지적 관점 – 무한한 수의 정서가 존재한다.

정답·해설

01 ② 모든 정서는 자극에 대한 반응으로, 기분, 감정, 기질이다.
   오답분석
   ① 정서는 관찰되는 것이 아니라 추론된다.
   ③ 모든 정서는 인지, 느낌 그리고 행동의 세 가지 측면을 포함한다.
   ④ 정서는 기능적이다. 즉 유용하다.
02 ③ 인지적 관점은 기본 정서의 중요성을 인정하고 무한한 수의 정서가 존재한다는 입장이다.

제2절 정서의 신경과학

01 정서와 뇌

1. 동기와 정서 관련 뇌 구조 ★★ 기출개념

뇌 구조		연관된 동기나 정서
접근 지향 구조	시상 하부	먹기, 마시기, 성교와 관련된 쾌락적 감정
	내측 전뇌 신경다발	쾌, 강화
	안와 전두 피질	사건의 유인가 학습하기, 선택하기
	중격 영역	사회성, 성욕과 관련된 쾌 중추
	측좌핵	보상의 쾌락적 경험, 좋아하기를 위한 영역
	전대상 피질	기분, 의지, 선택하기
	전두엽	계획하기, 목표 설정하기, 의도를 공식화하기
	좌측 전전두 피질	접근 동기와 정서 경향성
	내측 전전두 피질	지각된 통제 신념과 숙달 동기의 바탕이 되는 반응 – 결과 수반성 학습하기
회피 지향 구조	우측 전전두 피질	회피 동기와 정서 경향성
	편도체	위협과 위험을 탐지하고 반응하기
	해마	기대하지 않은 사건이 발생하는 동안의 행동 억제 체계
각성 지향 구조	망상체	각성

(1) **시상 하부(hypothalamus)**
① 동기에 관여하는 기능과 관련된 부위이다.
② 주로 기, 갈, 성과 관련된 욕구를 관장한다.
③ 내분비계와 자율신경계를 조절한다.
④ 호르몬을 분비하게 하거나 자율신경계를 조절하여 환경변화에 잘 적응할 수 있도록 하는 역할을 한다.

(2) **내측 전뇌 신경다발(medial fore brain bundle)**
① 시상 하부와 다른 변연계 구조물들을 연결하는 섬유질 다발이다. 특히 시상 하부 뒤쪽에 긴밀하게 연결되어 시상 하부와 유사한 기능을 한다.
② 기쁨의 중추이다.

개념 Plus
기, 갈, 성의 의미
- 기(飢): 배고픔
- 갈(渴): 목마름
- 성(性): 남녀의 육체관계

㉠ 내측 전뇌 신경다발을 자극하면 보상을 받았을 때처럼 행동한다.
㉡ 인간에게는 강한 기쁨, 황홀, 환각과 같은 느낌을 주지는 않고 주로 일반적인 소소한 기쁨을 관장한다.

(3) 안와 전두엽(orbitofrontal cortex)
① 보상의 상대적 가치를 비교하여 선택할 때 활성화되는 부위이다.
② 특히 물건을 선택할 때 활성화된다.

개념 Plus
편도체
뇌의 변연계(limbic system)에 속하는 구조의 일부로서 동기, 학습, 감정과 관련된 정보를 처리하는 데 중요한 역할을 한다.

(4) 편도체(amygdala)
① 많은 신경 핵들로 구성되어 있다. 주로 정서적으로 중요한 사건, 특히 위협을 감지하고 반응하는 중요한 기능을 한다.
② 정서적 정보를 처리하는 곳이다.
③ 공포, 분노 및 불안과 같은 자기보존에 관여하는 정서 조절을 한다.
④ 뇌의 많은 부위에 많은 정보를 전달한다. 특히 부정적인 정서가 인지나 다른 정서보다 뇌에 훨씬 더 지배적인 영향을 미치게 된다(생존에 중요한 영향).
⑤ 새로운 정서의 학습에 핵심적인 기능을 한다.
⑥ 편도체가 손상이 되면, 무기력해지고, 정서적 반응이 결여되고, 참여보다는 고립을 선호한다.
⑦ 편도체가 제거되면 침착해지고, 유순해지며, 정서적 변화가 없어지고, 안면 표정의 변화도 감소한다.

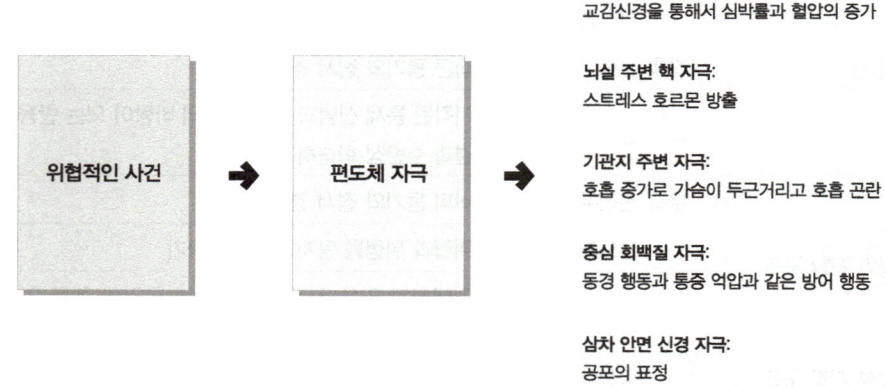

[그림 4-2] 위협적인 사건에 대한 반응으로 공포를 나타내기 위한 편도체의 연결

(5) 중격 - 해마 회로(septum and hippocampus)
① 중격 영역, 측좌핵, 해마, 대상회, 뇌궁, 시상, 시상 하부 및 유두체를 포함하는 여러 변연계의 통합된 작용에 관여한다.
② 중격 - 해마 회로는 변연계 회로이면서 대뇌 피질과의 연결도 포함한다.
③ 기억과 상상 같은 상당수의 인지적 활동이 이 회로에 입력된다.
④ 예상된 쾌와 불안에 의해서 앞으로 나타날 사건들과 연합된 정서를 예측해준다.
⑤ 감정이 풍부한 내용이 잘 기억되는 이유는 중격 영역에서 해마를 통해 신경 정보가 입력되기 때문이다.

(6) 전대상 피질(anterior cingulate cortex)
① 일상의 기분을 통제하는 데 많은 관여를 한다.
② 전대상 피질의 활동이 감소되면 슬픔과 우울을 느끼는 것으로 알려져 있다.
③ 의사결정 시 자유로운 선택을 하는 데 중요한 부위로, 일상적이고 단순한 행동을 할 때보다 다양한 선택을 할 때 훨씬 더 많이 활성화된다.

(7) 망상체(reticular formation)
① 뉴런의 연합체로 상행 뉴런과 하행 뉴런으로 나뉘어 있다.
② 뇌의 동기적, 정서적 관여를 시작하는 과정과 각성에 중요한 역할을 한다.

(8) 전전두 피질(prefrontal cortex)
① **내측 전전두 피질**: 통제에 대한 지각과 숙달 동기의 기저에 있는 반응 결과를 학습하는 데 중요한 역할을 한다.
② **좌측 전전두 피질**: 좌측 피질을 자극하는 생각은 긍정적이고 접근 지향적인 느낌을 만들어 낸다.
③ **우측 전전두 피질**: 우측 피질을 자극하는 생각은 부정적이고 회피 지향적인 느낌을 만들어 낸다.
④ 사람마다 좌측과 우측에 대한 민감도가 다르며, 같은 자극에도 민감도가 다르다.
  ㉠ **좌측이 더 활성화되는 사람**: 보상, 긍정적 정서에 민감하게 반응하고, 접근 지향적 행동을 보인다.
  ㉡ **우측이 더 활성화되는 사람**: 처벌, 부정적 정서에 민감하게 반응하고, 회피 지향적 행동을 보인다.

02 자율신경계

1. 교감신경계 기출개념
① 척수에서 시작하여 장기, 혈관, 땀샘에 광범위하게 분포하는 자율신경계이다.
② 교감신경은 신체가 갑작스럽고 심한 운동이나 공포, 분노와 같은 위급한 상황에 대비하고 반응하게 한다.
③ 교감신경이 흥분하면 근육의 세동맥은 확장되고 심장 박동 수가 증가하며 피부와 소화관의 세동맥은 수축하여 혈압이 상승한다.
  ㉠ 피부나 위장관의 혈액이 뇌, 심장, 근육으로 집중되는 현상이 일어난다.
  ㉡ 동공의 확대, 항문과 방광의 조임근의 수축이 나타난다.
  ㉢ 소화기관과 방광의 민무늬 근육이 이완된다.
  ㉣ 털세움근이 영향을 받아 털이 일어서고 땀이 분비되는 현상이 일어난다.
④ 교감신경에 의해 조절되는 행동의 양식에는 싸움(fight), 도망(flight), 공포(fright), 성 행위(sex) 등이 있다.
⑤ 교감신경의 표적 세포에서는 뉴런에서 분비된 노르에피네프린을 감지하는 아드레날린성 수용체가 존재하여 교감신경의 자극에 반응하도록 한다.

> **개념 Plus**
> **자율신경계(autonomic nervous system)**
> 자율신경계는 독자적 의지와 상관없이 체내 기관이나 조직 활동을 지배하는 척추 동물 말초신경계의 하나로 교감신경계와 부교감신경계로 구분된다. 대뇌의 지배에서 비교적 독립되어 자동적으로 작용한다.

⑥ 아드레날린성 수용체는 표적 조직에 따라 특이적인 수용체 아형이 각각 존재하고, 이들은 동일한 교감신경의 자극에 대하여 다르게 반응한다.

2. 부교감신경계 `기출개념`
① 척수에서 시작하여 장기, 혈관, 땀샘에 광범위하게 분포하는 자율신경계이다.
② 부교감신경의 기능은 에너지를 보존하는 것이다.
  ㉠ 심박동 수는 감소하고 동공이 수축한다.
  ㉡ 소화관의 연동 운동과 분비샘의 분비가 증가한다.
  ㉢ 항문과 방광의 조임근은 이완되고 방광벽이 수축한다.
③ 교감신경은 위급 상황을 짧은 시간에 대처하도록 돕는 반응에 관여하지만, 부교감신경은 오랜 기간 평온한 상태를 유지하는 반응에 관여한다.
④ 부교감신경은 뇌줄기와 척수에서 시작되는 날신경섬유, 자율신경얼기, 신경절, 신경절 이후 섬유로 구성된다. 신경과 신경이 연결되는 신경절에서는 아세틸콜린이라는 신경 전달 물질로 신호 전달이 이루어진다.

03 신경 전달 물질

1. 도파민(dopamine) `기출개념`
(1) 도파민의 기능
  ① 중추신경계에 존재하는 신경 전달 물질로서, 아드레날린, 노르에피네프린의 전구체이기도 하다.
  ② 중뇌의 흑질(substantia nigra)과 복측피개야(ventral tegmental area) 영역의 도파민 신경 세포에서 분비되어 신경 신호 전달뿐만 아니라, 의욕, 행복, 기억, 인지, 운동 조절 등 뇌에 다방면으로 관여한다.
    ㉠ 뇌신경 세포의 흥분을 전달하는 역할을 한다.
    ㉡ 긍정적 정서, 창의성, 문제해결력을 증진시킨다.
    ㉢ 무언가를 하겠다고 결심하거나 하고 싶다는 의욕을 느끼게 한다.
    ㉣ 도파민 분비 경로를 자극하면 접근 행동 가능성이 증가한다.
    ㉤ 도파민이 분비되지 않는다면 유인을 지각할 수 없기 때문에 접근 행동이 나타나지 않게 된다.

(2) 기대 – 보상과 도파민
  ① 뇌의 보상 체계에서 도파민의 분비로 인하여 좋은 기분을 만든다.
  ② 특정 상황이나 사건에 대한 기대가 도파민 분비를 촉진한다.
  ③ 기대와 일치하면 도파민이 분비되지만 불일치하면 도파민 분비가 줄어든다.
  ④ 도파민은 긍정적인 보상을 기대할 때 분비되지만 도파민은 환경에서 어떤 사건이 보상을 줄지를 알려주기도 한다.
  ⑤ 주어진 보상이 예상되지 않았을 때, 기대 이상일 때 더 많은 도파민이 분비된다.

(3) 중독과 도파민

① 뇌의 보상 회로는 자연 보상뿐 아니라 약물과 같은 인위적인 보상 자극에 의해서도 활성화되어 기쁨, 동기 부여, 감정 조절, 운동 등에 관여하는 도파민을 분비하여 기쁨과 쾌감을 느끼게 한다.
② 인위적 보상인 약물을 사용하면 자연 보상보다 2~10배 많은 양의 도파민이 분비되고, 효과가 오래 지속된다.
③ 계속적인 약물 사용으로 너무 많은 도파민이 분비되면 뇌는 도파민을 적게 생산하거나 도파민과 결합하여 작용을 나타내는 도파민 수용체의 수를 줄임으로써 압도적으로 증가한 도파민 양을 조절한다.
④ 약물을 남용한 사람의 보상 회로에 대한 도파민의 영향이 비정상적으로 낮아져 더 이상 전과 동일한 쾌감을 느끼지 못하게 된다.
⑤ 약물 사용 초기와 같은 정도의 기쁨을 느끼기 위해서는 점점 더 많은 양의 약물을 자주 사용해야 하며, 뇌는 점점 더 많은 양의 도파민이 필요하게 된다.
⑥ 중독성 약물을 계속 복용하면 처음 약물을 사용했을 때 느꼈던 그 쾌감을 더 이상 느낄 수 없게 된다.

2. 세로토닌(serotonin) `기출개념`

① 세로토닌은 모노아민계 신경 전달 물질로서 감정, 행동, 기분, 수면 등의 조절에 관여한다.
② 세로토닌의 약 80% 정도는 위장관의 장크롬친화성 세포(enterochromaffin cell)에서 생산되어 분비되며, 나머지는 중추신경계에 위치한 세로토닌성 뉴런(serotonergic neuron)에서 생산되어 분비된다.
③ 신경계에서 세로토닌의 기능
  ㉠ 중추신경계에서 세로토닌을 합성하는 신경 세포들은 대부분 뇌간의 중심부를 따라서 산재되어 있는 솔기핵(raphe nucleus)에 존재한다.
  ㉡ 솔기핵의 세로토닌성 신경 세포들은 척수에서 통증 신호를 조절하며, 뇌에 작용하여 감정, 수면 행동을 조절한다.
④ 장에서 세로토닌의 기능
  ㉠ 인체에서 대부분의 세로토닌은 위장관의 장크롬친화성 세포(enterochromaffin cell)에서 만들어진다.
  ㉡ 장 내의 음식물에 반응하여 분비되어 위장관의 운동을 촉진하는 역할을 수행한다.
⑤ 세로토닌의 활성 저하는 우울, 불안, 불면, 폭식 등의 장애를 유발한다.
⑥ 세로토닌은 도파민과 노르아드레날린을 적정 수준으로 유지한다.

3. 노르아드레날린(noradrenalin) `기출개념`

① 호르몬으로서 부신(副腎)으로부터 혈액으로 방출되며, 시냅스 전달 사이에 노르아드레날린 작동성 뉴런으로부터 방출되는 신경 전달 물질로 노르에피네프린(norepinephrine)이라고도 한다.

② 스트레스 호르몬의 하나이며, 주의와 충동성이 제어되고 있는 인간의 뇌 부분에 영향을 미친다.
③ 노르아드레날린은 아드레날린과 함께 투쟁 또는 도피 반응을 만들어 내며, 심박 수를 직접 증가시키도록 교감신경계를 움직여서 지방으로부터 에너지를 방출한다.
④ 노르아드레날린이 증가하면 공포와 경악의 감정이 고조되어 교감신경계가 흥분한다.
⑤ 인간이 자신의 역량보다 조금 더 높은 수준의 도전을 만났다고 느끼는 순간 노르아드레날린의 분비량은 최적에 도달한다.

기출개념확인

01 교감신경계와 부교감신경계에 대한 설명으로 옳은 것은?
① 교감신경의 기능은 에너지를 보존하는 것이다.
② 교감신경은 성행위(sex)를 조절한다.
③ 부교감신경은 신체가 위급한 상황에 대비하고 반응하게 한다.
④ 부교감신경이 흥분하면 심장 박동 수가 증가한다.

02 다음 빈칸에 알맞은 호르몬은?

- ( )은 기분, 수면 등의 조절에 관여한다.
- ( )의 활성 저하는 우울, 불안, 불면, 폭식 등의 장애를 유발한다.

① 도파민 ② 세로토닌
③ 아드레날린 ④ 노르아드레날린

정답·해설

01 ② 교감신경에 의해 조절되는 행동 양식에는 싸움(fight), 도망(flight), 공포(fright), 성행위(sex) 등이 있다.

오답분석
① 부교감신경의 기능은 에너지를 보존하는 것이다.
③ 교감신경은 신체가 갑작스럽고 심한 운동이나 공포, 분노와 같은 위급한 상황에 대비하고 반응하게 한다.
④ 교감신경이 흥분하면 근육의 세동맥은 확장되고 심장 박동 수가 증가하며 피부와 소화관의 세동맥은 수축하여 혈압이 상승한다.

02 ② 세로토닌은 모노아민계 신경 전달 물질로서 감정, 행동, 기분, 수면 등의 조절에 관여하며, 도파민과 노르아드레날린을 적정 수준으로 유지한다.

제3절 정서의 진화와 발달

01 진화와 정서

1. 정서 진화의 개요
① 정서는 진화를 통해 축적된 행동 및 상황 대처 방식이다.
② 주요 대처 방식
  ㉠ 접근할 것이냐 vs 회피할 것이냐?
  ㉡ 싸울 것이냐 vs 도주할 것이냐?
  ㉢ 좋아할 것이냐 vs 미워할 것이냐?
  ㉣ 삼킬 것이냐 vs 뱉을 것이냐?
③ 정서 반응은 적응적 가치를 가진다. 다양한 문제를 해결하기 위해 오랜 기간 학습되고 검증된 기능이다.
④ 정서는 하등 동물에게도 발견되는 적응 반응이다.
⑤ 자극에 대한 타고난 반응을 이미 프로그램화시킨 것이다.
  ㉠ 정서는 겉질밑(sub-cortical brain structure)이 기원이며, 대뇌 이전에 이미 진화되었다.
  ㉡ 적은 수의 기본 정서를 가지며, 정서 반응이 모든 문화권에서 유사하다.
  ㉢ 인간의 마음은 대부분 무의식적으로 이루어지며, 이런 무의식적 과정 속에는 진화적으로 축적된 방식들이 대부분 활동을 한다.

2. 플루치크(Plutchik)의 관점 기출개념
① 유기체가 환경에 적응하기 위해서는 환경이 자신에게 득이 되는지 실이 되는지에 대한 평가가 전제가 되어야 하는데, 환경을 평가하기 위한 인지적 능력도 뇌 구조의 진화와 함께 진화해 왔다.
② 8가지 기본 정서: 동물과 인간이 여러 가지의 적응적 행동의 동기를 형성하는 데 도움이 되는 기본 정서이다.
  ㉠ 두려움(fear)
  ㉡ 놀람(surprise)
  ㉢ 슬픔(sadness)
  ㉣ 혐오(disgust)
  ㉤ 분노(anger)
  ㉥ 예기(anticipation)

ⓢ 기쁨(joy)
ⓞ 수용(acceptance)
③ 정서의 세 가지 구조 모형

구분	내용
강도 차원	어떤 정서 단어가 있으면, 그보다 더 강한 의미를 가진 단어도 있고, 약한 의미를 가진 단어도 있음 예 슬픔의 약한 강도의 정서로 시름(pensiveness)이 있고, 강한 강도의 정서로 비탄(grief)이 있음
유사성 차원	• 불안과 공포는 서로 다르지만 서로 유사함 • 분노는 기쁨보다는 혐오차원과 더 유사한 특성을 가짐
양극성 차원	서로 반대되는 개념의 정서가 있음 예 행복과 슬픔, 사랑과 증오, 두려움과 노여움 등

3. 이자드(Izard)의 관점

① 기쁨, 흥미, 슬픔, 분노, 공포, 혐오와 같은 뚜렷하게 구분되는 정서는 생의 초기부터 나타난다.
② 기본 정서는 인간 행동에 독특하면서 차별적이고 동기 유발적인 체계를 구성하며, 이들 정서는 각각 상이한 목적을 위해 유발된다는 것을 전제로 하는 차별적 정서 이론을 제시하였다.
③ 각각의 기본 정서는 독특한 대처 기능이나 적응적 기능을 가지고 있다는 점에서 환경에 효과적으로 대처하기 위해 유기체에게 제공된 진화의 산물로 볼 수 있다.
④ 소수의 기본 정서는 생득적인 것이며 전 세계적으로 공통된 것이다.
⑤ 기본 정서는 특정한 상황에서 유발되며 특징적 표현, 신체생리적 반응과 행동, 적응적 기능을 가지고 있고 문화적 관습이나 규칙에 의해 수정이 이루어질 뿐이다.

02 정서의 발달

1. 정서의 발달 요인 기출개념

(1) 신체적 성숙
① 정서 표현을 위해서는 어느 정도 신체적 성숙이 필요하다.
② 시력
  ㉠ 미숙한 시력이 정서를 제한하는 것은 아니지만, 시각 자극에 대해 반응하는 능력을 제한한다.
  ㉡ 생후 6개월 동안 영아는 한 대상에서 다른 대상으로 시각적 주의를 옮기는 것에 어려움이 있다.
③ 운동능력
  ㉠ 운동능력이 성숙하면서 정서를 더욱 분명하게 표현할 수 있게 된다.

ⓒ 분노 시 주먹을 쥐거나 놀랐을 때 도망을 간다.

(2) 인지적 성숙
① 적절한 평가 없이는, 정서는 존재하지 않거나 불완전하다.
② 사건을 타인의 조망에서 이해하는 능력과 개인이 타인을 어떻게 보는가에 대한 인식 등 인지능력이 유아기에 발달한다.
③ 자의식적 정서(자부심, 수치, 죄의식 등)는 자신을 내적 행동 기준과 비교하도록 하는 인지 발달이 중요하다.

2. 정서 표현의 발달 기출개념

(1) 1차 정서
생후 2개월 전에 나타나는 정서적 반응은 흥분과 불쾌함의 반응일 뿐이다. 생후 2~3개월경부터 영아는 1차 정서를 표현하기 시작한다.

① 기쁨: 미소, 웃음 등으로 표현하며, 건강한 영아일수록 기쁨의 표현이 명확하고 빈번하게 나타난다.
  ㉠ 미소

구분	내용
출생 직후	배냇 미소, 선천적, 반사적 반응을 보임
4주	갑자기 움직이는 물체와 같은 외부 자극에 미소를 지음
6~10주	사람 얼굴에 대해 사회적 미소를 지음
3개월	친숙한 사람과 그렇지 않은 사람에 대해 다른 미소를 지으며, 사회적 상호 작용이 이루어질 때 가장 빈번히 웃음
9~12개월	'까꿍놀이' 등에 미소를 지음
1년 이후	자신이 원인을 제공한 사건에 대해 미소를 지음

  ㉡ 웃음: 3~4개월에 강한 자극 후에 웃음이 나타난다. 웃음은 미소보다 더 강한 자극으로 유발된다.

② 분노
  ㉠ 자신이 원하는 바를 쉽게 만족시키는 가장 보편적 방법이다.
  ㉡ 출생 초기에 배고픔, 고통 등의 불쾌한 경험으로 분노가 발생하며, 이후에 욕구의 좌절(뺏기거나 제지 받을 때)로 인한 분노가 발생한다.
  ㉢ 분노 표현 방식

구분	내용
출생 초기	울음으로 분노를 표현
4~6개월	성난 목소리로 소리를 지르며 분노를 표현
2세	최고조에 도달. 사랑과 수용으로 대치되지 않으면 공격성으로 발전함
2세 이후	언어를 사용하여 사회적으로 수용되는 방식으로 분노를 표현
영아기 말	자신의 감정을 숨기는 것이 필요하다는 것을 알게 됨

개념 Plus
선천적인 공포 유발 요소
- 심한 고통이나 큰 소리
- 새로운 사람이나 장소
- 높은 장소나 어둠
- 다른 사람과의 위협적인 상호작용

핵심 Check
1차 정서와 2차 정서
- 1차 정서: 선천적인 것으로 현재 일어난 상황으로 생긴 직접적이고 반응적인 감정이다.
- 2차 정서: 직접적인 반응을 극복하려고 시도하거나 일차 정서에 대한 반발로 나오는 부수적인 감정 반응이다.

개념 Plus
사회적 참조 (social referencing)
- 맥락에 대한 타인의 해석을 이용하여 상황에 대한 정보를 얻는 심리적 과정이다.
- 만 1세 무렵의 유아는 애매한 자극을 제시할 경우, 엄마나 타인을 쳐다보며 이들이 어떻게 반응하는지에 따라 그 자극에 대한 행동 요령을 익힌다.

---

③ 공포
   ㉠ 신체적, 심리적 위험에 대한 반응이다.
   ㉡ 출생 초기: 공포 유발 자극이 주변에 별로 존재하지 않는다.
   ㉢ 6개월: 인지 발달로 인해 새로운 공포감이 형성된다.
      ⓐ 친숙하지 않은 대상에 경계심을 가진다.
      ⓑ 애착 형성된 사람과의 분리, 낯선 사람과의 만남이 공포 유발 원인이다.

(2) 2차 정서
① 1차 정서보다 늦게 나타나며 복잡한 인지능력이 요구된다.
② 자아인식은 2차 정서의 필수요소이며, 자아 인식과 더불어 자신의 행동을 평가할 수 있어야 2차 정서를 만들어낼 수 있다.
③ 거울이나 사진으로 자신을 인식하면서 발달한다.
④ 1세에 자신과 타인의 구분이 가능해진다.

3. 정서 이해의 발달
(1) 타인의 정서 이해
① 4개월: 타인의 정서를 인식하기 시작한다.
② 6개월: 정서와 관련된 표정을 구별하기 시작한다.
③ 12개월: 타인의 정서 표현에 나타난 메시지를 사용하여 상황을 이해하는 사회적 참조 능력이 나타난다.

(2) 정서의 원인 이해
① 유아는 타인의 감정이 주로 외적 상황에 의해 일어난다고 생각한다.
② 조금 더 나이가 들면 소망이나 바람, 믿음과 같은 내적 요인이 보다 중요한 정서의 원인이라는 것을 이해한다.

(3) 정서의 외양과 실제를 구별하기
① 5~6세 유아들은 숨겨진 정서를 이해한다.
② 숨겨진 정서를 이해하는 것은 정서 표현 규칙과 같은 사회적 규율을 획득하는 것과 관련이 있다.

(4) 혼합 정서 및 양가 감정의 이해
혼합 정서의 이해는 아동기 초기부터 후기에 이르기까지 오랜 발달을 통해 가능하다.

4. 정서 조절의 발달
① 정서 조절은 상황에 따라 정서를 표현해도 되는 상황과 아닌 상황이 있다는 사회적 규칙을 이해하는 것으로 사회적 적응에 도움이 된다.
② 규칙 습득 시기
   ㉠ 일찍부터 영아는 정서 표현 규칙을 습득하는 것으로 보고되었다.
   ㉡ 1세: 부정적 정서 유발을 감소시키는 책략이 발달한다.
   ㉢ 18개월: 부정적 정서를 숨긴다.
   ㉣ 3세: 자기감정을 통제한다.

5. 정서적 의사소통의 발달 ★

(1) 사회적 참조하기
① 타인의 정서에 대하여 자신의 인식을 근거로 상황에 대한 정서적 반응을 한다.
② 사회적 참조하기를 통해 정서의 적절성이 성숙한다.
③ 생후 9개월경에 사회적 참조하기가 나타난다.

(2) 상호 주관성
① 상호 주관성은 개인들의 주관적 인식에서 서로 공유하는 공통 부분을 의미한다.
② 서로를 이해하고 서로에게 무엇을 기대할지를 알기 위한 중요한 수단이다.
③ 1차적 상호 주관성은 서로의 경험을 공유하는 것이다.
④ 2차적 상호 주관성은 유아와 양육자가 대상이나 제3자에 대한 경험을 공유할 때 일어난다.

기출개념확인

01 플루치크(Plutchik)의 관점에서 아래의 내용이 설명하는 정서의 구조 모형은?

> • 어떤 정서 단어가 있으면, 그보다 더 강한 의미를 가진 단어도 있고, 약한 의미를 가진 단어도 있다.
> • 슬픔의 약한 강도의 정서로 시름(pensiveness)이 있고, 강한 강도의 정서로 비탄(grief)이 있다.

① 강도 차원 ② 유사성 차원
③ 인지성 차원 ④ 양극성 차원

02 정서 발달 요인에 대한 설명으로 옳은 것은?

① 적절한 평가가 없어도 정서는 존재한다.
② 미숙한 시력은 정서를 제한한다.
③ 운동 능력이 성숙하면 정서를 더 잘 표현할 수 있다.
④ 자기 의식적 정서는 자신을 외적 행동 기준과 비교하도록 하는 인지 발달이 중요하다.

정답·해설

01 ① 해당 내용은 강도차원을 의미한다.
02 ③ 운동 능력이 성숙하면서 정서를 더욱 분명하게 표현할 수 있게 된다.

> **오답분석**
> ① 적절한 평가 없이는, 정서는 존재하지 않거나 불완전하다.
> ② 미숙한 시력이 정서를 제한하는 것은 아니지만, 시각 자극에 대해 반응하는 능력을 제한한다.
> ④ 자부심, 수치, 죄의식 등 자기 의식적 정서에 있어서 자신을 내적 행동 기준과 비교하도록 하는 인지 발달이 중요하다.

제4절 정서 장애

01 이상 행동

1. 이상 행동의 판별 기준 `기출개념`

(1) 통계적 기준
① 정상 분포의 평균으로부터 멀리 일탈된 특성을 이상으로 간주한다.
② 통계적 기준의 문제점
  ㉠ 평균으로부터 긍정적으로 일탈된 특성은 이상 행동으로 볼 수 없다.
  ㉡ 인간의 모든 심리적 특성을 측정하여 평균과 표준 편차를 확인할 수 없다.
  ㉢ 평균으로부터 어느 정도 일탈되어야 이상 행동으로 간주할지에 대한 경계선을 결정하기 어렵다.

(2) 개인적 기준: 주관적 불편감과 고통
① 개인이 주관적으로 현저한 불편감과 고통을 경험하는 경우에 이상으로 간주한다.
② 개인적 기준의 문제점
  ㉠ 실제적인 상실을 통해 경험하는 고통은 비정상적이라고 할 수 없다.
  ㉡ 이상이라고 판단할 수 있는 불편감과 고통의 정도를 결정하기 어렵다.
  ㉢ 부적응적인 행동을 나타내면서도 주관적인 불편감을 느끼지 않는 경우도 있다.

(3) 문화적 기준: 문화적 규범의 위배
① 개인이 속한 문화적 규범을 위배하는 일탈된 행동을 이상 행동으로 간주한다.
② 문화적 기준의 문제점
  ㉠ 문화적 규범은 시대에 따라 변화하고 문화에 따라 다르다.
  ㉡ 문화적 규범 자체가 바람직하지 못한 경우도 있다.

(4) 기능적 기준: 적응 기능의 저하와 손상
① 적응 기능의 저하나 손상을 초래하여 개인의 사회적, 직업적 부적응을 유발하는 행동을 이상 행동으로 간주한다.
② 기능적 기준의 문제점
  ㉠ 어느 정도의 적응 기능 저하를 비정상적인 것으로 판단할 수 있을지에 대한 경계가 모호하다.
  ㉡ 개인의 부적응 여부는 평가자나 평가 기준에 따라 다를 수 있다.

2. 이상 행동의 판별
① 이상 행동과 정신 장애를 규정하는 절대적인 단일한 기준은 없다.

핵심 Check

이상 행동 판별 기준
이상 행동 판별 기준에는 통계적 기준, 개인적 기준, 문화적 기준, 기능적 기준이 있다.

② 각 기준마다 장단점을 지니고 있어서 실제적으로는 여러 기준을 복합적으로 고려하여 이상 행동을 판단한다.
③ 모든 기준에 해당하지 않지만 몇 가지 기준을 공통적으로 충족시킬 경우에 이상 행동으로 판단한다.
④ 여러 이상 행동이 집단적·동시다발적으로 나타나는 경우는 정신 장애(mental disorder)라고 한다.

02 불안 장애(anxiety disorders)

1. 불안 장애의 이해 기출개념
① 불안 장애는 다양한 형태의 비정상적, 병적인 불안과 공포로 인해 일상 생활에 장애를 일으키는 정신 질환이다.
② **정상적인 불안**(normal anxiety): 현실적으로 위험을 내포한 위협적인 상황에서 불안을 느끼는 것은 자연스럽고 적응적인 심리적 반응이다.
③ **병적인 불안**(pathological anxiety)
  ㉠ 현실적인 위험 정도에 비해 과도하게 심한 불안을 느끼며 회피 행동을 나타내어 적응에 심각한 문제를 초래하는 경우이다.
  ㉡ 병적인 불안으로 인해 과도한 심리적 고통을 느끼거나 현실적인 적응에 심각한 어려움을 겪는 경우를 불안 장애라고 한다.
④ 불안 장애 하위 유형(DSM-5)
  ㉠ 범불안 장애
  ㉡ 특정 공포증
  ㉢ 광장 공포증
  ㉣ 사회 불안 장애
  ㉤ 공황 장애
  ㉥ 분리 불안 장애
  ㉦ 선택적 무언증

2. 범불안 장애(generalized anxiety disorder) 기출개념

(1) 증상
① 범불안 장애는 다양한 상황에서 만성적 불안과 과도한 걱정을 나타내는 경우를 의미한다.
② 일상 생활 속에서 겪게 되는 여러 가지 사건이나 활동에 대해서 지나치게 걱정함으로써 지속적인 불안과 긴장을 경험한다.

(2) 원인 ★
① **정신 분석적 관점**: 막연한 불안과 걱정은 무의식적 갈등에 의한 것이기 때문에 그 불안의 이유를 자각하기 어렵다.

> **개념 Plus**
>
> **DSM-5**
> '정신 질환의 진단 및 통계 편람(DSM; Diagnostic and Statistical Manual of Mental Disorders)'으로, 미국정신의학협회(APA)에서 발행한 분류 및 진단 절차이다.
>
> **범불안 장애 진단 기준 (DSM-5)**
> 다양한 사건이나 활동에 대해 과도한 불안이나 걱정이 나타난다. 이러한 불안과 걱정이 적어도 6개월 동안 50% 이상의 날에 나타나야 한다.

② **행동주의적 관점**: 다양한 자극 상황에서 공포 반응이 경미한 형태로 나타나는 일종의 다중 공포증(multiple phobia)이다.
③ **인지적 관점**
  ㉠ 주변의 생활 환경 속에 존재하는 잠재적인 위험에 예민하다.
  ㉡ 잠재적인 위험이 실제로 위험한 사건으로 발생할 확률을 과도하게 높이 평가한다.
  ㉢ 위험한 사건이 실제로 발생할 경우에 나타날 수 있는 부정적인 결과를 지나치게 치명적인 것으로 평가한다.
  ㉣ 위험한 사건이 발생할 경우 자신이 대처할 수 있는 능력을 과소 평가한다.

3. 공황 장애(panic disorder) [기출개념]

(1) 증상
① 공황 장애(panic disorder)란 갑자기 엄습하는 강렬한 불안, 즉 공황 발작을 반복적으로 경험하는 장애를 의미한다.
② 공황 발작(panic attack)이란 예상하지 못한 상황에서 갑작스럽게 밀려드는 극심한 공포로 곧 죽지 않을까 하는 강렬한 불안이다.

(2) 원인
① **정신 분석적 관점**
  ㉠ 공황 발작은 불안을 야기하는 충동에 대한 방어기제가 성공하지 못했기 때문에 나타난다.
  ㉡ 공황 발작의 증상은 어린아이가 어머니와 이별할 때 나타내는 분리 불안(separation anxiety)과 관련된다.
② **인지적 관점**
  ㉠ 클라크(Clark)의 인지 이론은 인지적 입장에서 공황 장애를 가장 설득력 있게 설명하고 있는 이론이다.
  ㉡ 클라크는 공황 발작이 신체 감각을 위험한 것으로 잘못 해석하는 '파국적 오해석'에 의해 유발된다고 보았다.

03 우울 장애(depressive disorder)

1. 우울 장애 증상 [기출개념]

① 우울감과 슬픔, 짜증스런 기분과 그에 수반되는 다양한 심리적, 신체적 증상으로 인해 개인의 적응기능이 현저하게 저하되는 경우를 의미한다.
② 우울 장애는 삶을 매우 고통스럽게 만드는 동시에 '심리적 독감'이라고 부를 정도로 매우 흔한 장애이기도 하다.
③ 우울 장애는 개인의 능력과 의욕을 저하시켜 현실적 적응을 어렵게 만드는 주요한 요인으로 알려져 있다.

④ 우울 장애는 자살에 이르게 한다는 점에서 치명적인 심리적 장애이기도 하다.
⑤ 전문가들은 우울 장애는 앞으로 점점 더 심각한 문제가 될 것으로 예상하고 있다.
  ㉠ 젊은 세대가 그 전 세대보다 우울 장애 빈도가 더 높다.
  ㉡ 우울 장애에 걸리는 발병 연령도 점점 더 낮아지고 있다.
⑥ 우울 장애는 우울 증상의 심한 정도나 지속기간에 따라 다양하게 구분된다.
⑦ 우울 장애 하위 유형(DSM-5)
  ㉠ 주요 우울 장애
  ㉡ 지속성 우울 장애
  ㉢ 월경 전기 불쾌 장애
  ㉣ 파괴적 기분 조절 곤란 장애

2. 원인 ★

(1) 환경적 관점
① 상실과 실패를 의미하는 부정적인 생활 사건이 우울 장애를 촉발한다.
② 우울 장애의 발생에 영향을 주는 부정적인 환경적 요인은 주요한 생활 사건, 사소한 생활 사건, 사회적 지지의 결여이다.

(2) 정신 분석적 관점
① 프로이트(Freud)의 견해: 우울증은 상실에 대한 반응으로서 분노가 자기에게 향해진 현상이다.
② 스트릭커(Stricker)의 견해: 인생 초기에 가장 중요한 존재인 부모를 실제로 또는 상상 속에서 상실하여 무력감을 느꼈던 외상적 경험이 근본적 원인이다.

(3) 행동주의적 관점
① 우울한 사람들은 그렇지 않은 사람에 비해 생활에서 더 많은 부정적 사건을 경험하고, 부정적 사건을 더 부정적인 것으로 평가하며, 혐오 자극에 대해서 더 민감한 반응을 보이고, 긍정적 강화를 덜 받았다.
② 이러한 결과에 기초하여, 우울 장애는 긍정적 강화의 결핍과 혐오적 불쾌 경험의 증가에 기인한 것이다.

(4) 인지적 관점
① 벡(A. Beck)의 인지 이론은 현재 우울 장애를 설명하는 가장 대표적인 심리학적 이론이다.
② 우울 장애를 유발하는 일차적인 요인은 부정적이고 비관적인 생각, 자동적 사고이다.

(5) 생물학적 관점
① 대부분의 항우울제는 카테콜아민의 수준을 증가시키고 우울증은 카테콜아민의 결핍에 의한 것이라고 추정되고 있다.
② 우울 장애는 뇌의 여러 부분, 특히 시상 하부(hypothalamus)의 기능 장애로 인해 생긴다.
③ 코르티솔과 같은 내분비 호르몬이 우울 장애와 관련되어 있다.
④ 생체 리듬의 이상이 우울 장애를 유발할 수 있다.

📖 **개념 Plus**

우울 장애
(depressive disorder)
우울감과 슬픔, 짜증스러운 기분과 그에 수반되는 다양한 심리적, 신체적 증상으로 인해 개인의 적응 기능이 현저하게 저하되는 질환을 의미한다.

04 양극성 장애(bipolar disorder)

1. 양극성 장애 증상
① 기분이 비정상적으로 고양되는 조증 상태와 기분이 침체되는 우울증 상태가 번갈아 나타나서 부적응을 초래하는 경우이다.
② 조울증이라고 한다.
③ DSM-5에서는 조증 상태와 우울증 상태를 반복적으로 나타내는 다양한 경우를 양극성 및 관련 장애라는 장애 범주로 독립시켰다.
④ 양극성 장애 하위 유형(DSM-5)
　㉠ 제1형 양극성 장애
　㉡ 제2형 양극성 장애
　㉢ 순환 감정 장애

2. 원인 ★
(1) 생물학적 관점
① 유전되는 경향이 강한 장애로 생물학적 요인에 의해서 많은 영향을 받는다.
② 유전적 요인 외에 신경 전달 물질, 신경내분비 기능, 수면 패턴 등과 관련된 것으로 보고되었다.
③ 생물학적 요인은 양극성 장애를 유발하는 취약성을 제공하며 양극성 장애의 발병 시기나 발병 양상은 심리사회적 요인에 의해 중대한 영향을 받게 된다.

(2) 정신 분석적 관점
양극성 장애의 조증 증세를 무의식적 상실이나 자존감 손상에 대한 방어나 보상 반응으로 본다.

(3) 인지적 관점
① 조증을 나타내는 사람들은 우울증을 지닌 사람들과 마찬가지로 현실에 대한 인지적 왜곡을 보인다.
② 우울한 사람들은 부정적인 왜곡을 하는 반면에, 조증을 지닌 사람들은 긍정적인 왜곡을 통해서 자신과 미래에 대한 비현실적인 긍정적 생각을 하게 된다.

05 강박 장애(obsessive-compulsive disorder)

1. 강박 장애 증상
① 강박 장애는 원하지 않는 생각과 행동을 반복하게 되는 심리 장애로 주된 증상은 강박 사고와 강박 행동이 나타난다.
② 강박 사고(obsessions)는 반복적으로 의식에 침투하는 고통스러운 생각, 충동 또는 심상을 말한다.

③ 강박 행동(compulsions)은 강박 사고로 인한 불안을 감소시키기 위해서 반복적으로 나타내는 행동을 말한다.
④ 강박 및 관련 장애(DSM-5)
   ㉠ 강박 장애
   ㉡ 신체 변형 장애
   ㉢ 저장 장애
   ㉣ 모발 뽑기 장애
   ㉤ 피부 벗기기 장애

2. 원인 ★

(1) 인지 행동적 관점
① 침투적 사고(intrusive thoughts)는 우연히 의식 속에 떠오르는 원치 않는 불쾌한 생각을 의미하며 대부분의 사람들이 흔히 경험하는 것이다.
② 자동적 사고(automatic thoughts)는 침투적 사고에 대한 사고를 말하는데, 거의 자동적으로 일어나고 매우 빨리 지나가며 잘 의식되지 않기 때문에 '자동적' 사고라고 한다.
③ 강박 장애를 지닌 사람들은 침투적 사고를 과도하게 위협적인 것으로 받아들이고 중요하게 여길 뿐만 아니라 그러한 사고에 대한 책임감과 통제 필요성을 강렬하게 느낀다.
④ 불안을 유발하는 침투적 사고를 억제하거나 제거하려는 노력을 기울이게 되는데, 역설적이게도 이러한 노력은 오히려 침투적 사고가 자꾸 의식에 떠오르게 하는 결과를 초래하게 된다.

(2) 심리적 관점
① 불완전감(feeling of imperfection)은 어떤 행위를 했을 때 100% 만족스러움을 얻지 못했다는 불충분함의 느낌 또는 기대에 딱 맞아 떨어지지 않는 미흡함의 경험(not just right experience)을 의미한다.
② 실제로 강박 장애 환자들은 무언가 완전하지 못하다는 찝찝함 때문에 좀 더 깔끔한 완결감을 느끼기 위해서 강박 행동을 반복하는 경우가 많다.

(3) 생물학적 관점
① 강박 장애 환자들이 융통성 없이 반복적인 행동을 하고 이러한 행동을 잘 통제하지 못하는 것은 전두엽의 기능 손상 때문이다.
② 강박 장애가 기존의 항불안제나 항우울제로 잘 치료되지 않지만 세로토닌 재흡수 억제제를 사용할 경우, 우수한 치료 효과를 나타낸다는 점에 근거하면 강박 장애가 세로토닌과 관련되어 있다는 것을 알 수 있다.

기출개념확인

01 범불안 장애에 대한 설명으로 옳은 것은?

① 범불안 장애는 특수한 상황에서 나타나는 불안을 의미한다.
② 정신 분석적 관점에서는 불안과 걱정은 의식적 갈등에 의한 것으로 본다.
③ 행동주의적 관점에서는 다양한 자극 상황에 나타나는 일종의 다중 공포증으로 본다.
④ 인지적 관점에서는 위험한 사건이 발생할 경우 자신이 대처할 수 있는 능력을 과대 평가한다고 본다.

02 우울 장애에 대한 설명으로 옳지 않은 것은?

① 우울 장애에 걸리는 발병 연령이 점점 더 낮아지고 있다.
② 코르티솔과 같은 내분비 호르몬이 우울 장애와 관련되어 있다.
③ 부정적인 생활 사건이 우울 장애를 촉발한다.
④ 우울 장애의 하위 유형에는 지속성 우울 장애, 월경 전기 불쾌 장애, 선택적 무언증 등이 포함된다.

정답 · 해설

01 ③ 행동주의적 관점에서는 다양한 자극 상황에서 공포 반응이 경미한 형태로 나타나는 일종의 다중 공포증(multiple phobia)으로 본다.

오답분석
① 범불안 장애는 다양한 상황에서 만성적 불안과 과도한 걱정을 나타내는 경우이다.
② 정신 분석적 관점에서는 막연한 불안과 걱정은 무의식적 갈등에 의한 것이기 때문에 그 불안의 이유를 자각하기 어렵다고 본다.
④ 인지적 관점에서는 위험한 사건이 발생할 경우 자신이 대처할 수 있는 능력을 과소 평가한다고 본다.

02 ④ DSM-5에서는 우울 장애의 하위 유형으로 주요 우울 장애, 지속성 우울 장애, 월경 전기 불쾌 장애, 파괴적 기분 조절 곤란 장애를 제시하고 있다.

제5절 정서의 표현과 측정

01 정서의 표현

1. 보편적 정서 표현 [기출개념]

① 다윈(Darwin)의 진화적 관점
  ㉠ 다윈은 정서 표현이 의사소통의 가치가 있다는 것을 인식하고 특정 표정과 특정 정서를 연결시킨 최초의 인물이다.
  ㉡ 정서는 종의 생존과 번식을 돕는 적응력이 있는 목적을 가지고 있기 때문에 진화했다.
  ㉢ 인간의 정서 표현 방식은 비인간적인 영장류 조상으로부터 진화했다.
  ㉣ 정서 표현은 진화론적으로 중요하며, 사람과 동물들은 특정한 방식의 얼굴 및 자세 표현을 갖고 있다(『인간과 동물의 정서 표현』, 1872).
  ㉤ 정서 표현은 유기체들이 자신의 내적 상태에 대한 정보를 서로 소통하기 위한 수단이다.
  ㉥ 보편성 가설 [기출개념]
    ⓐ 정서 표현과 이를 읽어내는 능력은 인간이라는 종의 공통적 특성이다.
    ⓑ 정서 표현은 모든 사람에게 같은 의미를 가지고 있다.
② 최근 연구에 따르면 정서에 대한 얼굴 표정은 시각적 경험의 결과로 배운 것이 아니라 뇌에 내장되어 있다(Matsumoto & Wilingham, 2009).
③ 비교 문화 연구 결과, 여섯 가지 기본 정서(분노, 공포, 혐오, 슬픔, 행복 및 놀라움)의 표정이 보편적이라는 견해를 지지한다.
④ 일반적으로 사람들은 다른 문화권 사람들의 얼굴 정서 표현을 비교적 정확하게 읽어 낸다.
  ㉠ 동양인이나 서양인 모두 미소를 행복의 표현으로, 찌푸린 얼굴을 슬픔의 표현으로 알아보고 구분할 수 있다.
  ㉡ 태어날 때부터 시력을 상실한 시각 장애인들이나, 표정을 본 경험이 적은 신생아도, 우리와 같은 얼굴 정서 표정을 짓는다.
  ㉢ 표정으로 상대방의 정서를 읽어내는 능력은 문화적인 학습 결과가 아니라 진화론적으로 결정된 것으로 보편적인 능력이라는 것을 시사한다.

> **개념 Plus**
>
> **표현 규칙(display rules)**
> 사람들이 각기 자신들의 정서 표현을 제어하기 위해 사용하는 나름의 관습, 기준 등을 지칭하기 위한 용어로 에크만(Ekman)에 의해 소개된 개념이다. 표현 규칙은 어떤 사람이 어떤 정서를 언제, 누구에게, 얼마만큼 드러낼 것인지를 규정한다.

2. 정서와 문화 `기출개념`

(1) 표현 규칙(display rules)
① 정서 표현의 주된 목적은 의사소통이다.
② 각 문화권에는 정서를 표현하는 방법과 정서를 표현하는 것이 적절한지를 결정하는 표현 규칙이 있다.
③ 주어진 문화권에서 정서의 표현이나 조절에 사용되는 관습과 사회적 규범이다.
④ 동일한 문화권의 구성원 간에 자동적으로 발생한다.
⑤ 정서가 보편적이라 해도, 모든 사람이 언제나 동일한 방식으로 정서를 표현하지 않는다.
⑥ 기본 정서는 보편적이지만 이를 표현할 때 사회문화적으로 형성된 규칙의 영향을 받는다.
⑦ 사회화 과정에서 특정 상황에 어떤 정서가 적절한지, 어떤 정서를 표현하고 어떤 정서를 감출지, 어떤 상황에서 그러한지에 대한 규칙을 자신의 문화로부터 학습한다.

(2) 문화적 차이
① 문화마다 규칙과 기대가 어느 정도 차이가 있다.
② 정서 표현 차이에 관한 연구(Matsumoto 등)
  ㉠ 미국인들이 일본인이나 러시아인들보다 정서를 더 뚜렷하게 표현했다.
  ㉡ 일본인과 러시아인들은 미국인들에 비해 부정적인 정서의 표현을 더 제한하려 했다.
  ㉢ 공포, 분노 또는 슬픔을 표현할 때 일본인과 러시아인들은 종종 인상을 부드럽게 하기 위한 약간의 미소를 보이기도 했다.
  ㉣ 일본인들은 슬픔이나 다른 부정적 정서를 가까운 친구나 가족보다는 지인에게 드러내는 것이 더 적절하다고 생각하지만, 미국인들은 그 반대이기도 했다.

02 정서의 측정 방법 ★★

1. 자기 보고법 `기출개념`
① 자기 보고법은 피험자가 자신에 대한 관찰결과를 스스로 보고하게 함으로써 검사 또는 평가 자료를 수집하는 방법이다.
② 자료 수집은 용이하나 해석이 쉽지 않다.
③ 개인차가 있기 때문에 객관성이 부족하고 정밀하지 않다.
④ 피검자의 특성, 검사 환경에 따라서 왜곡된 보고가 될 수 있다.
⑤ 유아나 뇌의 손상이 있는 경우에는 적용하기 어렵다.

2. 신경생물학적 측정 기출개념

(1) EEG(electroencephalography, 뇌파 검사)
① EEG는 두피에 전극을 부착하고 뇌의 미세한 전기 활동을 증폭하여 기록하는 검사로 시간이나 상황마다 변하는 뇌 기능의 변화를 볼 수 있는 검사이다.
② 신경 세포의 활동은 전기적인 활동을 동반하는 것으로 알려져 있다.
③ 뇌가 담당하고 있는 기능도 개개의 신경 세포의 전기적 활동이 기본이 된다.
④ 뇌에서 발생되는 전기 활동을 모니터하면 뇌의 기능을 알 수 있는 단서가 된다.
⑤ 두피에 부착된 전극에 가장 가까운 뇌 영역의 세포 활동에 관한 1/1000초 단위의 정보를 제공한다.
⑥ 뇌의 활동만 기록할 뿐 뇌의 보다 깊은 영역에서의 활동을 기록하지 못한다.
⑦ 검사 시에 고통이나 위험을 동반하지 않는다.
⑧ 간단하게 시행할 수 있고(30분), 반복 시행도 가능하다.

(2) fMRI(functional magnetic resonance imaging, 기능적 자기 공명 영상)
① fMRI는 혈류와 관련된 변화를 감지하여 뇌 활동을 측정하는 방법이다.
② 뇌의 어떤 부위가 사용될 때, 그 영역으로 가는 혈류의 양도 따라서 증가한다는 사실을 이용하여 어떤 부위의 신경이 활성화되었는지를 측정하는 기술이다.
③ fMRI를 통해서 뇌의 어떤 영역에서 어떠한 행동을 할 때 활성화가 되는지까지는 유추해볼 수 있지만, 그 활성화가 어떤 의미를 갖는지는 해석하기가 어렵다.
④ EEG와 달리 fMRI 신호는 신경 세포의 활동을 직접 반영하지는 않는다는 한계가 있다.

3. 행동 관찰법 기출개념
① 행동 관찰법은 개인이 특정한 상황에서 어떤 행동을 하는지를 관찰하여 그 행동의 내용을 구체적으로 기술하고 그 빈도나 강도를 수량화하는 방법이다.
② 어떤 대상에게도 적용이 가능하다.
③ 질문지법과 같은 간접 조사보다 신뢰도를 높일 수 있으며 심화된 자료를 얻을 수 있다는 장점이 있다.
④ 개인이 자신의 정서를 가장하거나 감추면 관찰하기가 어렵고, 표정을 부호화하기가 어렵다.

> **핵심 Check**
> **정서 측정 방법**
> 정서 측정 방법에는 자기 보고법, 신경생물학적 측정법, 행동 관찰법이 있다.

기출개념확인

01 보편적 정서 표현에 대한 설명으로 옳지 않은 것은?
① 인간의 정서 표현 방식이 비인간적인 영장류 조상으로부터 진화했다.
② 정서 표현은 모든 사람에게 같은 의미를 가지고 있다.
③ 정서 표현과 이를 읽어내는 능력은 인간이라는 종의 공통적 특성이다.
④ 정서 표현은 유기체가 자신의 처한 환경에 대한 정보를 서로 소통하기 위한 수단이다.

02 정서 측정에 대한 설명으로 옳은 것은?
① EEG는 검사 시에 고통이나 위험을 동반하지 않는다.
② fMRI는 뇌의 미세한 전기 활동을 증폭하여 기록하는 검사이다.
③ 자기 보고법은 자료 수집과 해석이 쉬운 검사이다.
④ 행동 관찰법은 질문지법과 같은 간접 조사보다 신뢰도가 낮다.

정답·해설

01 ④ 정서 표현은 유기체들이 자신의 내적 상태에 대한 정보를 서로 소통하기 위한 수단이다.
02 ① EEG는 두피에 전극을 부착하고 뇌의 미세한 전기 활동을 증폭하여 기록하는 검사로 시간이나 상황마다 변하는 뇌 기능의 변화를 볼 수 있는 검사이다. 검사 시에 고통이나 위험을 동반하지 않는다.

[오답분석]
② fMRI는 혈류와 관련된 변화를 감지하여 뇌 활동을 측정하는 방법이다.
③ 자기 보고법은 자료 수집은 용이하나 해석이 쉽지 않다.
④ 행동 관찰법은 질문지법과 같은 간접 조사보다 신뢰도를 높일 수 있으며 심화된 자료를 얻을 수 있다는 장점이 있다.

제4장 | 실전연습문제

* 기출유형 은 해당 문제가 실제 시험에 출제된 유형임을 나타냅니다.

01 다음 중 동기와 정서에 대한 설명으로 옳지 않은 것은?
① 동기는 행동의 방향을 결정하지만 정서는 행동을 활성화한다.
② 정서는 동기화된 행동을 수반하기도 한다.
③ 동기는 주로 내부 요인에 의해 유발된다.
④ 정서는 주로 외부 요인에 의해 유발된다.

기출유형
02 생물학적 관점의 정서에 대한 설명으로 적절하지 않은 것은?
① 기본 정서는 생물학과 진화의 산물이다.
② 기본 정서는 모든 유기체에게 보편적이다.
③ 무한한 수의 정서가 존재한다.
④ 소수의 기본 정서가 존재한다.

기출유형
03 정서와 대처 기능의 연결이 옳지 않은 것은?
① 공포 – 보호
② 흥미 – 탐색
③ 수치심 – 자기 보호
④ 자부심 – 사회적 위계 유지

04 정서의 구성 요소에 대한 설명으로 옳지 않은 것은?
① 파킨슨(Parkinson)은 정서의 구성 요소로 상황적 평가, 신체적 변화, 표현적 행동, 동기화된 행동을 제시하였다.
② 분노한 사람의 경우 얼굴이 붉어지는 표현적 행동을 한다.
③ 정서에는 긍정적 정서들과 부정적인 정서들이 있다.
④ 정서에 따른 행동 양식을 볼 때 정서는 동기적 상태로 간주될 수 있다.

기출유형
05 정서적 정보를 처리하는 곳으로 공포, 분노 및 불안 같은 자기 보존에 관여하는 정서 조절을 하는 뇌 영역은?
① 시상 하부   ② 편도체
③ 망상체   ④ 해마

기출유형
06 자율신경계에 대한 설명으로 옳지 않은 것은?
① 자율신경은 대뇌의 영향과는 무관한 신경계이다.
② 기분이 몹시 상했을 때, 소화가 잘 안 되는 것은 자율신경의 영향이다.
③ 분노, 공포, 슬픔 등의 정서에서 심장 박동 수가 의미 있게 증가한다.
④ 동물의 의사와 관계없이 자율적으로 내장의 작용을 조절한다.

07 교감신경계와 부교감신경계에 대한 설명으로 옳은 것은?

① 교감신경의 기능은 에너지를 보존하는 것이다.
② 교감신경에 의해 조절되는 행동은 싸움(fight), 도망(flight) 등이다.
③ 부교감신경은 공포, 분노와 같은 위급한 상황에 대비하고 반응하게 한다.
④ 부교감신경이 흥분하면 심장 박동 수가 증가하며 혈압이 상승한다.

08 도파민(dopamine)에 대한 설명으로 옳지 않은 것은?

① 뇌신경 세포의 흥분을 전달하는 역할을 한다.
② 특정 상황이나 사건에 대한 기대가 도파민 분비를 촉진한다.
③ 자연 보상은 인위적 보상보다 많은 양의 도파민을 분비시킨다.
④ 주어진 보상이 예상되지 않았을 때 더 많은 도파민이 분비된다.

09 세로토닌의 활성 저하와 관련이 적은 것은?

① 우울
② 불면
③ 폭식
④ 중독

10 정서의 진화를 설명하는 플루치크(Plutchik) 관점에 제시된 기본 정서에 해당하지 않는 것은?

① 우울(depression)
② 두려움(fear)
③ 놀람(surprise)
④ 분노(anger)

11 자신이 원하는 바를 쉽게 만족시키는 가장 보편적 방법은?

① 미소
② 웃음
③ 분노
④ 수용

12 이상 행동을 판별하는 기준에 대한 설명으로 옳지 않은 것은?

① 정상 분포의 평균으로부터 멀리 일탈된 특성
② 객관적인 불편감과 고통을 경험하는 경우
③ 문화적 규범을 위배하는 일탈된 행동
④ 사회적, 직업적 부적응을 유발하는 행동

13 일상 생활 속에서 겪게 되는 여러 가지 사건이나 활동에 대해서 지나치게 걱정함으로써 지속적인 불안과 긴장을 경험하는 장애는?

① 범불안 장애 ② 사회 불안 장애
③ 공황 장애 ④ 선택적 무언증

14 예상하지 못한 상황에서 갑작스럽게 밀려드는 극심한 공포를 반복적으로 경험하는 장애는?

① 특정 공포증 ② 사회 불안 장애
③ 공황 장애 ④ 광장 공포증

[기출유형]
15 우울 장애에 대한 설명으로 적절하지 <u>않은</u> 것은?

① 우울 장애는 매우 흔한 장애이다.
② 우울 장애에 걸리는 발병 연령이 점차적으로 낮아지고 있다.
③ 부정적인 생활 사건이 우울 장애를 촉발한다.
④ 우울증은 카테콜아민의 과다에 의한 것이라고 추정된다.

16 양극성 장애의 하위 유형에 해당하는 것을 모두 고르면?

> ㄱ. 제1형 양극성 장애
> ㄴ. 제2형 양극성 장애
> ㄷ. 순환 감정 장애
> ㄹ. 파괴적 기분 조절 곤란 장애

① ㄱ, ㄴ ② ㄱ, ㄴ, ㄷ
③ ㄱ, ㄴ, ㄹ ④ ㄱ, ㄴ, ㄷ, ㄹ

17 다음과 관련된 장애는?

> • 신체 변형 장애 • 저장 장애
> • 모발 뽑기 장애 • 피부 벗기기 장애

① 우울 장애 ② 불안 장애
③ 강박 장애 ④ 양극성 장애

[기출유형]
18 정서 표현에 대한 설명으로 옳지 <u>않은</u> 것은?

① 정서의 보편성 가설은 정서 표현은 모든 사람에게 같은 의미를 가지고 있다는 것이다.
② 진화적 관점에서는 인간의 정서 표현 방식이 비인간적인 영장류 조상으로부터 진화했다고 본다.
③ 표현 규칙은 주어진 문화에서 정서의 표현이나 조절에 사용되는 관습과 사회적 규범이다.
④ 문화가 달라도 규칙과 기대는 차이가 없다.

19 다음의 설명을 근거로 활용하는 정서 측정 방법은?

> • 신경 세포의 활동은 전기적인 활동을 동반하는 것으로 알려져 있다.
> • 뇌가 담당하고 있는 기능도 개개의 신경 세포의 전기적 활동이 기본이 된다.
> • 뇌에서 발생되는 전기활동을 모니터하면 뇌의 기능을 알 수 있는 단서가 된다.

① EEG ② fMRI
③ MRI ④ PET

20 정서를 측정하는 방법에 대한 설명으로 옳지 <u>않은</u> 것은?

① 자기 보고법은 자료수집과 해석이 용이하다.
② 자기 보고법은 개인차가 있기 때문에 객관성이 부족하다.
③ fMRI는 뇌의 활성화가 어떤 의미를 갖는지는 해석하기가 어렵다.
④ 행동 관찰법은 자기 보고법에 비해 심화된 자료를 얻을 수 있다.

제4장 | 실전연습문제 정답·해설

01	02	03	04	05
①	③	④	②	②
06	07	08	09	10
①	②	③	④	①
11	12	13	14	15
③	②	①	③	④
16	17	18	19	20
②	③	④	①	①

목적 추구의 방해	분노	장애물이나 제한을 극복하기
존재하는 위협이나 위험	공포	보호, 회피
상한 물건	혐오	밀어냄
새로움, 욕구 관여	흥미	탐색, 정보 흡수
성취	자부심	기술 습득, 지속함
다른 사람을 열등하다고 판단	경멸	사회적 위계를 유지함
열등감을 느낌	수치심	자기 보호, 자기 회복
부적절한 행동	죄책감	행동 반성 및 수정

01 ①

정서와 동기는 행동을 활성화하거나 그 행동의 방향을 결정한다. 동기가 주로 내부 요인에 의해 유발되는 반면, 정서는 주로 외부 요인에 의해 유발된다. 동기가 특정 욕구에 의해 유발되는 반면, 정서는 광범위한 종류의 자극에 의해 유발된다.

02 ③

인지적 관점에서 무한한 수의 정서가 존재한다고 본다.

참고 **인지적 관점**
- 기본 정서의 중요성을 인정한다.
- 흥미로운 정서 경험들은 경험에 의해 **후천적**으로 발생한다.
- 무한한 수의 정서가 존재한다.
- 정서는 주어진 의미 구조에 대한 반응으로 발생한다.

03 ④

자부심은 기술 습득, 경멸은 사회적 위계를 유지하는 목적이 있다.

참고 **정서와 대체기능**

근본적인 삶의 과제	정서	대처 기능(정서의 목적)
목표를 향한 전진, 성취	기쁨	진정, 놀이
이별 또는 실패	슬픔	이별이나 실패를 뒤집기

04 ②

분노한 사람의 경우에 얼굴이 붉어지고, 심장 박동과 같은 신체적 변화를 경험하고, 이를 악물고, 오만상을 찌푸리는 등의 표현적 행동을 한다.

참고 **분노한 사람의 경우**
- **상황적 평가**: 분노한 사람은 모욕의 견지에서 상황을 평가한다.
- **신체적 변화**: 얼굴이 붉어지고, 심장박동과 같은 신체적 증상을 경험하게 된다.
- **표현적 행동**: 이를 악물고, 오만상을 찌푸리는 등의 얼굴 표현을 보인다.
- **동기화된 행동**: 문자 또는 은유적인 방식으로 모욕을 준 사람에 대해 공격하고 싶은 충동을 가지게 된다.

05 ②

편도체는 주로 정서적으로 중요한 사건, 특히 위협을 감지하고 반응하는 중요한 기능을 한다.

오답분석
① **시상 하부**: 동기에 관여하는 기능과 관련된 부위이다. 주로 기, 갈, 성과 관련된 욕구를 관장한다.
③ **망상체**: 뇌의 동기적, 정서적 관여를 시작하는 과정과 각성에 중요한 역할을 한다.
④ **해마**: 기억과 관련 있다.

06 ①

자율신경계의 최고 중추는 간뇌 밑에 있다. 이것은 대뇌의 영향을 거의 받지 않으므로 동물 자신의 의사와는 관계없이 자율적으로 내장의 작용을 조절한다.

> 참고 **자율신경**
> 일반적으로 자율신경은 대뇌의 지배를 거의 받지 않고 생명 유지에 필요한 조절을 자율적으로 수행하지만, 이 자율신경은 간뇌를 통하여 대뇌와 연결되어 있기 때문에 때때로 대뇌의 영향을 받기도 한다. 심하게 놀랐을 때 얼굴이 파래지고 심장의 고동이 빨라지며, 또 기분이 몹시 상했을 때 소화가 잘 안 되는 것 등은 대뇌가 자율신경에 영향을 주어 나타나는 증상이다.

07 ②

교감신경에 의해 조절되는 행동의 양식에는 싸움(fight), 도망(flight), 공포(fright), 성행위(sex) 등이 있다.

> 오답분석
> ① 부교감신경의 기능은 에너지를 보존하는 것이다.
> ③ 교감신경은 신체가 갑작스럽고 심한 운동이나 공포, 분노와 같은 위급한 상황에 대비하고 반응하게 한다.
> ④ 교감신경이 흥분하면 근육의 세동맥은 확장되고 심장 박동 수가 증가하며 피부와 소화관의 세동맥은 수축하여 혈압이 상승한다.

08 ③

인위적 보상인 약물을 사용하면 자연 보상보다 2~10배 많은 양의 도파민이 분비되고, 효과도 훨씬 오래 지속된다.

09 ④

세로토닌 활성 저하는 우울, 불안, 불면, 폭식 등의 장애를 유발한다. 중독은 도파민과 관련이 있다.

10 ①

플루치크(Plutchik)는 동물과 인간이 여러 가지의 적응적 행동의 동기를 형성시키는 데 도움이 되는 8가지 기본 정서를 제시하였다.

> 참고 **플루치크가 제시한 8가지 기본 정서**
> 두려움(fear), 놀람(surprise), 슬픔(sadness), 혐오(disgust), 분노(anger), 예기(anticipation), 기쁨(joy), 수용(acceptance)

11 ③

분노는 자신이 원하는 바를 쉽게 만족시키는 가장 보편적 방법이다. 출생 초기에 배고픔, 고통 등의 불쾌한 경험에 대하여 울음으로 표현하며 이후에 욕구의 좌절(뺏기거나 제지 받을 때)로 인한 분노가 발생한다.

12 ②

개인이 주관적으로 현저한 불편감과 고통을 경험하는 경우에 이상으로 간주한다.

13 ①

범불안 장애에 대한 설명이다.

> 참고 **불안 장애 하위 유형(DSM-5)**
> DSM-5에서는 불안 장애를 크게 범불안 장애, 특정 공포증, 광장 공포증, 사회 불안 장애, 공황 장애, 분리 불안 장애, 선택적 무언증 등 7가지의 하위 유형으로 구분한다.

14 ③

공황 장애(panic disorder)는 갑자기 엄습하는 강렬한 불안, 즉 공황 발작을 반복적으로 경험하는 장애를 말한다. 공황 발작(panic attack)이란 예상하지 못한 상황에서 갑작스럽게 밀려드는 극심한 공포, 곧 죽지 않을까 하는 강렬한 불안이다.

15 ④

대부분의 항우울제는 카테콜아민의 수준을 증가시키고 우울증은 카테콜아민의 결핍에 의한 것이라고 추정되고 있다.

16 ②

파괴적 기분 조절 곤란 장애는 우울 장애이다. DSM-5에서는 조증 상태와 우울증 상태를 반복적으로 나타내는 다양한 경우를 양극성 및 관련 장애라는 장애 범주로 독립시켰으며 그 하위 유형으로 제1형 양극성 장애, 제2형 양극성 장애, 순환 감정 장애로 구분한다.

17 ③

강박 장애의 유형들이다.

> [참고] **강박 장애 증상**
> - 강박 장애는 원하지 않는 생각과 행동을 반복하게 되는 심리 장애로 주된 증상은 강박 사고와 강박 행동이 나타나는 것이다.
> - 강박 사고(obsessions)는 반복적으로 의식에 침투하는 고통스러운 생각, 충동 또는 심상을 말한다.
> - 강박 행동(compulsions)은 강박 사고로 인한 불안을 감소시키기 위해서 반복적으로 나타내는 행동을 말한다.
> - DSM-5의 강박 및 관련 장애에는 강박 장애를 비롯하여 신체 변형 장애, 저장 장애, 모발 뽑기 장애, 피부 벗기기 장애가 포함되어 있다.

18 ④

문화마다 규칙과 기대에서 어느 정도 차이가 난다.

19 ①

EEG(뇌파 검사)는 두피에 전극을 부착하고 뇌의 미세한 전기 활동을 증폭하여 기록하는 검사로 시간이나 상황마다 변하는 뇌 기능의 변화를 볼 수 있는 검사이다.

> [오답분석]
> ② fMRI(기능적 자기 공명 영상)는 혈류와 관련된 변화를 감지하여 뇌 활동을 측정하는 방법이다.
> ③ MRI(자기 공명 영상)는 자력에 의하여 발생하는 자기장을 이용하여 생체의 임의의 단층상을 얻을 수 있는 첨단 의학 기계, 또는 그 기계로 만든 영상법이다.
> ④ PET(양전자 단층 촬영법)는 우리 몸에서 일어나는 생화학적 또는 대사적 변화를 영상으로 보여 주는 검사이다.

20 ①

자기 보고법은 자료 수집은 용이하나 해석이 쉽지 않다.

> [오답분석]
> ③ fMRI를 통해서 뇌의 어떤 영역에서 어떠한 행동을 할 때 활성화가 되는지까지는 유추해볼 수 있지만, 그 활성화가 어떤 의미를 갖는지는 해석하기가 어렵다.
> ④ 행동 관찰법은 질문지법과 같은 간접 조사보다 신뢰도를 높일 수 있으며 심화된 자료를 얻을 수 있다는 장점이 있다.

무료 학습자료 제공 · 독학사 단기합격 **해커스독학사**
www.haksa2080.com

전문가가 분석한 출제경향 및 학습전략

제5장 정서 이론은 정서와 관련된 대표적인 이론들로 구성되어 있다. 학습할 분량은 많지 않은 편이나, 그에 비해 출제 빈도는 상당히 높은 장이다. 각 절별로 정리된 각 이론의 특징을 이해하는 것은 물론이고, 각 이론의 공통점이나 차이점 역시 확인하면서 학습하는 것이 중요하다.

제5장 | 핵심 키워드 Top 10
핵심 키워드 Top 10은 본문에도 동일하게 ★로 표시하였습니다.

01	제임스 – 랑게(James – Lange) 이론: 특징 ★★★	p.162
02	제임스 – 랑게(James – Lange) 이론: 정서 반응의 3단계 ★★★	p.162
03	캐논 – 바드(Cannon – Bard) 이론: 특징 ★★★	p.165
04	샥터 – 싱어(Schachter – Singer) 이론: 특징 ★★★	p.168
05	안면 피드백(facial feedback) 가설 이론: 개요 ★★★	p.171
06	제임스 – 랑게 이론의 예시 ★★	p.162
07	캐논 – 바드 이론의 예시 ★★	p.165
08	샥터 – 싱어(Schachter – Singer)의 파급 효과 실험(1962) ★★	p.169
09	안면 피드백 가설의 예시 ★★	p.172
10	샥터 – 싱어 이론의 예시 ★	p.168

제5장

정서 이론

제1절 제임스 – 랑게(James – Lange) 이론
제2절 캐논 – 바드(Cannon – Bard) 이론
제3절 샥터 – 싱어(Schachter – Singer) 2요인 이론
제4절 안면 피드백(facial feedback) 가설

제1절 제임스 - 랑게(James - Lange) 이론

01 이론의 의미와 특징

1. 이론의 개요 `기출개념`

① 제임스 랑게(James - Lange) 이론은 1800년대 후반 자율신경계와 정서의 관련성을 연구한 미국의 심리학자인 윌리엄 제임스(William James)와 덴마크의 심리학자인 칼 랑게(Carl Lange)에 의해 제안된 이론이다.
② 제임스(James)와 랑게(Lange)는 각각 감정의 본질에 대해 유사한 저작을 발표하였다.
  ⊙ 제임스(James)는 외부의 자극으로 인해 신체적 변화나 흥분이 일어나고, 이런 변화에 대해 지각하고 느낄 때 감정이 일어난다고 보았다.
  ⊙ 랑게(Lange) 역시 제임스(James)와 같은 견해를 갖고, 신체와 정서 사이에 밀접한 관련이 있다고 하였다.
③ 이후 제임스(James)와 랑게(Lange)의 이론을 합쳐 '제임스 - 랑게 이론'이라 하였으며, 이 이론은 정서심리학의 생리 이론 중 영향력이 큰 이론으로 자리 매김하게 되었다.
④ 정서라는 심리 상태와 생리적 변화의 연관성을 강조하였다는 점에서 심리생리학적 이론이라 한다.
⑤ 제임스 - 랑게 이론의 예시 ★★
  ⊙ 행복해서 웃는 것이 아니라, 웃기 때문에 행복하다.
  ⊙ 슬퍼서 우는 것이 아니라 울기 때문에 슬프다.

2. 이론의 특징 ★★★ `기출개념`

① 생리적 변화로 감정을 경험한다.
② 정서 반응의 3단계 ★★★
  ⊙ 자극 → 정서 → 신체적 변화의 순서가 아니라 자극 → 신체 변화 → 정서의 순서이다.
  ⊙ 특정한 자극에 대한 지각을 기초로 신체 반응이 나타나고 이에 상응하는 정서를 경험하게 된다.
③ 신체적, 생리적인 변화는 자동적이고 반사적으로 일어난다. 만약 이 변화를 느낄 수 없다면 정서는 유발되지 않는다.

핵심 Check

정서 반응의 3단계

- 1단계: 정서 자극을 지각한다. → 곰을 발견한다.
- 2단계: 지각은 신체적인 변화를 일으킨다. → 심장 박동 수가 증가한다.
- 3단계: 신체적 변화가 뇌로 전달되어 정서를 경험한다. → 공포를 느낀다.
- 정서 반응 단계를 보면 공포를 느끼고 심장 박동 수가 증가하는 것이 아니고 심장 박동 수가 증가한 후에 공포라는 감정을 느낀다.

④ 제임스(James)는 분노라는 감정을 느꼈을 때 시간을 가지고 열을 세면서 신체적 변화가 일어나지 않도록 한다면 분노의 감정을 느끼거나 유지하기가 어려움을 설명하면서 생리적 반응과 정서의 연관성을 주장하였다.
⑤ 정서의 생리적 결정인을 강조한다.
  ㉠ 정서를 느끼기 전에 자율신경계의 흥분과 골격의 반응이 먼저 일어난다.
  ㉡ 정서는 연관된 신체적 반응에 대한 지각에 불과하다.
  ㉢ 신체가 반응하지 않거나 뇌가 그 반응을 지각하지 못하는 경우에는 정서가 유발되지 않는다.
  ㉣ 신체적 반응을 지각함으로써 비로소 자기 자신이 분노하는 것인지, 두려워하는 것인지, 싫증난 것인지, 행복한 것인지 등의 정서를 느끼게 된다.
  예 도망가기 때문에 두려운 것이고, 공격하기 때문에 화가 나는 것이다.
⑥ 자율신경계와 중추신경계
  ㉠ 내적인 생리 효과는 자율신경계의 지배를 받고, 외적인 행동은 중추신경계의 지각을 받는다.
  ㉡ 중추신경계의 반응 속도는 자율신경계의 반응 속도보다 빠르다.
  ㉢ 외적 행동이 먼저 일어나고 그 이후에 정서를 경험한다.
  ㉣ 각각의 신체 반응에 따라서 각각의 정서가 유발된다.

3. 이론의 문제점[캐논 – 바드(Cannon – Bard)의 문제 제기]
① 자율신경계는 정서 경험의 신속한 발현을 설명하기에는 너무 천천히 반응한다.
  ㉠ 사람들이 당황할 때 15~30초 뒤에 얼굴이 붉어지고 얼굴이 붉어지기 전에 이미 사람들은 당황하고 있는 경우가 많다(얼굴 붉힘이 어떻게 그 감정의 원인이 될 수 있는지에 대한 문제 제기).
② 자율신경계의 변화를 탐지할 수 없을 때도 정서 경험은 일어날 수 있다.
  ㉠ 온도와 같은 비정서적인 자극에 의해서 자율신경계의 변화가 일어나지만 정서를 경험하지는 않는다(사람은 열이 날 때 왜 두려움을 느끼지 않는지에 대한 문제 제기).
③ 사람들이 갖는 모든 독특한 정서 경험들을 설명할 수 있을 만큼 충분히 독특한 패턴의 자율신경의 활동들이 없다.

📘 개념 Plus

중추신경계
인체의 감각 기능, 운동 및 생체 기능을 조절하는 기능을 수행하는 신경계로, 뇌와 척수로 구성된다.

기출개념확인

01 제임스 – 랑게 이론에서 정서의 단계를 옳게 나열한 것은?

① 정서 자극 지각 → 정서 경험 → 신체 변화
② 정서 자극 지각 → 신체 변화 → 정서 경험
③ 정서 경험 → 신체 변화 → 정서 자극 지각
④ 정서 경험 → 정서 자극 지각 → 신체 변화

02 다음의 내용을 가장 잘 설명하는 정서 이론은?

> 영화를 보고 슬프기 때문에 눈물을 흘리는 것이 아니라 눈물을 흘리니까 슬퍼지는 것이다.

① 제임스 – 랑게(James – Lange) 이론
② 캐논 – 바드(Cannon – Bard) 이론
③ 샥터 – 싱어(Schachter – Singer) 이론
④ 다윈(Darwin) 이론

정답·해설

01 ② 제임스 – 랑게 이론의 정서의 단계는 아래와 같다.
- 1단계: 정서 자극을 지각한다.
- 2단계: 지각은 신체적인 변화를 일으킨다.
- 3단계: 신체적 변화가 뇌로 전달되어 정서를 경험한다.

02 ① 제임스 – 랑게(James – Lange) 이론은 특정한 자극에 대한 지각을 기초로 이에 상응하는 정서를 경험하게 되며 이에 따라 신체 반응이 나타난다고 본다.

제2절 캐논-바드(Cannon-Bard) 이론

01 이론의 의미와 특징

1. 이론의 개요 〔기출개념〕

① 캐논-바드(Cannon-Bard, 1927) 이론은 미국의 생리학자인 월터 캐논(Walter Cannon)과 그의 제자인 필립 바드(Philip Bard)가 제임스-랑게(James-Lange) 이론을 반박하기 위해 제안한 이론이다.
② 생리적 변화와 감정 경험은 동시에 일어난다.
③ 감정이 뇌의 어디에서 일어나는지를 설명한다.
④ 정서가 일어나는 생리적 과정을 설명하는 유력한 이론이다.
⑤ 생리적 반응과 감정을 생성하는 시상의 역할을 강조하여 감정의 시상 이론이라고도 한다.
⑥ 정서를 뇌의 특정 영역에서의 활동의 결과로 보는 관점으로 신경생리학적 이론이라 한다.
⑦ 캐논-바드 이론의 예시 ★★: 이유 없이 눈물이 나고 슬프다.

2. 이론의 특징 ★★★ 〔기출개념〕

① 정서 유발 자극에 대한 생리적 반응과 그에 따른 정서 경험은 동시에 일어난다.
② 정서 유발 자극은 대뇌 피질에 입력되는 것과 동시에 교감신경계를 자극하며, 대뇌 피질에서 정서 경험을 일으키는 것과 교감신경계에 의한 생리적 반응은 동시에 일어난다.
③ 시상 하부에서 대뇌 피질과 자율신경계에 동시에 신호를 보낼 때 대뇌에서는 정서를 경험하고, 자율신경계에서는 내장 반응 및 골격근 반응을 일으킨다.
④ 시상은 감정의 경험을 제어하고, 시상하부는 감정의 표현을 제어한다.
　㉠ 정서는 뇌의 중심부에 위치하는 간뇌, 특히 그 일부인 시상에 의한 것이라고 추정한다.
　㉡ 감정의 상태는 말초적 내부 조직과 자발적 근육 조직으로부터 지각된 정보의 피드백으로부터가 아닌, 피질에 영향을 미치는 시상·시상 하부로부터 기인한다.
⑤ 정서 유발 자극은 정서의 생리적 반응과 인지적 반응을 동시에 유발한다.
⑥ 정서의 생리적 변화를 감지하지 못할 경우에도 인지적 측면을 경험할 수 있다.
　㉠ 동물의 척수를 절단한 후 동물을 정서를 야기하는 상황에 놓았을 때, 동물은 말초신경계의 생리적 변화를 경험하지 못하였음에도 불구하고 얼굴과 목소리를 통하여 정서 표현을 한다(Kandel et al., 2000).

> **핵심 Check**
> **시상 하부의 신호가 미치는 영향**
> • 피질: 정서 경험을 유발한다.
> • 자율신경계: 신체적 반응을 유발한다.

ⓒ 척수가 절단된 환자들이 마비가 되었음에도 불구하고 감정을 느끼는 능력에는 변화가 없다(Finger, 1994).
　⑦ 정서에는 각기 상이한 특정한 뇌 신경 회로가 관여한다.
　⑧ 제임스 – 랑게(James – Lange) 이론에 대한 반박
　　　㉠ 제임스 – 랑게(James – Lange) 이론은 신체적 반응 후에 정서 경험이 일어나는 것이라고 주장하지만 신체적 반응과 정서적인 느낌은 동시에 온다.
　　　ⓒ 제임스 – 랑게(James – Lange) 이론은 다른 생리적 단서들이 서로 다른 정서를 유발한다고 주장하지만 같은 생리적 단서가 다른 정서를 유발할 수 있다.
　⑨ 정서의 종류가 광범위함에도 불구하고 자율신경계의 반응은 거의 동일하다.
　　　㉠ 서로 다른 감정(예 두려움과 분노)이 매우 유사한 생리적 상태를 생성할 수 있지만 이러한 감정의 차이를 구별하는 것은 어렵지 않다.
　⑩ 많은 요인이 생리적 상태에 영향을 주지만 정서적 반응을 일으키지는 않는다.
　　　㉠ 예를 들어, 발열, 저혈당 또는 추운 날씨 등은 감정과 동일한 신체 변화(예 더 빠른 심박수)를 발생하게 할 수 있다.
　　　ⓒ 생리 시스템이 감정을 느끼지 않고 활성화될 수 있다면, 우리가 감정을 느낄 때 생리적 활성화 외에 다른 일이 일어나야 한다는 것이다.
　　　ⓒ 캐논(Cannon)은 신체적 변화가 우리의 감정보다 느리게 발생하는 것처럼 보이기 때문에 신체적 변화가 우리의 감정적 경험의 원천이 될 수 없다고 하였다.

3. 캐논 – 바드 이론을 지지하는 연구 `기출개념`

(1) 케일러(Keillor)와 동료들 연구(Keillor et al., 2002)
　① 좌, 우측 안면 마비 환자(F.P)가 정서를 경험하는 능력을 가지고 있음을 관찰하였다.
　② 안면 마비 환자(F.P)가 더 이상 자신의 얼굴을 움직이거나 얼굴의 감각을 느끼지 못하였지만 다른 사람의 정서 상태를 인식할 수 있었으며, 자신의 정서 경험에 아무런 변화가 없다고 보고하였다.
　③ 실제로 얼굴 표정을 지을 수 없었음에도 불구하고 일상적인 정서 반응을 보였다.

기출개념확인

01 정서 이론 중 생리적 변화와 감정 경험은 동시에 일어난다고 주장하는 이론은?

① 제임스 – 랑게(James – Lange) 이론
② 캐논 – 바드(Cannon – Bard) 이론
③ 샥터 – 싱어(Schachter – Singer) 이론
④ 다윈(Darwin) 이론

02 캐논 – 바드(Cannon – Bard) 이론에 대한 설명으로 옳은 것은?

① 생리적 변화로 감정을 경험한다.
② 신체적, 생리적인 변화는 자동적이고 반사적으로 일어난다.
③ 자극 → 신체 변화 → 정서의 순서로 설명한다.
④ 정서 유발 자극은 정서의 생리적 반응과 인지적 반응을 동시에 유발한다.

정답 · 해설

01 ② 캐논 – 바드(Cannon – Bard) 이론은 생리적 변화와 감정 경험은 동시에 일어난다고 본다. 정서 유발 자극은 대뇌 피질에 입력되는 것과 동시에 교감신경계를 자극하며, 대뇌 피질에서 정서 경험을 일으키는 것과 교감신경계에 의한 생리적 반응은 동시에 일어난다.

02 ④ 캐논 – 바드(Cannon – Bard) 이론은 정서 유발 자극은 정서의 생리적 반응과 인지적 반응을 동시에 유발한다고 본다.

오답분석

①, ②, ③ 제임스 – 랑게(James – Lange) 이론에 대한 설명이다.

제3절 샥터 – 싱어(Schachter – Singer) 2요인 이론

01 이론의 의미와 특징

1. 이론의 개요 기출개념
① 스탠리 샥터(Stanley Schachter)와 제롬 싱어(Jerome E. Singer)는 인지의 중요성을 강조한 2요인 정서 이론(two factor theory of emotion, 1962)을 발표하였다.
② 샥터 – 싱어(Schachter – Singer)는 감정은 생리적 각성 및 인지 평가의 두 가지 요소에 기반한다고 제안하였다.
③ 샥터 – 싱어의 주장은 인간은 생리적인 반응이 일어났을 때 그 원인을 해석하면서 정서를 느낀다는 것이다.
  ㉠ 감정이 느껴지면 생리적 각성이 발생하고 사람은 즉각적인 환경을 사용하여 생리적 각성을 표시하는 정서적 단서를 찾는다.
  ㉡ 이것은 때때로 신체의 생리적 상태에 따라 감정을 잘못 해석할 수 있다는 것도 시사한다.
  ㉢ 뇌가 감정을 느끼는 이유를 모를 때, 감정을 표시하는 방법에 대한 단서를 얻기 위해 외부 자극에 의존한다는 것이다.
④ 샥터 – 싱어 이론의 예시 ★: 이곳만 오면 가슴이 두근거린다. → 그 이유를 생각해 보니 → 아직 그를 사랑하는 감정이 남아있어서 그렇구나.

2. 이론의 특징 ★★★ 기출개념
① 생리적 변화와 인지 평가를 종합하여 감정을 경험한다.
② 정서를 경험하기 위해서는 교감신경계의 각성과 아울러 이를 정서적인 것으로 명명하는 인지적 과정이 있어야만 한다.
③ 정서 경험은 신체 변화(행동)와 인지적 평가(판단)라는 두 요인 간의 상호 작용에 의해 결정된다.
  예 개가 달려오는 경우
   • 먼저 개가 달려오는 것을 보고 심장이 빨리 뛰고,
   • 그 다음에 심장이 빨리 뛰는 이유를 주어진 상황에서 분석한 후,
   • 마지막으로 개가 그 원인이라는 것을 알게 되면서 그 때 두려움의 정서가 형성된다.
④ 어떤 정서를 경험할 것인지는 생리적 각성 원인에 대한 추측에 의해 결정된다.
  ㉠ 정서적 자극을 지각하면 일반적인 신체적 각성 상태를 경험하게 된다.
  ㉡ 인간은 이 각성 상태가 일어난 원인을 환경 단서들을 통해 추론한다.

ⓒ 어떤 추론이 일어나는지에 따라 경험하는 정서의 종류가 달라진다.
　　ⓔ 이를테면 눈물을 흘리는 경우, 중요한 시험에 합격해서 기뻐서 우는지, 사랑하는 사람을 잃어서 슬퍼서 우는지 알 수가 없다.
　　ⓜ 샥터 – 싱어에 따르면, 인간은 생리적 반응을 일으키는 원인을 파악하기 위해 환경을 살펴보고, 상황에 따라 다른 감정이 발생할 수 있다.
⑤ 인지적 과정은 개인의 지식뿐만 아니라 사회적 상황의 영향을 받는다는 점에서 정서를 인지보다 사회인지의 영역으로 간주하였다.
⑥ 정서를 수반하는 생리적 각성은 정서적 느낌이 얼마나 강한지 결정하는 데 필수적인 요인이지만 그것이 어떤 정서인지 알게 하지는 못한다.
⑦ 샥터 – 싱어(Schachter – Singer) 이론은 제임스 – 랑게(James – Lange) 이론과 마찬가지로 신체 반응이 감정 경험의 필수적인 부분임을 시사한다.
⑧ 샥터 – 싱어(Schachter – Singer) 이론은 캐논 – 바드(Cannon – Bard) 이론과 마찬가지로 서로 다른 감정이 유사한 생리적 반응 패턴을 공유할 수 있다고 본다.

📖 개념 Plus
사회인지
타인이나 사회적 상황에 대한 정보를 인식하고 저장 및 적용하는 방법에 관한 심리학의 한 분야이다.

3. 샥터 – 싱어(Schachter – Singer)의 파급 효과 실험(1962) ★★

(1) 절차
① 참가자에게 생리적 각성제인 아드레날린을 주사하였다(교감신경 자극).
　ⓐ A, B 그룹에게 시력 테스트에 미치는 영향을 알아보기 위해 비타민 약물을 주사하겠다고 말하고는 아드레날린을 주입했다.
　ⓑ C 그룹에게는 아드레날린을 주입했다고 사실대로 말했다.
② 주사 후 가짜 참가자와 함께 대기하였다.
　ⓐ A 그룹에서 약속된 연기자는 화를 내는 상황을 연출하였다.
　ⓑ B 그룹에서 약속된 연기자는 기분 좋은 척하는 행동을 연출하였다.
③ 약물 효과 때문에 참가자들은 심장 박동 수가 증가하고, 붉어진 얼굴, 가쁜 호흡 등을 경험하였다.

(2) 결과

> 신체적 각성 + 인지적 평가(이름 붙이기) = 감정

① A 그룹의 참가자는 매우 화가 났다고 응답했다.
② B 그룹의 참가자는 기분이 좋다고 응답했다.
③ C 그룹의 참가자는 화를 내거나 기뻐하지 않았다.
④ A, B 두 그룹은 아드레날린 때문에 흥분했다. 하지만, 동일한 흥분 상태를 한쪽은 화로, 다른 한쪽은 즐거움으로 해석했다.
⑤ C 그룹은 흥분 상태의 원인을 정확히 알고 있었기 때문에 감정의 원인을 따로 찾을 필요가 없었던 것이다.

✓ 핵심 Check
샥터 – 싱어 이론
외부 자극에 의한 신체 변화 + 인지 평가 = 정서

약물 효과를 알고 있던 참여자	약물 효과를 모르고 있던 참여자
감정 변화를 느끼지 못함	가짜 참가자의 반응에 따라 감정 변화를 보고함 (신체 감각을 감정으로 해석하여 이름을 붙임)

기출개념확인

01 인간은 생리적인 반응이 일어났을 때 그 원인을 해석하면서 정서를 느낀다고 주장한 정서 이론은?

① 제임스 – 랑게(James – Lange) 이론
② 캐논 – 바드(Cannon – Bard) 이론
③ 샤터 – 싱어(Schachter – Singer) 이론
④ 다윈(Darwin) 이론

02 샤터 – 싱어(Schachter – Singer) 정서 이론에 대한 설명으로 옳지 <u>않은</u> 것은?

① 생리적 각성에 대하여 어떤 추론이 일어나는지에 따라 경험하는 정서의 종류가 달라진다.
② 신체 반응이 감정 경험의 필수적인 부분이다.
③ 서로 다른 감정이 유사한 생리적 반응 패턴을 공유할 수 있다.
④ 정서를 추론하는 인지적 과정은 사회적 상황의 영향을 받지 않는다.

정답 · 해설

01 ③ 1962년 스탠리 샤터(Stanley Schachter)와 제롬 E. 싱어(Jerome E. Singer)는 인지의 중요성을 강조한 2요인 정서 이론(two factor theory of emotion)을 발표하였다. 샤터 – 싱어(Schachter – Singer)는 감정이 생리적 각성 및 인지 평가의 두 가지 요소에 기반한다고 제안하였다.

02 ④ 샤터 – 싱어(Schachter – Singer) 정서 이론에서 인지적 과정은 개인의 지식뿐만 아니라 사회적 상황의 영향을 받는다는 점에서 정서를 인지보다 사회인지의 영역으로 간주하였다.

제4절 안면 피드백(facial feedback) 가설

01 이론의 의미와 특징

1. 이론의 개요 ★★★ 기출개념

① 안면 피드백 효과(facial-feedback effect): 특정한 표정이 그 표정과 관련된 정서를 유발시킨다는 것이다.
② 과학적인 측면에서 처음으로 안면 피드백에 대한 아이디어를 언급한 사람은 찰스 다윈(Charles Darwin)이다.
  ㉠ 감정을 외부로 표출하는 자연스러운 표정은 그 감정을 더 강화시킨다. 반대로 감정을 표현하지 않으면 그 감정은 무뎌진다.
  ㉡ 심지어 표정을 떠올리는 것만으로도 우리 마음속에는 그 감정이 생겨난다.
③ 윌리엄 제임스(William James)는 표정과 행동이 인간의 감정을 좌우할 수 있다고 주장하였다.
  ㉠ 열정을 표현하길 거부하면 그 열정은 죽게 된다(William James).
④ 정서의 주관적인 측면은 안면 근육의 움직임, 얼굴 온도의 변화, 안면 피부의 분비선 활동 변화 등에 의해 야기되는 감정을 통해 일어난다.
⑤ 사람의 얼굴에는 80개의 안면 근육들이 있는데 이들 중에서 36개의 안면 근육이 얼굴 표정에 관여한다.
  ㉠ 사람의 안면 표정을 변화시키면 거기에 해당하는 정서가 표출된다.
  ㉡ 정서는 얼굴에 있는 근육과 분비선의 반응에 해당한다.
  ㉢ 공포를 느끼는 안면 표정이 표출된 후, 뇌에서는 100만분의 1초 이내에 입술 양쪽 끝 부분이 일그러져 있고 안면 온도가 하강해 있고 땀이 분비된 현상들을 근거로 안면 피드백을 해석하게 된다.
  ㉣ 결국 안면 피드백의 이러한 특정 패턴으로 인해 공포 감정이 일어나게 된다.
⑥ 대뇌의 감정 중추는 표정을 담당하는 운동 중추와 인접해 있으면서 서로 영향을 주고받기 때문에, 표정의 정보가 뇌에 전달되어 정서 반응을 이끌어낸다.
⑦ 내적 혹은 외적 사건이 발생하면 신피질의 신경점화율이 갑작스럽게 증가하여 생득적으로 이미 연결되어 있는 정서-특성 프로그램, 즉 변연계의 동작에 의해 독특한 안면 표정이 나타나게 되고 말초신경계와 내분비계에 변화가 일어나게 된다.
⑧ 안면 피드백은 피질의 정서 프로그램을 활성화시키고 정서 프로그램은 정서 경험이 지속될 수 있도록 인지적, 신체적 참여를 활성화시킨다.

> **핵심 Check**
>
> **안면 피드백 가설**
> (facial feedback hypothesis)
> 정서적 얼굴 표출이 그것이 나타내는 정서 경험을 유발할 수 있다.

⑨ 안면 피드백에 의해 정서가 활성화되면 심장 박동, 호흡, 근육 긴장도 및 땀의 분비량 변화를 탐지하게 되고, 자신의 자세와 몸동작을 탐지하게 된다. 이러한 신체적 변화들이 정서 경험을 장기간 유지시킨다.
⑩ 안면 피드백 가설의 예시 ★★: 감정이 먼저 있고 얼굴 표정을 짓게 되는 것이 아니라, → 자극에 의해 표정이 반사적으로 나타나고, → 그 표정이 개개인이 느끼는 감정을 좌우하게 된다(William James).

2. 슈트라크와 동료들(Fritz Strack et al.) 실험 〔기출개념〕

(1) 절차
① 피험자들을 두 그룹으로 나누어 한 그룹은 볼펜을 코와 윗입술 사이에 물게 하고, 다른 그룹은 볼펜을 위아래 어금니 사이에 물게 했다.
② 이 상태에서 두 그룹에게 똑같은 만화를 보여준 후 나중에 얼마나 재밌게 봤는지 평가하도록 하였다.

(2) 결과
볼펜을 치아로 물게 한 피험자들이 훨씬 더 재밌게 보았다고 평가했다.

3. 하바스(David Havas) 실험

(1) 절차
① 피험자들의 이마 근육에 보톡스를 주사하고, 화가 치밀거나 슬퍼지는 내용의 짧은 이야기를 읽도록 하였다.
② 보톡스 주사를 맞기 전에 비해 똑같은 이야기임에도 불구하고 읽는 데 훨씬 시간이 많이 걸린다는 사실을 발견하였다.

(2) 결과
보톡스 주사를 맞은 피험자들은 안면을 찡그릴 수가 없었기 때문에 그만큼 이야기 속의 주인공의 심리를 따라가는 데 어려움이 있었다.

개념 Plus

보톡스(botox)
보툴리눔 톡신(botulinum toxin)은 생물학적 독성 단백질로 보툴리눔 독소가 주성분인 주사약의 상품명이다. 이 독소를 이용하여 신경 전달을 차단하여 근육의 과도한 수축을 완화한다.

기출개념확인

01 정서는 얼굴에 있는 근육과 분비선의 반응으로 보는 이론은?

① 제임스 – 랑게(James – Lange) 이론
② 캐논 – 바드(Cannon – Bard) 이론
③ 샥터 – 싱어(Schachter – Singer) 이론
④ 안면 피드백 효과(facial – feedback effect)

02 안면 피드백 가설에 대한 설명으로 옳지 않은 것은?

① 안면 근육의 움직임, 얼굴 온도의 변화, 안면 피부의 분비선 활동 변화 등에 의해 감정이 발생한다.
② 표정의 정보가 뇌에 전달되어 정서 반응이 나타난다.
③ 대뇌의 감정 중추와 표정을 담당하는 운동 중추는 서로 독립적이다.
④ 신체적 변화들이 정서 경험을 장기간 유지시킨다.

정답·해설

01 ④ 안면 피드백(facial feedback) 가설은 특정한 표정이 그 표정과 관련된 정서를 유발시킨다는 것으로 안면 피드백 효과(facial – feedback effect)라고 한다.

02 ③ 대뇌의 감정 중추는 표정을 담당하는 운동 중추와 인접해 있으면서 서로 영향을 주고받기 때문에, 표정의 정보가 뇌에 전달되어 정서 반응을 이끌어낸다.

제5장 | 실전연습문제

01 다음 중 제임스 – 랑게(James – Lange) 이론에 대한 설명으로 옳은 것은?

① 두려움 때문에 도망가는 것이다.
② 정서의 심리적 결정인을 강조한다.
③ 외적 행동이 먼저 일어나고 그 이후에 정서를 경험한다.
④ 신체적, 생리적 변화는 수의적 반응으로 일어난다.

02 다음 중 제임스 – 랑게(James – Lange) 이론에 대한 설명으로 옳지 않은 것은?

① 생리적 변화로 감정을 경험한다.
② 신체 변화와 정서 사이에는 밀접한 관련이 있다.
③ 슬퍼서 우는 것이 아니라, 울기 때문에 슬픔을 느끼는 것이다.
④ 정서의 생리적 변화를 감지하지 못할 경우에도 인지적 측면을 경험할 수 있다.

03 정서라는 심리 상태와 생리적 변화의 연관성을 강조하여 심리생리학적 이론이라 불리는 정서 이론은?

① 제임스 – 랑게(James – Lange) 이론
② 캐논 – 바드(Cannon – Bard) 이론
③ 샤터 – 싱어(Schachter – Singer) 이론
④ 안면 피드백(facial feedback) 가설

04 제임스 – 랑게(James – Lange) 이론에 근거하여 곰을 만났을 때 공포감을 느끼게 되는 과정을 올바르게 나열한 것은?

① 곰을 만나면 심장 박동 수가 증가하고 공포를 느낀다.
② 곰을 만나면 공포감을 느끼고 심장 박동 수가 증가한다.
③ 곰을 만나면 심장 박동 수의 증가와 공포감이 동시에 일어난다.
④ 곰을 만나면 심장 박동 수가 증가하고 그 원인을 분석하여 공포감이 형성된다.

05 다음 중 정서 이론과 그 특징을 바르게 연결한 것을 모두 고른 것은?

> ㄱ. 제임스 – 랑게(James – Lange) 이론: 신체 변화 후 정서 경험
> ㄴ. 캐논 – 바드(Cannon – Bard) 이론: 신체 변화와 정서 경험을 동시 경험
> ㄷ. 샤터 – 싱어(Schachter – Singer) 이론: 생리적인 각성의 원인을 추측 후 정서 경험

① ㄱ, ㄴ
② ㄱ, ㄷ
③ ㄴ, ㄷ
④ ㄱ, ㄴ, ㄷ

06 정서를 뇌의 특정 영역에서의 활동의 결과로 보는 관점으로 신경생리학적 이론은?

① 제임스 – 랑게(James – Lange) 이론
② 캐논 – 바드(Cannon – Bard) 이론
③ 샤터 – 싱어(Schachter – Singer) 이론
④ 안면 피드백(facial feedback) 가설

07 제임스 랑게(James – Lange) 이론에 대한 캐논 – 바드(Cannon – Bard)의 반론으로 옳지 <u>않은</u> 것은?

① 자율신경계는 정서 경험의 신속한 발현을 설명하기에 적절하게 반응한다.
② 자율신경계의 변화를 탐지할 수 없을 때도 정서 경험은 일어날 수 있다.
③ 독특한 정서 경험들을 설명할 수 있을 만큼 충분히 독특한 패턴의 자율신경의 활동들이 없다.
④ 정서의 종류가 광범위함에도 불구하고 자율신경계의 반응은 거의 동일하다.

[기출유형]
08 다음 중 캐논 – 바드(Cannon – Bard) 이론에 대한 설명으로 옳지 <u>않은</u> 것은?

① 정서 유발 자극에 대한 생리적 반응과 그에 따른 정서 경험은 동시에 일어난다.
② 정서에는 각기 상이한 특정한 뇌 신경 회로가 관여한다.
③ 생리적 상태에 영향을 주는 요인은 정서적 반응을 일으킨다.
④ 정서의 종류가 달라도 자율신경계의 반응은 거의 동일하다.

[기출유형]
09 다음의 실험을 지지하는 정서 이론은?

- 동물의 대뇌 피질을 제거했을 때, 평상시와 같은 감정 반응을 보였다.
- 동물의 시상을 제거했을 때, 감정 반응에 변화가 없었다.

① 제임스 – 랑게(James – Lange) 이론
② 캐논 – 바드(Cannon – Bard) 이론
③ 샥터 – 싱어(Schachter – Singer) 이론
④ 안면 피드백(facial feedback) 가설

[기출유형]
10 캐논 – 바드(Cannon – Bard)의 견해에 따른 설명으로 적절한 것은?

① 시상은 감정의 표현을 제어하고, 시상 하부는 감정의 경험을 제어한다.
② 정서의 종류에 따라 자율신경계의 반응도 달라진다.
③ 감정의 상태는 말초적 내부 조직과 자발적 근육 조직으로부터 지각된 정보의 피드백에 기인한다.
④ 자율신경계의 변화를 탐지할 수 없을 때도 정서 경험은 일어날 수 있다.

[기출유형]
11 정서 경험은 신체 변화와 인지적 평가라는 두 요인 간의 상호 작용에 의해 결정되는 것이라 주장한 정서 이론은?

① 제임스 – 랑게(James – Lange) 이론
② 캐논 – 바드(Cannon – Bard) 이론
③ 샥터 – 싱어(Schachter – Singer) 이론
④ 안면 피드백(facial feedback) 가설

[기출유형]
12 샥터 – 싱어(Schachter – Singer) 이론에 대한 설명으로 옳지 <u>않은</u> 것은?

① 인간은 생리적인 반응이 일어났을 때 그 원인을 해석하면서 정서를 느낀다.
② 사람들은 이 각성 상태가 일어난 원인을 환경 단서들을 통해 추론한다.
③ 정서에 대한 인지적 과정은 사회적 상황의 영향을 받지 않는다.
④ 신체 반응이 감정 경험의 필수적인 부분이다.

13 다음의 예를 설명하기에 가장 적합한 정서 이론은?

> 산행 길에서 곰을 마주쳤다. 곰이 나에게 달려오는 것을 보고 심장이 빨리 뛰었다. 나는 심장이 빨리 뛰는 이유를 주어진 상황에서 분석해 보았다. 바로 곰이 그 원인이라는 것을 알게 되면서 그 때 두려움이 생겨났다.

① 제임스 – 랑게(James – Lange) 이론
② 캐논 – 바드(Cannon – Bard) 이론
③ 샥터 – 싱어(Schachter – Singer) 이론
④ 안면 피드백(facial feedback) 가설

14 샥터 – 싱어(Schachter – Singer) 이론에 대한 설명으로 옳은 것은?

① 제임스 – 랑게(James – Lange) 이론과 마찬가지로 서로 다른 감정이 유사한 생리적 반응 패턴을 공유할 수 있다고 본다.
② 캐논 – 바드(Cannon – Bard) 이론과 마찬가지로 신체 반응이 감정 경험의 필수적인 부분임을 시사한다.
③ 정서를 수반하는 생리적 각성은 정서적 느낌이 얼마나 강한지 결정하는 데 중요하지 않다.
④ 어떤 정서를 경험할 것인지는 생리적인 각성의 원인에 대한 추측에 의해 결정된다.

15 약물에 대한 파급 효과 실험을 통해 정서가 인지 평가와 관련이 있음을 주장한 이론은?

① 제임스 – 랑게(James – Lange) 이론
② 캐논 – 바드(Cannon – Bard) 이론
③ 샥터 – 싱어(Schachter – Singer) 이론
④ 안면 피드백(facial feedback) 가설

16 다음의 실험결과를 설명하는 데 가장 적합한 이론은?

> 피험자들을 두 그룹으로 나누어 한 그룹은 볼펜을 코와 윗입술 사이에 물게 하고, 다른 그룹은 볼펜을 위아래 어금니 사이에 물게 했다. 이 상태에서 두 그룹에게 똑같은 만화를 보여준 후 나중에 얼마나 재밌게 봤는지 평가해 보도록 하였다. 그 결과 볼펜을 치아로 물게 한 피험자들이 훨씬 더 재밌게 보았다고 평가했다.

① 제임스 – 랑게(James – Lange) 이론
② 캐논 – 바드(Cannon – Bard) 이론
③ 샥터 – 싱어(Schachter – Singer) 이론
④ 안면 피드백(facial feedback) 가설

17 안면 피드백에 대한 생각을 처음으로 언급한 학자는?

① 제임스(James)   ② 다윈(Darwin)
③ 캐논(Cannon)   ④ 샥터(Schachter)

18 안면 피드백 가설에 근거할 때 적절하지 않은 설명은?

① 정서는 얼굴에 있는 근육과 분비선의 반응이다.
② 감정이 표정에 선행해서 나타난다.
③ 공포감을 느끼면 안면 온도가 하강한다.
④ 대뇌의 감정 중추는 운동 중추와 서로 영향을 주고받는다.

기출유형

19 다음의 내용에 가장 부합하는 정서 이론은?

> 보톡스는 신경 전달 물질의 분비를 억제하여 근육이 마비되게 하는 의약품이다. 보톡스 시술을 받고 평소보다 인상을 덜 쓰게 되면 실제로 부정적인 감정이 줄어들어 더 행복한 느낌을 받는다는 연구 결과가 있다.

① 제임스 – 랑게(James – Lange) 이론
② 캐논 – 바드(Cannon – Bard) 이론
③ 샥터 – 싱어(Schachter – Singer) 이론
④ 안면 피드백(facial feedback) 가설

기출유형

20 정서 이론에 대한 설명으로 옳지 않은 것은?

① 안면 피드백 가설은 제임스 – 랑게(James – Lange) 이론과 연관성이 있다.
② 제임스 – 랑게(James – Lange) 이론은 각각의 신체 반응에 따라서 각각의 정서가 유발된다고 주장한다.
③ 캐논 – 바드(Cannon – Bard) 이론은 생리적 변화와 인지 평가를 종합하여 감정을 경험한다고 주장한다.
④ 샥터 – 싱어(Schachter – Singer) 이론은 제임스 – 랑게 이론과 캐논 – 바드 이론을 부분적으로 수용한다.

제5장 | 실전연습문제 정답·해설

01	02	03	04	05
③	④	①	①	④
06	07	08	09	10
②	①	③	②	④
11	12	13	14	15
③	③	③	④	③
16	17	18	19	20
④	②	②	④	③

01 ③

제임스 – 랑게(James – Lange) 이론은 외적 행동이 먼저 정서에 선행한다고 본다.

오답분석
① 도망가기 때문에 두려운 것이다.
② 정서의 생리적 결정인을 강조한다.
④ 신체적, 생리적인 변화는 자동적이고 반사적으로 일어난다.

02 ④

④는 캐논 – 바드 이론에 해당하는 설명이다. 캐논 – 바드 이론에서는 정서 유발 자극은 정서의 생리적 반응과 인지적 반응을 동시에 유발한다. 정서의 생리적 변화를 감지하지 못할 경우에도 인지적 측면을 경험할 수 있다고 보았다.

03 ①

제임스 – 랑게(James – Lange) 이론은 1800년대 후반 자율신경계와 정서 간의 관련성을 연구한 미국의 심리학자인 윌리엄 제임스(William James)와 덴마크의 심리학자인 칼 랑게(Carl Lange)에 의해 제안된 이론이다. 정서라는 심리 상태와 생리적 변화의 연관성을 강조하였다는 점에서 심리생리학적 이론이라 한다.

04 ①

제임스 – 랑게(James – Lange) 이론의 정서 반응 단계는 공포를 느끼고 심장 박동 수가 증가하는 것이 아니고 심장 박동 수가 증가한 후에 공포라는 감정을 느낀다.

참고 정서 반응의 3단계
- 1단계: 정서 자극을 지각한다. → 곰을 발견한다.
- 2단계: 지각은 신체적인 변화를 일으킨다. → 심장 박동 수가 증가한다.
- 3단계: 신체적 변화가 뇌로 전달되어 정서를 경험한다. → 공포를 느낀다.

05 ④

ㄱ, ㄴ, ㄷ 모두 옳은 내용이다.
ㄱ. 제임스 – 랑게(James – Lange) 이론은 자극들이 특정 생리 상태를 유발하고 정서로 경험한다고 본다.
ㄴ. 캐논 – 바드(Cannon – Bard) 이론은 자극들이 특정 생리 상태와 정서 경험들 모두를 각각 별개로 유발한다고 본다.
ㄷ. 샥터 – 싱어(Schachter – Singer) 이론은 자극들이 일반 생리적 각성을 유발하고 뇌는 그 원인을 해석하며 이 해석이 정서를 경험한다고 본다.

06 ②

캐논 – 바드(Cannon – Bard) 이론(1927)은 미국의 생리학자인 월터 캐논(Walter Cannon)과 그의 제자인 필립 바드((Philip Bard)가 제임스 – 랑게(James – Lange) 이론을 반박하기 위해 제안한 이론이다. 생리적 변화와 감정 경험은 동시에 일어난다고 주장하는 이론으로 정서를 뇌의 특정 영역에서의 활동의 결과로 보는 관점으로 신경생리학적 이론이라 한다.

07 ①

자율신경계는 정서 경험의 신속한 발현을 설명하기에는 너무 천천히 반응한다. 사람들이 당황할 때 15~30초 뒤에 얼굴이 붉어지고 얼굴이 붉어지기 전에 이미 사람들은 당황하고 있는 경우가 많다(얼굴 붉힘이 어떻게 그 감정의 원인이 될 수 있는지에 대한 문제 제기).

08 ③

많은 요인이 생리적 상태에 영향을 주지만 정서적 반응을 일으키지는 않는다. 예를 들어, 발열, 저혈당 또는 추운 날씨 등은 감정과 동일한 신체 변화(예 더 빠른 심박수)를 발생하게 할 수 있다. 생리 시스템이 감정을 느끼지 않고 활성화될 수 있다면, 우리가 감정을 느낄 때 생리적 활성화 외에 다른 일이 일어나야 한다는 것이다.

09 ②

캐논 – 바드(Cannon – Bard) 이론에 관한 실험이다. 정서 유발 자극은 정서의 생리적 반응과 인지적 반응을 동시에 유발한다. 정서의 생리적 변화를 감지하지 못할 경우에도 인지적 측면을 경험할 수 있다. 그 예로, 아래 두 가지 경우가 있다.
- 동물의 척수를 절단한 후 동물을 정서를 야기하는 상황에 놓았을 때, 동물은 말초신경계의 생리적 변화를 경험하지 못하였음에도 불구하고 얼굴과 목소리를 통하여 정서 표현을 한다.
- 척수가 절단된 환자들이 마비가 되었음에도 불구하고 감정을 느끼는 능력에는 변화를 경험하지 않는다.

10 ④

자율신경계의 변화를 탐지할 수 없을 때도 정서 경험은 일어날 수 있다. 온도와 같은 비정서적인 자극에 의해서 자율신경계의 변화가 일어나지만 정서를 경험하지는 않는다. 사람들이 갖는 모든 독특한 정서 경험들을 설명할 수 있을 만큼 충분히 독특한 패턴의 자율신경의 활동들이 없다.

오답분석
① 시상은 감정의 경험을 제어하고, 시상 하부는 감정의 표현을 제어한다.
② 정서의 종류가 광범위함에도 불구하고 자율신경계의 반응은 거의 동일하다. 서로 다른 감정(예 두려움과 분노)이 매우 유사한 생리적 상태를 생성할 수 있지만 이러한 감정의 차이를 구별하는 것은 어렵지 않다.
③ 감정의 상태는 말초적 내부 조직과 자발적 근육 조직으로부터 지각된 정보의 피드백으로부터가 아닌, 피질에 영향을 미치는 시상·시상 하부로부터 기인한다.

11 ③

샤터 – 싱어(Schachter – Singer)는 생리적 변화와 인지 평가를 종합하여 감정을 경험하고 정서를 경험하기 위해서는 교감신경계의 각성과 아울러 이를 정서적인 것으로 명명하는 인지적 과정이 있어야만 한다고 주장하였다.

12 ③

인지적 과정은 개인의 지식뿐만 아니라 사회적 상황의 영향을 받는다는 점에서 정서를 인지보다 사회인지의 영역으로 간주하였다.

13 ③

샤터 – 싱어(Schachter – Singer) 이론은 정서 경험은 신체 변화(행동)와 인지적 평가(판단)라는 두 요인 간의 상호 작용에 의해 결정된다고 보는 이론이다.

14 ④

정서적 자극을 지각하면 일반적인 신체적 각성 상태를 경험하게 된다. 인간은 이 각성 상태가 일어난 원인을 환경 단서들을 통해 추론한다. 어떤 추론이 일어나는지에 따라 경험하는 정서의 종류가 달라진다.

오답분석
① 캐논 – 바드(Cannon – Bard) 이론과 마찬가지로 서로 다른 감정이 유사한 생리적 반응 패턴을 공유할 수 있다고 본다.
② 제임스 – 랑게(James – Lange) 이론과 마찬가지로 신체 반응이 감정 경험의 필수적인 부분임을 시사한다.
③ 정서를 수반하는 생리적 각성은 정서적 느낌이 얼마나 강한지 결정하는 데 필수적인 요인이지만 그것이 어떤 정서인지 알게 하지는 못한다.

15 ③

샤터 – 싱어(Schachter – Singer)는 파급 효과 실험을 통해 '신체적 각성 + 인지적 평가(이름 붙이기) = 감정'이라는 결론을 도출하였다.

참고 파급 효과 실험 결과

약물 효과를 알고 있던 참여자	약물 효과를 모르고 있던 참여자
감정 변화를 느끼지 못함	가짜 참가자의 반응에 따라 감정 변화를 보고함 (신체 감각을 감정으로 해석하여 이름을 붙임)

16 ④

안면 피드백(facial feedback) 가설은 특정한 표정이 그 표정과 관련된 정서를 유발시킨다는 것으로 안면 피드백 효과(facial – feedback effect)라고 한다.

17 ②

과학적인 측면에서 안면 피드백에 대한 아이디어를 처음 언급한 사람은 찰스 다윈(Charles Darwin)이다. 감정을 외부로 표출하는 자연스러운 표정은 그 감정을 더 강화시킨다. 반대로 감정을 표현하지 않으면 그 감정은 무뎌지게 된다. 심지어 표정을 떠올리는 것만으로도 우리 마음속에는 그 감정이 생겨난다(Charles Darwin).

18 ②

감정이 먼저 있고 표정을 짓게 되는 것이 아니라, 자극에 의해 표정이 반사적으로 나타나고, 그 표정이 개개인이 느끼는 감정을 좌우하게 된다.

19 ④

안면 피드백 가설에 관한 실험이다.

> **참고** **하바스(David Havas) 실험**
> - 피험자들의 이마 근육에 보톡스를 주사하고, 화가 치밀거나 슬퍼지는 내용의 짧은 이야기를 읽도록 하였다.
> - 보톡스 주사를 맞기 전에 비해 똑같은 이야기임에도 불구하고 읽는 데 훨씬 시간이 많이 걸린다는 사실을 발견하였다.
> - 보톡스 주사를 맞은 피험자들은 안면을 찡그릴 수가 없었기 때문에 그만큼 이야기 속의 주인공의 심리를 따라가는 데 힘이 들었다.

20 ③

샥터 – 싱어(Schachter – Singer) 이론은 생리적 변화와 인지 평가를 종합하여 감정을 경험한다고 주장한다. 정서를 경험하기 위해서는 교감신경계의 각성과 아울러 이를 정서적인 것으로 명명하는 인지적 과정이 있어야만 한다. 즉 정서 경험은 신체 변화(행동)와 인지적 평가(판단)라는 두 요인 간의 상호 작용에 의해 결정된다.
샥터 – 싱어(Schachter – Singer) 이론은 제임스 – 랑게(James – Lange) 이론과 마찬가지로 신체 반응이 감정 경험의 필수적 부분임을 시사한다.
샥터 – 싱어(Schachter – Singer) 이론은 캐논 – 바드(Cannon – Bard) 이론과 마찬가지로 서로 다른 감정이 유사한 생리적 반응 패턴을 공유할 수 있다고 본다.

무료 학습자료 제공 · 독학사 단기합격 **해커스독학사**
www.haksa2080.com

무료 학습자료 제공 · 독학사 단기합격 **해커스독학사**
www.haksa2080.com

전문가가 분석한 출제경향 및 학습전략

제6장 개별 정서는 기본 정서와 2차 정서에 대해 다루고 있다. 개별 정서의 특징에 대한 이해는 어렵지 않은 부분이지만 각 정서를 측정하는 방법에 대한 예를 잘 숙지하여야 한다. 각 정서와 관련된 생물학적 요인에 대한 부분은 정서의 신경과학 부분과 연관이 많은 영역이다. 신경계와 호르몬의 기능을 정확하게 암기하는 것이 중요하다.

제6장 | 핵심 키워드 Top 10
핵심 키워드 Top 10은 본문에도 동일하게 ★로 표시하였습니다.

01	행동 억제 체계(BIS; Behavioral Inhibition System)의 활성화 ★★★	p.185
02	공포와 자율신경계 ★★★	p.187
03	당혹감, 수치심, 죄책감의 공통점과 차이 ★★★	p.215
04	스턴버그(Sternberg)의 8가지 사랑의 유형(사랑의 삼각형 이론) ★★	p.204
05	분노의 종류 ★	p.189
06	분노 행동 유형 ★	p.190
07	슬픔의 기능 ★	p.196
08	혐오와 경멸의 기능 ★	p.208
09	당혹감을 유발하는 경험 ★	p.211
10	자부심(pride)의 의미 ★	p.215

제6장

개별 정서

제1절 공포와 불안
제2절 분노
제3절 슬픔
제4절 정적 정서
제5절 혐오와 경멸
제6절 자의식적 정서

제1절 공포와 불안

01 공포의 원인

1. 공포와 불안의 개념
① 공포는 위협이나 위험에 대한 불쾌한 감정을 바탕으로 한 정서적 반응이다.
② 불안은 특정한 위험을 알아차릴 수는 없지만, 뭔가 나쁜 일이 일어날 것 같은 일반적인 기대이다.
③ 공포와 불안은 위험이나 무서움을 느끼는 것과 위협을 받는 것으로 특징지어지는 유사한 경험이다.
④ 공포와 불안을 일으킨 경험과 지속시간에는 차이가 있다. 공포는 무서움이 특정 대상이나 사건과 직접적으로 관련이 있으며, 관련 위협이 사라지면 재빨리 가라앉는다.
⑤ 대부분의 공포는 대상 그 자체만으로 일어나기보다는 전체적인 상황에 대한 평가로부터 발생한다.

2. 공포의 원인 `기출개념`

(1) 본능적 공포
① 쥐는 태어날 때부터 고양이 냄새를 맡는 세포가 있다. 이 세포가 자극을 받으면 뇌의 편도체로 전달돼 공포심을 느낀다.
② 만약 치즈에서 고양이 냄새가 나면, 쥐는 그 치즈가 무서워서 가까이 가지 않는다.
③ 편도체가 손상된 쥐는 고양이 냄새가 나도 공포를 못 느껴서 위험에 처하게 된다.

(2) 학습된 공포
① 개에게 물리거나 교통사고와 같은 무서운 일을 당하면 그 다음부터 개를 무서워하고 차를 못 타는 등 새로운 공포 대상이 생긴다.
② 그 이유는 학습과 기억에 관여하는 부위인 뇌 속의 해마가 공포의 원인을 기억하기 때문이다.

02 공포와 관련된 행동

1. 행동 억제 체계(BIS; Behavioral Inhibition System)의 활성화 ★★★ 기출개념
① 행동 억제 체계는 유기체가 처벌과 위험 단서에 반응하여 움직임을 억제하는 심리적 멈춤 체계이다.
② 진행 중인 행동을 멈추도록 하여서 혐오적인 결과를 예방하거나 피하도록 하는 체계이다.
③ 행동 억제 체계는 혐오적 동기 체계에 해당하는 중격 해마 체계와 뇌간으로부터의 구심성 모노아민계, 특히 세로토닌 경로에 의해 조절된다.
④ 공포로 인한 행동 억제 체계의 활성화는 각성, 주의, 심장 박동 수, 근육의 긴장도를 높이고 행동을 멈추게 한다.
⑤ 만성적인 행동 억제 체계의 활성화는 불안과 신경증적인 각성을 자주 경험하도록 한다.

2. 주의와 정보 처리에 미치는 영향
(1) 공포는 가까이에 있는 위협에 주의 초점을 두게 함
① 비숍과 동료들(Bishop et al.)의 실험
  ㉠ 낮은 공포와 불안을 느낀다고 보고했던 사람들은 지시에 따라 주의 초점을 맞추는 데 어려움이 없었다.
  ㉡ 강한 공포와 불안을 보고했던 사람들은 지시와 달리 공포 얼굴에 강하게 주의를 기울였다.
② 에글롭과 동료들(Egloff et al.)의 실험
  ㉠ 공포를 많이 느끼는 사람은 공포와 관련된 단어에 주의를 기울였다.
  ㉡ 공포를 덜 느끼는 사람은 공포 관련 단어와 중립 단어에 똑같이 주의를 두었다.

(2) **공포는 그 자극이 너무 애매해서 분명하게 식별할 수 없을 때도 반응에 영향을 줌**
① 캣킨과 동료들(Katkin et al.)의 실험
  ㉠ 심장 박동률의 갑작스런 증가를 가장 잘 보고하였던 사람은 자신이 언제 충격을 받을지에 대하여 가장 잘 추측하였다.
  ㉡ 자극을 분명하게 식별할 수 없는 경우에도 뇌는 공포와 관련된 정보에 반응한다.
  ㉢ 암묵적으로 감지한 어떤 위협에 대한 반응일 수 있다.

03 공포와 불안의 측정

1. 공포의 얼굴 표정
(1) 명백한 얼굴 표정
① 모든 문화권에서 공포의 표정은 같다(Ekman et al.).
② 공포로 인한 표정은 원한다면 숨기거나 억누를 수 있다.

(2) 미세한 얼굴 표정
① 불수의적이고 순간적으로 나타나는 표정이다.
② 자신의 정서를 숨기고자 노력할 때도 매우 짧게 나타난다.
③ 일반적으로 숨겨진 느낌이나 불안을 알아차리는 데 효과적인 방법이다.

(3) 얼굴색의 변화
머리에 공급되는 혈액의 증가로 빨간색으로 변화된다.

2. 놀람 반응 [기출개념]
① 사람들은 예상치 못한 큰 소리를 갑자기 듣게 되면 놀란다. 이때 보이는 반응을 놀람 반응이라 한다.
② 놀람 반응은 0.2초의 짧은 시간에 이루어지는 반사적인 행동으로 본능적 반응이다.
③ 놀람 반응은 자동적이다.
④ 신경계의 나머지 부분으로부터 들어온 입력 정보는 놀람 반응의 강도를 조절할 수 있다.
⑤ 공포는 놀람 반응을 촉진시킨다.
　㉠ 유쾌한 자극보다 불쾌한 자극에 더 강한 놀람 반응을 보인다.
　㉡ 공포와 관련된 정보는 놀람 반응을 강력하게 조절하여 놀람을 상승시키는 작용을 한다.
　㉢ 놀람은 외상 후 스트레스 장애(PTSD)와 같이 개인적 경험에 의해서도 조절된다.

3. 움직임의 억제
① 움직임의 억제로 공포 행동을 측정할 수 있다.
② 냄새, 소리나 다른 위험 신호가 나타날 때 대부분의 작은 동물들은 움직임을 억제한다(얼어붙어 버림).
③ 억제 성향의 아동은 새로운 환경에서 두려워하고 수줍어하는 경향이 있다.

04 공포와 불안의 생물학

1. 공포와 자율신경계 ★★★ 기출개념

(1) 자율신경계 반응으로 나타난 신체 변화

구분	내용
폐	산소를 더 많이 받아들임
위	에너지를 절약하기 위해 소화력을 떨어뜨림
방광과 대장	몸에 있는 내용물을 밖으로 내보내려고 수축함
피부	체온이 올라 땀이 남. 체온을 낮추기 위해 열을 내보내면서 땀이 증발하는데, 이때 서늘함을 느끼게 됨
눈	눈동자가 커지고, 시야가 넓어져 더 많은 시각 정보를 받아들임
침	양이 줄어들어서 입안이 바싹바싹 마름
심장	심장 박동이 빨라지면서 뇌와 근육에 많은 양의 혈액을 공급함
털	피부 근육이 수축해 털이 바싹 섬

2. 공포와 편도체 기출개념

(1) 본능적 공포
① 동물의 편도체를 파괴하면 본능적인 공격성, 두려움 등이 사라진다.
   예 쥐의 편도체를 파괴할 경우 고양이를 두려워하지 않으며, 야생 링크스(스라소니)의 편도체를 파괴하면 매우 얌전해진다.
② 사람의 편도체가 손상될 경우 지능은 정상이지만 두려움을 느끼지 못하고 단순해진다.

(2) 공포 기억
① 편도체는 공포에 대한 기억에 관여한다.
② 공포 조건화: 공포 기억에 대한 연구에 주로 이용된다.
③ 학습된 두려움에 대한 기억이 편도의 중심핵으로부터 시상 하부를 통해 자율신경계를 자극하거나, 뇌간을 통해 행동적 거부 반응을 보이는 것이다.

(3) 불안증
① 편도체의 외측 기저핵 신경 세포의 활성에 의해 불안증이 조절된다.
② 흰쥐의 외측 기저핵을 전기적인 자극으로 파괴하거나 억제성 신경 전달 물질인 가바(GABA) 수용체에 대한 억제제를 처리하면 불안증은 강화된다.
③ 흥분성 신경 전달 물질인 AMPA나 NMDA에 대한 수용체의 억제제나 억제성 신경 전달 물질인 가바 수용체에 대한 작용제를 처리하면 불안증은 감소한다.

핵심 Check

편도체의 기능
동기, 학습, 감정과 관련된 정보를 처리하는 데 중요한 역할을 한다. 편도체가 손상되면 감정 표현을 인식하는 데 장애가 나타난다.

개념 Plus

공포 조건화 실험
- 실험 동물(흰쥐, 토끼 등)에게 특정한 소리를 전기 충격과 함께 반복해서 들려준다.
- 일정 기간이 지난 뒤에 전기 충격 없이 그 특정 소리만 들려주어도 동물은 강한 공포 반응을 보인다.
- 이 동물의 편도를 제거하면 더 이상 특정 소리에 공포 반응을 보이지 않게 된다.

흥분성 신경 전달 물질
- AMPA: 약리학적으로 분류한 채널형 글루타민산수용체아형의 일종이다.
- NMDA: 신경 세포 흥분성 시냅스(excitatory synapse)의 시냅스 후막(postsynaptic membrane)에 존재하는 이온성 글루타민산 수용체(ionotropic glutamate receptor)의 일종이다.

기출개념확인

01 공포에 대한 설명으로 옳지 않은 것은?

① 공포는 관련 위협이 사라져도 오래 지속되는 경향이 있다.
② 모든 문화권에서 공포의 표정은 유사하게 나타난다.
③ 공포와 불안은 유사한 경험이다.
④ 공포는 학습될 수 있다.

02 공포로 인한 신체 변화에 대한 설명으로 옳은 것은?

① 방광 – 몸에 있는 내용물을 밖으로 내보내려고 이완한다.
② 위 – 에너지를 발산하기 위해 소화력을 높인다.
③ 심장 – 뇌와 근육에 보내는 혈액 양을 감소한다.
④ 폐 – 산소를 더 많이 받아들인다.

정답·해설

01 ① 공포와 불안을 일으킨 경험과 지속 시간에서 차이가 있다. 공포는 무서움이 특정 대상이나 사건과 직접적으로 관련이 있을 때, 관련 위협이 사라지면 재빨리 가라앉는다.

02 ④ 폐는 공포에 대처하기 위하여 더 많은 산소를 받아들인다.

오답분석
① 방광 – 몸에 있는 내용물을 밖으로 내보내려고 수축한다.
② 위 – 에너지를 절약하기 위해 소화력을 떨어뜨린다.
③ 심장 – 심장 박동이 빨라지면서 뇌와 근육에 많은 양의 혈액을 공급한다.

제2절 분노

01 분노의 원인

1. 분노의 개요 `기출개념`
(1) 분노의 개념
① 분노는 어떤 사람에게 상처를 주거나 그 사람을 몰아내려는 욕구와 관련된 정서 상태이다.
② 개인의 권리 침해에 대한 반응으로 몹시 분개하여 성을 내는 것이다.
③ 적당한 상황에서 작은 분노 표현은 사회적 상호 작용을 향상시키기도 하지만, 강렬한 분노 표현은 상대와의 사회적 상호 작용을 저해한다.
④ 통제감은 분노 유발의 중요한 요소이다.
  ㉠ 모욕을 당했을 때, 모욕을 준 대상에 따라 공포 또는 분노로 반응한다.
  ㉡ 두려움이 적고 안전감이 높으면 분노를 느낀다.
  ㉢ 두려움이 많고 안전감이 낮으면 공포를 느낀다.

(2) 분노의 종류 ★ `기출개념`
① 특성 분노
  ㉠ 개인의 분노 성향으로 비교적 지속적인 분노 유발 기질 및 경향성이다.
  ㉡ 상대적으로 조절이 어렵고 쉽게 변하지 않는다.
  ㉢ 특성 분노가 높은 사람은 더 자주 분노를 느끼고 분노의 정도도 더 심하다.
② 상태 분노
  ㉠ 개인이 일시적으로 경험하는 정서 상태이다.
  ㉡ 가볍게 화가 나는 것부터 심한 격분에 이르기까지 다양한 주관적 감정의 심리 상태이다.
  ㉢ 외부 요인에 의해 변화가 가능하다.
  ㉣ 자율신경계의 각성과 활성화를 수반하므로 특성 분노보다 파악하는 것이 비교적 쉽다.

2. 분노 발생 이론 `기출개념`
(1) 좌절-공격 가설
① 욕구 좌절이 공격적 감정을 일으키게 된다는 가설이다.
② 목적한 바를 이루고자 하는 행동이 방해를 받으면 좌절감을 느끼고 분노가 생긴다. 이 분노가 바로 공격의 직접적 원인이 된다.

③ 상황에 대한 인지적 평가 없이도 공격적 행동과 분노가 발생할 수 있다.
④ 좌절 – 공격 가설의 문제점
  ㉠ 좌절의 모든 경우가 공격이나 분노에 이르게 되는 것은 아니다.
  ㉡ 좌절 – 공격 가설은 공격으로 이르게 하는 여러 상황을 고려하지 않았다.

(2) 인지 – 신연합 모델(CNA)
① 분노와 적대적 공격은 어떠한 불쾌한 사건이나 혐오적인 조건에 의해서도 촉진될 수 있다.
② 혐오적인 사건에 의해 심리적인 불안정이 발생한다.
③ 심리적으로 불안정한 기억은 거의 자동적으로 분노·공포 등과 다양한 생각과 기억을 일으킨다. 이러한 인지 과정은 즉각적인 평가에 영향을 미친다.
④ 사람의 공격성은 이러한 불안정에 의해 자동적으로 발생할 수 있다. 하지만 후기 단계에서 인지 평가로 인해 분노에 적절하게 대응할 수 있다.

Berkowitz의 CNA 접근

평가 접근

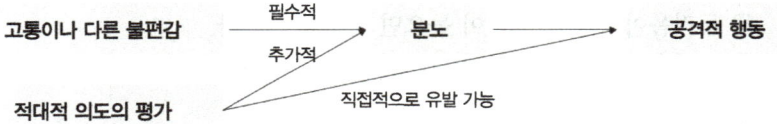

[그림 6 – 1] 인지 – 신연합 모델(CNA)

> **개념 Plus**
> **인지 – 신연합 모델(CNA)**
> 혐오적인 사건을 겪음으로 인해 심리적인 불안정이 발생한다고 설명한다. 이 불안정한 기억은 거의 자동적으로 분노, 공포 등과 다양한 생각과 기억을 일으킨다. 이러한 인지 과정은 즉각적인 평가에 영향을 미치는데, 사람의 공격성은 이러한 불안정에 의해 자동적으로 발생할 수 있다. 하지만 후기 단계에서 인지 평가로 인해 분노가 사라질 수 있고 적절하게 대응하게 할 수 있다.

3. 분노의 원인

구분	내용
욕구의 좌절	기대, 목표, 욕망이 무너졌을 때 좌절과 분노를 경험
고통 경험	육체적 고통(악취, 소음 등), 정신적 고통(애정 결핍, 거절 등)
잘못된 생각	주위 상황에 대한 잘못된 판단, 왜곡된 생각
자신에 대한 실망	기대에 미치지 못하는 자신의 모습
학습된 분노	양육 환경으로 인한 분노, 분노 모방
사회 문화적 요인	분노 해소 방법

4. 분노 행동 유형 ★ 기출개념

(1) 적대적 공격
① 분노를 표출하는 것 자체가 목적이다.
② 분노와 연관된 사건이 동기화되어 해를 입히는 행동을 한다.

(2) 도구적 공격
  ① 단순히 어떤 것을 얻거나 결과를 성취하기 위한 방법이다.
  ② 해가 되는 행동이나 위협적 행동을 이용한다.

02 분노와 공격의 측정

1. 분노 표현 방식 [기출개념]

(1) 분노 표출
  ① 부적응적 분노 표현 행동으로 화가 나면 겉으로 드러내는 것이다.
  ② 신체적 행위, 욕설, 비난, 언어 폭력, 모욕 주기 등으로 표출한다.

(2) 분노 억압
  ① 부적응적 분노 표현 행동으로 화가 나 있지만 겉으로 드러내지 않는 것이다.
  ② 자신의 분노를 자기 내부로 돌리거나 억압 또는 분노 감정 자체를 부정한다.
  ③ 정적 감정도 함께 억압된다.
  ④ 정서 표출을 억제를 하기 위한 노력은 인지적 부담으로 작용한다.

(3) 분노 조절
  ① 적응적 분노 표현 행동이다.
  ② 화가 난 상태를 지각하고 감독하면서 화를 진정시키기 위해 다양한 책략을 구사하는 것이다.
  ③ 냉정을 유지하고 상대방을 이해하려고 노력한다.

2. 자기 보고 측정 [기출개념]

(1) 자기 보고 측정의 개념
  ① 인지와 느낌을 측정하기 위해 주로 자기 보고를 이용한다.
  ② 분노를 제대로 측정하기 위해서는 분노를 유발하는 것에 대한 인지, 느낌, 행동을 평가해야 한다.
  ③ 분노는 개인차가 있고, 자신의 분노를 인정하지 않는 경우가 있기 때문에 자기 보고 측정의 경우 한계가 있다.

(2) 다차원 분노 목록(Siegel, 1986)
  ① 분노는 여러 차원에서 다양하다.
  ② 다차원 분노 목록은 분노의 여러 차원 중에서 몇 가지를 측정한다.
    ㉠ 전반적으로 얼마나 화가 나 있는가?
    ㉡ 어떤 상황에서 화가 나는가?
    ㉢ 적대적 태도 정도는 어떠한가?
    ㉣ 분노를 어떻게 다루는가?

> **핵심 Check**
>
> **분노 표현 방식**
> 분노 표현 방식에는 분노 표출, 분노 억압, 분노 조절이 있다.

(3) 상태 – 특성 분노 표현 척도(STAXI; State – Trait Anger Expression Inventory)
① 스필버거(Spielberger, 1988)가 개발한 검사로 분노 측정에 가장 많이 사용되는 지필 검사이다.
② 하위 항목

구분	내용
상태 분노	• 검사 당시의 분노 감정 정도를 확인함 • 점수가 높을수록 상대적으로 분노 감정이 강렬하다는 것을 의미
특성 분노	• 분노 경험 시 개인 간의 차이를 측정함 • 점수가 높을수록 자주 분노를 경험하고 자신이 타인에게 불공평하게 취급받고 있다는 것을 느끼는 것을 의미
분노 억제	• 분노를 억압하는 빈도를 측정함 • 점수가 높을수록 자주 강한 분노를 느끼지만 이를 표현하기보다는 억압하는 경향이 있음을 의미
분노 표출	• 다른 사람에게 얼마나 자주 분노를 표현하는지를 측정함 • 점수가 높을수록 외부에 직접적으로 공격적인 행동을 표현하는 경향이 있음을 의미
분노 조절	• 분노를 통제하려는 빈도를 측정함 • 점수가 높을수록 분노를 통제하기 위해 더 많이 노력하고 있음을 의미

3. 암묵적 측정 기출개념

(1) 암묵적 측정의 개념
① 암묵적 측정은 미묘한 방식으로 개인의 정서를 감지하는 데 사용한다.
② 공격적인 단어는 폭력 경향이 있는 사람의 주의를 완전하게 사로잡는다는 원리이다.
③ 분노와 공격적 행동을 유발하는 실험에 의해 나타난 결과와 실제 공격 행위는 다르다는 한계점이 있다.

(2) 주제 점 탐색 과제
① 하나의 화면에 위 아래로 두 단어(공격적 단어와 그렇지 않은 단어)를 제시한 후, 점을 제시한 화면을 제시한다.
② 실험 참가자에게 점이 나타난 위치를 빠르게 판단하여 키를 누르도록 한다.
③ 폭력 경험이 있는 사람들은 공격과 관련된 단어들에 더 많은 영향을 받아 주의가 분산되기 때문에 반응의 속도가 느리다.

(3) 시각 탐지 과제
① 목표 단어가 화면의 중앙에, 목표 단어 주변에 세 개의 단어를 제시한다.
② 다음 화면에 목표 단어와 세 개의 새로운 단어가 나타나면 실험 참가자는 목표 단어의 위치를 파악한다.
③ 목표 단어가 폭력적인 단어와 함께 제시되었을 경우, 폭력적 경험이 있는 사람은 두 번째 화면에서 폭력적인 단어를 발견하여 목표 단어에 반응을 느리게 하는 경향이 있다. 이는 폭력적인 단어가 주의를 분산시키기 때문이다.

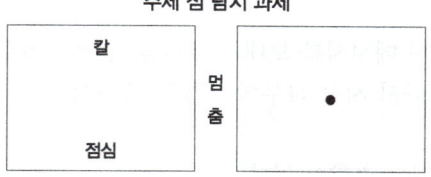
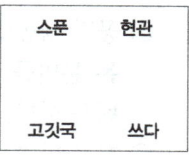

[그림 6-2] 암묵적 측정

(4) 이야기 완성하기
① 실험 참가자들은 완성되지 않은 상태의 짧지만 공격적인 사건을 포함한 이야기를 읽고 몇 개의 문장으로 이야기를 완성한다.
② 공격 성향이 높은 사람은 공격적인 내용을 많이 포함하여 문장을 완성하였다.

4. 분노의 얼굴 표현
① 전 세계 사람들은 원형적인 '화난 얼굴'을 알아차린다(Ekman et al., 1987).
② 분노의 표정
  ㉠ 눈썹 높이가 낮고, 수축되어 있고, 각을 지운다.
  ㉡ 아래 눈꺼풀이 팽팽해진다.
  ㉢ 입술은 소리를 지르듯 팽팽하거나 열린다.
  ㉣ 시선이 확고하다.

03 분노와 공격의 생물학

1. 전전두엽 피질 [기출개념]
① 전전두엽 피질의 손상 혹은 낮은 활동성은 충동성과 폭력적 분노와 상관이 높다.
② 전전두엽 피질의 손상 환자들은 자신의 정서 표현을 잘 억제하지 못한다.
③ 공격적 행동은 종종 충동적이고 전전두엽 피질의 손상은 이러한 충동성의 기반이 되는 것 중의 하나이다.
④ 분노와 관련하여 폭발적인 분노 표출 내력이 있는 사람은 비록 증명된 뇌의 손상이 없더라도 정서 표현을 잘 억제하지 못할 수 있다.

2. 세로토닌 [기출개념]
① 세로토닌은 감정 행동, 기분, 수면 등의 조절에 관여한다.
② 낮은 세로토닌 수준은 분노와 관련되어 있다.
  ㉠ 동물 실험에서 세로토닌의 수준이 낮은 쥐는 더 많이 싸우는 경향을 보인다.
  ㉡ 사람의 경우 세로토닌의 수준이 낮은 교도소 수감자는 출소 후 몇 년 이내에 추가적인 폭력으로 유죄 판결을 받을 가능성이 높다.
  ㉢ 그러나 인간의 경우 세로토닌의 효과는 일관적이지 않다.

3. 생리적 상태 `기출개념`
① 공격 행동 초반에 시상 하부는 부신에 메시지를 보내 코르티솔 등 스트레스 호르몬 분비를 증가시키고 이 호르몬은 다시 시상 하부의 활동을 증가시키도록 피드백을 한다.
② 화가 나면 분노는 빠른 시간에 증폭되는 경향이 있다.
③ **심혈관계**: 분노를 자주 느끼는 것보다 자주 표현(폭발적으로 표현)하는 것이 심혈관계에 더 부정적인 영향을 미친다.

04 개인차와 상황에 따른 차이

1. 공격적 행동에 대한 가설
(1) 가설 1: 폭력적 행동은 낮은 자존감의 산물이다.
① 자신을 실패자로 보는 사람은 다른 사람을 공격함으로써 자신의 위치를 높이는 것을 시도한다.
② 그러나 연구 결과들은 이 가설을 일관적으로 지지하지 않고 있다.

(2) 가설 2: 폭력은 정신적 질병의 결과이다.
① 알코올이나 다른 약물을 남용하는 정신 질환자들을 제외하고는 폭력적인 정신 질환자들은 아주 드물다.
② 알코올 중독자나 약물 남용자가 아닌 정신 질환자는 나머지 모집단과 비슷한 정도의 범죄율을 보이고 있다.

2. 유전적 특질
① 공격적, 범죄적 행동 편차의 약 49% 정도는 유전적 요인에 의해 설명된다.
② 기질은 선천적으로 지닌 성격 기질을 강화하는 환경을 선택하도록 동기화시킨다.
③ 진화적 설명
　㉠ 수컷은 싸움에서 이김으로써 경쟁자를 몰아내고 암컷을 감동시킨다.
　㉡ 진화가 수컷을 더 공격적으로 만들었다.
④ 성차
　㉠ 언제 어디서 분노하는지를 기록한 결과, 남성과 여성이 분노하는 사건의 빈도는 거의 같았다(Averill, 1983).
　㉡ 남성과 여성의 차이점은 화가 났을 때 무엇을 하는가에 있다.
　　ⓐ 남성은 직접적 공격을, 여성은 간접적 공격을 주로 시행한다(Thomas, 1993).
　　ⓑ 분노할 매우 강력한 이유가 있을 때는 여성도 남성만큼 화를 내고 어떤 방식으로든 맹렬하게 공격한다.

3. 환경

(1) 가족 환경
① 폭력적 환경에서 자란 사람이 더 폭력적인 경향이 있다.
② 부모가 신체적으로 학대를 하고, 서로 자주 싸우고, 법적으로 문제가 되고, 알코올과 다른 물질 남용을 하는 경우에 그 자녀들은 보편적으로 폭력적인 경향을 보인다.

(2) 미디어 영향
① 폭력물에 많이 노출될수록 평균적으로 공격적 행동에 더 많이 참여한다.
② 폭력적인 성향이 폭력물을 접하게 하는지, 폭력물을 접하는 것이 폭력성을 유발하는 것인지의 결과는 명확하지 않다.

기출개념확인

01 분노에 대한 설명으로 옳은 것은?
① 모욕을 주는 대상에 대한 두려움이 많고 안전감이 낮으면 분노를 느낀다.
② 상태 분노는 상대적으로 조절이 어렵고 쉽게 변하지 않는다.
③ 특성 분노는 외부 요인에 의해 변화가 가능하다.
④ 통제감은 분노 유발의 중요한 요소이다.

02 분노를 표현하는 행동 중 부적응적 방식을 옳게 묶은 것은?

ㄱ. 분노 표출	ㄴ. 분노 억압	ㄷ. 분노 조절

① ㄱ, ㄴ
② ㄱ, ㄷ
③ ㄴ, ㄷ
④ ㄱ, ㄴ, ㄷ

정답·해설

01 ④ 통제감은 분노 유발의 중요한 요소이다.

> 오답분석
> ① 모욕을 주는 대상에 대한 두려움이 적고 안전감이 높으면 분노를 느낀다. 두려움이 많고 안전감이 낮으면 공포를 느낀다.
> ② 특성 분노는 상대적으로 조절이 어렵고 쉽게 변하지 않는다.
> ③ 상태 분노는 외부 요인에 의해 변화가 가능하다.

02 ① 분노 표출과 분노 억압은 부적응적 분노 표현 행동이고 분노 조절은 적응적 분노 표현 행동이다.

제3절 슬픔

01 슬픔의 원인과 기능

1. 슬픔의 원인
① 슬픔은 어떤 사건에 의해 야기되는 감정으로 인간이 느끼는 보편적인 감정이다.
② 소중했던 무엇인가를 잃어버렸을 때 느끼는 상실감에 대한 정서적인 반응이다.
③ 슬픔의 원인은 개인의 잘못보다는 보통 외부에 있다.
④ 슬픔의 원인이 외부에 있기 때문에 개인은 슬픔을 스스로 통제하기 어렵다.

2. 슬픔의 기능 ★ 기출개념
① 슬픔은 고통에서 비롯된다. 슬퍼하는 행동은 자신의 고통에 주의를 기울이게 만든다.
② 슬픔을 유발하는 상황에서 잠시 떠나게 한다.
  ㉠ 슬픔으로 인한 비활동성과 사회적 도피는 에너지를 보존하고 상처받는 행동을 회피하는 데 도움을 준다.
  ㉡ 다른 사람들에게 배척당할 경우에 슬픔은 개인을 사회적 접촉으로부터 물러나도록 유도한다.
③ 슬픔은 도움을 구하는 사회적 신호이다. 개인이 약한 존재임을 알려줌으로써 타인으로부터 도움 받을 가능성을 증가시킨다.

> **핵심 Check**
> **슬픔의 기능**
> • 자신의 고통에 주의를 기울이게 만든다.
> • 슬픔을 유발하는 상황에서 잠시 떠나게 한다.
> • 슬픔은 도움을 구하는 사회적 신호이다.

02 슬픔의 측정

1. 자기보고 척도 기출개념
(1) 벡(Beck) 우울 척도 II(Beck depression inventory II)
① 가장 널리 사용되는 우울 질문지로, 지난 2주 동안 자신이 느낀 것들에 대해 응답하는 방식이다.
② 하위 영역: 슬픔, 죄책감, 자기 비난, 자살에 대한 생각, 흥미 상실, 수면 문제, 피로 등이 있다.
③ 이 척도에서 15점을 넘는 점수는 중간 정도의 우울을, 30점을 넘으면 심각한 우울을 나타낸다.

④ 우울한 사람들을 판별해내고 그들의 우울 정도의 변화를 측정하는 능력에서 좋은 평가를 받고 있다.
⑤ 임상적 우울을 대상으로 하기 때문에 일시적이거나 가벼운 슬픔 등의 다양한 수준은 구분하지 못한다.

2. 신체적 변화

(1) 표정
① **슬픔의 전형적인 표정**: 위로 올라간 눈썹, 팽팽하게 당겨지면서 벌어진 입, 약간 아래로 처진 입가, 올라간 양쪽 뺨 등이 있다.
② 슬플 때는 어떤 감정보다도 말초 혈관이 확장되기 때문에 얼굴이 불그스름해지고, 울게 되면 더욱 붉어진다.

(2) 울음
① 슬픔의 다른 행동적 신호로 슬픔에 대한 강력한 표현이다.
② 울음은 많은 종들에서의 의사소통을 위한 공통적인 형태이다.
　㉠ 조류와 포유류 새끼들은 배고플 때, 어미와 떨어져 있을 때 운다.
　㉡ 어른 쥐들도 고통이나 괴로움을 겪을 때 울부짖거나 소리를 지른다.
③ 인간의 우는 행위는 동물들의 우는 행위와 다른 점이 있다.
　㉠ 유아는 관심을 받고 있음에도 계속해서 우는 경우가 있지만 동물들은 그렇지 않다.
　㉡ 인간은 울면서 자주 눈물을 흘리지만 동물들은 그렇지 않다.
　㉢ 인간은 스스로 괴로워할 때, 또는 다른 사람의 괴로움을 동정할 때 울기도 한다.
　㉣ 예외적 울음으로 기쁨 때문에 눈물을 흘리기도 한다.
④ 울음은 대부분의 사람들의 기분을 나아지게 해 준다(Becht & Vingerhoets, 2002).
⑤ 울음은 심박 수와 각성 지표의 현저한 증가와 연관된다(Gross et al., 1994).
⑥ 우는 사람들은 긴장이 해소되는 것을 인식할 수도 있지만, 긴장이 해소되는 주된 이유는 우는 것 자체가 긴장을 증가시켰기 때문에 울음을 그쳤을 때 긴장 감소를 느끼는 것이다.

(3) 목소리
① 성대의 움직임이 느려져서 말도 느려지고, 목소리도 약해지고 떨리기도 한다.
② 목구멍에서 뭔가 솟구치는 느낌이 생기기도 하고, 목이 자주 잠긴다.

03 슬픔의 생물학

1. 자율신경계와 뇌 `기출개념`

(1) 자율신경계 활동
① 슬픈 표현을 할 때 생리적으로 각성이 된다.
② 슬픔은 스트레스 호르몬인 코르티솔 분비 증가와 관련이 있다.

> **개념 Plus**
> **코르티솔(cortisol)**
> 급성 스트레스에 반응해 분비되는 물질로, 스트레스에 대항하는 신체에 필요한 에너지를 공급해 주는 역할을 한다.

③ 슬픔의 생리 반응이 공포나 분노와 중첩되어 있기 때문에, 각각의 정서를 구분하기 위해 말초적 생리 반응을 사용할 수 없다.

(2) 뇌 활동
① 우측 대뇌 반구의 전두엽 피질의 활동성 증가는 슬픔 및 도피적 성향과 관련이 있다.
② 슬픔은 다른 정서와 마찬가지로 두뇌 영역들의 넓은 회로에 의해 좌우된다.
  ㉠ 사람들에게 슬픈 영화나 사진을 보게 하거나 과거 자신이 슬펐던 상황을 생각하게 하면서 뇌 영상을 촬영한 결과, 변연계와 그 주변의 뇌가 활성화되었다.

기출개념확인

01 슬픔에 대한 설명으로 옳지 않은 것은?
① 슬픔은 코르티솔 분비 증가와 관련이 있다.
② 슬픔은 변연계와 그 주변의 뇌를 활성화시킨다.
③ 슬픔은 좌측 대뇌 반구의 전두엽 피질의 활성화와 관련이 있다.
④ 슬픔과 공포를 구분하기 위해 말초적 생리 반응을 사용할 수 없다.

02 슬픔에 대한 설명으로 옳은 것은?
① 슬픔의 원인은 보통 개인 내부에 있다.
② 슬퍼하는 행동은 자신의 고통을 회피하게 한다.
③ 슬플 때는 말초 혈관이 축소된다.
④ 슬픔은 도움을 구하는 사회적 신호이다.

정답·해설
01 ③ 우측 대뇌 반구의 전두엽 피질의 활동성 증가는 슬픔 및 도피적 성향과 관련이 있다.
02 ④ 슬픔이란 자기를 도와 달라는 사회적 신호이다. 슬픔은 개인이 어린아이 같이 약한 존재임을 보여주어 다른 사람들이 개인에게 도움을 줄 가능성을 증가시킨다.

오답분석
① 슬픔의 원인은 개인의 잘못보다는 보통 외부에 있다.
② 슬퍼하는 행동은 자신의 고통에 주의를 기울이게 만든다.
③ 슬플 때는 어떤 감정보다도 말초 혈관이 확장되기 때문에 얼굴이 불그스름해지는데, 울게 되면 더욱 벌겋게 된다.

제4절 정적 정서

01 행복

1. 행복의 개념
① 행복은 만족스러운 느낌이나 삶에 대한 전반적인 만족을 의미한다.
② 행복은 영어로 'happiness'이다. 이 단어는 'happen'에서 파생된 단어로, 행복이란 외부로부터 오는 것이 아니라 스스로의 마음에서 얻어지는 만족이라 할 수 있다.
③ 행복은 인간이 사용할 수 있는 가치 중에서 가장 궁극적인 가치이다.
④ 행복은 우리의 행동을 결정하는 기준이며 우리가 지향하는 목적이기도 하다.

2. 행복의 특성

원리	내용
개별성의 원리	• 행복은 주관적인 것이며, 객관적인 행복은 존재하지 않음 • 객관적인 행복은 행복의 필요 조건이 될 수는 있지만 충분 조건은 될 수 없음
다양성의 원리	행복은 일정한 모양이 없으며, 개인마다 느끼는 행복은 다양함
활동성의 원리	행복은 활동이나 일을 통해서 옴
가변성의 원리	절대적인 행복은 존재하지 않으며 절대적 불행도 존재하지 않음
평등성의 원리	행복과 불행은 누구에게나 끊임없이 공평하게 주어짐
전환성의 원리	행복과 불행은 고정되어 있지 않음

3. 행복과 정서 〔기출개념〕
① 정서는 자극에 대한 반응이다.
  ㉠ 행복은 특정한 사건에 대한 반응일 수도 있지만, 특별한 이유가 없이도 행복할 수 있다.
  ㉡ 행복이나 만족감은 전형적인 정서들보다는 더 지속적인 것으로 성격 특질에 더 가깝다.
② 정서는 생리적, 행동적, 및 주관적 변화들의 복잡한 연쇄이다.
  ㉠ 정서적 각성은 심장 박동 수의 가벼운 상승을 유발하지만, 일반적인 행복이나 만족은 심장 박동의 약한 감소를 동반한다.
  ㉡ 행복이 유발하는 것이 무엇인지에 대한 구체적이고 기능적인 행동을 특정 하는 것이 어렵다.

개념 Plus
행복의 간접성의 원리
행복은 직접적으로 얻을 수 없다.
행복은 '누구'를 통해서 얻는다.

③ 정서는 상황에 대한 기능적인 반응이다.
  ㉠ 기능적이라는 것은 유익한 것을 의미한다.
  ㉡ 행복이 상황에 대한 적응도를 높이지만 이는 간접적인 반응이다.

4. 행복한 사람
① 행복한 사람이란 하나의 성격 특질로서 습관적으로 행복해 하는 사람을 의미한다.
② 감정적으로 안정적이고, 양심적이며, 믿을 만하고, 상황을 통제하고 있거나 통제하려고 노력한다(DeNeve, 1999).
③ 자율성, 상황에 대한 지배력, 개인적 성장, 타인과의 긍정적 관계, 인생에서의 목표 및 자기 수용성 등을 가지고 있다(Ryff & Singer, 2003).
④ 나쁜 기분도 느끼지만 비교적 빨리 극복한다(Diener & Seligman, 2002).

5. 행복의 원인 기출개념
(1) 자기 보고된 행복의 원인
① 무엇 때문에 행복한가?
  ㉠ 행복에 필요한 요건으로 실제로 미래에 일어날 수 있는 것들(예 돈, 일자리, 보장된 미래, 학점, 수면 등)이다.
② 무엇이 더욱 행복하게 만들어 주나?
  ㉠ 현재 가용한 것에 대한 내용(예 친구, 가족, 자연 등)이거나 자신의 행동이다.

(2) 행복과 부유함
① 부유한 사람들이 평균 수준의 사람들보다 더 행복하다는 증거는 거의 없다. 하지만 단지 부가 행복을 만들어낸다는 증거를 갖고 있지 않을 뿐이지 부가 사람들을 더 행복하게 만들지 않는다는 결론을 내릴 수는 없다.
② 부가 행복을 가져다 주지 않는다 할지라도 가난은 불행을 가져온다. 부유한 사람들의 주변에 있는 가난한 사람이나 병이 든 가난한 사람은 특히 불행하다.
③ 부가 행복을 가져다 주는 정도에 영향을 미치는 것은 전체 금액이 아니라 수입에서의 변화이다. 이전보다 많은 돈을 갑자기 갖게 될 때 행복을 경험할 수 있지만, 익숙해지면 행복은 다시 일상 수준으로 되돌아간다.

(3) 행복과 성격
① 하향적(top down) 행복: 성격이나 기질이 개인의 행복을 통제한다.

유전적 기질 – 낙관성 – 외향성 – 긍정 정서성
↓
긍정 사고 – 사교 행동 – 긍정 정서 – 적극 대처
↓
행복(삶의 만족)

[그림 6-3] 하향적 행복

② 상향적(bottom up) 행복: 인생 사건들이 행복을 좌우한다.

```
                    행복(삶의 만족)
                         ↑
        만족감 - 기쁨 - 성취감 - 즐거움 - 유대감
                         ↑
        소득 증가 - 결혼 생활 - 직장 생활 - 여가 활동 - 종교 생활
```

[그림 6-4] 상향적 행복

> **핵심 Check**
>
> **하향적 행복과 상향적 행복**
> - 하향적(top down) 행복: 성격이나 기질이 개인의 행복을 통제한다.
> - 상향적(bottom up) 행복: 인생 사건들이 행복을 좌우한다.

③ 외향성
  ㉠ 장기간의 삶의 만족은 성격 특성인 외향성과 높은 상관을 가진다(Costa & McCrae, 1980).
  ㉡ 외향적인 사람들은 새로운 사람들과 상호 작용하는 것을 추구하며, 자극과 활동이 계속되는 것을 즐긴다.
  ㉢ 쾌활하고 긍정적인 사건들에 대해 강한 정서 반응들을 보인다.

(4) 행복과 기타 변인

구분	내용
관계	일반적으로 가까운 가족 구성원들이나 친구들과 밀접한 관계를 가진 사람들은 더 행복함
건강	건강한 사람들은 건강하지 않은 사람들보다 더 행복함
종교적 신념	종교적 신념을 가진 사람들은 그렇지 않은 사람들보다 더 행복한 경향이 있음
명확한 목표	행복한 사람들은 인생에서 명확한 목표를 가짐

6. 행복의 측정

(1) 행동 관찰
① 사람들은 행복할 때 더욱 낙관적으로 행동한다.
② 행복한 사람들은 더 대담하게 다른 사람들에게 접근하며, 위협들에 대해 평소보다 덜 강하게 반응한다(Peterson, 2000).
③ 미소는 가장 쉽게 측정 가능한 행복과 연관된 행동이다. 그러나 행복한 사람들이라고 해서 항상 웃는 것은 아니며, 대부분의 미소는 오래 지속되지 않는다.

(2) 생리적 측정
① 자율신경계 측정치
  ㉠ 갑작스러운 기쁨의 순간은 심장 박동 수를 증가시키지만, 공포나 분노에 비해 높지 않고 오래 지속되지도 않는다.
  ㉡ 장기간의 만족은 심장 박동 수의 가벼운 감소와 연관된다.
② 두뇌의 좌우 반구 차이

구분	내용
왼쪽 대뇌 반구의 전두엽 피질 활성화	접근 경향성(행복과 분노)
오른쪽 대뇌 반구의 전두엽 피질 활성화	회피 경향성(슬픔과 공포)

(3) 자기 보고식 측정
① 삶의 만족도 척도(SWLS; Satisfaction With Life Scale, Diener, Emmons, Larsen & Griffin, 1985)
  ㉠ 각 진술문에 대하여 리커트 7점 척도로 응답하도록 구성되었다.
  ㉡ 간단한 문항이지만 신뢰도와 타당도가 잘 입증되어 있어 널리 사용되고 있다.
  ㉢ 문항의 예: 내 인생의 여건은 아주 좋은 편이다.
② 정적 및 부적 정서 척도(PANAS, Watson, Clark & Tellegen, 1988)
  ㉠ 사람들이 자연스럽게 언급하는 정서를 조사한다.
  ㉡ 이 척도는 긍정적 단어 10개와 부정적 단어 10개에 대하여 최근 2주간의 감정이나 기분을 리커트 5점 척도로 응답하도록 구성되었다.

구분	내용
긍정적 단어	즐거운, 신나는, 자신감 넘치는, 열정적인, 자랑스러운, 맑고 또렷한, 의욕 넘치는, 확신에 차있는, 상냥한, 활기 있는
부정적 단어	괴로운, 혼란스러운, 죄책감 느끼는, 위축된, 분노를 느끼는, 화를 잘 내는, 수치스러운, 신경질적인, 초조한, 두려운

02 사랑

1. 사랑의 개념
(1) 사랑과 정서
① 사랑은 단일 정서가 아닌 정서적 경험일 수 있다.
② 사랑은 좋아함과는 다른 차원의 감정으로 좋아함 이상으로 걱정, 보살핌, 의존, 즐거움, 외로움 등 여러 가지의 복합적인 감정이다.
③ 많은 심리학자들은 사랑을 태도로 간주한다.
  ㉠ 정서는 감정적 측면이 강조되며 선천적, 기능적이다.
  ㉡ 태도는 사람, 대상, 및 범주 등에 대한 신념, 감정 및 행동의 조합이다.
  ㉢ 태도는 인지적 측면이 강조되며 후천적으로 학습된다.
  ㉣ 태도는 기능적일 수도 있고 아닐 수도 있다.
  ㉤ 정서는 짧은 상태이지만 태도는 비교적 지속적이다.

(2) 사랑에 대한 원형적 접근
① 사랑에 대한 원형적 접근은 사랑의 가장 좋은 예는 무엇이며, 그 예들의 공통점은 무엇인가에 관한 접근이다.
② 전형적인 사랑은 가족, 연인 및 친구 등 주로 친밀한 관계에서 경험된다.
③ 전형적인 사랑의 공통점
  ㉠ 상대에 대한 일정 수준의 헌신을 한다.
  ㉡ 어려운 상황에서도 자신이 가진 것을 베풀고자 하는 의지가 있다.
  ㉢ 상대의 장점뿐 아니라 단점을 수용하고 그 사람을 있는 그대로 받아들인다.

2. 사랑의 유형 기출개념

(1) 애착으로서의 사랑
① 애착의 개념
  ㉠ 애착이란 특별한 두 사람 간에 형성되는 친밀한 정서적 유대감이다.
  ㉡ 누구를 좋아하거나 사랑하고, 상대방이 없으면 불행을 느끼는 감정이다.
  ㉢ 영아기 때 발생하는 가장 중요한 사회적 발달로 인지, 정서, 사회성 발달에 중요한 영향을 미친다.
  ㉣ 종족 보존을 위해 주위 환경에 적응하기 위한 필수 요소이다.
  ㉤ 애정, 사랑 등의 긍정적 정서의 의미를 지닌다.
② 애착의 생물학
  ㉠ 엔도르핀이 애착에 중요한 역할을 한다.
  ㉡ 애착 대상과의 분리 고통으로 인한 울음은 엔도르핀의 급격한 감소와 관련있다(Nelson & Pankepp, 1998).
  ㉢ 엔도르핀에 둔감한 동물들은 애착의 발달 수준이 낮다(Moles et al., 2004).

(2) 동정과 돌봄으로서의 사랑
① 돌봄의 사전적 의미는 건강 여부를 막론하고 건강한 생활을 유지하거나 증진하고, 건강의 회복을 돕는 행위이다.
② 돌봄은 어리고, 무력하고, 절박하고, 고통 받는 사람과 관련된 상황에서 활성화될 수 있다.
③ 돌봄 체계는 자식들이 어리고 무력할 때 부모들이 더욱 그들을 보호하고 돌볼 수 있도록 동기화시키는 체계이다.
④ 동정의 사전적 의미는 남의 어려운 사정을 이해하고 정신적으로나 물질적으로 도움을 베풂이다.
⑤ 동정은 고통스러운 상황에 처한 사람에게 갖는 감정 이입적인 슬픔, 주의 및 염려를 의미한다.
⑥ 연민의 사전적 의미는 불쌍하고 가련하게 여김으로 연민은 타인의 안녕을 높이고자 하는 정서적 욕망을 의미한다.
⑦ 동정과 연민은 타인 초점적이고 양육적인 행동을 유도하는 것으로 돌봄 체계의 정서적 요소들을 반영하고 있다.
⑧ 남을 잘 돕는 것은 부교감신경계의 활성화와 이완을 나타내는 심박률의 큰 변화에 의해 예측 가능하다(Fabes et al., 1993).

(3) 성적 욕망으로서의 사랑
① 성 체계는 재생산을 위해 바람직할 것 같은 파트너에 대해 성적 관심을 촉진시키는 체계이다.
② 문화권을 초월한 성적 매력에 합의된 특징들
  ㉠ 건강하게 보이는 사람
  ㉡ 윤기있는 머리카락, 깨끗한 피부
  ㉢ 밝고 친절한 성격

개념 Plus
애착
사람이나 동물 등에 대해 특별한 정서적인 관계를 가지는 것을 말한다. 대부분 양육자나 특별한 사회적 대상과 형성하는 친밀한 정서적 관계에서 나타난다.

(4) 스턴버그(Sternberg)의 8가지 사랑의 유형(사랑의 삼각형 이론) ★★

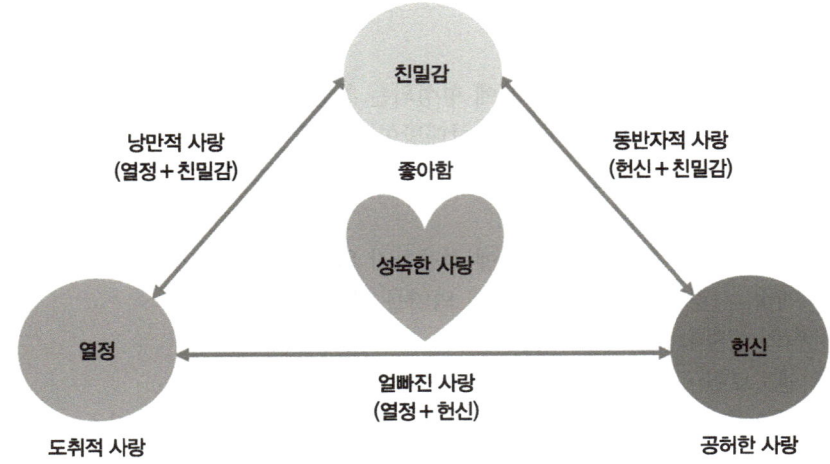

[그림 6-5] 사랑의 삼각형 이론

① 비사랑(nonlove): 3가지 요소 중에서 아무것도 갖추지 못한 관계는 사랑이 아니라고 할 수 있으며, 일상적으로 만나고 지나쳐 버리는 많은 사람들 간의 무의미한 대인 관계가 비사랑에 속한다.
② 좋아함(liking): 친밀감만 있는 것으로서 친구 관계 안에서 느끼는 우정과 같은 것이며 상대에 대한 헌신적인 뜨거운 열정은 없지만 따뜻함과 가까움을 느끼는 상태를 말한다.
③ 도취적 사랑(infatuation): 열정만 있는 상태이며 우연히 본 어떤 사람에게 첫눈에 반해서 뜨거운 사람의 감정을 느끼기는 하지만 말도 한 번 걸어보지 못한 채 혼자서 가슴앓이를 하는 경우이다.
④ 공허한 사랑(empty love): 친밀감이나 열정 없이 헌신적인 행위만 있는 경우이며 사랑 없는 결혼 생활을 하고 있는 부부, 사랑해서 결혼했지만 오랜 기간의 결혼 생활에서 열정은 다 식고 자녀만 위해서 결혼 관계를 유지하는 부부들이 이 유형에 속한다.
⑤ 낭만적 사랑(romantic love): 친밀감과 열정은 있지만 헌신 행위는 없는 사랑의 경우이며 서로 친밀하고 열정은 느끼지만 결혼 같은 미래의 확신이나 약속은 없이 서로 사랑하는 경우이다.
⑥ 얼빠진 사랑(fatuous love): 열정을 느껴서 헌신 행위는 하지만 친밀감이 형성되진 못한 사랑의 경우로 흔히 할리우드식 사랑이라고 표현되기도 하며, 만난 지 며칠 만에 열정으로 인해 약혼을 하고 보름만에 결혼을 하는 식의 사랑이다. 진정한 의미의 친밀감 형성과 서로 깊이 이해할 시간이 부족해서 사랑을 지속하기 어렵다고 한다.
⑦ 동반자적 사랑(companionate love): 헌신 행위와 친밀감은 있지만 열정은 식어버리거나 없는 사랑이다. 오랜 기간 결혼 생활을 유지한 부부들의 관계에서 이런 사랑이 많다.
⑧ 완전한 사랑(consummate love): 친밀감, 열정, 헌신 3가지 요소를 모두 갖춘 이상적이고 완벽한 사랑이다. 얻기 쉽지 않고 성취 후에는 지속시키는 것이 중요하다.

> **핵심 Check**
>
> **사랑의 삼각형 이론**
> 사랑의 8가지 유형에는 비사랑, 좋아함, 도취적 사랑, 공허한 사랑, 낭만적 사랑, 얼빠진 사랑, 동반자적 사랑, 완전한 사랑 등이 있다.

3. 사랑과 생물학 [기출개념]

(1) 옥시토신

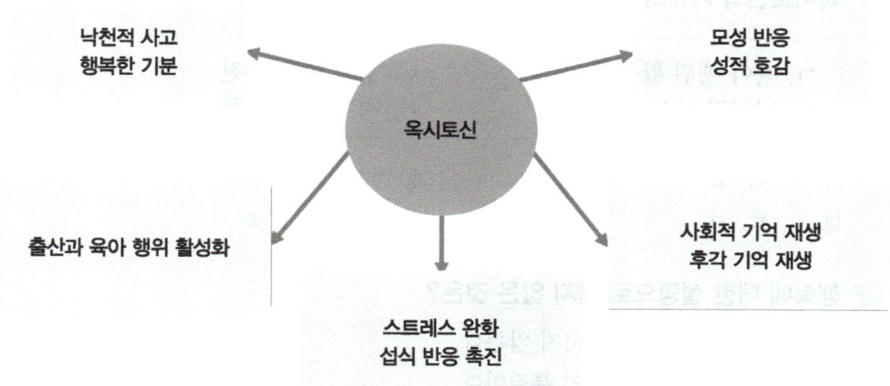

[그림 6-6] 옥시토신의 기능

① 심리적 기능
  ⊙ 옥시토신은 '사랑 호르몬'이라고 불리기도 한다. 엄마와 아기, 연인 관계, 또는 가까운 이웃에 대해서 유대 관계를 느끼게 하는 데 중요한 역할을 한다.
  ⓒ 옥시토신의 심리적 기능은 여러 다른 동물들에 대한 직접 투여 실험과 유전자 변형 실험 등을 통해 입증되고 있다.
  ⓒ 심리적인 영향은 단순하지는 않다. 다른 상황이나 상대에 대해서는 달리 반응할 수도 있고 두려움이나 걱정을 유발하기도 하며, 감정 변화에도 작용하는 것으로 알려지고 있기 때문이다.

② 유대 관계
  ⊙ 프레리들쥐(prairie vole)는 성교 중에 암컷의 뇌에서 분비되는 옥시토신이 상대와의 유대 관계를 맺는데 매우 중요하다는 사실이 알려져 있다. 수컷에서는 바소프레신이 비슷한 효과를 갖는다.
  ⓒ 이와 같은 성향은 인간을 비롯한 영장류에서도 입증이 되었다.
  ⓒ 사람의 경우 코를 통한 옥시토신의 투여가 다른 사람에 대한 연민이나 고통 분담의 확률을 높이는 것으로 나타났다.

③ 사회성
  ⊙ 옥시토신 수용체에 이상이 있는 경우 사회 적응에 문제가 있다는 보고가 있다.
  ⓒ 옥시토신은 남녀 관계에 단일한 연인 관계를 유지하는 데에도 중요하다.

④ 성 활동
  ⊙ 옥시토신은 성행위 중에 혈액 내 농도가 증가한다.
  ⓒ 단순히 평활근의 수축이 증가하면서 생기는 현상으로 해석하는 견해도 있어서, 아직 옥시토신과 성적 만족과의 관계에 대한 의견은 일치하지 않고 있다.

기출개념확인

01 옥시토신의 기능과 관련된 것을 모두 고른 것은?

> ㄱ. 육아 행위 활성화 ㄴ. 섭식 반응 촉진
> ㄷ. 낙천적 사고   ㄹ. 시각 기억 재생

① ㄱ, ㄴ, ㄷ
② ㄱ, ㄷ, ㄹ
③ ㄴ, ㄷ, ㄹ
④ ㄱ, ㄴ, ㄷ, ㄹ

02 행복에 대한 설명으로 옳지 않은 것은?

① 객관적인 행복은 존재하지 않는다.
② 행복은 하나의 성격적인 특질이다.
③ 가난은 불행을 가져온다.
④ 행복이 상황에 대하여 직접적인 반응으로 적응도를 높인다.

정답·해설

01 ① 옥시토신은 후각 기억 재생과 관련된다. 옥시토신의 기능은 낙천적 사고, 행복한 기분, 모성 반응, 성적 호감, 출산과 육아 행위의 활성화, 스트레스 완화, 섭식 반응 촉진, 사회적 기억 재생, 후각 기억 재생 등이다.

02 ④ 행복이 상황에 대한 적응도를 높이지만 이는 간접적인 반응이다.

제5절 혐오와 경멸

01 혐오와 경멸의 개념 및 기능

1. 혐오와 경멸의 개념 [기출개념]

(1) 혐오
① 혐오는 어떤 것을 증오, 불결함 등의 이유로 싫어하거나 기피하는 감정으로, 불쾌, 기피함, 싫어함 등의 감정이 복합적으로 이루어진 비교적 강한 감정을 의미한다.
② 인류가 진화하면서 터득한, 가까이 하면 신체적, 사회적 병해를 입게 되는 대상을 멀리하는 감정이다.
③ 기분 나쁜 대상이 입에 닿을지도 모르는 순간에 경험하는 극도의 불쾌감으로 입 안에 있는 대상을 뱉어 내고자 하는 욕구를 수반한다.
④ 어떤 대상을 멀리하려는 욕구로 어떤 대상과 접촉하는 것을 생각하는 것조차 거부하는 것이다.
⑤ 대상과 떨어지도록 동기화한다는 점에서 공포나 분노와 유사하다.
⑥ 혐오라는 말은 도덕성과 관련하여 광범위하고 추상적인 방식으로 사용된다.

(2) 경멸
① 경멸은 업신여긴다는 의미이다.
② 다른 사람보다 우월하다는 느낌에서 생기는 것으로 다른 사람의 행동에 대한 부정적 평가를 포함한다.
③ 주로 공동체의 도덕 기준이 침해된 경우에 나타난다.
④ 도덕 감정과 관련된 혐오감은 경멸감과 유사하다.

2. 혐오 유발원

구분	내용
생리적 혐오	• 인체 분비물(소변, 대변, 토사물, 침, 가래, 콧물, 고름, 땀 등) • 이상한 맛·음식, 악취, 피, 내장 기관의 노출, 곤충, 거미, 뱀 등, 먼지·세균, 시체와의 접촉
도덕적 혐오	• 사회적, 도덕적 위반 행위 • 용인할 수 없는 성적 행위(근친상간 등)

개념 Plus

혐오
혐오감은 주로 문화권, 집단마다 다른 양상을 보인다. 예를 들어서 썩은 식물의 악취는 혐오감을 불러일으키지만, 아프리카의 어느 오지 부족의 경우엔 '신께서 우리에게 곧 비를 내리시어 새로운 생명의 힘을 꽃피우실 예언'으로 받아들여, 혐오를 느끼지 않는다고 한다.

핵심 Check

혐오와 경멸
• 혐오: 어떠한 것을 증오, 불결함 등의 이유로 싫어하거나 기피하는 감정이다.
• 경멸: 업신여긴다는 의미이다.

3. 혐오와 정서: 혐오는 정서인가?

(1) 혐오는 정서임
① 혐오는 특정 평가와 관련이 있다.
② 강한 혐오는 신체적 증상을 유발한다.
③ 혐오의 전형적인 얼굴 표정은 전 세계에서 대부분 인식된다.

(2) 혐오는 정서가 아님
① 정서는 조건에 따라 다양한 반응을 일으키지만 혐오는 제한적 반응을 보인다.
② 정서는 인지적 측면이 강조되지만 혐오는 인지적으로 침투 가능하지 않다.
③ 정서는 추상적 정보에 의해 유발될 수 있지만 혐오는 구체적 정보에 의해 유발된다.

4. 혐오의 생물학

(1) 생리적 프로파일
① 불쾌함을 유발하는 어떤 것의 냄새를 맡거나 맛을 보았다면, 그 물질을 피하려 할 것이다.
② 혐오의 강력한 생리적 반응은 메스꺼움으로 교감신경계와 부교감신경계 작동에 기인한다.

(2) 신경생물학(fMRI)
① 혐오감을 느낄 때 활성화되는 뇌의 부위는 뇌섬(insula), 바닥핵(basal ganglia), 앞이마엽(prefrontal cortex) 등이다.
② 뇌섬은 미각 처리를 담당하는 영역인데, 이는 혐오감이 불쾌한 맛에 대한 감정이라는 것을 뒷받침하는 신경학적 증거이다.

5. 혐오와 경멸의 기능 ★ `기출개념`

(1) 혐오는 동기적으로 긍정적인 역할을 함
오염된 대상을 피하고 혐오감을 유발하는 상황에 직면하는 것을 막는 데 필요한 대처 행동을 배우게 한다.

(2) 혐오는 건강을 지켜줌
기분 나쁜 대상이 입에 닿을지도 모르는 순간에 경험하는 극도의 불쾌감으로, 썩은 고기나 오염된 지저분한 음식을 먹지 않도록 해서 건강을 지켜 주는 감정이다.

(3) 혐오는 사회생활에서 중요한 기능을 함
혐오감을 잘 못 느끼는 사람은 다른 사람이 혐오감을 느낄 만한 행동을 많이 하기 때문에 사회생활을 정상적으로 하기가 어렵다.

(4) 경멸은 사회적 위계를 유지함
경멸의 표현은 다른 사람에 대해 우월감, 자신의 지배력을 암시한다.

6. 혐오의 발달과 개인차

(1) 혐오의 발달
① 혐오는 입을 통해 경험적으로 발달한다.
② 혐오가 어떻게 발달하는지 어떤 방식으로 습득되는지는 구체적으로 밝혀지지 않았다.

(2) 혐오의 개인차
① 혐오는 성격 특징 중, 신경증 성향과 정적 상관을 보인다.
② 혐오는 개방성과 부적 상관을 보인다.
③ 혐오를 쉽게 경험하는 사람들은 슬픔이나 불안도 쉽게 경험하는 경향성이 있다.

기출개념확인

01 다음의 특징을 지닌 정서는?

> - 이것이 정서라는 것에 대한 논쟁이 있다.
> - 불쾌한 대상을 멀리하는 감정이다.
> - 도덕성과 관련하여 광범위하고 추상적인 방식으로 사용되는 개념이다.

① 혐오　　　　　　② 경멸
③ 슬픔　　　　　　④ 공포

02 다른 사람보다 우월하다는 느낌에서 생기는 것으로 다른 사람의 행동에 대한 부정적 평가를 포함하는 감정은?

① 혐오　　　　　　② 경멸
③ 사랑　　　　　　④ 분노

정답 · 해설

01 ① 혐오는 어떠한 것을 증오, 불결함 등의 이유로 싫어하거나 기피하는 감정이다. 불쾌, 기피함, 싫어함 등의 감정이 복합적으로 이루어진 비교적 강한 감정으로 인류가 진화하면서 터득한, 가까이 하면 신체적, 사회적 병해를 입게 되는 대상을 멀리하는 감정이다.

02 ② 경멸은 업신여긴다는 의미로 다른 사람보다 우월하다는 느낌에서 생기는 것으로 다른 사람의 행동에 대한 부정적 평가를 포함한다. 주로 공동체의 도덕 기준이 침해된 경우에 나타난다.

제6절 자의식적 정서

01 당혹감

1. 당혹감의 의미 〔기출개념〕
① 당혹감은 대부분의 사람들이 타인과의 상호 작용 상황에서 흔히 경험하는 불쾌한 정서이다(Silver, Sabini & Parrot, 1987; Maltby & Day, 2000).
② 당혹감은 무언가 적절하지 않다는 신호이며, 자신의 어떤 측면을 감추어야 하거나, 조심스럽게 점검할 필요가 있음을 나타낸다.
③ 당혹감은 사회적 실책으로 인해 다른 사람의 부정적 평가가 예상되기 때문에 유발된다.
④ 당혹감은 예기치 못한 사건에 대한 반응으로 갑작스럽게 유발되어 잠시 지속된 후 사라지는 특성이 있고, 자신에게 화가 나지는 않는 경향성이 있다.
⑤ 당혹감은 자기 인식 능력과 관련 있다.
　㉠ 무의식 환자, 인지 능력 장애인, 인지 발달 단계상 사회적 존재로서의 자아를 인지할 수 없는 5~6세 이전의 아동에게서는 발견되지 않는다.
　㉡ 성인의 경우 정상적인 지각 능력이 있는 한 시각 장애인에게서도 발견된다(Buss, 1986; Edelmann, 1987).
　㉢ 정상적인 성장 발달 과정에서 대인 관계를 통하여 습득하게 되는 성년 고유의 정서이다.
　㉣ 당혹감의 인지는 복합적인 자아 – 의식 능력을 담당하는 대뇌 피질의 전두엽 기능과 관련 있다(Cutlip & Leary, 1993).

2. 당혹감과 상황적 요인 〔기출개념〕

(1) 상호 작용의 친밀성(intimacy)
① 당혹감은 흔히 상호 작용의 친밀성이 높은 상황에서 발생하는 것으로 관찰된다. 이러한 친밀성은 신체적·정신적·영적인 범주로 분류된다(Muetzel).
② 신체적 친밀성과 관련된 당혹감: 흔히 상호 작용이 생식기와 같은 신체의 사적인 부분을 노출 혹은 접촉하거나 개인 위생 활동을 포함하는 경우에 발생한다(Lodge et al., 1997).
③ 정서적 친밀성과 관련된 당혹감: 가족이나 친구의 비사회적 행동에 대하여 자신이 대신하여 당혹스러워하는 경우이다. 이것이 공감적 당혹감(empathic embarrassment)이다(Leary & Kowalski, 1995).

개념 Plus

당혹감 상태
- 다른 사람의 평가나 반응에 대해 걱정하여 불안하고 부자연스럽게 느끼는 상태
- 자신의 존재·사고·행동에 대해 의식하는 상태
- 거북해 하거나 창피하다고 느끼는 상태
- 누군가에게 정서적인 불편감이나 불안을 주는 상태

(2) 상호 작용의 혼란(confusion)
① 상호 작용의 혼란과 관련된 당혹감은 주로 부적절한 정체성 및 상황 판단에서 비롯되는 것으로 파악된다.
② 당혹감이란 어떤 사람의 행동이 그 사람의 역할과 일치되지 않는 부적절한 정체성을 표현할 때 발생할 수 있다(Gross & Stone, 1964).
③ 당혹감이란 모르는 사람에게 인사를 한다든지 아니면 질문에 대한 엉뚱한 답을 하거나 남의 방에 잘못 알고 들어가는 등의 판단 오류에서 기인한다(Edelmann, 1987).

(3) 상호 작용의 취약성(vulnerability)
상호 작용의 취약성과 관련된 당혹감은 다음과 같은 경우에 나타난다.
① 도구 및 공간에 대한 통제력을 상실할 때(Gross & Stone, 1964)
② 자신이 과도한 사회적 관심의 대상이 될 때(Modigliani, 1968)
③ 상호 작용에서의 역할이 불확실하거나 예측할 수 없을 때(Edelmann, 1987)
④ 자신의 신체에 대한 타인의 시선을 통제할 수 없을 때(Health, 1988)
⑤ 상호 작용이 우발적으로 발생할 때(Harré, 1990)
⑥ 신체 기능의 통제력 상실로 타인에게 의존하게 될 때(Lawler, 1991)

(4) 상호 작용의 노출(exposure)
① 사생활의 침해로 인해 발생한다.
② 감추고 싶은 자신의 신체가 예기치 않게 타인에게 노출되는 상황, 타인이 너무 가까이 다가오거나 접촉하는 상황, 혹은 숨기고 싶은 감정이나 신체 소리가 노출되는 상황에서 발생한다(Buss, 1980; Miller, 1996).

3. 당혹감을 유발하는 경험 ★

경험	내용
사회적 실수	문제가 생기지 않도록 처리한다고 한 것이 오해로 인해 실수로 밝혀진 경우
관심의 중심	우발적으로 예측할 수 없는 상황에서 관심을 받게 된 경우
난처한 상황	요구에 반응하지 않던 대상에게 다시 요구하는 것 이외의 방법이 없는 경우
공감적 당혹감	다른 누군가가 당혹감을 경험하고 있거나 당혹스러워 한다고 생각했을 때 같이 당혹해 하는 경우

4. 당혹감의 표정
① 얼굴 홍조
  ㉠ 당혹감의 가장 뚜렷한 표현은 얼굴 홍조이다.
  ㉡ 자신의 잘못이 결코 고의가 아니며 자신도 이러한 잘못을 고치고 싶어 한다는 것을 상대방에게 알리는 것이다.
  ㉢ 우연히 불쾌하게 만든 누군가로부터 공격당하는 것을 막는 것이다.
  ㉣ 얼굴 홍조는 인간의 진화과정에서만 특정하게 발생해 온 것이다.

② 대부분의 사람들은 당혹감을 경험하면 시선을 마주치는 것을 피하고, 손으로 눈을 가리거나 고개를 보통 왼쪽으로 돌려 숙이면서 얼굴을 보이지 않으려고 한다.
③ 당혹감의 표정은 서로 다른 문화에서도 매우 유사하게 나타난다.

5. 당혹감의 개인차
개인의 당혹감 경험의 역치는 상황적 당혹 성향(situational embarrass ability) 또는 기질적 당혹 성향(dispositional embarrass ability)에 따라 차이가 나는 것으로 보고되고 있다(Maltby & Day, 2000).

(1) 상황적 당혹 성향
① 당혹 성향은 '한 개인의 당혹감에 대한 일반적인 민감성'이다(Modigliani, 1968).
② 당혹 성향이 높은 사람은 자신의 의도하지 않은 이미지를 시사하는 상황은 물론 타인의 자아 – 표현 실패를 목격하는 상황에서도 당혹감을 느끼는 경향이 높다(Miller, 1996; Edelmann, 1987).

(2) 기질적 당혹 성향
① 당혹 성향을 상황적 요인에 영향을 받지 않는 비교적 안정적인 성격의 일부로 간주해야 한다(Maltby & Day, 2000; Kelly & Jones, 1997).
② 당혹감 유발 상황은 스트레스원으로 지각되어 당혹 성향이 높은 사람은 스트레스원에 직접적으로 대처하기보다는 감정적으로 대처하게 될 가능성이 높은 것으로 예측되었다(Maltby & Day, 2000).

6. 당혹감의 문화차와 성차
① 당혹 성향의 횡문화적 차이에 관한 연구에서 집단주의적 문화 배경을 갖는 동양 문화권 사람들이 개인주의적 문화 배경을 갖는 서구 사람들에 비해 높은 당혹 성향을 보였다(Edelmann & Iwawaki, 1987).
② 당혹 성향은 성별에 따라 차이를 보인다(Miller).
  ㉠ 성장 발달 과정에서 당혹감 유발 상황에 반응하는 방법을 학습해온 남성에 비해 여성은 보다 엄격한 사회 규범 적용으로 자아 표현 실패에 처하는 기회가 상대적으로 더 많기 때문에 더 높은 당혹 성향을 보인다.

02 수치심과 죄책감

1. 수치심과 죄책감의 의미 기출개념

(1) 수치심(shame)
① 내재화된 양심에 의해 유발되는 정서인 죄책감과 달리 수치심은 자신의 결점이 외부에 노출되었을 때 느끼는 정서로 정의된다(Benedict, 1946; Ausubel, 1955; Lewis, 1971).
② 수치심은 자신의 행동에 대한 도덕적 판단보다는 자신의 자아에 대한 부정적 평

가에 의해 유발되는 정서이다(Wicker et al., 1983; Lindsay-Hartz, 1984; Tangney, 1990).
③ 수치심은 다른 사람이 자신을 결점이 있는 사람으로 바라본다고 판단할 때 발생하는 정서이다.

(2) 죄책감(guilt)
① 죄책감은 특정 행동이 개인적으로 지켜야 한다고 생각하는 도덕 기준에 위배될 때 발생하는 부정적 느낌이다(Ausubel, 1955).
② 이러한 감정은 불안, 두려움, 초조함 등 다양한 정서들이 복합적으로 나타날 수 있다.
③ 죄책감은 부정적인 정서로, 과거에 이미 일어난 잘못에 대해 발생한다.
④ 사람들은 누구나 잘못된 행동을 저지르는데, 죄책감은 주로 자신의 소중한 관계를 훼손시키는 행동을 저질렀을 때 유발된다.

2. 죄책감의 역할
(1) 죄책감은 사회와 친밀한 관계에 긍정적인 작용을 함
죄책감을 느낄 줄 모르는 사람들은 종종 타인을 착취하고 해를 끼치며, 타인을 이용하고, 타인에게 상처를 주었다는 점에 대해 후회를 하지 않는다.

(2) 죄책감은 개인으로 하여금 적절한 행위를 할 수 있도록 동기화함
① 죄책감의 잠재력이 자아와 사회적 행위가 갖는 문화적 규칙에 관한 책임감과 함께 생긴다(Izard, 1977).
② 죄책감을 자아의 행위에서 초래되는 부정적 정서라 정의하고 죄책감의 인지적, 의도적 측면을 강조했다(Roseman, 1984).
③ 죄책감은 개인의 의도적 행위에서 생긴다(Weiner, 1985)
④ 타인과의 관계에 적응하는 죄책감의 역할이 중요하다(De Rivera & Scheff, 1984)

3. 죄책감과 대인 관계
① 죄책감은 개인의 내부에서 개인적으로 일어나는 감정이 아니라 대인 관계에 기반을 둔 정서라 할 수 있다.
② 사람들은 주로 자신이 타인에게 행한 행위 때문에 죄책감을 느낀다.
   예 타인에게 상처를 주거나 무시하거나 실망시키거나 타인의 기대를 충족시키지 못했을 때
③ 주로 자신이 아끼는 사람들에 대해 죄책감을 느끼기 때문에 죄책감은 다른 정서들보다 친밀한 관계와 밀접한 정서라 할 수 있다.
④ 생존자 죄책감(survivor guilt)
   ㉠ 죄책감은 때로 자신이 어떤 잘못을 했기 때문이 아니라, 상대방이 자신보다 더 큰 고통을 겪었기 때문에 생겨나는데, 이것을 생존자 죄책감이라 한다.
   ㉡ 2차 세계 대전 생존자, 즉 홀로코스트 생존자들은 다른 사람들에 비해 고통을 덜 겪었거나 자신만 살아남았다는 사실에 죄책감을 느낀다는 조사 결과가 있다.
   ㉢ 학자들은 사람들이 공정함(fairness)에 민감하며 삶이 누군가에게 불공정하다고 느낄 때는 자신이 잘못을 저지르지 않았음에도 죄책감을 느낀다고 설명한다.

> **핵심 Check**
> **죄책감의 역할**
> • 사회와 친밀한 관계에 긍정적인 작용을 한다.
> • 개인으로 하여금 적절한 행위를 할 수 있도록 동기화한다.

㉣ 기업의 구조 조정에서 살아남은 직장인들이 해고된 동료들에게 느끼는 감정 역시 생존자 죄책감이라 할 수 있다.

4. 수치심과 죄책감의 구분 `기출개념`

① 수치심과 죄책감이 모두 부정적 정서를 포함하지만 초점을 맞추는 대상이 다르며, 이로 인해 현상학적 차이가 생긴다(Lewis, 1971).
  ㉠ 수치심을 느끼는 개인은 자기 전체에 초점을 맞추기 때문에 타인 또는 내면화된 타인에 의해 자기 또는 자기의 어떤 면이 부정당하는 것을 경험한다.
  ㉡ 죄책감을 느끼는 개인은 자신의 행동을 나쁘게 평가하기 때문에 불쾌감을 경험한다.
  ㉢ 이러한 초점의 차이는 정서의 차이와 더불어 동기, 그로 인해 유발되는 행동의 차이까지도 유발한다.

② 죄책감과 수치심의 차이는 부정적인 정서를 얼마나 폭넓게 정의하는가의 차이에 달려 있다(Tangney & Dearing, 2002).
  ㉠ 죄책감과 수치심 모두 도덕적·사회적 기준의 위반과 관련된 정서이다.
  ㉡ 죄책감은 주로 행동에, 수치심은 사람 전체에 초점을 맞춘다.
  ㉢ 죄책감은 '나는 잘못된 행동을 했다.'라는 감정이지만 수치심은 '나는 나쁜 사람이다.'라는 감정이다(Tangney, 1995).

③ 수치심과 죄책감 모두 부정적인 정서이지만 일반적으로는 수치심이 더 고통스러운 정서로 여겨진다.
  ㉠ 수치심은 개인의 부분적 행동이 아닌 핵심적인 자기(self)와 관련된 정서이기 때문이다.
  ㉡ 수치심은 일반적으로 움츠러드는 느낌과 함께 무가치감(worthlessness)과 무력함(powerlessness)을 경험하게 한다.
  ㉢ 수치심을 경험하는 사람들은 무방비로 노출된 기분을 함께 경험한다. 실제로 누군가에 의해 관찰당하지 않더라도 수치심이라는 감정 자체가 타인이 자신의 약점을 지켜보고 있는 듯한 기분을 동반하기 때문이다.

④ 죄책감은 수치심보다는 덜 고통스러운 것으로 여겨지는데, 비난의 대상이 구체적인 행동이지 자기(self) 전체가 아니기 때문이다.
  ㉠ 죄책감을 느끼는 개인은 타인에게 노출된 자신의 정체성을 방어할 필요성을 느끼기보다는 자신의 행동과 그것의 결과에 초점을 맞춘다(Tangney, Stuewig, Mashek, 2007).

⑤ 수치심은 나쁜 사람이 되었을 때, 그것을 회복할 방법이 없기 때문에, 개인이 철회(withdraw)하고 숨거나 분노로 인해 폭발하게 만든다.

⑥ 죄책감은 좋은 사람이 단지 나쁜 행동을 했을 뿐임을 의미하기 때문에 이러한 나쁜 행동을 극복하기 위한 방법이 얼마든지 있음을 암시한다(예 사과, 행동의 개선, 관계에 대한 헌신을 재다짐, 동일한 실수를 반복하지 않겠다는 약속 등).

5. 당혹감, 수치심, 죄책감의 공통점과 차이 ★★★

구분	당혹감	수치심	죄책감
공통점	• 사람들에게 불쾌감을 제공 • 도덕적 규범이나 사회적 관습을 어겼다는 신념을 포함 • 이러한 정서의 경험을 숨기거나 없애고 싶어 함		
경험	• 수행 과제를 잘 해내지 못한 것 • 신체적 실수 • 인지적 실수 • 부적절한 복장 • 사생활 노출 • 남의 이목을 끎	• 수행 과제를 잘 해내지 못한 것 • 상대방의 기분을 상하게 한 것 • 거짓말을 한 것 • 상대방의 기대에 부응하지 못한 것 • 자신의 기대에 부응하지 못한 것	• 자신의 의무를 제대로 수행하지 못한 것 • 거짓말을 하거나, 남을 속이거나, 남의 물건을 훔친 것 • 친구나 애인에게 소홀히 한 것 • 상대방의 기분을 상하게 한 것 • 다른 사람의 애인과 바람을 피운 것 • 다이어트에 실패한 것
차이	• 불쾌한 정서가 사라지기 전 잠시 동안 경험 • 예기치 못한 사건에 갑작스럽게 유발 • 자신에게 화를 내지 않음 • 도덕적 행동보다는 긍정이든 부정이든 다른 사람에게 주목의 대상이 되었을 때	• 유발 사건은 오랜 시간에 걸쳐 만들어진 것 • 자신에게 화가 남 • 도덕적으로 잘못된 행동과 연합	

03 자부심

1. 자부심(pride)의 의미 ★ 기출개념

① 자부심(pride)은 자기 자신 또는 자기와 관련되어 있는 것에 대하여 스스로 그 가치나 능력을 믿고 당당히 여기는 마음이다.
② 자신을 다른 사람들이 어떻게 생각하는가를 반영하는 개인적 평가, 또는 개인이 자신의 가치에 대한 판단을 반영하는 능력의 정도이다.
③ 다른 사람의 반응이 자신의 긍정적 자기 개념에 부합할 경우에 나타나는 신체적, 정서적, 인지적 변화이다.
④ 평소의 생활 모습과 삶을 변화시키는 사회적 행동이며 중요한 감정이다.
⑤ 자기 개념의 긍정적 측면을 지지하는 긍정적 결과를 낳은 것에 대한 공로를 인정하여 느끼는 정서이다.

⑥ 자부심이 있는 사람들은 자신이 좋은 일을 야기시켰다고 느끼고, 이에 대한 공로를 인정받았다고 느낀다.
⑦ 좋은 일은 그 사람의 긍정적 자기상을 다시 한 번 확인시켜준다.
⑧ 개인의 자부심은 본질적으로 자신의 일의 질, 적절한 존엄성 또는 가치관 및 업무 성취에 대한 자기 존중감과 같은 개인의 업적에 의존한다.
⑨ 자부심은 명예(honor)의 개념과 밀접하며, 자아 존중감(self-esteem), 자기 평가(self-appreciation), 자기 존중(self-respect), 사회적 인식 및 존중들과 유사하다.
⑩ 자부심은 '자신만만함'이며, 자기 성취 또는 특성을 공개적으로 주장하는 것이다.
⑪ 이타주의와 같은 친사회적 행동을 촉진하기도 하지만, 공격성, 갈등 관계, 다른 사람을 조종하는 것 같은 반사회적 행동에 기여하기도 한다.
⑫ **진정한 자부심**: 내적, 불안정적, 통제 가능한 귀인에 근거한다.
⑬ **오만한 자부심**: 내적, 안정적, 통제 불가능한 귀인에 근거한다.

2. 자부심의 표현
① 자부심의 표현은 당혹감이나 수치심의 표현과는 정반대이다.
② 머리를 약간 뒤로 기울이고, 앉거나 서 있을 때 몸을 곧추 세우거나 팔을 머리 위로 올리거나 허리에 손을 얹는다.
③ 살짝 웃는 미소를 포함하는 경우가 있다.

기출개념확인

01 당혹감에 대한 설명으로 옳은 것을 모두 고른 것은?

> ㄱ. 자신에게 화가 나지는 않는 경향성이 있다.
> ㄴ. 대뇌 피질의 전두엽의 기능과 관련 있다.
> ㄷ. 무의식 환자나 인지 능력 장애인에서도 발견된다.
> ㄹ. 사회적 실책으로 인해 다른 사람의 부정적 평가가 예상되기 때문에 유발된다.

① ㄱ, ㄴ, ㄷ
② ㄱ, ㄴ, ㄹ
③ ㄴ, ㄷ, ㄹ
④ ㄱ, ㄴ, ㄷ, ㄹ

02 수치심과 죄책감에 대한 설명으로 옳은 것은?

① 수치심은 내재화된 양심에 의해 유발되는 정서이다.
② 죄책감은 자신의 결점이 외부에 노출되었을 때 느끼는 정서이다.
③ 수치심은 도덕 기준에 위배될 때 발생하는 부정적 느낌이다.
④ 죄책감은 주로 자신이 아끼는 관계를 훼손할 수 있는 행동을 저질렀을 때 유발된다.

정답·해설

01 ② 당혹감은 자기 인식 능력과 관련 있다. 무의식 환자나 인지 능력 장애인, 인지 발달 단계상 사회적 존재로서의 자아를 인지할 수 없는 5~6세 이전의 아동에게서는 발견되지 않지만, 성인의 경우 정상적인 지각 능력이 있는 한 시각 장애인에게서도 발견된다. 정상적인 성장 발달 과정에서 대인 관계를 통하여 습득하게 되는 성년 고유의 정서이다.

02 ④ 죄책감(guilt)은 부정적인 정서로, 과거에 이미 일어난 잘못에 대해 발생한다. 크든 작든 사람들은 누구나 잘못된 행동을 저지르는데, 죄책감은 주로 자신이 아끼는 관계를 훼손할 수 있는 행동을 저질렀을 때 유발된다.

> **오답분석**
> ① 죄책감은 내재화된 양심에 의해 유발되는 정서이다.
> ② 수치심은 자신의 결점이 외부에 노출되었을 때 느끼는 정서이다.
> ③ 죄책감은 특정 행동이 개인적으로 지켜야 한다고 생각하는 도덕 기준에 위배될 때 발생하는 부정적 느낌이다.

제6장 | 실전연습문제

*기출유형 은 해당 문제가 실제 시험에 출제된 유형임을 나타냅니다.

01 다음 설명의 빈칸에 가장 적합한 뇌 영역은?

> 개에게 물린다거나 교통사고와 같은 무서운 일을 당하면 그 다음부터 개를 무서워하고 차를 못 타는 등 새로운 공포 대상이 생기게 된다. 그 이유는 학습과 기억에 관여하는 부위인 뇌 속 (   ) 이/가 공포의 원인을 기억하기 때문이다.

① 해마
② 망상체
③ 시상 하부
④ 전대상 피질

02 공포로 인하여 각성, 주의, 심장 박동 수, 근육의 긴장도가 높아질 때 활성화되는 체계는?

① 행동 활성화 체계
② 행동 억제 체계
③ 행동 유지 체계
④ 행동 기억 체계

03 다음 중 공포로 나타나는 현상에 대한 설명으로 옳지 않은 것은?

① 공포로 인해 나타나는 얼굴 표정은 모든 문화에서 비슷하다.
② 공포로 인해 불수의적이고 순간적으로 미세한 표정이 나타나기도 한다.
③ 공포로 인한 놀람 반응은 반사적인 행동으로 본능적 반응이다.
④ 공포로 인한 놀람은 본능적인 것으로 개인적 경험과는 무관하다.

04 다음 설명에서 빈칸에 해당하는 것은?

> 동물의 (   )를 파괴하면 본능적인 공격성, 두려움 등이 사라진다.

① 중격 해마
② 망상체
③ 편도체
④ 시상 하부

05 다음 중 분노의 원인에 대한 설명으로 적절하지 않은 것은?

① 특성 분노는 비교적 지속적인 분노 유발 기질 및 경향성이다.
② 상태 분노는 개인의 일시적으로 경험하는 정서 상태이다.
③ 통제감은 분노 유발의 중요한 요소이다.
④ 공격적 행동과 분노는 상황에 대한 인지적 평가가 있어야만 발생한다.

06 화가 난 상태를 지각하고 감독하면서 화를 진정시키기 위해 다양한 책략을 구사하는 분노 표현 행동은?

① 분노 표출
② 분노 억압
③ 분노 조절
④ 분노 유지

07 다음은 어떤 정서를 측정하는 방법인가?

- 주제 점 탐색 과제
- 이야기 완성하기
- 시각 탐지 과제

① 공포　　　　② 불안
③ 분노　　　　④ 슬픔

기출유형

08 다음의 분노와 관련된 설명으로 옳지 않은 것은?

① 전전두엽 피질이 손상된 환자들은 자신의 정서 표현을 잘 억제하지 못한다.
② 동물과 인간 모두에게서 세로토닌의 효과는 일관적으로 나타난다.
③ 공격 행동 초반에 코르티솔 호르몬 분비가 증가된다.
④ 분노를 자주 느끼는 것보다 자주 표현하는 것이 심혈관계에 더 부정적인 영향을 미친다.

09 분노와 공격에 대한 설명으로 가장 옳은 것은?

① 분노 시 남성은 간접적 공격을, 여성은 직접적 공격을 주로 시행한다.
② 폭력적 행동은 낮은 자존감의 산물이다.
③ 폭력은 정신적 질병의 결과이다.
④ 진화가 수컷을 더 공격적으로 만들었다.

10 다음 중 슬픔에 대한 설명으로 옳지 않은 것은?

① 슬픔은 상실감에 대한 정서적인 반응이다.
② 슬픔의 원인은 일반적으로 개인 내부에서 비롯된다.
③ 슬픔이란 자기를 도와 달라는 사회적 신호이다.
④ 슬퍼하는 행동은 자신의 고통에 주의를 기울이게 만든다.

기출유형

11 슬픔의 감정을 느낄 때 증가되는 호르몬은?

① 세로토닌(serotonin)
② 도파민(dopamine)
③ 코르티솔(cortisol)
④ 엔도르핀(endorphin)

12 다음 중 행복의 특성에 대한 설명으로 옳지 않은 것은?

① 행복은 주관적인 것이다.
② 개인마다 느끼는 행복은 다양하다.
③ 행복은 직접적으로 얻을 수 있다.
④ 절대적인 행복은 존재하지 않는다.

13 행복하거나 만족하는 삶을 사는 사람들의 특징으로 보기 어려운 것은?

① 감정적으로 안정적이며 상황을 통제하려고 하지 않는다.
② 인생에서의 목표 및 자기 수용성 등을 가지고 있다.
③ 나쁜 기분도 느끼지만 비교적 빨리 극복한다.
④ 주관적 안녕이 높다.

14 다음은 무엇에 대한 설명인가?

> - 특별한 두 사람 사이에 형성되는 친밀한 정서적 유대감
> - 종족 보존을 위해 주위 환경에 적응하기 위한 필수 요소
> - 상대방이 없으면 불행을 느끼는 감정

① 행복　　② 애착
③ 공감　　④ 연민

15 스턴버그(Sternberg)의 사랑의 유형에 대한 설명으로 옳은 것은?

① 친밀감, 열정, 헌신의 정도에 따라 6가지 사랑의 유형이 있다.
② 공허한 사랑은 사람의 감정을 느끼기는 하지만 말도 한 번 걸어보지 못한 채 혼자서 가슴앓이를 하는 경우이다.
③ 낭만적 사랑은 서로 친밀하고 열정은 느끼지만 결혼 같은 미래의 확신이나 약속은 없이 서로 사랑하는 경우이다.
④ 얼빠진 사랑은 헌신행위와 친밀감은 있지만 열정은 식어버리거나 없는 사랑이다.

16 사랑의 호르몬이라 불리는 옥시토신(oxytocin)과 관련된 것을 모두 고른 것은?

> ㄱ. 출산과 육아 행위 활성화
> ㄴ. 낙천적 사고
> ㄷ. 사회적 기억 재생
> ㄹ. 성적 호감

① ㄱ, ㄴ　　② ㄱ, ㄴ, ㄷ
③ ㄱ, ㄴ, ㄹ　　④ ㄱ, ㄴ, ㄷ, ㄹ

17 다음의 설명에 가장 부합하는 정서는 무엇인가?

> - 가까이 하면 신체적, 사회적 병해를 입게 되는 대상을 멀리하는 감정이다.
> - 대상과 떨어지도록 동기화한다.
> - 정서라는 것에 대하여 많은 논쟁이 있다.

① 공포　　② 분노
③ 혐오　　④ 경멸

18 혐오에 대한 설명으로 옳지 않은 것은?

① 혐오는 입을 통해 경험적으로 발달한다.
② 혐오는 신경증 성향과 높은 상관을 보인다.
③ 혐오감을 느낄 때 주로 시각 중추가 활성화된다.
④ 혐오감은 교감신경계와 부교감신경계 작동에 기인한다.

`기출유형`

19 사회적 실책으로 인해 다른 사람의 부정적 평가가 예상되기 때문에 유발되는 정서는?

① 당혹감 ② 수치심
③ 죄책감 ④ 자괴감

`기출유형`

20 다음 중 자의식적 정서를 모두 고른 것은?

| ㄱ. 당혹감 | ㄴ. 수치감 |
| ㄷ. 자부심 | ㄹ. 자존감 |

① ㄱ, ㄴ, ㄷ   ② ㄱ, ㄷ, ㄹ
③ ㄴ, ㄷ, ㄹ   ④ ㄱ, ㄴ, ㄷ, ㄹ

제6장 | 실전연습문제 정답·해설

01	02	03	04	05
①	②	④	③	④
06	07	08	09	10
③	③	②	④	②
11	12	13	14	15
③	③	①	②	③
16	17	18	19	20
④	③	③	①	①

01 ①

해마는 학습, 기억 및 새로운 것의 인식 등의 역할을 한다.

오답분석

② **망상체**: 뇌의 동기적, 정서적 관여를 시작하는 과정과 각성에 중요한 역할을 한다.
③ **시상 하부**: 동기에 관여하는 기능과 관련된 부위이다. 주로 기, 갈, 성과 관련된 욕구를 관장한다.
④ **전대상 피질**: 일상의 기분을 통제하는 데 많은 관여를 한다.

02 ②

행동 억제 체계(BIS)는 유기체가 처벌과 위험 단서에 반응하여 움직임을 억제하는 심리적 멈춤 체계이다. BIS는 '처벌'이나 '위협'과 같은 불안 관련 단서들에 반응하여 불안을 경험하고 현재 진행 중인 행동을 멈추고 다른 위험이나 위협 단서들을 찾기 위해 환경을 조사하도록 유도하는 동기 체계이다. 이 체계와 밀접하게 관련된다고 가정하는 뇌 신경 기저는 혐오적 동기 체계에 해당하는 중격 해마 체계와 뇌간으로부터의 구심성 모노아민계, 특히 세로토닌 경로에 의해 조절된다.

참고 행동 활성화 체계(BAS)
행동 활성화 체계(BAS)는 유기체가 바라는 어떤 것을 향해 다가가게 하는 심리적 가속 체계이다. '음식'이나 '성' 혹은 '더위나 고통의 회피' 등과 같이 원하는 특정 대상을 민감하게 감지하고 적극적으로 추구하도록 만들어 주며, 자신이 바라는 바가 달성되리라고 기대할 때 생기는 긍정적 정서인 희망, 흥분, 행복 등을 유발하는 동기 체계이다. BAS는 도파민 경로에 의해 조절되며 뇌의 좌반구 전전두엽의 활동과 밀접한 관련이 있다.

03 ④

놀람은 외상 후 스트레스 장애(PTSD)와 같이 개인적 경험에 의해서도 조절된다.

04 ③

편도체는 정서적 정보를 처리하는 곳으로 특히 위험을 감지하고 반응하는 중요한 기능을 하며 공포, 분노 및 불안과 같은 자기 보존에 관여하는 정서 조절을 한다. 편도체가 손상이 되면, 무기력해지며 정서적 반응이 결여되고, 참여보다는 고립을 선호한다.

05 ④

상황에 대한 인지적 평가 없이도 공격적 행동과 분노가 발생할 수 있다.

참고 좌절 – 공격 가설
- 욕구 좌절이 공격적 감정을 일으키게 된다는 가설이다.
- 목적한 바를 이루고자 하는 행동에 방해를 받으면 좌절감을 느끼고 분노가 생긴다.
- 이 분노가 바로 공격의 직접적 원인이 된다.
- 상황에 대한 인지적 평가가 없어도 공격적 행동과 분노가 발생할 수 있다.

06 ③

분노 조절은 적응적 분노 표현 행동으로 냉정을 유지하고 상대방을 이해하려고 노력한다.

오답분석

① 분노 표출은 부적응적 분노 표현 행동으로 화가 나면 겉으로 드러내는 것이다.
② 분노 억압은 부적응적 분노 표현 행동으로 화가 나 있지만 겉으로 드러내지 않는 것이다.

07 ③

주제 점 탐색 과제, 이야기 완성하기, 시각 탐지 과제는 분노를 암묵적으로 측정하는 방법들이다. 암묵적 측정은 미묘한 방식으로 개인의 정서를 감지하는 데 사용한다. 공격적인 단어는 폭력 경향이 있는 사람의 주의를 완전하게 사로잡는다는 원리이다.

08 ②

인간의 경우 세로토닌의 효과는 일관적이지 않다. 세로토닌은 감정 행동, 기분, 수면 등의 조절에 관여한다. 낮은 세로토닌 수준은 분노와 관련되어 있다.

09 ④

수컷이 암컷을 차지하기 위한 과정에서 더 공격적으로 진화되었다.

오답분석

① 분노 시 남성은 직접적 공격을, 여성은 간접적 공격을 주로 시행한다.
② 자신을 실패자로 보는 사람은 다른 사람을 공격함으로써 자신의 위치를 높이고자 시도한다. 그러나 연구 결과들은 이 가설을 일관적으로 지지하지 않고 있다.
③ 알코올이나 다른 약물을 남용하는 정신질환자들을 제외하고는 폭력적인 정신질환자들은 아주 드물다.

10 ②

슬픔의 원인은 개인의 잘못보다는 보통 외부에 있다.

11 ③

코르티솔은 급성 스트레스에 반응해 분비되는 물질로, 스트레스에 대항하는 신체에 필요한 에너지를 공급해 주는 역할을 한다.

오답분석

① 세로토닌은 감정 행동, 기분, 수면 등의 조절에 관여한다.
② 도파민은 흔히 에너지, 의욕, 동기부여, 흥미 등을 부여하는 물질로 알려져 있다. 즉, 긍정적인 감정에 관여하는 물질이다.
④ 엔도르핀은 기분을 좋게 하고 통증을 줄여 주는 작용을 한다.

12 ③

행복은 직접적으로 얻을 수 없다(행복의 간접성의 원리). 행복은 '누구'를 통해서 얻는다.

13 ①

행복한 사람은 감정적으로 안정적이고, 양심적이며, 믿을 만하고, 상황을 통제하고 있거나 통제하려고 노력한다. 자율성, 상황에 대한 지배력, 개인적 성장, 타인과의 긍정적 관계, 인생에서의 목표 및 자기 수용성 등을 가지고 있다.

14 ②

애착은 영아기 때 발생하는 가장 중요한 사회적 발달로 인지, 정서, 사회성 발달에 중요한 영향을 미친다.

15 ③

낭만적 사랑은 친밀감과 열정은 있지만 헌신 행위는 없는 사랑의 경우이다.

오답분석

① 친밀감, 열정, 헌신의 정도에 따라 8가지 사랑의 유형이 있다.
② 도취적 사랑(infatuation)은 열정만 있는 상태이며 우연히 본 어떤 사람에게 첫눈에 반해서 뜨거운 사람의 감정을 느끼기는 하지만 말도 한 번 걸어보지 못한 채 혼자서 가슴앓이를 하는 경우이다. 공허한 사랑(empty love)은 친밀감이나 열정 없이 헌신적인 행위만 있는 경우이다.
④ 동반자적 사랑은 헌신 행위와 친밀감은 있지만 열정은 식어버리거나 없는 사랑이다. 얼빠진 사랑은 열정을 느껴서 헌신 행위는 하지만 친밀감이 형성되진 못한 사랑의 경우이다.

16 ④

옥시토신은 출산과 육아 행위 활성화, 낙천적 사고, 행복한 기분, 모성 반응, 사회적 기억 재생, 후각 기억 재생, 스트레스 완화, 섭식 반응 촉진 등의 효과가 있다.

17 ③

혐오는 어떠한 것을 증오, 불결함 등의 이유로 싫어하거나 기피하는 감정으로, 불쾌, 기피함, 싫어함 등의 감정이 복합적으로 이루어진 비교적 강한 감정을 의미한다. 인류가 진화하면서 터득한, 가까이 하면 신체적, 사회적 병해를 입게 되는 대상을 멀리하는 감정이다.

18 ③

혐오감을 느낄 때 활성화되는 뇌의 부위는 뇌섬(insula)으로 뇌섬은 미각 처리를 담당하는 영역인데, 이는 혐오감이 불쾌한 맛에 대한 감정이라는 것을 뒷받침하는 신경학적 증거이다.

19 ①

당혹감은 다른 사람의 평가나 반응에 대해 걱정하여 불안하고 부자연스럽게 느끼는 상태, 혹은 자신의 존재, 사고, 행동에 대해 의식하는 상태, 혹은 거북해 하거나 창피하다고 느끼는 상태, 혹은 누군가에게 정서적인 불편감이나 불안을 주는 것을 의미한다.

20 ①

자의식적 정서에는 당혹감, 수치감, 죄책감, 자부심 등이 있다. 자존감은 이에 해당되지 않는다.

무료 학습자료 제공 · 독학사 단기합격 **해커스독학사**
www.haksa2080.com

무료 학습자료 제공 · 독학사 단기합격 **해커스독학사**
www.haksa2080.com

전문가가 분석한 출제경향 및 학습전략

제7장 정서와 인지는 정서와 관련된 인지적인 이론과 개념들로 구성된 장이다. 정서와 기억에 관련된 이론의 구분을 정확하게 이해하는 것이 중요하며 일반 적응 증후 단계의 특징, 내·외 통제 소재 및 A형 성격 유형의 특징을 잘 파악하는 것도 중요하다. 정서 조절 영역은 정서 조절 방법을 암기하는 것이 필요하다.

제7장 | 핵심 키워드 Top 10

핵심 키워드 Top 10은 본문에도 동일하게 ★로 표시하였습니다.

01	일반 적응 증후의 단계 ★★★	p.238
02	정서와 기억의 삼원 구조(emotion – and – memory triangle) ★★	p.228
03	기분 일치 효과(mood – congruity effect) ★★	p.229
04	기분 – 상태 의존 기억(state dependent memory) ★★	p.230
05	내·외 통제 소재 ★★	p.244
06	A형 성격 ★★	p.245
07	정서 지능의 4영역 4수준 16요소 모형(Salovey & Mayer, 1997) ★	p.234
08	스트레스 연구 접근 방법 ★	p.240
09	우울 취약성 ★	p.245
10	스트레스 평가에 영향을 주는 요인들 ★	p.246

제7장

정서와 인지

제1절 정서의 정보 처리
제2절 정서 지능
제3절 스트레스와 정서
제4절 정서 조절

제1절 정서의 정보 처리

01 정서의 정보 처리

1. 정서와 기억 기출개념

① 정서는 파지와 저장 인출 등 기억의 정보 처리 과정과 밀접 관련이 있다.
② 중립적인 그림에 비해 정서적인 그림을 더 잘 기억한다는 연구 결과로 정서가 개재된 정보는 자연스럽게 주의를 유도하기 때문에 기억하기가 용이하다(Wolfe, 2001).
③ 편도체는 정서적인 단어를 보고 기억해 낼 때 훨씬 높은 활동을 보이며, 편도체가 손상을 입은 환자는 일반인과는 달리 정서적인 내용에 대한 기억 증진 현상이 나타나지 않는다.
④ 중추신경계인 뇌에서 정서를 담당하는 편도와 시상 사이는 한 시냅스의 통로이다. 이러한 단기 통로는 위험한 상황에 접했을 때 신속하게 대처할 수 있도록 하지만, 중립적인 정보보다 정서가 개재된 정보에 빨리 반응하고 깊은 흔적을 남겨 생생한 기억을 촉진하기도 한다(Politano & Paquin, 2000).
⑤ 편도체는 시상을 통과하는 여러 감각 정보를 대뇌 피질보다 빨리 받는 신경 회로망에 속해 있어서, 대뇌 피질이 정보를 사려 깊게 분석하고 판단하기 전에 더 빨리 정보를 받아 쾌감 또는 불쾌감을 유발한다. 또한 이 순간의 정서가 동일한 감각 정보에 대한 대뇌 피질의 이성적 정보 처리에도 영향을 준다(Carter, 1999).
⑥ 편도체와 피질 사이에는 많은 정보 교류가 이루어진다는 점에서 정서와 학습 및 기억은 밀접하게 관련되어 있음을 알 수 있다.
⑦ 편도체와 피질의 상호 작용에서 편도의 영향이 훨씬 더 강하게 나타난다. 이것은 시상에서 편도체로 가는 통로가 더 빠를 뿐만 아니라, 피질로부터 편도체에 주어지는 정보보다 편도체로부터 피질에 주어지는 정보가 훨씬 더 많기 때문이다(Carter, 1999).
⑧ 뇌 발달 과정에서 편도체가 피질보다 빨리 성숙한다는 점을 고려할 때, 우리 뇌가 미숙하고 사고 능력이 개발되지 않은 시기에 경험한 정서 특히 공포가 우리에게 장기적인 영향을 줄 수 있음을 시사한다(Politano & Paquin, 2000).

2. 정서와 기억의 삼원 구조(emotion – and – memory triangle) ★★ 기출개념

① 패럿과 스팩만(Parrott & Spackman)은 정서와 기억의 관련성을 연구하여 세 가지 측면을 정서와 기억의 삼원 구조로 제시하였다.

개념 Plus

정보 처리 과정
주어진 정보로부터 달성해야 할 목적에 도움이 되는 정보를 얻는 과정이다. 주의 집중 → 파지 → 저장 → 인출의 과정으로 이루어진다.

② 삼원 구조는 기억이 형성(부호화)될 때, 기억이 회상(인출)될 때, 부호화와 인출의 사이(저장)이다.
③ 이 세 가지 정서가 늘 함께 나타나는 것은 아니지만 회상할 때마다 이들 삼원 구조가 상호 작용한다고 본다.
④ 기억에 영향을 미칠 수 있는 정서는 정보를 부호화할 때의 정서 상태, 정보를 회상할 때의 정서 상태, 기억되는 자료의 질과 관련된 정서 상태라고 볼 수 있다.
⑤ 기억되는 정서 자극의 내용과 인출될 때의 정서 상태는 서로 상호 작용한다.
  ㉠ 기분에 따른 회상은 부호화 당시의 정서 상태와 인출될 때의 정서 상태가 상호 작용하여 나타난다.
  ㉡ 기분이 좋을 때는 과거에 좋았던 일을 쉽게 회상해 내지만 기분이 나쁠 때는 과거의 좋지 않았던 경험을 회상해 낸다.

> **핵심 Check**
>
> **기억의 삼원 구조**
> 기억의 삼원 구조는 기억된 정서의 내용, 부호화 당시 정서 상태, 인출 시 정서 상태이다.

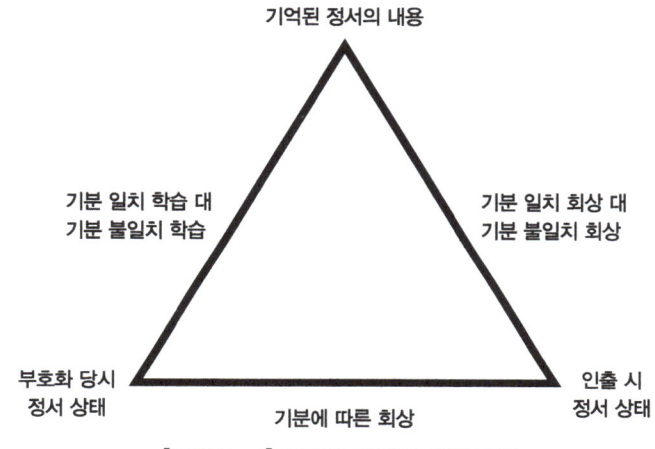

[그림 7-1] 정서와 기억의 삼원 구조

3. 기분 일치 효과(mood-congruity effect) ★★ 기출개념

① 사람의 기억은 기분 정서 상태에 영향을 받는다. 따라서 정서가 긍정적일 때는 긍정적 기억이, 정서가 부정적일 때는 부정적 기억이 더 잘 떠오르는 것을 기분 일치성 효과라고 한다.
② 행복한 기분일 때에는 불쾌한 정보보다는 유쾌한 정보를, 슬프거나 우울한 기분일 때에는 유쾌한 정보보다는 불쾌한 정보를 잘 기억하는 현상이다.
③ 사람들이 자신의 현재 정서 상태와 일치하는 정서적 기억을 더 쉽게 인출할 수 있다는 것이다.
  예 친구에게 화가 났을 때는 친구가 그전에 잘해 준 것보다는 잘 못해 주고 서운하게 해 준 것들이 더 잘 기억나고, 한번 화가 나면 그전에 화나게 한 기억들이 계속 떠올라서 점점 더 화가 나게 되는 것이다.
④ 우울증 환자의 경우 기억력이 저하되는 게 보통이지만 다른 기억보다는 과거의 부정적인 사건들을 더 자주 기억해 낸다.

4. 기분 – 상태 의존 기억(state dependent memory) ★★ 기출개념

① 자료의 특징과는 무관하게 부호화할 때와 인출할 때의 정서 상태가 일치하면 더 잘 기억한다는 것이다.

② 인출 맥락이 부호화 맥락과 비슷할 때 회상을 더 잘한다는 부호화 특정성 원리의 한 예이다.

③ 바우어(Bower, 1981)의 연구
  ㉠ 피험자들에게 최면을 걸어 과거에 행복했거나 슬펐던 사건을 회상하도록 하여, 행복하거나 혹은 슬픈 기분이 들도록 하였다.
  ㉡ 행복한 기분을 느끼는 상태에서 첫 번째 단어 목록을 학습하고, 슬픈 기분을 느끼는 상태에서 두 번째 목록을 학습하였다.
  ㉢ 행복하거나 슬픈 기분을 느끼는 상태에서 첫 번째 목록을 회상하도록 하였다.
  ㉣ 그 결과 피험자들은 첫 번째 목록을 학습할 때의 기분과 동일한 기분 상태일 때 단어 목록의 회상 수준이 높았다.

④ 아이히(Eich, 1977)의 연구
  ㉠ 최초로 부호화할 때 술에 취해 있었던 사람은 나중에 인출을 할 때도 맑은 정신일 때보다 술에 취해있을 때 회상량이 많았다.

기출개념확인

01 정서와 기억에 관한 설명으로 옳지 않은 것은?

① 정서는 기억의 정보 처리 과정과 밀접한 관련이 있다.
② 편도체는 정서적인 단어를 보고 기억해 낼 때 훨씬 높은 활동을 보인다.
③ 기억되는 정서 자극의 내용과 인출될 때의 정서 상태는 서로 상호 작용한다.
④ 뇌가 미숙하고 사고 능력이 개발되지 않은 시기에 경험한 정서는 오래 지속되지 않는다.

02 기억의 삼원 구조에 해당하지 않는 것은?

① 부호화
② 저장
③ 인출
④ 재인

정답·해설

01 ④ 뇌 발달 과정에서 편도체가 피질보다 빨리 성숙한다는 점을 고려할 때, 우리 뇌가 미숙하고 사고 능력이 개발되지 않은 시기에 경험한 정서 특히 공포가 우리에게 장기적인 영향을 줄 수 있음을 시사한다.

02 ④ 삼원 구조는 기억이 형성(부호화)될 때, 기억이 회상(인출)될 때, 부호화와 인출의 사이인 저장할 때이다.

> **참고** 재인(recognition)
> 기억 활동의 한 형태로, 개인이 현재 대하고 있는 인물, 사물, 현상, 정보 등을 이전에 보았거나 접촉했던 경험이 있음을 기억해 내는 인지 활동이다. 즉, 현재 경험하는 자극이나 정보가 이전의 학습 또는 입력 과정을 통해 기억 체계 속에 저장되어 있는 자극이나 정보와 같은 것임을 확인하는 인지 과정이다.

제2절 정서 지능

01 정서 지능(emotional intelligence)의 의미

1. 정서 지능의 개념 기출개념

① 정서 지능(emotional intelligence)은 1990년 미국의 예일대학교 심리학과 교수인 피터 샐로비(Peter Salovey)와 뉴 햄프셔 대학교 심리학과 교수인 존 매이어(John Mayer)에 의해서 처음 발표된 개념이다.

② 인지적으로 얼마나 똑똑한가를 표현하는 지능지수 즉, IQ에 대비하기 위하여 등장한 EQ는 정서 지능을 점수화한 정서 지능 지수(emotional intelligence quotient)를 나타낸 것이다.

③ 정서 지능이 소개된 초창기에는 많은 사람들이 EQ가 높은 사람은 감성적이고 감정적으로 예민한 사람으로 오해하기도 하였다. 이러한 오해는 정서 지능의 원래 의미를 상당히 왜곡하거나 축소한 것이다.

④ 정서 지능은 사회 지능의 한 하위 요소로서, 자신과 타인의 감정과 정서를 점검(monitor)하고, 자신과 타인의 감정과 정서의 차이를 변별(discriminate)하며, 생각(thinking)하고 행동(action)하는 데 정보를 이용할 줄 아는 능력이다(Mayer & Salovey, 1990)

⑤ 정서 지능에서 지능은 지적인 능력(ability)이다. 이 능력은 정신 기능의 인지적인 측면을 의미한다. 즉 어떤 대상에 대한 학습, 기억, 추론, 판단, 응용 등의 인지적인 처리 과정과 작용을 포함하는 인지 영역의 효율적인 조작을 의미한다(Mayer & Salovey, 1990).

⑥ 정서 지능에는 정서를 인식, 평가, 표현하는 능력과 정서가 인지를 촉진하는 경우 감정에 접근하고 감정을 발생시키며 정서가 포함되어 있는 정보를 이해하고 활용할 줄 아는 능력, 그리고 정서적 지적 성장을 향상시키기 위하여 정서를 조절할 줄 아는 능력이 포함된다(Malyer, Salovey & Caruso, 2000)

⑦ 정서 지능은 행동의 생산성과 효율성을 결정하고 영향을 줄 수 있는 정서성(emotionality)과 정서 상태를 처리하는 과정을 포함하는 능력이다.
  ㉠ 이는 정서 지능이 성향, 성격, 재능 등의 심리적 특성이 아닌 정신 능력임을 의미한다.
  ㉡ 이 능력은 다양한 계획 세우기, 가능한 결과를 예측하기, 과제의 우선순위 결정하기, 중요한 자극에 주의를 먼저 기울이기 등의 행동에 영향을 준다(문용린, 곽윤정, 이강주, 1998).

> **개념 Plus**
>
> **정서 지능**
> **(emotional intelligence)**
> 정서 지능은 감정 정보 처리 능력이며, 감정 정보 처리 능력은 자신과 다른 사람들의 감정을 정확하게 지각하고, 인식하며, 적절히 표현하는 능력, 삶을 향상시키는 방법으로 자신과 타인의 감정을 적합하게 그리고 효과적으로 조정하는 능력, 동기를 부여하고 계획을 수립하고 목표를 성취하기 위해서 감정들을 이용하여 자신의 행동을 이해하고 이끄는 능력을 말한다.

⑧ 정서 지능에는 정서 표상과 관련되어 있는 정보의 부호화와 해독 능력이 포함되며 이는 다른 사회 지능이나 일반 지능에 포함되어 있지 않은 독특한 능력이다.
  ㉠ 이러한 능력은 정서의 정보 경로에 영향을 주게 되어 상황에 더 적합한 정서 조절 행동과 사고를 이끌어내도록 한다.

2. 정서 지능 실험(마시멜로 실험)

정서 지능 개념이 사람들에게 주목을 받게 된 것은 그 유명한 '마시멜로 실험'이 세상에 알려지면서부터이다.

(1) 실험 내용
① 1966년 스탠포드 대학교의 월터 미셸(Walter Mischell)이 653명의 유치원생들에게 실시하였다.
② 아이들에게 한 개의 마시멜로를 준 뒤, 15분 동안 먹고 싶은 유혹을 견딘 아이들에게 두 개의 마시멜로를 준다는 약속을 하였다.
③ 실험에 참가한 아이들 중 단 30퍼센트의 아이들만이 15분 동안 먹고 싶은 유혹을 견디었다.

(2) 후속 연구
이 실험이 세상의 주목을 끈 것은 그 후속 연구 때문이었다.
① 실험에 참여했던 아이들을 15년 동안 종단적으로 추적한 결과, 유혹을 견딘 30퍼센트의 아이들은 훨씬 뛰어난 학업 성적을 보였다.
② 그로부터 45년이 지난 2011년, 실험에 참여했던 아이들을 추적하였다.
③ 마시멜로의 유혹을 잘 견딘 30퍼센트는 가정에서나 사회에서 성공적인 삶을 살고 있는 것으로 나타났다.
④ 마시멜로의 유혹을 견디지 못했던 아이들 중 많은 사람들이 현재 비만, 약물 중독, 가정 불화 등의 문제로 힘겹게 살고 있는 것으로 나타났다.

> **핵심 Check**
>
> **가드너(Gardner)의 다중 지능 이론과 정서 지능**
>
> 가드너는 언어 지능, 논리-수학적 지능, 음악 지능, 공간 지능, 신체-근육 운동 지능, 대인 간 지능, 개인 내적 지능, 자연 관찰 지능, 실존 지능 등 9가지 지능을 제시하였다. 이 중 대인 간 지능과 개인 내적 지능은 정서 지능과 밀접한 관련이 있다.
>
> • 대인 간 지능
>   - 다른 사람의 기분, 기질, 동기 및 의도를 식별하고 그에 적절하게 반응하는 능력
>   - 다른 사람과 어울리는 것
>   - 다른 사람이 일을 하도록 동기를 유발하는 것
>   - 다른 사람들에게 영향을 주는 능력 등
>
> • 개인 내적 지능
>   - 자신의 내적 과정과 특성에 대해 인식하기
>   - 자신의 사고, 느낌, 정서를 구분하기
>   - 자신의 행동을 이해하고 안내하는 방법으로 사고, 느낌, 정서에 의존하는 능력, 그리고 행동할 때 그런 감정 상태를 활용하는 능력

02 정서 지능의 구성 요소

1. 정서 지능의 구성 요소에 대한 논의
① 샐로비(Salovey)와 매이어(Mayer)의 정서 지능 모형이 1990년에 등장한 이후 정서 지능 개념과 구성 내용을 둘러싸고 많은 논란이 제기되었다.
② 개념의 모호성에 대한 비판과 더불어 구성 내용의 자의성에 대한 비판이 계속해서 등장하였다.
③ 예컨대, 정서 지능을 과연 '지능(intelligence)'으로 볼 수 있겠는가 또는 정서(emotion)나 감정(feeling)이 어떻게 능력(ability)이 될 수 있는가 하는 것들이었다.
④ 이러한 논의와 비판을 토대로 샐로비와 매이어(1997)는 보다 타당하고 정교한 정서 지능 모형을 새롭게 제안하였다.

⑤ 이 모형은 종전의 모형이 정서 지능을 3영역 10요소로 구분한 것과 달리 4영역 4수준 16요소로 구분할 것을 제안하고 있다.

2. 정서 지능 모형

(1) 정서 지능의 3영역 10요소 모형(Salovey & Mayer, 1990)

영역	10요소	
정서의 인식과 표현	요소 1	자기 정서의 언어적 인식과 표현
	요소 2	자기 정서의 비언어적 인식과 표현
	요소 3	타인 정서의 비언어적 인식과 표현
	요소 4	감정 이입
정서의 조절	요소 5	자기의 정서 조절
	요소 6	타인의 정서 조절
	요소 7	융통성 있는 계획 세우기
정서의 활용	요소 8	창조적 사고
	요소 9	주의 집중의 전환
	요소 10	동기화

(2) 정서 지능의 4영역 4수준 16요소 모형(Salovey & Mayer, 1997) ★

영역	수준/요소	
정서의 인식과 표현	수준 1	자신의 정서를 파악하기
	수준 2	자신 외부의 정서를 파악하기
	수준 3	정서를 정확하게 표현하기
	수준 4	표현된 정서를 구별하기
정서의 사고 촉진	수준 1	정서 정보를 이용하여 사고의 우선순위 정하기
	수준 2	정서를 이용하여 판단하고 기억하기
	수준 3	정서를 이용하여 다양한 관점 취하기
	수준 4	정서를 활용하여 문제 해결 촉진하기
정서 지식의 활용	수준 1	미묘한 정서 간의 관계를 이해하고 명명하기
	수준 2	정서 속에 담긴 의미를 해석하기
	수준 3	복잡하고 복합적인 감정을 이해하기
	수준 4	정서들 간의 전환을 이해하기
정서의 반영적 조절	수준 1	정적·부적 정서들을 모두 받아들이기
	수준 2	자신의 정서에서 거리를 두거나 반영적으로 바라보기
	수준 3	자신과 타인의 관계 속에서 정서를 반영적으로 들여다보기
	수준 4	자신과 타인의 정서를 조절하기

3. 정서의 구성 요소

(1) 정서의 지각, 인식, 표현 영역
① 이 영역은 가장 낮은 수준이다. 인간 각자가 정확하게 정서를 파악하는 능력 정도와 관련되며 정서 상태를 파악하고 내적 감정을 평가할 수 있게 하는 능력이다.
② 각 개인이 규정할 수 있는 정서와 정서적 내용에 대한 정확성과 관련 있으며 유아기에서 자신의 정서를 지각하고 인식하는 능력에서 출발하여 타인이나 무생물 대상의 정서까지 그 범위가 확대된다.
③ 이 능력이 뛰어난 사람들은 정서 표현에 대하여 잘 알고 있기 때문에 거짓 표현이나 조작된 표현에도 민감하다.
④ 정서 인식 능력이 최대한 발휘될 때 격심하고 혼란스러운 감정을 냉철하게 인식할 수 있는 상태가 된다.

(2) 정서의 사고 촉진 영역
① 이 영역은 정서가 지능에 영향을 미칠 수 있다는 가정하에 중요한 변화와 사건에 주의를 기울이게 하여 사고를 형성하고 촉진하게 만드는 정서 능력과 관련된다.
② 정서의 사고 촉진 능력은 지능을 활성화하는 정서와 관련된 능력이며, 지적인 처리 과정을 돕는 정서적인 사건과 관련되어 있다.
③ 사람들은 종종 기분이 좋아 미소 짓는 얼굴을 보게 되면 웃곤 하는데, 이것은 정서가 출생 시부터 사람과 환경 내에 일어나는 중요한 변화들에 대해 신호로 작용하는 것이며, 사람이 성장함에 따라 정서는 중요한 변화에 주의를 기울이게 함으로써 사고를 형성하고 촉진한다.
④ 정서가 사고에 기여하는 바는 두 가지이다.
   ㉠ 첫째, 보다 위급하고 중요한 일로 주의를 전환할 수 있도록 방향을 제시해 줌으로써 지적인 처리 과정을 원활하게 한다.
   ㉡ 둘째, 정서를 보다 잘 이해하기 위해서 필요한 정서를 만들어 낸다.

(3) 정서 지식의 활용 영역
① 이 영역은 정서를 이해하고 정서 정보를 담고 있는 지식을 활용하는 능력과 관련된다.
② 정서들 간의 공통점과 차이점을 인식하고 각각의 정서가 인간관계에 있어서 의미하는 바를 배우게 되며, 정서를 상황과 연결시킴으로써 정서적 추론에 대해 알게 된다.
③ 혼합된 정서를 받아들이는 능력 즉, 경외감은 두려움과 놀라움의 혼합이며 희망은 신념과 낙관의 혼합이라는 것을 인식하는 등 인간은 성장하면서 복잡하고 상반된 정서가 동시에 존재할 수 있다는 점을 이해하게 되고 이를 인간관계에서 활용하게 된다.

(4) 정서의 반영적 조절 영역
① 이 영역은 가장 높은 수준의 정서 지능의 영역으로서 정서적, 지적 성장의 향상을 위하여 정서를 의식적으로 조절하는 능력과 관련된다.
② 정서와 지적 성장을 향상시키기 위한 정서의 의식적인 조절은 가장 상위의 수준이라 볼 수 있으며 의식적인 조절의 대상은 긍정적, 부정적 정서를 모두 포함한다.

> **핵심 Check**
>
> **정서의 구성 요소**
> - 정서의 지각, 인식, 표현 영역
> - 정서의 사고 촉진 영역
> - 정서 지식의 활용 영역
> - 정서의 반영적 조절 영역

③ 인간은 성장하면서 정서와 행동하기가 구분된다는 것을 내면화하기 시작하고 이에 따라 적절한 경우에 정서에 따라 행동하고 정서로부터 떨어져 있어야 한다는 사실을 배우게 된다. 이러한 능력은 그 정서와 관계에 대한 정보와 활용성을 판단함으로써 갖게 되는 것이다.

④ 정서가 전달되는 정보를 강제로 억제하거나 과장하지 않고 부정적인 정서는 완화시키고 긍정적 정서는 향상시키면서 자신과 타인의 정서를 조절하는 능력이다.

기출개념확인

01 정서 지능에 대한 설명으로 옳지 <u>않은</u> 것은?
① 정서 지능은 정신 능력이 아닌 심리적 특성이다.
② 정서 지능은 사회 지능의 한 하위 요소이다.
③ 정서 지능에서 지능은 지적인 능력이다.
④ 정서 지능에는 정보의 부호화와 해독 능력이 포함된다.

02 정서 지능의 영역과 요소를 바르게 연결한 것은?
① 정서의 인식과 표현 – 표현된 정서를 구별하기
② 정서 지식의 활용 – 정서를 이용하여 판단하고 기억하기
③ 정서의 반영적 조절 – 정서 속에 담긴 의미를 해석하기
④ 정서의 사고 촉진 – 자신과 타인의 정서를 조절하기

정답·해설

01 ① 정서 지능은 성향, 성격, 재능 등의 심리적 특성이 아닌 정신 능력이다. 정서 지능은 행동의 생산성과 효율성을 결정하고 영향을 줄 수 있는 정서성(emotionality)과 정서 상태를 처리하는 과정을 포함하는 능력이다.

02 ① 정서의 인식과 표현에는 자신의 정서를 파악하기, 자신 외부의 정서를 파악하기, 정서를 정확하게 표현하기, 표현된 정서를 구별하기 등의 요소가 있다.

> **오답분석**
> ② 정서의 사고 촉진 – 정서를 이용하여 판단하고 기억하기
> ③ 정서 지식의 활용 – 정서 속에 담긴 의미를 해석하기
> ④ 정서의 반영적 조절 – 자신과 타인의 정서를 조절하기

제3절 스트레스와 정서

01 스트레스의 의미와 발생 단계

1. 스트레스의 의미 기출개념

(1) 스트레스의 개념
① 캐나다의 내분비학자 H.셀리에(Hans Selye)가 처음으로 명명하였다.
② 스트레스의 어원은 '팽팽하게 조인다.'라는 뜻의 라틴어 'stringer'에서 유래되었다.
③ 오늘날에는 물체나 인간에게 작용하는 힘, 압력 또는 강한 영향력을 의미하고 있다. 이는 힘이 가해진 물체나 삶은 외부 압력에 대항해서 통합성을 유지하기 위해 긴장을 불러일으킨다는 뜻도 포함되어 있다.
④ 해로운 인자나 자극을 스트레서(stressor)라 하고, 이때의 긴장 상태를 스트레스라고 한다.
⑤ 진정한 의미의 스트레스는 스트레스 요인에 대항하기 위한 심신의 변화 과정을 뜻한다. 외부로부터 압력을 받게 되면 긴장, 흥분, 각성 또는 불안과 같은 생리적 반응이 일어나게 되는데, 이러한 과정이 스트레스이다.
⑥ 이와 같이 스트레스 요인으로 인해 어떤 문제가 발생하면 즉각적으로 생리적·심리적 또는 신체적 복원 작용을 일으키는데, 이러한 과정을 스트레스라 한다.
⑦ 결국 스트레스라는 말은 외부의 압력과 이에 대항하는 긴장이라는 두 가지 의미에서 이해해야 한다.

(2) 스트레스의 발생
① 위험을 감지하게 되면 우리의 몸 안에서는 강력한 화학 물질이 분비되고, 당질이 혈액 속에 흘러들어 에너지로 변하게 되며, 적혈구의 수가 늘고 근육의 활기찬 활동이 지속된다.
② 혈액은 심장, 폐, 중추 신경 그리고 사지로부터 압력을 받아 혈압이 오른다. 심장의 고동이 빨라지며, 산소를 공급하고 탄소를 회수하기 위해 혈액의 순환이 활발해진다.
③ 폐 안에 있는 공기 주머니가 공기의 소통을 원활히 하기 위해 팽창되며, 상처를 입었을 경우, 혈액 손실을 막기 위해 혈액 응고 능력이 증대된다. 이러한 과정을 거쳐 우리는 스트레스 요인에 대처할 수 있는 준비를 하게 된다.
④ 스트레스 반응은 자극 호르몬인 아드레날린이나 다른 호르몬이 혈중 내로 분비되어 우리 몸을 보호하려고 하는 반응으로, 위험에 대처해 싸우거나 그 상황을 피할 수 있는 힘과 에너지를 제공한다.

(3) 스트레스 반응에 대한 신체의 변화
① 근육, 뇌, 심장에 더 많은 혈액을 보낼 수 있도록 맥박과 혈압의 증가가 나타난다.
② 더 많은 산소를 얻기 위해 호흡이 빨라진다.
③ 행동을 하기 위한 준비 때문에 근육이 긴장한다.
④ 상황 판단과 빠른 행동을 위해 정신이 더 명료해지고 감각 기관이 더 예민해진다.
⑤ 위험을 대비하기 위해 중요한 장기인 뇌·심장·근육으로 가는 혈류가 증가한다.
⑥ 위험한 시기에 혈액이 가장 적게 요구되는 곳인 피부·소화기관·신장·간으로 가는 혈류는 감소한다.
⑦ 추가 에너지를 위해서 혈액 중에 있는 당·지방·콜레스테롤의 양이 증가한다.
⑧ 외상을 입었을 때 출혈을 방지하기 위해 혈소판이나 혈액 응고 인자가 증가한다.

2. 스트레스 발생 3단계(Selye, 1983) 기출개념
셀리에(Selye)는 스트레스를 가했을 때 스트레스가 일어나는 단계를 3단계로 나누고 일반 적응 증후군이라고 하였다.

(1) 일반 적응 증후의 발견
① 스트레스에 대한 최초의 학문적 연구를 한 셀리에는 프라하 대학의 의과 대학생 시절부터 환자는 질병의 종류에 관계없이 모두 똑같이 '환자 같다'는 사실에 주목했다.
② 위궤양 또는 고혈압이라는 각 질병의 특정한 증상 이외에 '생기가 없다, 안색이 나쁘다' 등과 같이 어떤 질병에나 공통적으로 나타나는 비특징적 증상이 있다는 사실을 깨달았다.
③ 그 후 그는 거듭되는 연구를 통해서 체내에는 외부로부터 오는 자극에 대응하기 위해 스스로를 변화시키는 작용이 있고, 그 변화는 자극의 내용 여하를 불문하고 항상 일정하다는 사실을 발견했다.
④ 이와 같은 사실에 기초하여 그는 '일반 적응 증후(GAS; General Adaptation Syndrome)'라는 개념을 발표했다.
  ㉠ 일반적(general)이란 스트레스의 결과가 신체 부위에 영향을 준다는 뜻이다.
  ㉡ 적응(adaptation)이란 스트레스의 원인으로부터 신체를 대처 또는 적응시킨다는 의미이다.
  ㉢ 증후(syndrome)란 스트레스 결과에 의해 어떤 반응이 일어난다는 의미이다.

(2) 일반 적응 증후의 단계 ★★★
① 1단계 경고 반응기(alarm stage)
  ㉠ 생체가 스트레서(stressor)에 대해 적극적으로 저항을 나타내는 시기로 1~48시간 안에 반응이 나타난다.
  ㉡ 정신적 혹은 육체적 위험 앞에 갑자기 노출되었을 때 나타나는 최초의 즉각적인 반응 단계를 말한다.
  ㉢ 처음에는 체온 및 혈압 저하, 저혈당, 혈액 농축 등의 쇼크가 나타나고 다음에는 그것에 대한 저항이 나타난다.
  ㉣ 경계 단계는 다시 두 가지 하위 단계로 구분된다.

개념 Plus

일반 적응 증후군(general adaptation syndrome)
- 스트레스를 장기간 지속적으로 받았을 때 신체에 발생하는 비특이적 반응을 종합하여 일반 적응 증후군이라 한다.
- 일반 적응 증후군은 스트레스 자극에 장기간 노출되었을 때 부신 피질에서 피질 호르몬을 포함한 모든 미세한 지방 입자를 소진하는 경계 반응기, 다량의 미세 지방이 부신 피질에 저장되는 저항기, 자극이 계속되면 이것을 소진하게 되는 소진기를 밟게 된다.

ⓐ **충격기(shock phase)**: 위협에 처했을 때 즉각적으로 나타나는 반응이다. 이 기간에는 맥박이 빨라지고 체온과 혈압이 감소하여 근육의 긴장도가 낮아진다.
ⓑ **역충격기(counter shock phase)**: 방어력을 동원하는 대응 현상이 일어나는 단계이다. 이 기간 동안에는 부신 피질(신장 위에 있는 분비선 겉 부분의 층)이 확대되어 부신 피질 호르몬 분비를 증가시킴으로써, 신체 내의 나트륨, 칼륨, 염소 등 무기질 수준을 조절함으로써 뉴런의 정보 전달을 강화시키거나, 신체 내의 단백질과 지방질을 포도당으로 전환시켜 긴급 상황에 대처하도록 한다.

② **2단계 저항기(resistance stage)**
㉠ 경고 반응기를 지나고도 계속 스트레서에 노출되면 저항기로 이행된다. 스트레서에 대한 저항이 가장 강한 시기이다. 그러나 다른 종류의 스트레서에 대해서는 저항력이 약화된다.
㉡ 신체가 외부 자극에 완전히 적응하여 저항하고 있는 시기로, 스트레스에 완전히 적응하기 때문에 증상은 호전되거나 없어져 버린다. 이 단계에서는 경계 단계와는 아주 다른 특징을 갖는다.
㉢ 경계 단계에서는 부신 피질에서 혈액 속에 분비물을 방출시켜 이미 이전에 저장해 놓았던 지방질을 소비하지만, 저항 단계에서는 다량의 분비물을 피질에 쌓아 놓는다.
㉣ 경계 단계에서는 혈액 농축, 저염소혈증, 이화 작용 등의 현상이 일어나지만, 저항 단계에서는 혈액 희석과 염소혈증, 동화 작용 등의 현상이 일어나게 된다.
㉤ 스트레스에 계속 노출되어 있으면 어렵게 획득한 적응력은 다시 기능을 잃게 되어 제3단계인 탈진 단계에 들어가게 된다.

③ **3단계 탈진 단계(exhaustion stage)**
㉠ 이 단계에서는 스트레스에 대한 적응 에너지가 제한되어 있기 때문에 스트레스에 계속 노출되면 증상은 다시 나타나고, 우리의 신체는 탈진 상태에 빠지게 된다. 그리고 이러한 조건이 지나치게 되면 죽는 경우도 생긴다.
㉡ 대개의 경우 우리의 신체는 육체적·정신적 스트레스가 처음의 두 단계에서 종결될 수 있도록 적응을 하고 있다.
㉢ 그러나 이전의 병력이나 유전적 성질 때문에 내장기관이 약한 경우에는 급기야 그것이 파괴되고 출혈성 궤양이나 심장 발작과 같은 상태를 일으키는 경우도 있다.

> **핵심 Check**
> **일반 적응 증후 단계**
> 일반 적응 증후 단계는 경고 단계 → 저항 단계 → 탈진 단계를 거친다.

02 스트레스 연구

1. 학문적 연구의 시작
① 스트레스에 대한 최초의 학문적 관심은 1920년대 중반 한스 셀리에(Hans Selye)로부터 시작되었다.
② 심리학 분야에서 스트레스라는 개념을 연구하기 시작한 것은 제2차 세계 대전 이후부터로, 본격적인 연구는 1950년대 라자루스(Lazarus)에 의해 시작되었다.
③ 라자루스는 스트레스 현상에 대한 생물학적 접근 방법의 문제점을 지적하고 그 개념을 인지적 측면에서 다루어야 한다고 주장했다.

2. 스트레스 연구 접근 방법 ★

(1) 생리학적 접근 방법
① 스트레스를 외적 요인이나 외적인 힘으로 보는 경우로 이러한 접근에서는 스트레스를 압력으로 본다.
② 사람들은 어느 정도의 압력은 견디어 내지만 그에 대한 저항 수준에는 개인차가 있다. 어떤 사람은 일상적인 생활 속의 압력을 잘 견디어 내는 반면 어떤 사람은 쉽게 손상을 받는다.
③ 이런 입장에서 본다면 효과적으로 스트레스에 대처하기 위해서는 생활 속의 스트레스 인자를 찾아내어야만 한다.

(2) 사회심리학적 접근 방법
① 스트레스를 환경적인 자극이나 요구에 대해 사람들이 보여주는 반응으로 보는 경우이다.
② 이때 반응이란 위궤양이 생기거나 심장 박동이 빨라지는 것과 같은 생리적 반응일 수도 있고 심리적인 것일 수도 있다.

(3) 행동과학적 접근 방법
① 스트레스를 사람들이 지각하는 요구 수준과 그 요구 수준에 맞추기 위한 개인의 자기 능력 간의 불균형의 결과로 나타나는 것으로 보고 접근하는 방법이다.
② 생리학적 접근 방법과 사회심리학적 접근 방법에서는, 사람들을 그들의 환경이 가하는 자극에 자동적으로 반응하는 수동적인 존재로 생각하였지만 최근에는 사람들은 자신이 처한 상황에서 요구되는 것을 저울질하기도 하고, 그 요구에 대응하기 위해 자신의 능력을 평가하기도 하면서 환경과 상호 작용한다는 견해가 지배적이다.
③ 즉 여러 사람이 같은 상황에 처해 있는 경우에도, 사람들은 그 상황을 각기 다르게 보고, 또한 같은 사람이라 하더라도 경우에 따라 동일한 상황을 달리 지각할 수 있다는 것을 의미한다.

03 스트레스의 효과

1. 스트레스의 일반적 증상 [기출개념]

일반적인 증상은 다양하지만 4가지 범주로 나눌 수 있다.

범주	증상
신체적 증상	피로·두통·불면증·근육통이나 경직(특히 목, 어깨, 허리), 심계항진(맥박이 빠름), 흉부 통증, 복부 통증, 구토, 전율, 사지 냉각, 안면 홍조, 땀, 자주 감기에 걸리는 증상이 나타남
정신적 증상	집중력이나 기억력 감소, 우유부단, 마음이 텅 빈 느낌, 혼동이 오고 유머 감각이 없어짐
감정적 증상	불안, 신경 과민, 우울증, 분노, 좌절감, 근심, 걱정, 불안, 성급함, 인내 부족 등의 증상이 나타남
행동적 증상	안절부절못함, 손톱 깨물기, 발 떨기 등의 신경질적인 습관, 먹는 것, 마시는 것, 흡연, 울거나 욕설, 비난이나 물건을 던지거나 때리는 행동이 증가함

> ✓ **핵심 Check**
>
> **스트레스의 일반적 증상**
> 스트레스의 일반적 증상에는 신체적 증상, 정신적 증상, 감정적 증상, 행동적 증상이 있다.

2. 스트레스와 질병

(1) 면역 기능과 스트레스

① 스트레스가 어떻게 해서 성인병을 일으키는가에 대한 문제는 1980년에 아더(Ader)가 정신 신경 면역학(PNI; Psychoneuroimmunology)이라는 용어를 처음 사용한 이래 면역학, 특히 면역심리학이라는 분야가 발달하면서 본격적으로 제기 되었다. 현재는 각종 성인병 질환의 매개 과정과 그 원인을 밝히는 연구들이 진행되고 있다.

② 행동의학의 비교적 새로운 연구 영역인 면역심리학에서는 신체의 면역 계통이 심리적 변인들에 의해서 어떻게 영향을 받는가를 연구한다. 면역 계통은 질병을 일으키는 미생물들로부터 신체를 방어해 주는 하나의 감시 체계로, 이러한 면역 계통의 능력이 스트레스에 의해 영향을 받는다는 증거가 여러 가지로 확인되고 있다.

③ 많은 동물 연구에서 실험적으로 유발된 스트레스가 감염성 물질에 대한 취약성을 증대시키고 종양의 발생률과 빈도를 증가시킨다는 결과가 증명되고 있다.

④ 이 밖에 인간에 대한 실험 자료를 얻기는 매우 어렵지만 몇 가지 연구에서 스트레스가 면역 기능을 저하시킨다는 증거가 제시되고 있다.

(2) 과도한 스트레스와 질병

① 면역 계통의 약화로 나타나는 질병은 과도한 스트레스, 즉 신경을 많이 써서 생기는 병으로, 이 같은 신경성의 정체는 '정신' 즉 '마음'에 있다.

② 정신적으로 과도한 스트레스를 받음으로써 신체적인 질병을 앓게 되며, 그것을 심인성 성인병이라 한다.

(3) 성인병과 스트레스
① 스트레스와 관련된 질병은 시기적으로 잠복기를 거쳐 40대부터 나타나기 시작하며, 이는 우리가 '성인병'이라 부르는 것들이다.
② 우리나라의 성인병 발생률은 세계 1위로, 임상 장면에서 '신경성'이라 부르는 성인병이 대부분이다.
③ 현재 스트레스와 관련이 있는 것으로 알려진 질병에는 심근경색, 뇌졸중, 협심증, 고혈압 등의 고혈압성 질병과 위·십이지장 궤양, 췌장염, 방광염, 심인성 설사, 기관지 천식 등 저혈압성 질병이 있다.

(4) 정신 건강의 회복
① 정신과 질병의 관계는 심신 상호 작용론으로 요약하여 설명할 수 있다. '정신 신체적'이라는 용어는 1927년 도이치(Deutsch)가 질병의 심신 상호 작용을 설명하기 위해 처음으로 사용하였다.
② 의학계의 대부인 히포크라테스(Hippocrates)는 병이란 사실 신체적·심리적·사회적인 면이 그물처럼 연결되어 나타나는 다원적인 현상이라고 설명했다.
③ 스트레스는 신체 내의 하나 또는 몇 가지 체제가 최악의 상태에까지 치달아 그것이 신체 조직 전체를 경직시켰을 때 나타난다.
④ 건강한 신체에서는 몇 가지 체제가 최악의 상태로 치닫는다 해도 신체의 다른 체제들이 상호 도움을 주어 신체 전체를 균형 상태로 되돌리고 유연성을 되찾게 한다. 이것을 '자발적 회복'이라 부른다.
⑤ 반면 건강하지 못한 신체는 '자발적 재발'이라는 결과를 초래하게 된다. 모든 것이 자세히 밝혀지진 않았으나 만성적 스트레스가 신체의 면역계통을 방해하여 질병에 대한 자연적 방어력을 떨어뜨린다는 사실이 입증되고 있다.

3. 스트레스의 효과 기출개념
① 스트레스는 무조건 건강에 좋지 않은 영향만 끼치는 것이 아니다. 적당하면 오히려 신체와 정신에 활력을 주는 것으로 알려져 있다.
② 일반적으로 우리들은 스트레스 하면 좋지 않은 것이거나 나쁜 것이라고 생각한다.
　㉠ 이별, 좌천, 외부와의 갈등으로 인해 생기는 긴장, 불안 등의 스트레스는 유쾌한 것이 되지 못한다.
　㉡ 결혼, 출산, 승진과 같이 우리들이 행복을 느끼는 일로 나타나는 긴장, 흥분 등도 스트레스에 의해 반응이 나타난다.
③ 사람은 태어날 때부터 더 나은 목표를 성취하고자 하는 본성이 있으며, 이로 인해 걱정도 따르고 욕구 불만도 생긴다. 더 나은 목표 성취라는 희망이 없으면 스트레스도 없겠지만, 역으로 스트레스가 없으면 희망도 없다.
④ 스트레스는 더 나은 생활을 위한 희망의 부산물로서, 무엇인가를 해야 하고 이루려고 하는 사람에게는 필연적인 것이라고 할 수 있다.

04 스트레스의 심리적 근원

1. 성격과 질병 기출개념

재난이나 상해 같은 극한적인 사건이나 상황은 모든 사람들에게 똑같이 위협적이며, 비교적 유사한 반응(공포, 도피 등)을 일으킨다. 그러나 가벼운 위기 상황에서 사람들이 보여주는 반응에는 개인의 여러 가지 내적 요인들이 작용하기 때문에 큰 차이가 있다. 성격은 스트레스에 대한 반응 양식에 영향을 미치기 때문에 우리의 몸과 마음의 건강과 밀접한 관계가 있다.

(1) 성격과 질병
① 잘못된 습관
  ㉠ 우리가 습관이라고 부르는 행동들의 상당한 부분은 성격과 밀접한 관련이 있다.
  ㉡ 많은 질병들은 건강하지 못한 행동이나 생활 습관들에서 비롯된다.
    예 흡연, 섭식상의 문제, 알코올, 약물 남용 등
② 생리적 반응의 변화
  ㉠ 성격은 생리적 기제를 통해 질병에 직접적인 영향을 줄 수 있다.
  ㉡ 이를테면, 자신감이 부족하고 자신에 대해 부정적인 생각을 하는 사람들은 일상생활에서 근심 걱정을 많이 하게 되고 계속된 긴장 상태를 경험하게 된다.
  ㉢ 이런 사람들에게서는 위궤양 증상이 생기기 쉽다. 계속된 긴장에 의해 위에 염산과 펩신이 지나치게 많이 분비되어 위 점막이 손상되기 때문이다.
③ 질병으로 인한 성격 변화
  ㉠ 개인 성격의 어떤 측면은 질병 과정의 결과일 수 있다.
  ㉡ 이를테면, 쾌활한 성격의 사람이 암 같은 심각한 병을 앓는 과정에서 공포에 차고 우울한 성격으로 바뀔 수 있다.
④ 질병에 대한 자각
  ㉠ 성격은 질병에 대한 특징적인 반응을 조직화하는 지각적 필터로 작용할 수 있다.
  ㉡ 질병의 원인을 생물학적 손상에서 찾을 수 있으나 '질병의 진행 과정'은 개인이 자신의 질병에 대해 어떻게 반응하느냐에 따라 촉진될 수도 있고, 완화될 수도 있음을 강조한다.
  ㉢ 이를테면, 우울한 성격의 사람은 쾌활한 성격의 사람보다 자신의 질병을 더 운명적인 것으로 지각할 것이다. 이런 사람은 병에 대해 체념하거나 수동적으로 반응함으로써 치료의 기회를 놓치게 되고 그래서 질병이 더 빨리 악화될 것이다.

(2) 건강 및 질병과 관련된 성격 특성
① 감각 추구 성향
  ㉠ 감각 추구 성향이란 '감각 자극의 높거나 낮은 수준에 대한 개인의 일반화된 선호성'을 의미하는 것으로 쥬커만(Zuckerman, 1971)이 구성한 개념이다.
  ㉡ 쥬커만에 따르면 감각 추구 성향이 높은 사람들(감각 추구자)은 높은 수준의 자극화를 선호하여 도전을 즐기고 쉽게 싫증을 낸다.

ⓒ 감각 추구자들은 다른 사람들이 스트레서라 여기는 경험들을 오히려 적극적으로 추구하는데, 이는 이들이 감각 회피자들보다 이러한 경험들을 덜 위협적이고 불안을 덜 야기한다고 주관적으로 평가하기 때문이다.
　　ⓔ 따라서 감각 추구자들는 약물 중독에 빠지기 쉽고, 흡연이나 과속 운전 등 건강하지 못한 생활 습관을 가지기 쉬우며, 싸움과 같은 충동적인 행동을 하기가 쉽다. 그러나 감각 추구 성향은 스트레스 저항과도 연합되어 있어 적응적인 면도 갖고 있다고 할 수 있다.

② **신경증적 경향성**
　　㉠ 신경증적 경향성은 정서적으로 예민하고, 기분 변화가 심하며, 쉽게 불안해하거나 우울하고, 지나치게 근심 걱정을 하는 성향을 말한다(Eysenck, 1967).
　　㉡ 동일 자극에 반응하는 정도가 성격에 따라 사람마다 다르므로 신경증적 경향성이 높은 사람은 낮은 사람에 비해 스트레스가 주는 환경을 잘 견뎌내지 못한다.
　　㉢ 이런 사람들은 만성적인 긴장 상태에 처하기 쉬우므로 이를 해소하기 위해 알코올이나 진정제 등의 약물에 의존하기 쉽다. 알코올은 보통 생각과는 달리 흥분시키는 물질이 아니라 신경을 진정시키는 물질이다.
　　㉣ 또한 신경증적 경향성이 높은 사람들은 낮은 사람들보다 정신 신체적 장애나 신경증 같은 정신 장애에 걸리기 쉽다. 정신 신체적 장애는 심리적인 원인으로 신체적인 질병이 생기는 장애를 말하며, 신경증은 신체적 문제들보다는 심리적인 문제들이 더 두드러지게 나타나는 장애이다.
　　㉤ 신경증적 경향성을 가진 사람들은 자신들의 높은 각성 상태에 대한 불안감 때문에 더욱 불안해지는 악순환을 경험하게 된다.

③ **심리적 내구성**
　　㉠ 코바사(Kobasa) 같은 실존주의 성격 이론가들은 스트레스가 매우 큰 조건에서도 건강을 유지하거나, 심지어는 건강이 더 증진되는 사람들을 설명하기 위해서 내구성(hardiness)이라는 개념을 발전시켰다.
　　㉡ 내구성은 생활 사건에 대한 개인의 안정되고 특징적인 반응 양식을 지칭하는 심리학적 구성 개념이다.
　　㉢ 내구성이 높은 사람
　　　ⓐ 자기가 유능하다는 생각에 충만해 있으며, 생산적으로 생각하고 행동하는 경향이 있다.
　　　ⓑ 모든 일을 자기의 능력으로 통제할 수 있다고 생각하며 주변에서 일어나고 있는 일에 깊이 관여한다.
　　　ⓒ 변화를 자신이 인간으로 성숙하고 발전하는 데 필요한 도전이라고 생각한다.
　　　ⓓ 내구성이 높은 사람은 그렇지 않은 사람들보다 스트레스에 덜 민감하며, 스트레스로 인해 질병을 경험하는 일이 적다고 한다.

④ **내·외 통제 소재** ★★
　　㉠ 통제 소재는 로터(Rotter, 1966)가 발전시킨 개념으로, '개인의 행위가 환경을 통제하거나 지배하는 데 효과적일 것이라는 기대'를 지칭하는 말이다.
　　㉡ 자신에게 일어나고 있는 모든 일들이 어디에서 무엇에 의해 통제된다고 믿고 있느냐에 따라 내적 또는 외적 통제 소재가 결정된다.

ⓒ 한 개인이 자신의 행동이나 능력이 자신에게 일어난 일의 결과에 중요한 영향을 주었다고 생각한다면 그는 내적 통제를 한다고 볼 수 있다.
ⓔ 이와 반대로 외부의 사건이나 다른 사람들 또는 운수나 우연에 의해서 일의 결과가 영향 받았다고 생각한다면 그는 외적 통제를 하고 있는 것이다.
ⓜ 통제 소재는 건강 행동에도 중요한 영향을 미친다. 즉 내적인 사람들은 자신의 질병을 운명적인 것으로 받아들이지 않으며, 질병에 대해서 더 많은 정보를 가지고 있고, 또 예방을 위한 행동에 집중할 가능성이 높다.

⑤ A형 성격 ★★
ⓐ A형 성격 또는 A형 행동 패턴이라고 불리는 성향을 가진 사람들은 자기의 고통이나 불행의 원인이 자기에게 있다고 생각하지 않으며, 자기가 동경하는 사람이나 사물 때문에 자신이 불행해진다고 믿기 때문에 그에 대해 공격적으로 행동하는 경향이 있다.
ⓑ 또한 적은 시간에 되도록 많은 일을 성취하려고 항상 투쟁하며, 적대적인 행동들을 많이 한다. 경쟁과 승부에 집착하며 심지어는 어린아이들과의 게임에서도 이기려고 한다.
ⓒ 항상 시간이 부족하고 시간에 쫓긴다고 느낀다.
ⓓ 반면 이와는 반대되는 성격을 B형 성격이라고 한다.
ⓔ A형 성격은 B형 성격의 사람들보다 명백히 심장 질환에 많이 걸린다. 그러나 사회적으로는 A형 성격이 더 높은 평가를 받게 된다.

⑥ C형 성격
ⓐ C형 성격은 A형과는 달리 매우 협조적이고 유화적이며, 다른 사람의 욕구를 충족시켜 주기 위해 자신의 욕구를 포기하고, 분노와 같은 부정적 정서 표현이나 자기주장을 자제하고, 양보와 수용 경향이 높은 행동 특성을 말한다.
ⓑ C형 성격의 사람처럼 자신의 욕구와 감정을 오랫동안 표출하지 못하고 억제하면 필연적으로 생물학적으로나 심리적으로 부정적인 결과가 뒤따르게 마련이다.

⑦ 우울 취약성 ★
ⓐ 우울 취약성은 우울증에 걸릴 개인적 소인을 지칭하는 말로 일종의 특성적 개념이다.
ⓑ 통제 상실이 우울증과 중요하게 연관되지만 모두에게 똑같은 정도로 연관되는 것이 아니라 사람들이 자신의 지배적인 유인가에 대한 통제를 상실했을 때만 자존심이 저하된다.

2. 인지 과정과 스트레스 [기출개념]

인간이 자신의 상황에 대하여 어떻게 생각하고 평가하느냐에 따라 그 상황은 스트레스로 작용할 수도 있고 아닐 수도 있다. 인지 과정은 스트레스에 대한 개인의 반응에 영향을 미친다.

개념 Plus

A형 성격(행동 유형)
심장병 의사인 프리드만과 로젠만이 1974년 관상동맥 질환으로 치료받고 있는 환자들이 일반인과는 현저히 다른 행동 특성을 보이는 것을 관찰하고 명명한 개념이다.

(1) 인지적 평가 유형

① 스트레스를 '요구와 대처 자원 간의 불일치'로 정의한 라자루스(Lazarus)는 인간과 환경의 교류에서 '평가'와 '대처'라는 두 가지 인지 과정의 중요성을 강조하였다.

② 여기서 '평가'는 어떤 대상이나 상황의 질에 대해 그 가치를 정하거나 판단하는 것이며, '대처'는 환경과 내적 요구 간의 갈등을 다루기 위해 행동적이거나 인지적인 노력을 사용하는 것을 말한다.

③ 평가는 1차적 평가, 2차적 평가, 재평가로 구분된다.

  ㉠ 1차적 평가: 상황의 유형에 대한 초기 평가를 말하는데, 여기서는 단지 어떤 사건이 자신에게 적절한지 아닌지를 판단할 뿐이다. 즉 "내게 문제가 생겼는가? 아닌가?"만을 평가한다. 1차적 평가에서 상황이 스트레스로 평가되면 곧 이어 2차적 평가가 시작된다.

  ㉡ 2차적 평가: 상황적 요구와 자신의 대처 기술이 일치하는지 아닌지를 평가하는 과정을 말한다. "이 문제에 대해 내가 어떤 일을 할 수 있는가?", "내가 이 상황에 적절히 대처할 수 있겠는가?'를 판단해 보는 것이다.

  ㉢ 재평가: 2차적 평가가 이루어진 다음에 그것으로부터 피드백을 받아서 자신의 1차적 평가를 바꾸는 것을 말한다. 즉 2차적 평가에서 자신에게 '그 상황을 다루기 위한 대처 기술이 부족하지 않다'고 판단했다면, 이제 '그 상황은 스트레스가 아니다.'라고 자신의 처음 평가를 변화시키는 것이다.

④ 스트레스는 상황이 물리적으로나 심리적으로 위협적이라고 지각될 때 시작되는데, 위협적이라는 지각에는 자신이 상황에 효과적인 반응을 가지고 있지 못하다는 의미도 포함되어 있다. 그러나 만일 우리가 사건의 의미를 바꾸어서 더 이상 위협이 존재하지 않게 되면, 또는 우리가 적절한 대처를 해서 위협을 제거하거나 중화시키면 스트레스는 끝날 수 있다.

(2) 스트레스 평가에 영향을 주는 요인들 ★

① 친숙성

  ㉠ 스트레스를 주는 요구에 대한 친숙성은 스트레스 평가에 중요한 변인이 된다.

  ㉡ 잠재적으로 스트레스를 줄 수 있는 사건과 친숙하지 않을수록 우리는 그 사건을 더욱 더 위협적인 것으로 지각한다.

② 통제 가능성

  ㉠ 스트레스 평가에 영향을 주는 또 다른 요인은 자신이 사건을 얼마나 통제할 수 있느냐 하는 지각이다.

  ㉡ 우리는 사건이 통제 가능하다고 느낄 때 스트레스를 덜 받는다.

  ㉢ 한편 통제력이 커지면 스트레스도 따라 커진다는 주장도 있다. 버거(Bugger, 1989)는 사건이 통제 가능할수록 사람들이 그 결과에 대한 책임성을 더 크게 받아들인다는 사실을 확인하였다. 특히 다른 사람들이 자신을 어떻게 평가하는지에 관심이 많은 사람들에게서 이 같은 사실이 더 두드러진다.

③ 예측 가능성

  ㉠ 직장에서 갑자기 해고당하는 것(예측 불가능)과 자신이 언제 그만두어야 하는지를 아는 것(예측 가능) 중에서 어느 것이 더 스트레스를 유발하는지 생각해 본

다면 전자일 것이다. 예측 가능한 상황에서 스트레스를 덜 경험하는 이유는 스트레스를 준비하기 위해 미리 대처 방안을 생각할 수 있기 때문이다.
ⓒ 그러나 이러한 예측 가능성의 효과는 스트레스에 대한 대처 방안이 마련되어 있는지의 여부에 따라 달라진다. 즉 대처 방안이 없는 경우에는 오히려 예측 가능성이 개인에게 유해한 상황을 연출하게 된다.
④ 불확실성
ⓐ 불확실성은 '의미의 혼란'을 말한다. 즉 사건이나 상황에 대해 다른 해석을 내릴 수 있을 때 우리는 그 사건이나 상황을 '애매하다'고 말한다.
⑤ 정서성
ⓐ 정서는 적응적 교류와 대처 과정에 중요한 영향을 미친다.
ⓑ 정서는 '무엇인가 잘못되었다'는 초기의 경고 신호로 작용한다.
ⓒ 정서는 위험이나 위협이 포함되어 있는 대상에 주의를 기울이도록 재정향시킨다.
ⓓ 정서는 진행 중인 인지적 과제를 방해하여 새로운 요구를 야기시킬 수도 있다.
ⓔ 정서는 동기 요인으로 작용할 수 있다.

> **핵심 Check**
>
> **스트레스 평가에 영향을 주는 요인들**
> • 친숙성
> • 통제 가능성
> • 예측 가능성
> • 불확실성
> • 정서성

기출개념확인

01 라자루스(Lazarus)의 인지 평가에 대한 설명으로 옳지 않은 것은?

① 1차적 평가, 2차적 평가, 재평가로 구성된다.
② 1차적 평가는 상황의 유형에 대한 초기 평가이다.
③ 2차적 평가는 상황적 요구와 자신의 대처 기술이 일치하는지 아닌지를 평가하는 과정이다.
④ 재평가는 1차적 평가에 대한 피드백을 받아 2차적 평가를 바꾸는 것이다.

02 일반 적응 증후(GAS) 단계를 바르게 나열한 것은?

① 경고 – 저항 – 탈진
② 경고 – 저항 – 회복
③ 저항 – 경고 – 탈진
④ 저항 – 경고 – 회복

정답·해설

01 ④ 재평가는 2차적 평가가 이루어진 다음에 그것으로부터 피드백을 받아 자신의 1차적 평가를 바꾸는 것을 말한다. 즉 2차적 평가에서 '자신에게 그 상황을 다루기 위한 대처 기술이 부족하지 않다'고 판단되었다면, 이제 '그 상황은 스트레스가 아니다.'라고 자신의 처음 평가를 변화시키는 것이다.

02 ① 일반 적응 증후 단계는 경고 – 저항 – 탈진 단계로 구성된다.

제4절 정서 조절

01 정서 조절의 개념

개념 Plus

정서 조절(emotion regulation)
정서 조절은 자신의 감정을 손상시키지 않으면서 상대방의 생각, 감정, 의도 등을 이해하고, 그에 대하여 융통성 있게 대처하는 능력을 의미한다. 자신의 감정 상태의 강도와 지속 기간을 조정하며 필요한 경우에는 자신의 감정 표출을 지연하기도 하고, 적절하게 표현하기도 하는 능력이다.

1. 정서 조절(emotion regulation)의 의미 기출개념

① 정서(emotion)는 오랫동안 합리적인 사고와 행동을 저해하거나 파괴하는 비합리적이고 본능적인 현상으로 여겨져 왔다. 그러나 현대의 관점에서 정서는 근본적으로 적응적 기능을 가지며, 개인의 복지에 중요한 것이 무엇인지 알 수 있도록 하고 적절한 행동을 할 수 있게 하는 것으로 정서의 긍정적 역할이 강조된다.
② 정서에 대한 시각의 변화에 따라 연구자들은 개인의 적응에 중요한 의미를 갖는 정서 조절에 주목하기 시작하였다.
③ 정서 조절이 독립적인 연구 분야로 자리 잡게 된 것은 1980년대로 비교적 최근이며, 정서 조절에 대한 개념은 여러 학자들의 주요 관심 영역이 되었다.
④ 정서 조절은 긍정적 정서의 증대와 부정적 정서의 감소 및 균형적 조화, 자신 및 타인의 정서 상태의 변화, 정서의 경험과 정서의 표현, 정서의 의식적 조절 및 무의식적 조절 기능의 측면들이 포함되는 복합적인 과정이다.
⑤ 정서 조절은 정서의 종류, 상황, 인지적, 행동적, 생리적, 체험적 요소 등이 관련된 매우 복잡한 과정으로, 명확한 정의가 어려운 다차원적 개념이다(Gross & John).

2. 정서 조절에 대한 학자들의 견해

(1) 긍정적 정서의 증가와 부정적 정서의 감소 관점
정서 조절은 긍정적 정서의 증가와 부정적 정서의 감소라는 관점에서 개념화할 수 있다.
① 일부 학자들은 부정적인 정서 경험 및 표현의 통제와 정서적 흥분의 감소를 강조한다(Cortez & Bugental, 1994; Garner & Spears, 2000).
② 다른 학자들은 정서 조절은 부정적인 정서를 즉각적으로 감소시키는 과정인 정서 통제(emotional control)와 같지 않다는 점을 지적했다. 정서 조절에는 부정적 정서를 억제하거나 가라앉히는 것뿐만 아니라 정서적 흥분을 유지하고 강도를 높이는 것도 포함된다고 역설한다(Cole, Michel, & Teti, 1994; Thompson, 1994).
③ 정서 조절은 고양된 수준의 긍정적 정서와 부정적인 정서에 대처하는 과정이다. 긍정적 정서와 부정적 정서 간에 균형적 조화를 이루는 것이다(Kopp, 1989).

(2) 기능주의적 관점 반영
정서 조절에 대한 기능주의적 관점의 반영으로 정서 조절을 상황적 맥락에서 적절한 정서의 체험과 표현으로 보는 견해이다.

① 정서 조절은 매 순간의 상황적 요구에 맞는 방식으로 반응할 수 있는 능력이다 (Cole, Martin & Dennis, 1994).
② 정서 조절은 개인의 목표를 성취하기 위해 정서적인 반응을 관찰하고 평가하고 수정하는 외적·내적 과정이다(Thompson, 1994).
③ 상황에서 요구되는 측면과 개인이 그 상황에서 성취하고자 하는 목표를 고려하여 필요할 때는 감정 반응을 지연할 수도 있고, 계속되는 긍정적 또는 부정적 감정 경험을 요구와 목표에 도움이 되는 방향으로 그리고 사회적으로 받아들여지고 충분히 유연한 방식으로 반응할 수 있는 능력을 정서조절로 보는 입장이다. 이후 많은 연구자들의 지지를 얻고 있다.

(3) 명확한 개념 제시를 위한 노력
정서 조절이라는 개념의 모호성에 대한 한계를 극복하고 보다 명확한 개념을 제시하려는 노력이 시도되었다.
① 그로스(Gross, 1998)는 정서 조절을 연구하는 대표적인 학자로, 정서 조절은 개인이 어떤 정서를, 언제, 어떻게 경험하고 표현할 것인가에 영향을 주는 절차라고 하며 다음과 같이 제시하였다.
  ㉠ 그로스(Gross)의 정서 조절 분류
    ⓐ 정서를 조절하는 것과 정서에 의해서 조절되는 것
    ⓑ 자신의 정서를 조절하는 것과 타인의 정서를 조절하는 것
    ⓒ 의식적 정서 조절과 무의식적 정서 조절 과정
② 그래츠와 로에머(Gratsz & Roemer)는 정서 조절에 대한 합의된 개념이 부재하여 정서 조절에 대한 연구의 어려움을 지적하고, 정서 조절을 평가하기 위한 개념을 다음과 같이 제시하였다.
  ㉠ 정서 조절 복합성 평가를 위해 제시된 개념
    ⓐ 정서의 자각과 이해
    ⓑ 정서의 수용
    ⓒ 부정적인 정서를 경험할 때 충동적인 행동을 조절하고 개인이 바라는 목표에 일치되게 행동하는 능력
    ⓓ 개별적 목표와 상황적 요구를 충족하기 위해 바라는 대로 정서적 반응들을 조절하려고 상황적으로 적절한 정서 조절 방략들을 융통성 있게 사용하는 능력

(4) 왈든과 스미스(Walden & Smith, 1997)의 정의
정서 조절을 크게 두 가지 측면에서 정의할 수 있다고 하였다.
① 정서 조절은 체험하고 있는 정서를 변화시키는 것이다.
  예 면접 상황에서 극도의 불안을 느낄 때, 면접을 잘 보기 위해서는 불안한 감정 상태를 담담한 감정 상태로 변화시키는 것이 필요하며, 복식 호흡이나 낙관적인 생각으로 차분한 정서 상태로 바꿀 수 있는 것과 관련된다.
② 체험된 정서를 표현하는 방법을 변화시키는 것 또한 정서 조절의 중요한 측면으로 보았다.
  예 체험된 화를 상대에게 소리를 지름으로써 표현하기보다 화가 났음을 차분하게 말로 전달하는 표현 방법을 선택할 수 있는 것과 관련된다.

02 정서 조절 방략

1. 정서 조절 과정 기출개념

(1) 그린버그(Greenberg, 2002) 정서 조절 과정
① 정서를 유발하는 상황 자체에 대한 대처나 방략: 상황을 선택한다.
② 인지적 대처나 방략: 상황에 대한 해석이나 의미를 새롭게 한다.
③ 정서적 반응 및 결과에 대한 대처나 방략: 정서적 표현을 억제하거나 강화한다.

(2) 그로스(Gross, 2001) 정서 조절 과정
① 정서적 과정의 시간적 추이를 따라 정서조절이 이루어지는 과정을 보다 세분화하여 5단계로 설명하는 모델을 제시하였다.
② 이 모델에서 제시된 단계는 차례대로 상황 선택, 상황 변경, 주의 할당, 인지적 변화, 반응 수정이다.

단계	내용
상황 선택	정서를 조절하기 위해서 여러 가지 상황 중에서 한 상황을 선택하여 어떤 사람이나 장소 혹은 활동에 접근하거나 피함
상황 변경	정서적 충격을 완화시키기 위해서 환경을 변경하여 새로운 상황을 만듦
주의 할당	주의를 집중할 환경의 측면들을 선택
인지적 변화	상황에 부여할 수 있는 많은 의미 중에 하나를 구성하는 것
반응 수정	이미 발생한 정서적 반응에 영향을 주려는 다양한 시도

③ 앞의 네 단계는 정서적 반응이 일어나기 전의 선행 사건에 초점을 둔 정서 조절 과정이고, 마지막 단계는 정서적 반응이 일어난 후에 그 반응에 초점을 둔 정서 조절 과정이다(Gross, 2001; Gross & John, 2003).
④ 존과 그로스(John & Gross, 2004)는 반응이 일어나기 전의 정서 조절 방략으로 인지적 재평가 방략과, 반응이 일어난 후의 방략으로 표현적 억제 방략에 초점을 두고, 인지적 재평가 방략이 표현적 억제 방략보다 더 건강한 정서 조절 방략임을 보여주기도 하였다.

(3) 파킨슨과 토터델(Parkinson & Totterdell, 1999) 정서 조절 전략
① 행동적 범주의 정서 조절 전략
　예 행복한 듯 행동하기, 운동하기, 일기 쓰기, 위안 구하기
② 인지적 범주의 정서 조절 전략
　예 아무것도 생각하지 않기, 진정하기, 기분을 유지하는 것 생각하기, 문제에 대해 합리적으로 생각하기
③ 최근에는 이 두 가지 범주의 정서 조절 전략에 정서적 정보 처리 접근인 정서적 체험 전략 범주가 추가적으로 제안되어 연구되고 있다.

2. 정서 조절 전략의 효과

① 정서 조절을 위하여 적응적 전략들을 사용할 때 우울과 불안이 적으나 부적응적 전략을 많이 사용하면 우울과 불안이 커진다(Garnefski, Kraaij, & Spinhoven, 2001).
② 효과적인 조절 전략을 사용하여 정서 조절이 제대로 이루어지지 못하면, 부정적인 정서가 해소되지 못한 채 축적되거나 증폭됨으로써 심리적 적응뿐 아니라 사회적, 직업적 기능을 손상시킨다.
③ 정서 조절의 실패는 자기 파괴적 행동이나 문제 행동을 일으키고 사회적 기능 저하, 그리고 정신 병리까지 이어질 수 있다(Greenberg, 2002; Leith & Baumeister, 1996).

3. 정서 조절 방법 기출개념

(1) 인지적 재평가를 통한 정서 조절(Ellis)

① ABC 모형에 근거하여 어떤 상황(A)에서 경험하는 정서(C)는 그 정서를 일으키는 인지적 신념(B)에 의해 유발되므로 인지적 신념을 재평가하여 변화시켜 정서를 조절하는 방법이다.
② ABC 모형

구분	내용
A(Activating event)	개인의 정서적 혼란을 가져오는 선행 사건
B(Belief)	A에 대한 합리적·비합리적 개인의 신념
C(Consequences)	B의 신념(합리적·비합리적)에 대한 행동적 결과
D(Dispute)	비합리적 신념에 대한 논박
E(Effect)	논박으로 인한 인지적 변화 효과
F(Feeling)	합리적인 신념에서 비롯된 새로운 감정이나 행동

(2) 조건 형성 원리를 이용한 방법

방법	내용
체계적 둔감화 (systematic desensitization)	불안을 없애기 위해 불안 반응을 체계적으로 증대시키면서 동시에 불안과 대립되는 이완 반응을 의도적으로 야기시키는 방법 예 뱀 공포증의 치료
내파 치료 (implosion therapy)	가장 두려워하는 상황이나 자극에 처음부터 바로 노출시켜 불안이나 공포가 감소하도록 하는 것 예 고소 공포증에 대한 가상현실 치료

> **핵심 Check**
>
> **체계적 둔감화의 단계**
> 근육 이완 훈련 – 불안 위계 목록 작성 – 불안 자극 제시 – 단계적 둔감화

기출개념확인

01 그로스(Gross)의 정서 조절 과정 중 초점이 다른 하나는?

① 상황 선택 단계
② 주의 할당 단계
③ 인지적 변화 단계
④ 반응 수정 단계

02 엘리스(Ellis)의 ABC 모형에 대한 연결이 잘못된 것은?

① A(Activating event): 선행 사건
② B(Behavior): 행동
③ C(Consequences): 행동적 결과
④ D(Dispute): 논박

정답·해설

01 ④ 그로스(Gross)의 정서 조절 과정은 상황 선택, 상황 변경, 주의 할당, 인지적 변화, 반응 수정이다. 상황 선택, 상황 변경, 주의 할당, 인지적 변화 단계는 정서적 반응이 일어나기 전의 선행 사건에 초점을 둔 정서 조절 과정이고, 반응 수정 단계는 정서적 반응이 일어난 후에 그 반응에 초점을 둔 정서 조절 과정이다.

02 ② B는 'Belief'로 A에 대한 합리적·비합리적 개인의 신념을 뜻한다.

> **참고** ABC 모형
> 인지적 재평가를 통한 정서 조절(Ellis)에서 등장하는 모형이다. 어떤 상황(A)에서 경험하는 정서(C)는 그 정서를 일으키는 인지적 신념(B)에 의해 유발되므로 인지적 신념을 재평가하여 변화시켜 정서를 조절하는 방법이다.

제7장 | 실전연습문제

* 기출유형 은 해당 문제가 실제 시험에 출제된 유형임을 나타냅니다.

01 다음 중 정서와 기억에 대한 설명으로 옳지 않은 것은?
① 일반적으로 중립적인 정보보다 정서적인 정보가 더 잘 기억된다.
② 편도체는 대뇌 피질보다 정보를 더 빨리 받아들여 감정을 유발하지만 대뇌 피질의 정보 처리에 영향을 주지는 않는다.
③ 편도체는 정서적인 단어를 기억해 낼 때 높은 활동을 보인다.
④ 사고 능력이 개발되지 않은 어린 시기에 경험한 정서는 인간에게 장기적인 영향을 미친다.

기출유형
02 다음의 내용을 설명하기에 가장 적절한 것은?

> 남편에게 화가 날 때는 남편이 그전에 잘해 준 것보다는 잘 못해 주고 서운하게 해 준 것들이 더 잘 떠오르고, 한번 화가 나면 그전에 화나게 한 기억들이 샘솟듯이 잘 떠올라서 점점 더 화가 나게 된다.

① 기분 일치 효과
② 기억 일치 효과
③ 기억 인출 효과
④ 기분 – 상태 의존 효과

03 정서 지능에 대한 내용으로 옳지 않은 것은?
① 정서 지능은 사회 지능의 하위 요소 중 하나이다.
② 정서 지능이 높은 사람은 감정적으로 예민한 사람이다.
③ 정서 지능에서 능력은 정신 기능의 인지적 측면을 의미한다.
④ 정서 지능에는 정서가 내포되어 있는 정보를 이해하고 활용할 줄 아는 능력이 포함된다.

04 정서 지능의 내용을 포함하는 지능 이론으로 가장 적절한 것은?
① 가드너의 다중 지능 이론
② 스턴버그의 성공 지능 이론
③ 써스톤의 다요인 이론
④ 카텔의 유동적 – 결정적 지능 이론

05 정서 지능의 구성 요소 중 다음의 내용을 포함하는 것은?

> • 미묘한 정서 간의 관계를 이해하고 명명하기
> • 정서 속에 담긴 의미를 해석하기
> • 복잡하고 복합적인 감정을 이해하기
> • 정서들 간의 전환을 이해하기

① 정서의 인식과 표현
② 정서의 사고 촉진
③ 정서 지식의 활용
④ 정서의 반영적 조절

06 다음의 정서 지능 구성 요소 중 그 성격이 다른 하나는?
① 창조적 사고
② 주의 집중의 전환
③ 동기화
④ 감정 이입

07 정서 지능의 구성 요소에 대한 설명으로 옳은 것은? [기출유형]

① 정서의 인식과 표현은 가장 높은 수준의 영역이다.
② 정서의 인식은 아동기 자신의 정서를 지각하고 인식하는 능력에서 시작된다.
③ 정서의 사고 촉진 능력은 지능을 활성화하는 정서와 관련된 능력이다.
④ 정서의 반영적 조절은 혼합된 정서를 받아들이는 능력을 포함한다.

08 스트레스를 최초로 학문적으로 연구한 학자는?

① 샐로비(Salovey)   ② 셀리에(Selye)
③ 제임스(James)   ④ 다윈(Darwin)

[기출유형]
09 스트레스에 대한 설명으로 옳지 않은 것은?

① 스트레스는 외부로부터 압력을 받게 되면 긴장, 흥분, 각성 또는 불안과 같은 생리적 반응이 나타나는 것이다.
② 위험을 감지하게 되면 인간의 몸 안에서는 강력한 화학 물질이 분비된다.
③ 스트레스 상황에서는 더 많은 산소를 얻기 위해 호흡이 빨라진다.
④ 위험을 대비한 뇌·심장·근육으로 가는 혈류가 감소한다.

10 일반 적응 증후(GAS)에 대한 설명으로 옳지 않은 것은?

① GAS 단계는 경고 – 저항 – 회복 단계이다.
② GAS는 스트레스가 신체에 영향을 준다는 의미가 포함되어 있다.
③ GAS는 셀리에(Selye)에 의해서 개념화되었다.
④ 대개의 경우 육체적·정신적 스트레스가 처음의 두 단계에서 종결된다.

11 스트레스 현상에 대하여 인지적 측면을 고려하여 연구를 한 학자는?

① 셀리에(Selye)   ② 라자루스(Lazarus)
③ 엘리스(Ellis)   ④ 아들러(Adler)

12 스트레스에 대한 연구 방법에 대한 설명으로 옳지 않은 것은?

① 생리학적 접근에서 스트레스는 외적 요인이나 외적인 힘이다.
② 사회심리학적 접근에서 스트레스는 환경적인 자극이나 요구에 대한 사람들의 반응이다.
③ 행동과학적 접근에서 스트레스는 사람들이 지각하는 요구 수준과 그 요구 수준에 맞추기 위한 개인의 자기 능력 간의 불균형의 결과이다.
④ 사회심리학적 접근과 행동과학적 접근은 개인을 능동적인 존재로 생각한다.

13 다음의 내용에 부합하는 스트레스의 증상은?

> 불안, 신경 과민, 우울증, 분노, 좌절감, 근심, 걱정, 불안, 성급함, 인내 부족

① 신체적 증상 ② 정신적 증상
③ 감정적 증상 ④ 행동적 증상

14 다음 빈칸에 알맞은 것은?

> 건강한 신체에서는 몇 가지 체제가 최악의 상태로 치닫는다 해도 신체의 다른 체제들이 상호 도움을 주어 신체 전체를 균형 상태로 되돌리고 유연성을 되찾게 되면 그것을 (   )이라 부른다.

① 자발적 재발 ② 자발적 회복
③ 치료적 재발 ④ 치료적 회복

[기출유형]

15 스트레스와 성격에 대한 설명으로 옳지 <u>않은</u> 것은?

① 성격은 생리적 기제를 통해 질병에 직접적인 영향을 줄 수 있다.
② 신경증적 경향이 높은 사람은 낮은 사람에 비해 스트레스가 주는 환경을 잘 견뎌낸다.
③ 감각 추구자들은 다른 사람들이 스트레스라고 여기는 경험들을 오히려 적극적으로 추구한다.
④ 내구성이 높은 사람은 그렇지 않은 사람들보다 스트레스에 덜 민감하다.

16 다음 중 스트레스에 상대적으로 취약한 사람을 옳게 고른 것은?

> ㄱ. 내적 통제자   ㄴ. 외적 통제자
> ㄷ. A형 성격 유형   ㄹ. B형 성격 유형

① ㄱ, ㄷ   ② ㄱ, ㄹ
③ ㄴ, ㄷ   ④ ㄴ, ㄹ

[기출유형]

17 스트레스에 대한 설명으로 옳은 것은?

① 잠재적으로 스트레스를 줄 수 있는 사건과 친숙할수록 그 사건이 더 위협적인 것으로 지각된다.
② 자신이 사건을 얼마나 통제할 수 있느냐에 대한 지각은 스트레스 평가에 중요하다.
③ 대처 방안이 없는 경우에도 사건에 대한 예측 가능성이 스트레스를 덜 받게 한다.
④ 사회적으로 B형 성격이 A형 성격보다 더 높은 평가를 받는 경향이 있다.

18 정서 조절에 대한 설명으로 옳지 <u>않은</u> 것은?

① 정서 조절의 개념은 명확하게 정의하기가 어려운 다차원적 개념이다.
② 정서 조절은 고양된 부정적인 정서에 대처하는 과정이다.
③ 정서 조절은 매 순간의 상황적 요구에 맞는 방식으로 반응할 수 있는 능력이다.
④ 정서 조절은 체험하고 있는 정서를 변화시키는 것이다.

19 그로스(Gross)의 정서 조절 과정에 포함된 단계를 모두 고르면?

| ㄱ. 상황 선택 | ㄴ. 상황 변경 |
| ㄷ. 주의 할당 | ㄹ. 인지적 변화 |

① ㄱ, ㄴ, ㄷ   ② ㄱ, ㄴ, ㄹ
③ ㄴ, ㄷ, ㄹ   ④ ㄱ, ㄴ, ㄷ, ㄹ

20 다음의 정서 조절 방략 중 성격이 <u>다른</u> 것은?
① 행복한 척 하기   ② 운동하기
③ 위안 찾기   ④ 진정하기

제7장 | 실전연습문제 정답·해설

01	02	03	04	05
②	①	②	①	③
06	07	08	09	10
④	③	②	④	①
11	12	13	14	15
②	④	③	②	②
16	17	18	19	20
③	②	②	④	④

01 ②

편도체는 동기와 기억, 주의 및 학습, 감정과 관련된 정보를 처리한다. 편도체는 시상을 통과하는 여러 감각 정보를 대뇌 피질보다 빨리 받는 신경 회로망에 속해 있어서, 대뇌 피질이 정보를 사려 깊게 분석하고 판단하기 전에 더 빨리 정보를 받아 쾌감 또는 불쾌감을 유발하고, 이 순간의 정서가 동일한 감각 정보에 대한 대뇌 피질의 이성적 정보 처리에도 영향을 준다.

02 ①

사람의 기억은 기분 정서 상태에 영향을 받아서 정서가 긍정적일 때는 긍정적 기억이, 정서가 부정적일 때는 부정적 기억이 더 잘 떠오르는 것을 기분 일치성 효과라고 한다.

03 ②

정서 지능이 소개된 초창기에는 많은 사람들이 EQ가 높은 사람은 감성적이고 감정적으로 예민한 사람으로 오해하기도 하였다. 이러한 의미는 정서 지능의 원래 의미를 상당히 왜곡하거나 축소한 것으로 정서 지능은 정서를 얼마나 똑똑하게 잘 다루는가에 관련한 능력이라고 할 수 있다.

참고 **정서 지능**
정서 지능이란 사회 지능의 한 하위 요소로서, 자신과 타인의 감정과 정서를 점검(monitor)하고, 그것들의 차이를 변별(discriminate)하며, 생각(thinking)하고 행동(action)하는 데 정보를 이용할 줄 아는 능력이다.

04 ①

가드너의 다중 지능 이론에서 개인 내 지능과 대인 간 지능은 정서 지능의 요인과 관련 있다.

05 ③

정서 지식의 활용에 대한 내용이다.

오답분석
① **정서의 인식과 표현**: 자신의 정서를 파악하기, 자신 외부의 정서를 파악하기, 정서를 정확하게 표현하기, 표현된 정서를 구별하기가 있다.
② **정서의 사고 촉진**: 정서 정보를 이용하여 사고의 우선순위 정하기, 정서를 이용하여 판단하고 기억하기, 정서를 이용하여 다양한 관점 취하기, 정서를 활용하여 문제 해결 촉진하기가 있다.
④ **정서의 반영적 조절**: 적·부적 정서들을 모두 받아들이기, 자신의 정서에서 거리를 두거나 반영적으로 바라보기, 자신과 타인의 관계 속에서 정서를 반영적으로 들여다보기, 자신과 타인의 정서를 조절하기가 있다.

06 ④

감정 이입은 정서의 인식과 표현 영역이고 창조적 사고, 주의 집중의 전환, 동기화는 정서의 활용 영역이다.

참고 **정서 지능의 3영역 10요소 모형**

영역	10요소	
정서의 인식과 표현	요소 1	자기 정서의 언어적 인식과 표현
	요소 2	자기 정서의 비언어적 인식과 표현
	요소 3	타인 정서의 비언어적 인식과 표현
	요소 4	감정 이입
정서의 조절	요소 5	자기의 정서 조절
	요소 6	타인의 정서 조절
	요소 7	융통성 있는 계획 세우기
정서의 활용	요소 8	창조적 사고
	요소 9	주의 집중의 전환
	요소 10	동기화

07 ③

정서의 사고 촉진 영역은 정서가 지능에 영향을 미칠 수 있다는 가정하에 중요한 변화와 사건에 주의를 기울이게 하여 사고를 형성하고 촉진하게 만드는 정서 능력과 관련된다.

오답분석
① 정서의 인식과 표현 영역은 가장 낮은 수준의 영역으로 인간 각자가 정확하게 정서를 파악하는 능력 정도와 관련되며 정서 상태를 파악하고 내적 감정을 평가할 수 있게 하는 능력이다.
② 정서 인식은 유아기에서 자신의 정서를 지각하고 인식하는 능력에서 출발하여 타인이나 무생물 대상의 정서까지 그 범위가 확대된다.
④ 정서 지식의 활용 영역은 혼합된 정서를 받아들이는 능력 즉, 경외감은 두려움과 놀라움의 혼합이며 희망은 신념과 낙관의 혼합이라는 것을 인식하는 등 인간은 성장하면서 복잡하고 상반된 정서가 동시에 존재할 수 있다는 점을 이해하게 되고 이를 인간관계에서 활용하게 되는 것이다.

08 ②

캐나다의 내분비학자 H. 셀리에가 처음으로 스트레스를 명명, 학문적으로 연구하기 시작하였다.

09 ④

위험을 대비한 중요한 장기인 뇌·심장·근육으로 가는 혈류가 증가한다. 위험한 시기에 혈액이 가장 적게 요구되는 곳인 피부·소화기관·신장·간으로 가는 혈류는 감소한다.

10 ①

일반 적응 증후 단계는 경고 단계 – 저항 단계 – 탈진 단계를 거친다.

11 ②

심리학 분야에서 스트레스라는 개념을 연구하기 시작한 것은 셀리에의 연구보다 더 늦은 제2차 세계 대전 이후부터로, 본격적인 연구는 1950년대 라자루스(Lazarus)에 의해 시작되었다. 라자루스는 스트레스 현상에 대한 생물학적 접근 방법의 문제점을 지적하고 그 개념을 인지적 측면에서 다루어야 한다고 주장했다.

12 ④

생리학적 접근법, 사회심리학적 접근법에서는 사람들을 그들의 환경이 가하는 자극에 자동적으로 반응하는 수동적인 존재로 생각하였지만 최근에는 사람들은 자신이 처한 상황에서 요구되는 것을 저울질하기도 하고, 그 요구에 대응하기 위해 자신의 능력을 평가하기도 하면서 환경과 상호 작용한다는 견해가 지배적이다.

13 ③

감정적 증상에 해당되는 내용이다.

오답분석
① **신체적 증상**: 피로·두통·불면증·근육통이나 경직(특히 목, 어깨, 허리), 심계항진(맥박이 빠름), 흉부 통증, 복부 통증, 구토, 전율, 사지 냉각, 안면 홍조, 땀, 자주 감기에 걸리는 증상이 나타난다.
② **정신적 증상**: 집중력이나 기억력 감소, 우유부단, 마음이 텅 빈 느낌, 혼동이 오고 유머 감각이 없어진다.
④ **행동적 증상**: 안절부절못함, 손톱 깨물기, 발 떨기 등의 신경질적인 습관, 먹는 것, 마시는 것, 흡연, 울거나 욕설, 비난이나 물건을 던지거나 때리는 행동이 증가한다.

14 ②

자발적 회복에 대한 설명이다.

오답분석
① 건강하지 못한 신체는 자발적 재발을 초래한다. 만성적 스트레스가 신체의 면역 계통을 방해하여 질병에 대한 자연적 방어력을 떨어뜨린다는 사실이 입증되고 있다.

15 ②

신경증적 경향이 높은 사람은 낮은 사람에 비해 스트레스가 주는 환경을 잘 견뎌내지 못한다. 신경증적 경향성이 높은 사람들은 낮은 사람들보다 정신 신체적 장애나 신경증 같은 정신 장애에 걸리기 쉽다. 정신 신체적 장애는 심리적인 원인으로 신체적인 질병이 생기는 장애를 말하며, 신경증은 신체적 문제들보다는 심리적인 문제들이 더 두드러지게 나타나는 장애이다.

16 ③

외적 통제자, A형 성격 유형이 스트레스에 취약하다.

17 ②

스트레스에 대한 통제 가능성은 스트레스 평가에 중요한 요인이다.

> 오답분석

① 잠재적으로 스트레스를 줄 수 있는 사건과 친숙하지 않을수록 우리는 그 사건을 더욱 더 위협적인 것으로 지각한다.
③ 예측 가능성의 효과는 스트레스에 대한 대처 방안이 마련되어 있는지의 여부에 따라 달라진다. 즉 대처 방안이 없는 경우에는 오히려 예측 가능성이 개인에게 유해한 상황을 연출하게 된다.
④ A형 성격은 B형 성격의 사람들보다 명백히 심장 질환에 많이 걸린다. 그러나 사회적으로는 A형 성격이 더 높은 평가를 받게 된다.

18 ②

Kopp(1989)는 정서 조절을 고양된 수준의 긍정적 정서와 부정적인 정서에 대처하는 과정으로 보고, 긍정적 정서와 부정적 정서 간에 균형적 조화를 이루는 것으로 정의하였다.

19 ④

Gross는 정서적 과정의 시간적 추이를 따라 정서 조절이 이루어지는 과정을 좀 더 세분화하여 5단계로 설명하는 모델을 제시하였다. 이 모델에서 제시된 단계는 차례대로 상황 선택, 상황 변경, 주의 할당, 인지적 변화, 반응 수정이다.

> 참고 그로스의 정서 조절 과정

단계	내용
상황 선택	정서를 조절하기 위해서 여러 가지 상황 중 한 상황을 선택하여 어떤 사람이나 장소 혹은 활동에 접근하거나 피함
상황 변경	정서적 충격을 완화시키기 위해서 환경을 변경하여 새로운 상황을 만듦
주의 할당	주의를 집중할 환경의 측면들을 선택
인지적 변화	상황에 부여할 수 있는 많은 의미 중에 하나를 구성하는 것
반응 수정	이미 발생한 정서적 반응에 영향을 주려는 다양한 시도

20 ④

진정하기는 인지적 범주의 정서 조절 방략에 해당한다.

> 참고 파킨슨과 토터델 정서 조절 방략

정서 조절 방략	예시
행동적 범주의 정서 조절 방략	행복한 듯 행동하기, 운동하기, 일기 쓰기, 위안 구하기
인지적 범주의 정서 조절 방략	아무것도 생각하지 않기, 진정하기, 기분을 유지하는 것 생각하기, 문제에 대해 합리적으로 생각하기

무료 학습자료 제공 · 독학사 단기합격 **해커스독학사**
www.haksa2080.com

독학학위제
전공기초과정 **심리학과**

기출동형모의고사

기출동형모의고사 **제1회**
기출동형모의고사 **제2회**
기출동형모의고사 **제3회**

잠깐!

기출동형모의고사는 독학사 시험의 기출 유형 문제를 철저히 분석하여 구성한 실전 대비 모의고사입니다. 본 교재의 맨 뒤에 제공되는 총 3장의 OMR 카드를 활용하여 문제를 풀이해 주세요.

기출동형모의고사 풀이 전 아래 사항을 확인하세요.

☐ 휴대전화의 전원을 꺼주세요.
☐ 컴퓨터용 사인펜을 준비하세요.
☐ OMR 카드에 과목명과 성명을 기재한 후, 문제풀이를 시작하세요.
☐ 시험시간 50분 내에 문제풀이와 OMR 카드 작성까지 완료하세요.

기출동형모의고사 제1회

응시과목	시험시간	점수
동기와 정서	50분	

01 내재적으로 동기화된 과제를 수행할 때 외적 보상을 받게 되면, 자신의 과제 수행 이유를 외적 보상으로 귀인하여 내재 동기가 감소하는 현상은?

① 자기 조절(self-regulation)
② 자기 결정(self-determination)
③ 과잉 정당화(overjustification)
④ 외재 동기(extrinsic motivation)

02 근본적인 삶의 과제와 정서를 올바르게 연결한 것은?

① 상한 음식 – 경멸
② 열등감을 느낌 – 죄책감
③ 부적절한 행동 – 수치심
④ 성취 – 자부심

03 위험을 감지하고 반응하는 중요한 기능을 하는 기관은?

① 편도체　　② 전두엽
③ 해마　　　④ 망상체

04 자율신경계에 대한 설명으로 옳지 <u>않은</u> 것은?

① 대뇌의 영향과는 무관한 신경계이다.
② 소화 작용에 영향을 미친다.
③ 분노나 공포를 느낄 때 심장 박동 수를 증가시킨다.
④ 동물의 의사와 관계없이 자율적으로 내장의 작용을 조절한다.

05 다음 정서와 관련된 뇌 구조 중 각성 지향 구조에 해당하는 것은?

① 해마　　　② 편도체
③ 전두엽　　④ 망상체

06 교감신경계와 부교감신경계에 대한 설명으로 옳지 <u>않은</u> 것은?

① 교감신경에 의해 조절되는 행동은 도망, 성행위 등이다.
② 교감신경은 공포, 분노와 같은 상황에 대비하고 반응하게 한다.
③ 부교감신경의 기능은 에너지를 보존하는 것이다.
④ 부교감신경이 흥분하면 심장 박동 수가 증가하며 혈압이 상승한다.

07 투쟁 또는 도피 반응을 만들어 내며, 심박 수를 직접 증가시키도록 관여하는 신경 전달 물질은?

① 도파민
② 세로토닌
③ 아세틸콜린
④ 노르아드레날린

08 다음 중 우울 장애(depressive disorder)에 해당하는 것을 모두 고른 것은?

> ㄱ. 주요 우울 장애
> ㄴ. 지속성 우울 장애
> ㄷ. 월경 전기 불쾌 장애
> ㄹ. 파괴적 기분 조절 곤란 장애

① ㄱ
② ㄱ, ㄴ
③ ㄱ, ㄴ, ㄷ
④ ㄱ, ㄴ, ㄷ, ㄹ

09 다음 실험과 가장 관련된 것은?

> 최초 부호화할 때 술에 취해 있었던 사람은 나중에 인출을 할 때도 맑은 정신일 때보다 술에 취해 있을 때 회상량이 많았다.

① 기분 일치 효과
② 기분 인출 효과
③ 기분 – 상태 의존 기억
④ 기분 – 상태 독립 기억

10 양극성 장애에 대한 설명으로 옳지 <u>않은</u> 것은?

① 양극성 장애는 생물학적 요인에 의해서 많은 영향을 받는다.
② 양극성 장애의 하위 유형으로는 제1형 양극성 장애, 제2형 양극성 장애, 순환 감정 장애가 있다.
③ 정신 분석적 관점에서 조증 증세는 무의식적 상실이나 자존감 손상에 대한 방어나 보상 반응이다.
④ 우울한 사람들은 긍정적인 왜곡을 하는 반면에, 조증을 지닌 사람들은 부정적인 왜곡을 하는 경향이 있다.

11 정서 지능의 구성 요소 중 다음의 내용을 포함하는 것은?

> • 정서 정보를 이용하여 사고의 우선순위 정하기
> • 정서를 이용하여 판단하고 기억하기
> • 정서를 이용하여 다양한 관점 취하기

① 정서의 인식과 표현
② 정서의 사고 촉진
③ 정서 지식의 활용
④ 정서의 반영적 조절

12 기본 정서의 특징으로 볼 수 <u>없는</u> 것은?

① 독특한 얼굴 표현이 있다.
② 의식적인 평가로 나타난다.
③ 모든 영장류에 존재한다.
④ 독특하고 주관적인 경험으로 나타난다.

13 신경 전달 물질에 대한 설명으로 옳지 <u>않은</u> 것은?
① 노르아드레날린은 스트레스 호르몬의 하나이다.
② 도파민은 기대 이상의 보상이 주어질 때 많이 분비된다.
③ 세로토닌은 도파민과 노르아드레날린을 적정 수준으로 유지한다.
④ 아드레날린은 장 내의 음식물에 반응하여 분비되어 위장관의 운동을 촉진하는 역할을 수행한다.

14 자극 추구 동기에 대한 설명으로 옳지 <u>않은</u> 것은?
① 자극 추구 동기는 학습된 동기이다.
② 자극 추구 동기는 노르에피네프린과 관련 있다.
③ 자극 추구 동기는 경험과 감각을 추구하고자 하는 동기이다.
④ 자극 추구 동기의 결핍은 인지적 측면에 부정적인 영향을 미친다.

15 정서 발달 요인에 대한 설명으로 적절하지 <u>않은</u> 것은?
① 정서 표현은 신체적 성숙과 상관이 있다.
② 정서 표현은 운동 능력과 상관이 있다.
③ 정서 발달은 인지 발달과 상관이 있다.
④ 정서 발달은 시각 능력과 상관이 없다.

16 이상 행동 판별 기준으로 옳은 것을 모두 고른 것은?

> ㄱ. 개인의 객관적 고통
> ㄴ. 문화적 규범의 위배
> ㄷ. 적응 기능의 저하

① ㄱ, ㄴ   ② ㄱ, ㄷ
③ ㄴ, ㄷ   ④ ㄱ, ㄴ, ㄷ

17 정서 지능의 구성 요소 중 가장 높은 수준의 영역은?
① 정서의 사고 촉진
② 정서의 인식과 표현
③ 정서의 반영적 조절
④ 정서 지식의 활용

18 특정 공포증, 광장 공포증, 공황 장애 등과 관련된 장애는?
① 불안 장애   ② 우울 장애
③ 강박 장애   ④ 성격 장애

19 다음 설명에서 빈칸에 적합한 용어는?

> 실제로 강박 장애 환자들은 무언가 완전하지 못하다는 찜찜함 때문에 좀 더 깔끔한 완결감을 느끼기 위해서 (   )을/를 반복하는 경우가 많다.

① 강박 사고 ② 강박 행동
③ 침투적 사고 ④ 자동적 사고

20 스트레스와 관련이 있는 호르몬을 모두 고른 것은?

> ㄱ. 코르티솔   ㄴ. 도파민
> ㄷ. 아드레날린 ㄹ. 노르에피네프린

① ㄱ ② ㄱ, ㄴ
③ ㄱ, ㄷ, ㄹ ④ ㄴ, ㄷ, ㄹ

21 불안 장애에 대한 설명으로 옳지 않은 것은?

① 일종의 다중 공포증이다.
② 막연한 불안과 걱정은 무의식적 갈등에 의한 것이다.
③ 범불안 장애는 특수한 상황에서 불안과 과도한 걱정을 나타내는 경우이다.
④ 위험한 사건이 발생할 경우 자신이 대처할 수 있는 능력을 과소 평가한다.

22 제임스 – 랑게(James – Lange) 이론에 대한 설명으로 옳지 않은 것은?

① 생리적 변화로 감정을 경험한다.
② 자극, 신체 변화, 정서의 순서로 설명한다.
③ 신체적, 생리적인 변화는 자동적이고 반사적으로 일어난다.
④ 정서의 생리적 반응과 인지적 반응은 동시에 일어난다.

23 정서와 기억에 대한 설명으로 옳지 않은 것은?

① 정서는 기억의 정보 처리 과정과 밀접한 관련이 있다.
② 일반적으로 정서적 정보보다 중립적인 정보를 더 잘 기억한다.
③ 자신의 현재 정서 상태와 일치하는 정서적 기억을 더 쉽게 인출할 수 있다.
④ 부호화할 때와 인출할 때의 정서 상태가 일치하면 더 잘 기억한다.

24 다음 중 부교감신경계의 활성화와 관련된 것을 모두 고른 것은?

> ㄱ. 동공 수축   ㄴ. 심박 수 감소
> ㄷ. 혈관 수축   ㄹ. 혈압 상승

① ㄱ, ㄴ ② ㄱ, ㄹ
③ ㄴ, ㄷ ④ ㄴ, ㄹ

25 도파민에 대한 설명으로 옳은 것은?

① 어떤 활동에 대한 보상이 예상될 때 많은 도파민이 분비된다.
② 인위적 보상은 자연 보상보다 더 적은 도파민을 방출한다.
③ 행복, 기억, 인지, 운동 조절 등 다방면에 관여한다.
④ 약물을 사용하여 너무 많은 도파민이 분비되면 뇌는 더 많은 도파민을 생산한다.

26 다음 중 세로토닌의 활성 저하와 관련이 있는 것을 모두 고른 것은?

| ㄱ. 불안 | ㄴ. 불면 |
| ㄷ. 우울 | ㄹ. 중독 |

① ㄱ, ㄴ, ㄷ
② ㄱ, ㄷ, ㄹ
③ ㄴ, ㄷ, ㄹ
④ ㄱ, ㄴ, ㄷ, ㄹ

27 대규모 전염병이 유행하고 있을 때, 전염병에 걸릴지도 모른다고 느끼는 불안의 유형으로 적절한 것은?

① 현실적 불안
② 신경증적 불안
③ 도덕적 불안
④ 병적 불안

28 조작적 조건 형성에 관한 설명으로 옳지 않은 것을 모두 고른 것은?

ㄱ. 행동과 처벌 사이의 시간 간격이 짧을수록 처벌 효과가 커진다.
ㄴ. 학습된 무기력은 회피할 수 있는 혐오 자극에 반복적으로 노출될 때 발생한다.
ㄷ. 처음에는 약한 강도의 처벌을 사용하는 것이 문제 행동 감소에 효과적이다.
ㄹ. 자발적 회복은 소거된 행동이 강화에 의해 재출현하는 것이다.

① ㄱ, ㄴ, ㄷ
② ㄱ, ㄷ, ㄹ
③ ㄴ, ㄷ, ㄹ
④ ㄱ, ㄴ, ㄷ, ㄹ

29 숙달 목표 지향성과 수행 목표 지향성에 관한 설명으로 옳지 않은 것은?

① 숙달 목표 지향성이 낮은 사람은 도전적 과제를 선호한다.
② 수행 목표 지향성이 높은 사람은 과제 실패 시 불안감을 많이 경험한다.
③ 수행 목표 지향성이 높은 사람은 타인과의 비교를 통하여 자신의 성공 여부를 판단한다.
④ 숙달 목표 지향성이 높은 사람은 지능에 대한 고정 신념(entity beliefs)보다 증가 신념(incremental beliefs)이 강하다.

30 정서의 기능에 대한 설명으로 옳지 않은 것은?

① 정서는 관계를 창조한다.
② 정서는 삶의 과제에 대처하는 기능이 있다.
③ 부정적 정서도 기능적으로는 좋은 정서이다.
④ 상황이나 환경에 따라 정서적 반응은 나쁠 수 있다.

31 진정한 자부심의 귀인 요인을 바르게 나열한 것은?

① 내적 – 안정적 – 통제 가능
② 내적 – 안정적 – 통제 불가능
③ 내적 – 불안정적 – 통제 가능
④ 내적 – 불안정적 – 통제 불가능

32 공포와 분노에 대한 설명으로 옳지 <u>않은</u> 것은?

① 두려움이 많고 안전감이 낮으면 공포를 느낀다.
② 두려움이 적고 안전감이 높으면 분노를 느낀다.
③ 모욕을 한 대상에 따라 공포 또는 분노로 반응이 다르게 나타난다.
④ 상황에 따른 강렬한 분노 표현은 사회적 상호 작용을 촉진시킨다.

33 행복에 대한 설명으로 옳지 <u>않은</u> 것은?

① 미소는 측정 가능한 행복과 연관된 행동이다.
② 행복한 사람들은 더욱 낙관적으로 행동한다.
③ 행복은 오른쪽 대뇌 반구의 전두엽 피질 활성과 관련 된다.
④ 행복한 사람들은 위협들에 대해 평소보다 덜 강하게 반응한다.

34 사랑 호르몬으로 타인에 대해서 유대 관계를 느끼게 하는 데 중요한 역할을 하는 호르몬은?

① 도파민　　　　② 세로토닌
③ 엔도르핀　　　④ 옥시토신

35 다음 중 당혹감에 관련된 것을 모두 고른 것은?

> ㄱ. 자신에게 화를 내지 않음
> ㄴ. 자신에게 화가 남
> ㄷ. 도덕적으로 잘못된 행동과 연합
> ㄹ. 유발 사건은 오랜 시간에 걸쳐 만들어진 것

① ㄱ　　　　　　② ㄴ
③ ㄱ, ㄷ, ㄹ　　　④ ㄴ, ㄷ, ㄹ

36 분노에 대한 설명으로 가장 적절한 것은?

① 특성 분노는 상대적으로 조절이 쉽다.
② 특성 분노는 다양한 주관적 감정의 심리 상태이다.
③ 상태 분노는 외부 요인에 의해 변화가 가능하다.
④ 상태 분노는 특성 분노보다 파악하는 것이 어렵다.

37 사회인지 이론에서 제시한 자기 효능감(self-efficacy)에 관한 설명으로 옳은 것을 모두 고른 것은?

> ㄱ. 자기 효능감은 자신의 가치, 속성, 태도 등에 대한 전반적인 자기 지각이다.
> ㄴ. 자기 효능감이 높아도 결과 기대(outcome expectation)는 낮을 수 있다.
> ㄷ. 자기 효능감은 다른 사람의 성공이나 실패를 관찰하는 것과 관련이 있다.
> ㄹ. 자기 효능감의 수준은 과제 영역에 따라 다르지 않다.

① ㄱ, ㄴ ② ㄴ, ㄷ
③ ㄷ, ㄹ ④ ㄴ, ㄷ, ㄹ

40 각성에 관한 설명으로 옳은 것을 모두 고른 것은?

> ㄱ. 유기체가 현재 경험하는 내적 에너지 수준을 의미한다.
> ㄴ. 각성 수준이 지나치게 높으면 공황 상태를 경험할 수 있다.
> ㄷ. 각성 수준과 수행 수준 간의 관계는 U형 함수 관계로 나타낼 수 있다.
> ㄹ. 망상활성계와 관련이 있다.

① ㄱ, ㄴ ② ㄷ, ㄹ
③ ㄱ, ㄴ, ㄷ ④ ㄱ, ㄴ, ㄹ

38 다음의 설명에서 (가)와 (나)에 알맞은 것은?

> • ((가))은 신체적으로 다른 사람을 다치게 하거나 언어적 폭력 또는 위협, 조롱, 괴롭힘, 모욕을 주는 것이다.
> • 유아기에는 장난감이나 다른 원하는 물건을 얻기 위한 ((나))이 많이 나타나지만, 점차 연령이 증가할수록 ((가))이 많이 나타난다.

	(가)	(나)
①	적대적 공격	도구적 공격
②	적대적 공격	방어적 공격
③	도구적 공격	적대적 공격
④	도구적 공격	방어적 공격

39 혐오의 기능에 대한 설명으로 옳지 <u>않은</u> 것은?

① 혐오는 입을 통한 경험으로 발달한다.
② 혐오는 개방성과 부적 상관을 보인다.
③ 혐오는 사회생활에서 중요한 기능을 한다.
④ 혐오는 사회적 위계를 유지하는 기능을 한다.

무료 학습자료 제공·독학사 단기합격 **해커스독학사**
www.haksa2080.com

기출동형모의고사 제2회

독학학위제
전공기초과정 **심리학과**

응시과목	시험시간	점수
동기와 정서	50분	

01 다음 중 조작적 조건 형성의 원리에 대한 내용으로 옳지 <u>않은</u> 것은?

① 일단 습득된 행동은 만족스러운 결과가 주어지지 않은 경우 즉시 소거된다.
② 강화 자극이 따르는 반응은 반복되는 경향이 있다.
③ 변별은 유사한 자극에서 나타나는 조그만 차이에 따라 반응을 보이는 것이다.
④ 일정한 반응 뒤에 강화가 주어지지 않으면 반응은 사라진다.

02 다음 중 자기 가치(self-worth)와 관련된 내용으로 옳지 <u>않은</u> 것은?

① 자기 효능감 수준은 과제 영역에 따라 다를 수 있다.
② 자기 가치는 자신에 대한 구체적인 인지적 평가이다.
③ 숙달 목표 지향성보다 수행 목표 지향성이 높은 학생들은 자기 손상 전략을 사용하는 경우가 많다.
④ 불가능한 목표 설정은 자기 손상(self-handicapping) 전략의 예로 자기 가치 보호가 목적이다.

03 사회 학습 이론에서 강화의 의미로 옳지 <u>않은</u> 것은?

① 유인의 구실을 한다.
② 자기 강화를 의미한다.
③ 직접적 강화를 의미한다.
④ 관찰자로 하여금 기대를 가지게 한다.

04 안면 마비를 가진 환자(F.P)가 정서를 경험하는 능력을 가지고 있음을 관찰한 연구와 관련된 정서 이론은?

① 제임스-랑게(James-Lange) 이론
② 캐논-바드(Cannon-Bard) 이론
③ 샥터-싱어(Schachter-Singer) 이론
④ 다윈(Darwin) 이론

05 다음 사례에 해당하는 강화 계획으로 옳은 것은?

> • A씨는 그동안의 경험으로 빵은 20분 구우면 가장 맛있다는 것을 알게 되었다.
> • A씨는 빵을 구울 때면 반죽을 오븐에 넣고 20분이 가까워지면 오븐 안을 더 자주 들여다본다.

① 변동 비율 강화
② 고정 비율 강화
③ 변동 간격 강화
④ 고정 간격 강화

06 신경 전달 물질 중 감정, 행동, 기분, 수면 등의 조절에 관여하는 것은?

① 도파민
② 세로토닌
③ 아드레날린
④ 아세틸콜린

07 피부 벗기기 장애와 관련된 장애는?

① 우울 장애　　② 불안 장애
③ 강박 장애　　④ 성격 장애

08 정서 지능의 구성 요소 중 다음 내용을 포함하는 것은?

- 자신의 정서를 파악하기
- 표현된 정서를 구별하기

① 정서의 인식과 표현
② 정서의 사고 촉진
③ 정서 지식의 활용
④ 정서의 반영적 조절

09 동기와 정서에 대한 설명으로 옳은 것은?

① 동기는 주로 외부 요인에 의해 유발된다.
② 정서는 주로 내부 요인에 의해 유발된다.
③ 동기는 주로 특정 자극에 의해 유발된다.
④ 정서는 광범위한 종류의 자극에 의해 유발된다.

10 우울 장애에 대한 설명으로 옳지 않은 것은?

① 시상 하부의 기능 장애로 발생한다.
② 부정적인 생활 사건이 우울 장애를 촉발한다.
③ 우울증은 카테콜아민의 수준을 증가시킨다.
④ 프로이트는 우울증은 분노가 자기에게 향해진 현상으로 보았다.

11 통제 소재에 대한 설명으로 옳지 않은 것은?

① 자신에게 일어나고 있는 모든 일들이 어디에서 무엇에 의해 통제된다고 믿고 있느냐에 따라 결정된다.
② 내적 통제자는 자신의 능력이 자신에게 일어난 일의 결과에 중요한 영향을 주었다고 생각한다.
③ 외적 통제자는 우연에 의해서 일의 결과가 영향을 받았다고 생각한다.
④ 외적 통제자는 자신의 질병을 운명적인 것으로 받아들이지 않는다.

12 기본 정서에 대한 설명으로 옳지 않은 것은?

① 생애 초기에 명확해야 한다.
② 우리 종 내에서 보편적이어야 한다.
③ 범문화적이어야 한다.
④ 정서와 생리적인 관계를 고려하지 않아도 된다.

13 다음 내용에서 빈칸에 적합한 용어는?

> A씨는 어린 시절 토종닭에게 크게 쪼인 적이 있다. 그 후로 새에 대한 공포증이 생겼다. 그 이유는 학습과 기억에 관여하는 부위인 뇌 속의 (   )이/가 공포의 원인을 기억하기 때문이다.

① 망상체 ② 해마
③ 뇌간   ④ 전두엽

14 계획하기, 목표 설정하기 등과 관련된 뇌 구조는?

① 전두엽 ② 시상 하부
③ 편도체 ④ 해마

15 교감신경이 흥분하면 나타나는 증상에 대한 설명으로 옳지 않은 것은?

① 심장 박동 수가 증가한다.
② 혈압이 저하된다.
③ 동공이 확대된다.
④ 혈액이 뇌, 심장, 근육으로 집중되는 현상이 일어난다.

16 신경 전달 물질 중 도파민에 대한 설명으로 옳지 않은 것은?

① 긍정적 정서, 창의성, 문제 해결력을 증진시킨다.
② 뇌 신경 세포의 흥분을 전달하는 역할을 한다.
③ 도파민 분비 경로를 자극하면 회피 행동 가능성이 증가한다.
④ 무언가를 하겠다고 결심하거나 하고 싶다는 의욕을 느끼게 해준다.

17 정서 표현에 대한 설명으로 옳지 않은 것은?

① 생후 2개월 전에 나타나는 정서적 반응은 기쁨과 슬픔의 반응일 뿐이다.
② 생후 2~3개월경부터 영아는 1차 정서를 표현하기 시작한다.
③ 출생 직후에도 선천적, 반사적 미소 반응을 보인다.
④ 건강한 영아일수록 기쁨의 표현이 명확하다.

18 2차 정서에 대한 설명으로 옳지 않은 것은?

① 복잡한 인지 능력이 요구된다.
② 자아 인식은 2차 정서의 필수 요소이다.
③ 거울이나 사진으로 자신을 인식하면서 발달한다.
④ 자신의 행동에 대한 평가 없이 2차 정서가 나타난다.

19 어떤 대상이나 상황으로부터 상해를 입게 될 것이라는 공포를 느끼는 장애는?

① 특정 공포증 ② 사회 불안 장애
③ 범불안 장애 ④ 광장 공포증

20 다음의 내용을 설명하기에 가장 적절한 것은?

> 우울증 환자의 경우 기억력이 저하되는 게 보통이지만 다른 기억보다는 과거의 부정적인 사건들을 더 자주 기억해 낸다.

① 부정 정서 기억 효과
② 긍정 정서 기억 효과
③ 기분 일치 효과
④ 기분 불일치 효과

21 정서 지능 3영역 모형에서 좌절과 혼돈에서 벗어날 수 있도록 하는 것과 관련된 영역은?

① 정서 인식 ② 정서 표현
③ 정서 조절 ④ 정서 활용

22 불안에 대한 설명으로 적절하지 <u>않은</u> 것은?

① 불안의 유형에는 현실적 불안, 신경증적 불안, 도덕적 불안이 있다.
② 현실적 불안은 주관적인 불안이다.
③ 신경증적 불안은 본능 통제와 관련된다.
④ 도덕적 불안은 양심과 관련된다.

23 관찰 학습의 전형 중 아동이 부모를 모방하며 그 가치관을 내면화하는 과정에 해당하는 학습 전형은?

① 직접 모방 전형 ② 동일시 전형
③ 무시행 학습 전형 ④ 동시 학습 전형

24 다음의 내용과 관련되는 이론은?

> • 정서 표현은 모든 사람에게 같은 의미를 가지고 있다.
> • 미소 짓는 표정은 자신의 행복한 상태를 나타내는 것이며, 이 미소를 통해 다른 사람들은 그 사람이 행복한 상태라는 것을 읽어낸다.

① 보편성 가설 ② 특수성 가설
③ 공통성 가설 ④ 의미성 가설

25 생물학적 관점에서 분노와 공격에 대한 설명으로 옳지 않은 것은?

① 전전두엽 피질의 손상 환자들은 자신의 정서 표현을 잘 억제하지 못한다.
② 낮은 세로토닌 수준은 분노와 관련되어 있다.
③ 뇌의 손상이 없더라도 정서 표현을 잘 억제하지 못할 수 있다.
④ 분노를 표현하는 것보다 분노를 자주 느끼는 것이 신체에 더 부정적인 영향을 미친다.

26 애착에 가장 중요한 역할을 하는 호르몬은?

① 도파민   ② 엔도르핀
③ 세로토닌   ④ 코티솔

27 혐오에 대한 설명으로 옳지 않은 것은?

① 혐오는 입을 통해 경험적으로 발달한다.
② 혐오는 신경증 성향과 부적 상관을 보인다.
③ 혐오는 개방성과 부적 상관을 보인다.
④ 혐오를 쉽게 경험하는 사람들은 불안도 쉽게 경험하는 경향성이 있다.

28 다음 중 수치감과 관련된 경험을 모두 고른 것은?

> ㄱ. 거짓말을 한 것
> ㄴ. 자신의 의무를 제대로 수행하지 못한 것
> ㄷ. 자신의 기대에 부응하지 못한 것
> ㄹ. 인지적 실수

① ㄱ, ㄴ   ② ㄷ
③ ㄷ, ㄹ   ④ ㄹ

29 다음은 정서 조절 능력을 향상시키는 전략의 예이다. 전략이 다른 하나는?

① 진정하기
② 위안 구하기
③ 인지적 재평가하기
④ 아무 것도 생각하지 않기

30 고전적 조건 형성의 적용 사례로 옳지 않은 것은?

① 쥐가 설탕물을 마실 때 소음에 노출되면 설탕물에 대한 맛 혐오가 학습된다.
② 좋아하는 모델이 광고하는 제품에 대해 긍정적 이미지가 학습된다.
③ 무의미 철자를 보는 중 무서운 장면이 나타나면 무의미 철자에 대한 공포가 학습된다.
④ 아침에 머리를 감은 날 시험을 망치면 시험 보는 날은 머리를 감지 않는 행동이 학습된다.

31 분노를 자기 내부로 돌리거나 분노 감정 자체를 부정하는 분노 표현 행동은?

① 분노 표출 ② 분노 억압
③ 분노 절제 ④ 분노 조절

32 애착에 대한 설명으로 옳은 것을 모두 고른 것은?

> ㄱ. 애착은 상대방이 없으면 불행을 느끼는 감정이다.
> ㄴ. 애착은 영아기 때 발생하는 가장 중요한 사회적 발달이다.
> ㄷ. 애착은 인지 발달에 영향을 주지 않는다.
> ㄹ. 애착은 주위 환경에 적응하기 위한 필수 요소이다.

① ㄱ, ㄴ, ㄷ ② ㄱ, ㄴ, ㄹ
③ ㄱ, ㄷ, ㄹ ④ ㄱ, ㄴ, ㄷ, ㄹ

33 당혹감에 대한 설명으로 옳지 <u>않은</u> 것은?

① 당혹감은 사생활의 침해로 인해 발생한다.
② 당혹감은 사회적 실수로 인해 발생한다.
③ 당혹감은 타인과 상호 작용의 친밀성이 높은 상황에서 발생한다.
④ 당혹감은 예측 가능한 상황에서 관심을 받게 될 때 발생한다.

34 목표의 속성과 효과에 관한 설명으로 옳은 것은?

① 스스로 설정한 목표는 성취 동기가 높은 학습자에게는 효과적이지 않다.
② 아동에게 단기 목표는 중요하지 않다.
③ 목표 난이도와 수행의 관계는 학습자가 목표에 도달할 수 있는 능력에 따라 달라진다.
④ 수행에 대한 구체적인 기준을 함께 제시한 목표는 동기를 낮춘다.

35 수행 목표 지향성에 관한 설명으로 옳은 것을 모두 고른 것은?

> ㄱ. 수행 목표 지향성이 높은 경우 타인과 비교하여 자신이 유능하게 평가받는 것에 초점을 둔다.
> ㄴ. 수행 목표 지향성이 높은 경우 지능에 대한 고정적 관점을 가진다.
> ㄷ. 수행 목표 지향성이 높은 경우 과제 실패의 원인을 자신의 능력에 귀인하는 경향이 높다.
> ㄹ. 수행 목표 지향성이 숙달 목표 지향성보다 높은 경우 도전적 과제를 선호한다.

① ㄱ, ㄴ, ㄷ ② ㄱ, ㄷ, ㄹ
③ ㄴ, ㄷ, ㄹ ④ ㄱ, ㄴ, ㄷ, ㄹ

36 정서에 관한 설명으로 옳지 <u>않은</u> 것은?

① 상황적 흥미는 맥락에 의존하며 일시적으로 지속된다.
② 불안과 걱정은 작업 기억의 용량을 차지하여 정보 처리를 방해한다.
③ 일반적으로 비정서적인 정보보다 정서적인 정보를 쉽게 인출한다.
④ 여키스-도슨의 법칙(Yerkes-Dodson Law)에 의하면 어려운 과제는 높은 각성 수준에서 가장 잘 성취된다.

37 귀인의 속성에 관한 분류가 옳은 것은?

① 능력이나 적성: 내적, 안정적, 통제 불가능
② 과제 난이도: 외적, 불안정적, 통제 가능
③ 운이나 우연한 기회: 외적, 안정적, 통제 불가능
④ 시험 당일 건강 상태: 외적, 안정적, 통제 가능

38 반두라(Bandura)의 자기 효능감에 대한 설명으로 가장 옳은 것은?

① 자신에게 스스로 자신이 통제할 수 있는 보상을 주는 것이다.
② 자신의 일 또는 특정 행동을 성공적으로 수행할 수 있다고 믿는 것이다.
③ 보상과 벌에 따라 행동을 수행하는 지속적 과정이다.
④ 정보에 적응하기 위해 인지 구조를 능동적으로 변화하는 것이다.

39 추동에 대한 설명으로 옳지 않은 것은?

① 추동은 욕구 박탈로 인해 발생한다.
② 추동은 혐오적인 것이다.
③ 추동을 감소시키는 것은 2차 강화물이다.
④ 추동은 본능과 비슷한 개념이다.

40 원하지 않는 행동을 보일 때 혐오적인 강화물을 제공하는 것은?

① 정적 강화
② 부적 강화
③ 적극적 벌
④ 소극적 벌

무료 학습자료 제공 · 독학사 단기합격 **해커스독학사**
www.haksa2080.com

기출동형모의고사 제3회

응시과목	시험시간	점수
동기와 정서	50분	

01 앳킨슨(Atkinson)의 성취 동기에 대한 설명으로 옳지 않은 것은?
① 적절히 어려운 과제는 성취 욕구를 동기화한다.
② 경쟁은 높은 성취 욕구를 지닌 사람에게 접근 행동을 고무한다.
③ 단기적 현재 시간 관점을 지닌 사람들이 일반적으로 더 동기화된다.
④ 높은 성취 욕구를 지닌 사람들은 신속한 피드백을 선호한다.

02 신경 전달 물질 중 실행, 운동, 동기 부여, 각성, 강화, 보상 등을 조절하는 것과 관련 있는 것은?
① 도파민 ② 아드레날린
③ 세로토닌 ④ 노르에피네프린

03 다음 중 양극성 장애의 하위 유형에 해당하는 것을 모두 고른 것은?

> ㄱ. 제1형 양극성 장애
> ㄴ. 순환 감정 장애
> ㄷ. 선택적 무언증
> ㄹ. 저장 장애

① ㄱ, ㄴ ② ㄱ, ㄴ, ㄷ
③ ㄱ, ㄴ, ㄹ ④ ㄱ, ㄴ, ㄷ, ㄹ

04 우울 장애의 원인에 대한 설명으로 적절하지 않은 것은?
① 부정적인 생활 사건이 우울 장애를 촉발한다.
② 우울한 사람들은 혐오 자극에 대해서 더 민감한 반응을 보인다.
③ 우울 장애는 시상 하부(hypothalamus)의 기능 장애로 인해 생긴다.
④ 우울증은 상실에 대한 반응으로서 분노가 타인에게 향해진 현상이다.

05 다음 중 캐논 – 바드(Cannon – Bard) 이론에 대한 설명으로 옳지 않은 것은?
① 생리적 변화와 감정 경험은 동시에 일어난다.
② 정서에는 각기 다른 특정한 뇌 신경회로가 관여한다.
③ 대뇌는 신체적 반응을 유발하고 자율신경계는 정서 경험을 유발한다.
④ 정서 유발 자극은 정서의 생리적 반응과 인지적 반응을 동시에 유발한다.

06 정서 지능의 구성 요소 중 다음 내용을 포함하는 것은?

> • 정서를 이용하여 판단하고 기억하기
> • 정서를 이용하여 다양한 관점 취하기

① 정서 지식의 활용 ② 정서의 사고 촉진
③ 정서의 인식과 표현 ④ 정서의 반영적 조절

07 신경 전달 물질에 대한 설명으로 옳은 것은?

① 상황이나 사건에 대한 기대가 아드레날린 분비를 촉진한다.
② 약물을 남용한 사람의 보상 회로에 대한 도파민의 영향이 높아진다.
③ 세로토닌의 활성 저하는 우울, 불안, 불면, 폭식 등의 장애를 유발한다.
④ 노르아드레날린이 증가하면 부교감신경계가 흥분한다.

08 다음 중 교감신경계 활성화와 관련된 것을 모두 고르면?

| ㄱ. 타액의 증가 | ㄴ. 눈물 분비 증가 |
| ㄷ. 심박 수 증가 | ㄹ. 변비 유발 |

① ㄱ, ㄴ
② ㄷ, ㄹ
③ ㄱ, ㄴ, ㄷ
④ ㄴ, ㄷ, ㄹ

09 이상 행동 판별에 대한 설명으로 옳지 않은 것은?

① 평균으로부터 긍정적으로 일탈된 특성은 이상 행동으로 볼 수 없다.
② 실제적인 상실을 통해 경험하는 고통은 비정상적이라고 할 수 없다.
③ 문화적 규범 자체가 바람직하지 못한 경우도 있다.
④ 이상이라고 판단할 수 있는 불편감과 고통의 정도는 명확하다.

10 영아의 분노 표현 방식에 대한 설명으로 옳지 않은 것은?

① 출생 초기에는 울음으로 분노를 표현한다.
② 4~6개월에는 소리를 지르며 분노를 표현한다.
③ 2세에는 언어를 사용하여 분노를 표현한다.
④ 2세 이후에는 사회적으로 수용되는 방식으로 분노를 표현한다.

11 다음의 내용을 설명하기에 가장 적절한 것은?

> 어머니에게 화가 날 때는 어머니가 잘 못해 주고 서운하게 해 준 것들이 잘 해준 것보다 더 잘 떠오르고, 한번 화가 나면 그전에 화나게 한 기억들이 더욱 잘 떠올라서 점점 더 화가 커지게 된다.

① 기분 일치 효과
② 기억 일치 효과
③ 기억 인출 효과
④ 기분 – 상태 의존 효과

12 와이너(Weiner) 귀인 이론에서 동기를 증가시키는 요인에 대한 설명으로 옳은 것을 모두 고른 것은?

| ㄱ. 내적 요인보다는 외적 요인에 귀인한다. |
| ㄴ. 안정적 요인보다는 불안정적 요인에 귀인한다. |
| ㄷ. 통제 가능 요인보다는 통제 불가능 요인에 귀인한다. |

① ㄱ
② ㄴ
③ ㄷ
④ ㄱ, ㄴ, ㄷ

13 다음과 관련된 장애는?

- 신체 변형 장애
- 저장 장애
- 모발 뽑기 장애

① 강박 장애 ② 양극성 장애
③ 우울 장애 ④ 불안 장애

14 동기에 관한 설명으로 옳지 <u>않은</u> 것은?

① 적절한 수준의 도전적 과제는 내재적 동기를 높인다.
② 보상이 성취에 대한 정보적 기능을 가지면 내재적 동기를 증가시킬 수 있다.
③ 자신이 좋아하는 일을 하는 대가로 보상을 받다가 보상이 사라지면 내재적 동기가 더욱 높아진다.
④ 실패에 대한 원인을 내적이고 통제 불가능하며 안정적인 요인으로 귀인하면 내재적 동기는 낮아진다.

15 정서 표현에 대한 설명으로 옳지 <u>않은</u> 것은?

① 정서에 대한 표현 규칙은 자신의 문화로부터 학습한다.
② 정서의 표현은 선천적인 요소와 학습된 요소의 영향을 받는다.
③ 동일 문화권의 사람은 언제나 같은 방식으로 정서를 표현한다.
④ 동일한 문화권에서는 자동적으로 발생하는 표현 규칙이 있다.

16 정서 지능의 구성 요소에 대한 설명으로 옳지 <u>않은</u> 것은?

① 정서의 인식과 표현은 가장 낮은 수준의 영역이다.
② 정서의 인식은 유아기에서 자신의 정서를 지각하고 인식하는 능력에서 시작된다.
③ 정서의 사고 촉진은 지능을 활성화하는 정서와 관련된 능력이다.
④ 정서의 반영적 조절은 혼합된 정서를 받아들이는 능력을 포함한다.

17 다음의 생리적 증상과 가장 관련된 정서는?

두통, 소화 불량, 한숨, 빈뇨, 성교통, 피로감

① 공포 ② 불안
③ 놀람 ④ 분노

18 공포와 불안에 대한 설명으로 옳지 <u>않은</u> 것은?

① 공포와 불안은 유사한 경험이다.
② 공포는 불쾌한 것이지만 동시에 유익한 것이다.
③ 공포와 불안을 일으킨 경험과 지속 시간에서 차이가 있다.
④ 불안은 관련 위협이 사라지면 불안도 사라진다.

19 정서 진화에 대한 설명으로 옳지 않은 것은?
① 정서는 대뇌 이전에 진화되었다.
② 정서는 고등 동물에게만 발견되는 적응 반응이다.
③ 정서는 진화를 통해 축적된 행동 및 상황 대처 방식이다.
④ 기본 정서에 대한 반응은 문화권마다 차이가 없다.

20 공황 발작에 대한 설명으로 옳지 않은 것은?
① 공황 발작의 증상은 분리 불안과 관련된다.
② 공황 발작은 곧 죽을 것 같은 강렬한 불안이다.
③ 공황 발작은 불안을 야기하는 충동에 대한 방어 기제의 적절한 대처이다.
④ 공황 발작은 신체 감각을 위험한 것으로 잘못 해석하는 것에서 나타난다.

21 당혹감에 대한 설명으로 옳지 않은 것은?
① 당혹감은 편도체 기능과 관련 있다.
② 당혹감은 자기 인식 능력과 관련 있다.
③ 당혹감은 대인 관계를 통하여 습득하게 되는 정서이다.
④ 당혹감은 다른 사람의 평가나 반응에 대해 걱정하여 불안하게 느끼는 것이다.

22 고전적 조건 형성에 대한 설명으로 옳지 않은 것은?
① 상황에 대한 통제 능력은 동기에 중요한 영향을 미친다.
② 반복적 학습으로 특정한 반응을 유발할 수 있다.
③ 정서 반응은 자극과 반응의 연합에 의해 학습된다.
④ 인간은 외부 자극 없이 의식적으로 행동할 수 있는 존재이다.

23 정서 측정 방법 중 자기 보고법의 단점으로 보기 어려운 것은?
① 자료 수집이 어렵다.
② 객관성이 부족하다.
③ 유아에게 적용하기 어렵다.
④ 검사 환경에 따라서 왜곡될 수 있다.

24 분노 표현 방식에 대한 설명으로 옳지 않은 것은?
① 모욕 주기 등으로 분노가 표출되기도 한다.
② 분노 억압은 부정적 감정만을 억누르는 것이다.
③ 자신의 분노를 자기 내부로 돌리는 방식으로 나타나기도 한다.
④ 정서 표출을 억제하기 위한 노력은 인지적 부담이 된다.

25 강화에 관한 설명으로 옳은 것은?
① 벌은 강화자로 사용할 수 있다.
② 학습의 초기 단계에는 자주 강화를 해 준다.
③ 행동이 나타난 후 일정한 시간이 지나서 해 준다.
④ 부적 강화는 어떤 자극을 제거하여 특정 행동의 빈도를 낮추는 것이다.

26 다음 중 자기 효능감의 토대에 해당하는 요소들을 모두 고른 것은?

ㄱ. 사회적 설득	ㄴ. 대리 경험
ㄷ. 각성 수준	ㄹ. 성공 경험

① ㄱ, ㄴ, ㄷ
② ㄱ, ㄷ, ㄹ
③ ㄴ, ㄷ, ㄹ
④ ㄱ, ㄴ, ㄷ, ㄹ

27 슬픔과 관련된 자율신경계 활동에 대한 설명으로 옳지 않은 것은?
① 슬픔은 스트레스 호르몬 분비 증가와 관련이 있다.
② 슬픔은 두뇌 영역들의 넓은 회로에 의해 좌우된다.
③ 슬픔의 생리 반응은 공포나 분노와 중첩되어 있다.
④ 슬픔은 좌측 대뇌 반구의 전두엽 피질의 증가된 활동성과 관련이 있다.

28 스턴버그의 사랑의 유형을 설명하는 요인에 해당하지 않는 것은?
① 열정
② 헌신
③ 배려
④ 친밀

29 자신의 욕구를 충족시키거나 가치 있다고 여기는 것을 획득하는 방법으로 나타나는 분노 행동 유형은?
① 적대적 공격
② 위협적 공격
③ 성취적 공격
④ 도구적 공격

30 학습 동기에 대한 내용으로 옳지 않은 것은?
① 학습의 효과를 올리는 데는 외적 동기와 내적 동기의 적절한 활동이 중요하다.
② 내적 동기 유발의 기본적 계기가 되는 것은 성공감과 협동심이다.
③ 내적 동기에는 흥미, 호기심, 동일시 등이 있다.
④ 성취 의욕이 내적 동기가 될 수 있는 까닭은 성취 그 자체가 만족스럽기 때문이다.

31 헐(Hull)의 추동에 대한 설명으로 옳은 것을 모두 고른 것은?

> ㄱ. 추동 없이 학습이 일어날 수 없다.
> ㄴ. 추동 없이 행동이 일어날 수 있다.
> ㄷ. 추동 없이 추동 자극은 존재하지 않는다.

① ㄱ ② ㄱ, ㄴ
③ ㄱ, ㄷ ④ ㄱ, ㄴ, ㄷ

32 망상활성계에 대한 설명으로 옳지 않은 것은?
① 헵(Hebb)에 의하면 동기는 망상활성계에 의한 대뇌 피질의 활성화이다.
② 망상활성계는 인식과 각성 수준에 중요한 역할을 한다.
③ 망상활성계는 각성과 관련한 흥분성 신경 전달 물질을 만들어낸다.
④ 망상활성계는 감각 기관에서 입력된 모든 정보를 뇌로 전달한다.

33 여키스 – 도슨 법칙(Yerkes – Dodson law)에 대한 설명으로 옳지 않은 것은?
① 각성 상태와 과제 수행 능력 사이에는 역 U자 형태의 관계가 성립한다.
② 각성의 수준이 너무 높아지면 성능이 저하된다.
③ 쉬운 과제는 각성 수준이 낮을 때 수행 능력이 높다.
④ 어려운 과제는 각성 수준이 낮을 때 수행 능력이 높다.

34 강화 계획 중 반응 확률이 높은 순서부터 바르게 나열한 것은?
① 고정 간격 계획 → 변동 간격 계획 → 고정 비율 계획 → 변동 비율 계획
② 고정 간격 계획 → 고정 비율 계획 → 변동 간격 계획 → 변동 비율 계획
③ 변동 비율 계획 → 변동 간격 계획 → 고정 비율 계획 → 고정 간격 계획
④ 변동 비율 계획 → 고정 비율 계획 → 변동 간격 계획 → 고정 간격 계획

35 자기 효능감 증진 방법에 대한 설명으로 옳은 것을 모두 고른 것은?

> ㄱ. 학습 전략에 관한 훈련을 실시한다.
> ㄴ. 성패의 결과를 능력에 귀인하도록 훈련한다.
> ㄷ. 구체적이고 장기적 목표를 설정한다.
> ㄹ. 실질적 성취에 대한 보상을 한다.

① ㄱ, ㄹ ② ㄴ, ㄷ
③ ㄱ, ㄴ, ㄷ ④ ㄱ, ㄴ, ㄷ, ㄹ

36 인지 평가 이론에서 다음의 설명에 해당하는 동기의 조절 유형은?

> • 생각이나 행동에 대하여 타인의 요구를 받아들이지만 진심으로 수용되지 않은 것을 의미한다.
> • 죄책감과 수치 같은 내적으로 통제되는 정서를 피하기 위해서 행동을 한다.

① 외적 조절 ② 내사 조절
③ 동일시 조절 ④ 통합된 조절

37 정서 지능에 대한 설명으로 옳은 것을 모두 고른 것은?

> ㄱ. 정서 지능에서 능력은 정신 기능의 인지적인 측면을 의미한다.
> ㄴ. 정서 지능이 높은 사람은 감정적으로 예민한 사람이다.
> ㄷ. 정서 지능은 행동의 생산성과 효율성에 영향을 줄 수 있는 정서성을 포함한다.
> ㄹ. 정서 지능에는 정서가 내포되어 있는 정보를 이해하고 활용할 줄 아는 능력이 포함된다.

① ㄱ, ㄴ, ㄷ
② ㄴ, ㄷ, ㄹ
③ ㄱ, ㄷ, ㄹ
④ ㄱ, ㄴ, ㄷ, ㄹ

38 사회적 욕구에 해당하는 것을 모두 고른 것은?

> ㄱ. 성취 ㄴ. 친밀
> ㄷ. 권력 ㄹ. 관계

① ㄱ, ㄴ, ㄷ
② ㄱ, ㄷ, ㄹ
③ ㄴ, ㄷ, ㄹ
④ ㄱ, ㄴ, ㄷ, ㄹ

39 슬픔에 대한 설명으로 옳지 않은 것은?

① 슬픔의 원인은 보통 개인 내부에 있다.
② 슬픔은 인간의 보편적인 감정이다.
③ 슬픔은 도움을 구하는 사회적 신호이다.
④ 슬픔은 상실감에 대한 반응이다.

40 기대 가치 이론에서 과제 가치에 관한 설명으로 옳지 않은 것은?

① 내재 가치는 과제를 수행할 때 경험하는 흥미이다.
② 획득 가치는 과제를 잘하는 것에 대한 중요성이다.
③ 비용 신념은 과제에 관여하는 것에 대한 긍정적 측면이다.
④ 효용 가치는 미래 목표 측면에서 개인이 과제에 가지는 유용성이다.

무료 학습자료 제공 · 독학사 단기합격 해커스독학사
www.haksa2080.com

기출동형모의고사 정답·해설

독학학위제
전공기초과정 **심리학과**

제1회

p.262

01	02	03	04	05	06	07	08	09	10
③	④	①	①	④	④	④	④	③	④
11	12	13	14	15	16	17	18	19	20
②	②	④	①	④	③	③	①	②	③
21	22	23	24	25	26	27	28	29	30
③	④	②	①	③	①	①	③	①	④
31	32	33	34	35	36	37	38	39	40
③	④	③	④	①	③	②	①	④	④

01 ③

내적 동기로 인해 하던 일에 보상이 주어지면 내적 동기가 약화되면서 흥미를 잃게 된다. 자기 행동의 원인을 보상으로 정당화시키는 것인데, 이를 그 정당화가 지나치다는 의미에서 '과잉 정당화 효과(overjustification effect)'라고 한다. '과다 합리화 효과'라고도 한다. 즉, 자신이 어떤 행위를 한 이유를 내적인 욕구나 성격 등에서 찾는 것이 아니라, 눈에 확 띄는 보상 등 외적인 동기에서 찾는 현상이다.

02 ④

자부심 정서의 목적은 기술 습득, 지속함이다.

오답분석

① 상한 음식 – 혐오
② 열등감을 느낌 – 수치심
③ 부적절한 행동 – 죄책감

03 ①

편도체는 공포, 분노 및 불안과 같은 자기 보존에 관여하는 정서 조절을 한다.

04 ①

자율신경계의 최고 중추는 간뇌 밑에 있다. 대뇌의 영향을 거의 받지 않으므로 동물 자신의 의사와는 관계없이 자율적으로 내장의 작용을 조절한다. 하지만 자율신경은 간뇌를 통하여 대뇌와 연결되어 있기 때문에 때때로 대뇌의 영향을 받기도 한다.

참고 자율신경

일반적으로 자율신경은 대뇌의 지배를 거의 받지 않고 생명 유지에 필요한 조절을 자율적으로 수행하지만, 이 자율신경은 간뇌를 통하여 대뇌와 연결되어 있기 때문에 때때로 대뇌의 영향을 받기도 한다. 심하게 놀랐을 때 얼굴이 파래지고 심장의 고동이 빨라지며, 또 기분이 몹시 상했을 때 소화가 잘 안 되는 것 등은 대뇌가 자율신경에 영향을 주어 나타나는 증상이다.

05 ④

망상체는 각성 지향 구조에 해당된다.

오답분석

①, ② 해마와 편도체는 회피 지향 구조이다.
③ 전두엽은 접근 지향 구조이다.

참고 동기와 정서 관련 뇌 구조

뇌 구조		연관된 동기나 정서
접근 지향 구조	시상 하부	먹기, 마시기, 성교와 관련된 쾌락적 감정

뇌 구조		연관된 동기나 정서
접근 지향 구조	내측 전뇌 신경다발	쾌, 강화
	안와 전두 피질	사건의 유인가 학습하기, 선택하기
	중격 영역	사회성, 성욕과 관련된 쾌 중추
	측좌핵	보상의 쾌락적 경험, 좋아하기를 위한 영역
	전대상 피질	기분, 의지, 선택하기
	전두엽	계획하기, 목표 설정하기, 의도를 공식화하기
	좌측 전전두 피질	접근 동기와 정서 경향성
	내측 전전두 피질	지각된 통제 신념과 숙달 동기의 바탕이 되는 반응–결과 수반성 학습하기
회피 지향 구조	우측 전전두 피질	회피 동기와 정서 경향성
	편도체	위협과 위험을 탐지하고 반응하기
	해마	기대하지 않은 사건이 발생하는 동안의 행동 억제 체계
각성 지향 구조	망상체	각성

06 ④

교감신경이 흥분하면 근육의 세동맥이 확장되고 심장 박동 수가 증가하며 피부와 소화관의 세동맥이 수축하여 혈압이 상승한다.

07 ④

노르아드레날린은 아드레날린과 함께 투쟁 또는 도피 반응을 만들어 내며, 심박 수를 직접 증가시키도록 교감신경계를 움직여서 지방으로부터 에너지를 방출한다.

08 ④

우울 장애(depressive disorder)는 우울한 기분과 의욕 저하를 주된 증상으로 나타내는 장애로 주요 우울 장애, 지속성 우울 장애, 월경 전기 불쾌 장애, 파괴적 기분 조절 곤란 장애 등이 있다.

09 ③

기분–상태 의존 기억(state dependent memory)은 자료의 특징과는 무관하게 부호화할 때와 인출할 때의 정서 상태가 일치하면 더 잘 기억한다는 것이다.

10 ④

우울한 사람들은 부정적인 왜곡을, 조증을 지닌 사람들은 긍정적인 왜곡을 통해 자신과 미래에 대한 비현실적인 긍정적 생각을 하게 된다.

11 ②

정서의 사고 촉진 영역은 정서가 지능에 영향을 미칠 수 있다는 가정하에 중요한 변화와 사건에 주의를 기울이게 하여 사고를 형성하고 촉진하게 만드는 정서 능력과 관련된다.

12 ②

기본 정서는 의식적인 평가가 아니라 자동적인 평가로 나타난다.

13 ④

세로토닌은 장 내의 음식물에 반응하여 분비되어 위장관의 운동을 촉진하는 역할을 수행한다.

14 ①

자극 추구 동기는 생명 유지와는 관계가 없지만 생득적(본유) 동기이다. 노르에피네프린이 방출되면 기분이 좋게 느껴지기 때문에 자극을 추구하는 동기화가 된다.

15 ④

미숙한 시력이 정서를 제한하는 것은 아니지만, 시각 자극에 대해 반응하는 능력을 제한한다.

16 ③

ㄴ, ㄷ. 이상 행동 판별 기준으로 옳다.

오답분석

ㄱ. 개인의 객관적 고통이 아니라 개인이 주관적으로 느끼는 현저한 불편감과 고통을 경험하는 경우에 이상으로 간주한다.

17 ③

정서의 반영적 조절 영역은 가장 높은 수준의 정서 지능 영역으로서 정서적, 지적 성장의 향상을 위하여 정서를 의식적으로 조절하는 능력과 관련된다. 정서와 지적 성장을 향상시키기 위한 정서의 의식적인 조절은 가장 상위의 수준이라 볼 수 있으며, 의식적인 조절의 대상은 긍정적, 부정적 정서 모두를 조절하는 것을 의미한다.

참고 **정서 지능의 4영역 4수준 16요소 모형**

영역		수준/요소
정서의 인식과 표현	수준 1	자신의 정서를 파악하기
	수준 2	자신 외부의 정서를 파악하기
	수준 3	정서를 정확하게 표현하기
	수준 4	표현된 정서를 구별하기
정서의 사고 촉진	수준 1	정서 정보를 이용하여 사고의 우선순위 정하기
	수준 2	정서를 이용하여 판단하고 기억하기
	수준 3	정서를 이용하여 다양한 관점 취하기
	수준 4	정서를 활용하여 문제 해결 촉진하기
정서 지식의 활용	수준 1	미묘한 정서 간의 관계를 이해하고 명명하기
	수준 2	정서 속에 담긴 의미를 해석하기
	수준 3	복잡하고 복합적인 감정을 이해하기
	수준 4	정서들 간의 전환을 이해하기
정서의 반영적 조절	수준 1	정적·부적 정서들을 모두 받아들이기
	수준 2	자신의 정서에서 거리를 두거나 반영적으로 바라보기
	수준 3	자신과 타인의 관계 속에서 정서를 반영적으로 들여다보기
	수준 4	자신과 타인의 정서를 조절하기

18 ①

불안 장애는 다양한 형태의 비정상적, 병적인 불안과 공포로 인하여 일상 생활에 장애를 일으키는 정신 질환이다. 불안 장애의 하위 유형에는 범불안 장애, 특정 공포증, 광장 공포증, 사회 불안 장애, 공황 장애, 분리 불안 장애 등이 있다.

19 ②

강박 행동(compulsions)은 강박 사고로 인한 불안을 감소시키기 위해서 반복적으로 나타내는 행동을 말한다.

20 ③

ㄱ, ㄷ, ㄹ. 스트레스와 관련이 있는 호르몬으로는 코르티솔, 아드레날린, 노르에피네프린 등이 있다.

오답분석

ㄴ. 도파민은 긍정적 정서와 관련된 호르몬이다.

21 ③

범불안 장애는 다양한 상황에서 만성적 불안과 과도한 걱정을 나타내는 경우를 말한다.

22 ④

캐논-바드(Cannon-Bard) 이론에 대한 설명이다. 캐논-바드 이론은 생리적 변화와 감정 경험은 동시에 일어난다고 보며, 정서를 뇌의 특정 영역에서의 활동의 결과로 보는 관점으로 신경생리학적 이론이라 한다.

23 ②

올페(Wolfe)는 중립적인 그림에 비해 정서적인 그림을 더 잘 기억한다는 연구 결과를 제시하면서, 정서가 개재된 정보는 자연스럽게 주의를 유도하기 때문에 기억하기가 용이하다고 보았다.

24 ①

부교감신경계가 활성화되면 동공은 수축하고, 심박 수가 감소하고 혈관이 확장된다.

참고 **부교감신경계 활성화 현상**
- 심장 박동 수는 감소하고 동공이 수축한다.
- 소화관의 연동 운동과 분비샘의 분비가 증가한다.
- 항문과 방광의 조임근은 이완되고 방광벽이 수축한다.

25 ③

도파민 신경 세포에서 분비되어 신경 신호 전달뿐만 아니라, 의욕, 행복, 기억, 인지, 운동 조절 등 뇌에 다방면으로 관여한다.

오답분석

① 주어진 보상이 예상되지 않았을 때, 기대 이상일 때 더 많은 도파민이 분비된다.
② 인위적 보상인 약물을 사용하면 자연 보상보다 2~10배 많은 양의 도파민이 분비되고, 효과도 훨씬 오래 지속된다.

④ 계속해서 약물을 사용하여 너무 많은 도파민이 분비되면 뇌는 도파민을 적게 생산한다.

26 ①

중독은 도파민과 관련이 있다. 세로토닌의 활성 저하는 우울, 불안, 불면, 폭식 등의 장애를 유발한다.

27 ①

현실적 불안은 외부 세계로부터 오는 위협에 대한 두려움으로 객관적 불안이다.

참고 **불안의 종류**

종류	내용
현실적 불안	외부 세계에 객관적인 공포 대상이 현존하고 있을 때 느끼는 불안
신경증적 불안	원초아의 충동이 의식될지도 모른다는 위협으로 정서적 반응
도덕적 불안	자아가 초자아로부터 처벌을 예감할 때 발생함. 자신의 양심에 대한 두려움으로 자신의 도덕률에 위배되는 일을 할 때 느끼는 죄의식

28 ③

ㄴ. 고전적 조건화와 관련된 내용이다. 학습된 무기력은 피할 수 없거나 극복할 수 없는 환경에 반복적으로 노출된 경험으로 인하여 실제로 자신의 능력으로 피할 수 있거나 극복할 수 있음에도 불구하고 스스로 그러한 상황에서 자포자기 하는 것이다. 셀리히만은 개의 전기 충격 실험을 통하여 혐오 자극으로 회피 불가능한 전기 충격을 경험한 개들은 회피 가능한 전기 충격이 주어진 경우에도 회피 반응을 하지 못하는 사실을 보고 이를 학습된 무기력이라 하였다.
ㄷ. 벌의 강도는 적당해야 한다.
ㄹ. 고전적 조건화와 관련된 내용이다. 자발적 회복은 조건 반응이 일어나지 않게 된 후(소거 현상이 일어난 후) 일정 기간이 흐른 후, 조건 자극만을 제공할 경우 다시 조건 반응이 일어나게 되는 현상을 말한다.

오답분석
ㄱ. 강화나 벌은 행동 후 즉시 제공하는 것이 효과적이다.

29 ①

숙달 목표 지향성이 높은 사람이 도전적 과제를 선호한다.

참고 **숙달 목표와 수행 목표**
- 숙달 목표는 학습 과제 자체를 마스터함으로써 새로운 지식이나 기술을 습득하고 능력을 높이며 도전적인 과제를 성취하는 데 주안을 둔다.
- 수행 목표는 자기 자신이 다른 사람들보다 상대적으로 능력이 더 높다는 것을 입증 내지 과시하려고 하거나 다른 사람들이 자신의 능력이 낮다고 인식하는 것을 회피하는 데 주안을 둔다.

구분	숙달 목표	수행 목표
목표 지향점	학습과 이해 및 향상, 지식 증진	타인과의 능력 비교
과제 선정	도전적 과제	쉬운 과제
학습 결과의 귀인	노력	능력
학습 전략의 선택	상위 인지 전략	피상적인 전략, 자기 장애 전략

30 ④

나쁜 정서는 없다. 상황이나 환경이 나쁠 수는 있지만 정서적 반응 자체는 나쁘지 않다.

31 ③

진정한 자부심은 내적, 불안정, 통제 가능한 귀인에 근거한다.

참고 **오만한 자부심**
오만한 자부심은 내적, 안정적, 통제 불가능한 귀인에 근거를 두고 있다.

32 ④

적당한 상황에서 작은 분노 표현은 사회적 상호 작용을 향상시키기도 하지만, 강렬한 분노 표현은 상대방이 나를 회피하게 한다.

33 ③

왼쪽 대뇌 반구의 전두엽 피질이 활성화될 때 접근 경향성(행복과 분노)이 향상되고, 오른쪽 대뇌 반구의 전두엽 피질이 활성화될 때 회피 경향성(슬픔과 공포)이 향상된다.

34 ④

옥시토신은 '사랑 호르몬'이라 불릴 정도로 엄마와 아기, 연인 관계, 또는 가까운 이웃에 대해서 유대 관계를 느끼게 하는 데 중요한 역할을 한다고 알려져 있다.

35 ①

ㄱ. 당혹감에 대한 옳은 설명이다.

오답분석

ㄴ, ㄷ, ㄹ. 수치심과 죄책감에 관련된 내용이다.

참고 당혹감, 수치심, 죄책감의 공통점과 차이

구분	당혹감	수치심	죄책감
공통점	• 사람들에게 불쾌감을 제공 • 도덕적 규범이나 사회적 관습을 어겼다는 신념을 포함 • 이러한 정서의 경험을 숨기거나 없애고 싶어 함		
경험	• 수행 과제를 잘 해내지 못한 것 • 신체적 실수 • 인지적 실수 • 부적절한 복장 • 사생활 노출 • 남의 이목을 끎	• 수행 과제를 잘 해내지 못한 것 • 상대방의 기분을 상하게 한 것 • 거짓말을 한 것 • 상대방의 기대에 부응하지 못한 것 • 자신의 기대에 부응하지 못한 것	• 자신의 의무를 제대로 수행하지 못한 것 • 거짓말을 하거나, 남을 속이거나, 남의 물건을 훔친 것 • 친구나 애인에게 소홀히 한 것 • 상대방의 기분을 상하게 한 것 • 다른 사람의 애인과 바람을 피운 것 • 다이어트에 실패한 것
차이	• 불쾌한 정서가 사라지기 전 잠시 동안 경험 • 예치키 못한 사건에 갑작스럽게 유발 • 자신에게 화를 내지 않음 • 도덕적 행동보다는 긍정이든 부정이든 다른 사람에게 주목의 대상이 되었을 때		• 유발 사건은 오랜 시간에 걸쳐 만들어진 것 • 자신에게 화가 남 • 도덕적으로 잘못된 행동과 연합

36 ③

상태 분노는 개인이 일시적으로 경험하는 정서 상태로 외부 요인에 의해 변화가 가능하다.

오답분석

① 특성 분노는 상대적으로 조절이 어렵고 쉽게 변하지 않는다.
② 상태 분노는 가볍게 화가 나는 것부터 심한 격분에 이르기까지 다양한 주관적 감정의 심리 상태이다.
④ 상태 분노는 특성 분노보다 파악하는 것이 비교적 쉽다.

37 ②

ㄴ, ㄷ. 자기 효능감에 관한 옳은 설명이다.

오답분석

ㄱ. 자기 효능감은 어떤 상황에서 적절한 행동을 할 수 있다는 기대와 신념이다.
ㄹ. 자기 효능감의 수준은 과제 영역에 따라 다르게 나타날 수 있다.

참고 자기 효능감의 원천

구분	내용
달성 체험	가장 중요한 요인으로, 나 자신이 무언가를 달성하거나 성공한 경험
대리 경험	나 이외의 다른 사람이 무언가를 달성하고 성공하는 행위를 관찰하는 것
언어적 설득	언어적인 격려, 본인의 능력에 대한 설명을 듣는 것
생리적 정서적 고양	술 등의 약물 및 기타 요인

38 ①

적대적 공격은 고통이나 불쾌감 등에 의해 유발되는 것으로서 감정적이거나 충동적으로 공격 행동이 일어나는 경우이다.
도구적 공격은 자신의 욕구를 충족시키거나, 가치 있다고 여기는 것을 획득하기 위한 수단으로 공격 행동이 일어나는 경우를 말한다.

39 ④

경멸은 사회적 위계를 유지한다. 경멸의 표현은 다른 사람에 대해 우월감, 자신의 지배력을 암시한다.

40 ④

인간의 감각-지각의 각성(arousal) 상태와 과제 수행 능력(quality of performance) 사이에는 역 U자 형태의 관계가 성립한다. 각성은 자극에 반응을 보이는 생리적, 심리적 상태이다. 각성이 일어날 경우 증가된 심박 수 및 혈압과 감각 각성, 이동성 및 반응 준비와 연관된 망상활성계, 자율신경계통과 내분비계통의 활성화를 수반한다.

제2회

p.270

01	02	03	04	05	06	07	08	09	10
①	②	③	②	④	②	③	①	④	③
11	12	13	14	15	16	17	18	19	20
④	④	②	①	②	③	①	④	①	③
21	22	23	24	25	26	27	28	29	30
③	②	②	①	④	②	②	②	②	④
31	32	33	34	35	36	37	38	39	40
②	②	④	③	①	④	①	②	③	③

01 ①

일단 습득된 행동은 만족스러운 결과가 주어지지 않는다고 하여 즉시 그 행동이 소거되지는 않는다. 한 번 습득된 행동은 보상이 주어지지 않더라도 똑같은 상황에 직면하는 경우 다시 나타난다. 이는 자발적 회복의 원리에 해당한다.

02 ②

자기 가치는 자신에 대한 평가, 자기 자신에 대한 감정이나 정서적 반응이다.

03 ③

사회 학습 이론에서 강화란 직접 강화가 아니라 간접 강화를 의미한다. 사회 학습 이론은 사회적 상황에서 타인들의 행동을 단순히 관찰만 하여도 행동을 학습할 수 있다고 보았다. 어떤 행동에 대해서 직접적인 강화를 받지 않더라도 다른 사람이 보상이나 벌을 받는 것을 관찰함으로써 간접적으로 강화를 받는다. 다른 사람이 보상 받은 행동은 학습하는 반면 벌을 받는 행동은 학습하지 않게 된다는 것이다.

04 ②

케일러(Keillor)와 동료들이 안면 마비를 가진 환자(F.P)가 정서를 경험하는 능력을 가지고 있음을 관찰한 연구는 캐논 – 바드(Cannon – Bard) 이론을 지지한다.

참고 **캐논 – 바드(Cannon – Bard) 이론**
정서 유발 자극에 대한 생리적 반응과 그에 따른 정서 경험은 동시에 일어난다는 주장이다. 따라서, 정서의 생리적 변화를 감지하지 못할 경우에도 인지적 측면을 경험할 수 있다.

05 ④

일정한 시간에 따라 강화를 하는 것은 고정간격 강화이다.

참고 **간헐적 강화 계획 유형**

강화 계획	강화 절차	적용 사례
고정 간격 계획	일정한 시간 간격을 두고 강화를 제공	월급, 기말고사
변동 간격 계획	시간 간격을 일정하게 정하지 않고 변동적으로 강화를 제공	쪽지 시험, 낚시
고정 비율 계획	일정한 반응 횟수가 일어날 때마다 강화를 제공	보너스
변동 비율 계획	평균적으로 반응 횟수를 정하여 대략적으로 그만큼의 반응이 일어났다고 볼 때 강화를 제공	복권, 도박

06 ②

세로토닌은 모노아민계 신경 전달 물질로서 감정, 행동, 기분, 수면 등의 조절에 관여한다.

07 ③

강박 및 관련 장애(obsessive – compulsive and related disorder)는 강박적인 집착과 반복적인 행동을 나타내는 장애로 강박 장애, 신체 변형 장애, 수집 장애, 모발 뽑기 장애, 피부 벗기기 장애 등이 있다.

08 ①

정서의 지각, 인식, 표현 영역은 인간 각자가 정확하게 정서를 파악하는 능력 정도와 관련되며 정서 상태를 파악하고 내적 감정을 평가할 수 있게 하는 능력이다.

09 ④

정서는 주로 외부 요인의 광범위한 종류의 자극에 의해 유발된다.

> **오답분석**
> ① 동기는 주로 내부 요인에 의해 유발된다.
> ② 정서는 주로 외부 요인에 의해 유발된다.
> ③ 동기는 주로 특정 욕구에 의해 유발된다.

10 ③

우울증은 카테콜아민의 결핍에 의한 것으로 추정되고 대부분의 항우울제는 카테콜아민의 수준을 증가시킨다.

11 ④

내적인 사람들은 자신의 질병을 운명적인 것으로 받아들이지 않으며, 질병에 대해서 더 많은 정보를 가지고 있고, 또 예방을 위한 행동에 집중할 가능성이 높다.

12 ④

기본 정서는 다음과 같은 특징을 가진다. 첫째, 우리 종 내에서 보편적이어야 한다. 둘째, 특정 원형적인 삶의 사건 혹은 선례에 대한 기능적인 반응을 촉진해야 한다. 셋째, 생애 초기에 명확해야 한다. 넷째, 범문화적이어야 한다. 다섯째, 1차 정서는 생리적 기반, 뇌 혹은 자율신경계의 활동을 가져야 한다. 여섯째, 정서와 생리적인 관계를 고려해야 한다.

13 ②

해마는 학습, 기억 및 새로운 것의 인식 등의 역할을 한다.

14 ①

전두엽은 계획하기, 목표 설정하기, 의도를 공식화하기 등과 관련된 뇌 구조이다.

> **오답분석**
> ② **시상 하부**: 먹기, 마시기, 성교와 관련된 쾌락적 감정과 연관 있다.
> ③ **편도체**: 위협과 위험을 탐지하고 반응하기와 연관 있다.
> ④ **해마**: 기대하지 않은 사건이 발생하는 동안의 행동 억제 체계와 연관 있다.

15 ②

교감신경이 흥분하면 근육의 세동맥은 확장되고 심장 박동 수가 증가하며 피부와 소화관의 세동맥은 수축하여 혈압이 상승한다.

> **참고** **교감신경 활성화 현상**
> • 피부나 위장관의 혈액이 뇌, 심장, 근육으로 집중되는 현상이 일어난다.
> • 동공의 확대, 항문과 방광의 조임근의 수축이 나타난다.
> • 소화 기관과 방광의 민무늬 근육이 이완된다.
> • 털세움근이 영향을 받아 털이 일어서고 땀이 분비되는 현상이 일어난다.

16 ③

도파민 분비 경로를 자극하면 접근 행동 가능성이 증가한다.

> **참고** **도파민**
> 도파민은 뇌신경 세포의 흥분을 전달하는 역할을 하며, 긍정적 정서, 창의성, 문제 해결력을 증진시킨다. 또한 무언가를 하겠다고 결심하거나 하고 싶다는 의욕을 느끼게 한다. 도파민 분비 경로를 자극하면 접근 행동 가능성이 증가하며, 도파민이 분비되지 않는다면 유인을 지각할 수 없기 때문에 접근 행동이 나타나지 않게 된다.

17 ①

생후 2개월 전에 나타나는 정서적 반응은 흥분과 불쾌함의 반응일 뿐이다.

18 ④

자아 인식과 더불어 자신의 행동을 평가할 수 있어야 2차 정서를 만들어낼 수 있다.

19 ①

특정 공포증은 특정한 대상이나 상황에 대하여 불안을 느끼는 불안 장애의 일종이다.

20 ③

사람의 기억은 기분 정서 상태에 영향을 받는다. 정서가 긍정적일 때는 긍정적 기억이, 정서가 부정적일 때는 부정적 기억이 더 잘 떠오르는 것을 기분 일치성 효과라고 한다.

21 ③

정서 조절은 자신과 타인의 정서를 통제하고 조절하는 능력과 관련된다.

22 ②

현실적 불안은 객관적 불안(objective anxiety)이라고도 하며 외부 세계에서의 실제적인 위험을 자각함으로써 발생하는 감정적 체험이다.

참고 불안의 종류

종류	내용
현실적 불안	외부 세계에 객관적인 공포 대상이 현존하고 있을 때 느끼는 불안
신경증적 불안	원초아의 충동이 의식될지도 모른다는 위협으로 정서적 반응
도덕적 불안	자아가 초자아로부터 처벌을 예감할 때 발생함. 자신의 양심에 대한 두려움으로 자신의 도덕률에 위배되는 일을 할 때 느끼는 죄의식

23 ②

동일시 전형은 의도적인 모방으로 관찰자가 모델의 비도구적인 독특한 행동 유형을 습득하는 것이다. 관찰자의 행동 중 특수한 반응보다는 모델의 일반적 행동 스타일을 모방하는 것이다.

오답분석

① 직접 모방 전형은 무의도적인 모방으로 관찰자는 모델의 행위를 관찰하고 모델이 하는 행동을 그대로 시행함으로써 보상을 받는다.
③ 무시행 학습 전형은 관찰자가 모델의 행동을 미리 해 볼 기회가 없거나 모방에 대한 강화가 없음에도 불구하고 학습하는 것이다.
④ 동시 학습 전형은 모델과 관찰자가 동시에 동일한 과제의 학습을 진행하는 과정에서 관찰자가 모델의 행동을 모방하는 것이다.

24 ①

보편성 가설은 정서 표현과 이를 읽어내는 능력은 인간이라는 종의 공통적 특성으로 본다.

25 ④

분노를 자주 느끼는 것보다 자주 표현(폭발적으로 표현)하는 것이 심혈관계에 더 부정적인 영향을 미친다.

26 ②

엔도르핀이 애착에 중요한 역할을 한다. 엔도르핀에 둔감한 동물들은 애착의 발달 수준이 낮다(Moles et al., 2004).

참고 애착

- 애착이란 특별한 두 사람 간에 형성되는 친밀한 정서적 유대감이다.
- 누구를 좋아하거나 사랑하고, 상대방이 없으면 불행을 느끼는 감정이다.
- 영아기 때 발생하는 가장 중요한 사회적 발달로 인지, 정서, 사회성 발달에 중요한 영향을 미친다.
- 종족 보존을 위해 주위 환경에 적응하기 위한 필수 요소이다.
- 애정, 사랑 등의 긍정적 정서의 의미를 지닌다.

27 ②

혐오는 신경증 성향과 정적 상관을 보인다.

참고 혐오의 발달과 개인차

- 혐오는 입을 통해 경험적으로 발달한다.
- 혐오가 어떻게 발달하는지 어떤 방식으로 습득되는지는 구체적으로 밝혀지지 않았다.
- 혐오는 신경증 성향과 정적 상관을 보인다.
- 혐오는 개방성과 부적 상관을 보인다.
- 혐오를 쉽게 경험하는 사람들은 슬픔이나 불안도 쉽게 경험하는 경향성이 있다.

28 ②

수치심은 자신의 행동에 대한 도덕적 판단보다는 자신의 자아에 대한 부정적 평가에 의해 유발되는 정서이다.

오답분석

ㄱ, ㄴ. 죄책감과 연관된 경험이다.
ㄹ. 당혹감과 연관된 경험이다.

29 ②

위안 구하기는 행동적 범주의 전략이다.
진정하기, 인지적 재평가하기, 아무것도 생각하지 않기는 인지적 범주의 정서 조절 전략이다.

30 ④

미신 행동은 조작적 조건화 형성과 관련된다.

> 참고 **미신의 특성**
> - 어떤 행동에 우연히 강화가 뒤따르게 되면 그 행동은 반복될 가능성이 높아진다.
> - 행동의 반복은 우발적 강화가 또 다시 일어날 수 있는 가능성이 더 높아짐을 의미한다.
> - 우연적인 강화가 모든 미신 행동을 설명할 수는 없을 수 있으나 어떤 역할은 한다.

31 ②

분노 억압은 자신의 분노를 자기 내부로 돌리거나 억압 또는 분노 감정 자체를 부정하는 것이다.

> 참고 **분노 표현 방식**

방식	내용
분노 표출	부적응적 분노 표현 행동으로 화가 나면 겉으로 드러내는 것
분노 억압	부적응적 분노 표현 행동으로 화가 나 있지만 겉으로 드러내지 않는 것으로, 자신의 분노를 자기 내부로 돌리거나 억압 또는 분노 감정 자체를 부정하는 것
분노 조절	적응적 분노 표현 행동으로, 화가 난 상태를 지각하고 감독하면서 화를 진정시키기 위해 다양한 책략을 구사하는 것

32 ②

ㄱ, ㄴ, ㄹ. 애착에 대한 옳은 설명이다.

> 오답분석
> ㄷ. 애착이란 특별한 두 사람 간에 형성되는 친밀한 정서적 유대감으로 인지, 정서 발달에 미치는 영향이 크다.

33 ④

당혹감은 예측할 수 없는 상황에서 관심을 받게 될 때 발생한다.

34 ③

목표의 곤란성은 쉬운 목표보다는 어려운 목표가 동기 유발을 더 자극하여 성취 수준을 높여 준다.

> 오답분석
> ① 목표 설정에의 참여는 구성원의 업무 만족과 목표에의 헌신을 가져와 장기적으로 높은 과업 수행을 이끌어 준다.
> ② 아동에게 구체적인 단기 목표는 중요하다.
> ④ 목표의 구체성은 막연한 목표보다 더 높은 과업 수행을 가져온다.

35 ①

숙달 목표 지향성은 학습과제 자체를 마스터함으로써 새로운 지식이나 기술을 습득하고 능력을 높이며 도전적인 과제를 성취하는 데 주안을 둔다.

> 참고 **수행 목표 지향성**
> 수행 목표 지향성은 자기 자신이 다른 사람들보다 상대적으로 능력이 더 높다는 것을 입증 내지 과시하려고 하거나 다른 사람들이 자신의 능력이 낮다고 인식하는 것을 회피하는 데 주안을 둔다.

36 ④

여키스 – 도슨 법칙(Yerkes – Dodson law)은 인간의 감각 – 지각의 각성(arousal) 상태와 과제 수행 능력(quality of performance) 사이에는 역 U자 형태의 관계가 성립한다는 것이다. 이 법칙에 따라 쉬운 과제는 각성 수준이 비교적 높을 때 수행 능력도 높고, 각성 수준이 높아져도 수행 능력이 떨어지지 않는다. 반면 어려운 과제는 각성 수준이 너무 높아지면 수행 능력이 현저히 떨어지는 양상을 보인다. 즉, 어려운 과제는 각성 수준이 낮을 때 최고의 수행 능력이 나타난다.

37 ①

능력이나 적성은 내적 – 안정적 – 통제 불가능 차원이다.

> 오답분석
> ② **과제 난이도**: 외적, 안정적, 통제 불가능
> ③ **운이나 우연한 기회**: 외적, 불안정적, 통제 불가능
> ④ **시험 당일 건강 상태**: 내적, 불안정적, 통제 불가능

38 ②

자기 효능감이란 어떤 과제를 수행하는 데 있어서 일정한 수준의 목표를 달성하기 위한 활동을 조직하고 실천할 만한 능력이 있다는 개인적 신념이다.

39 ③

추동을 감소시키는 대상이나 사건을 1차 강화물이라고 부르며, 이는 먹이, 물, 성행위, 고통 회피 등을 포함한다.

40 ③

원하지 않는 행동을 보일 때 혐오적인 강화물을 주는 것은 적극적 벌(제1형 벌)이며, 원하지 않는 행동을 보일 때 선호하는 강화물을 박탈하는 것은 소극적 벌(제2형 벌)이다.

제3회

p.278

01	02	03	04	05	06	07	08	09	10
③	①	①	④	③	②	③	②	④	③
11	12	13	14	15	16	17	18	19	20
①	②	①	③	③	④	②	④	②	③
21	22	23	24	25	26	27	28	29	30
①	④	①	②	②	④	④	③	④	②
31	32	33	34	35	36	37	38	39	40
③	④	③	④	①	②	③	①	①	③

01 ③

장기적 미래 시간 관점을 지닌 사람들은 일반적으로 더 동기화된다.

참고 성취 욕구를 포함하고 만족시키는 조건

조건	내용
적절히 어려운 과제	적절한 도전적인 과제는 성공으로부터 자존심과 능력 진단을 위한 정보의 혼합을 제공하는데 이 혼합은 낮은 성취 욕구보다 높은 성취 욕구를 동기화함
경쟁	높은 성취 욕구를 가진 사람들에게는 정적 정서와 접근 행동을 고무하나, 낮은 성취 욕구를 가진 사람에게는 부적 정서, 회피 행동 및 무력한 수행을 조장함
기업가 정신	높은 성취 욕구를 가진 사람들은 도전, 독립적인 일, 개인적 책임감 및 신속한 수행 피드백을 제공하는 직업을 선호함

02 ①

도파민은 뇌 안에서 실행(executive function), 운동(motor control), 동기 부여(motivation), 각성(arousal), 강화(reinforcement), 보상(reward) 등을 조절한다.

03 ①

ㄱ, ㄴ. 양극성 장애의 하위 유형에는 제1형 양극성 장애, 제2형 양극성 장애, 순환 감정 장애가 있다.

오답분석

ㄷ. 선택적 무언증은 불안 장애의 하위 유형이다.
ㄹ. 저장 장애는 강박 장애의 하위 유형이다.

04 ④

프로이트(Freud)는 우울증은 상실에 대한 반응으로서 분노가 자기에게 향해진 현상이라고 보았다.

05 ③

시상 하부에서 피질과 자율신경계에 동시에 신호를 보낼 때 대뇌에서는 정서를 경험하고, 자율신경계에서는 내장 반응 및 골격근 반응을 일으킨다.

06 ②

정서의 사고 촉진 요소에는 정서 정보를 이용하여 사고의 우선순위 정하기, 정서를 이용하여 판단하고 기억하기, 정서를 이용하여 다양한 관점 취하기, 정서를 활용하여 문제 해결 촉진하기 등이 있다.

07 ③

세로토닌은 감정, 행동, 기분, 수면 등의 조절에 관여한다.

오답분석

① 특정 상황이나 사건에 대한 기대가 도파민 분비를 촉진한다.
② 약물을 남용한 사람의 보상 회로에 대한 도파민의 영향이 비정상적으로 낮아져 더 이상 전과 동일한 쾌감을 느끼지 못하게 된다.
④ 노르아드레날린이 증가하면 공포와 경악의 감정이 고조되어 교감신경계가 흥분한다.

08 ②

교감신경계가 활성화되면 타액과 눈물 분비가 감소된다.

09 ④

이상이라고 판단할 수 있는 불편감과 고통의 정도를 결정하기 어렵다.

10 ③

2세 영아의 특징은 분노 표현이 최고조에 도달하며, 사랑과 수용으로 대치되지 않으면 공격성으로 발전한다는 것이다.
영아는 2세 이후에 언어를 사용하여 사회적으로 수용되는 방식으로 분노를 표현하게 된다.

11 ①

사람의 기억은 기분 정서 상태에 영향을 받아서 정서가 긍정적일 때는 긍정적 기억이, 정서가 부정적일 때는 부정적 기억이 더 잘 떠오르는 것을 기분 일치 효과라고 한다.

12 ②

동기를 증가시키는 요인은 아래와 같다.
- 외적 요인보다는 내적 요인에 귀인한다.
- 안정적 요인보다는 불안정적 요인에 귀인한다.
- 통제 불가능 요인보다는 통제 가능 요인에 귀인한다.

13 ①

강박 장애는 원하지 않는 생각과 행동을 반복하게 되는 심리 장애로 주된 증상은 강박 사고와 강박 행동이 나타나는 것이다.

> 참고 **강박 및 관련 장애**
> - 강박 장애
> - 신체 변형 장애
> - 저장 장애
> - 모발 뽑기 장애
> - 피부 벗기기 장애

14 ③

자신이 좋아하는 일을 하는 대가로 보상을 받다가 보상이 사라지면 내재적 동기가 낮아진다.

15 ③

정서가 보편적이라 해도, 모든 사람이 언제나 동일한 방식으로 정서를 드러내지는 않는다.

16 ④

혼합된 정서를 받아들이는 능력은 정서 지식의 활용 영역에 해당된다. 이 영역은 정서들 간의 공통점과 차이점을 인식하고 각각의 정서가 인간관계에서 의미하는 바를 배우게 되며 정서를 상황과 연결시킴으로써 정서적 추론에 대해 알게 되는 것을 포함한다.

17 ②

불안을 느낄 때 두통이나 소화 불량, 빈뇨 등의 생리적 증상이 나타난다.

18 ④

공포는 무서움이 특정 대상이나 사건과 직접적으로 관련이 있을 때, 관련 위험이 사라지면 재빨리 가라앉는다.

19 ②

정서는 대뇌 이전에 진화된 것으로 하등 동물에게도 발견된다.

20 ③

공황 발작은 불안을 야기하는 충동에 대한 방어 기제가 성공하지 못했기 때문에 나타난다.

21 ①

당혹감의 인지가 복합적인 자아 – 의식 능력을 담당하는 대뇌 피질의 전두엽의 기능과 관련 있다(Cutlip & Leary, 1993).

22 ④

파블로프(Pavlov)의 고전적 조건화는 조건 반응의 외적 자극에 관심을 두었다면, 스키너(Skinner)의 조작적 조건화는 인간은 외부 자극 없이 의식적으로 행동할 수 있는 존재임을 착안하여 이론을 체계화하였다.

> 참고 **고전적 조건화와 조작적 조건화**

구분	내용
고전적 조건화	• S형 조건화: 외부의 자극에 의해 유발된 반응에 관심을 둠 • S형 조건화는 강화가 자극과 상관되어 있음 • 행동이 앞서 제시되는 자극에 의해 통제됨 • 인간의 비자발적·반사적인 행동의 발달과 관련됨 → 정서적·불수의적(반응적) 행동이 학습됨 • 자극이 반응 앞에 오며, 반응은 추출(elicited)됨 • 한 자극이 다른 자극에 대치됨

구분	내용
조작적 조건화	• R형 조건화: 유기체 스스로 방출하는 반응에 관심을 두며, 조작적 조건 형성은 결과에 의해 통제됨 • R형 조건화는 강화가 자발적으로 시도된 반응과 상관됨 • 행동이 뒤따르는 결과에 의해 통제됨 • 인간의 자발적·유목적 행동의 발달과 관련됨 → 목적지향적·수의적(조작적) 행동이 학습됨 • 반응이 보상(효과) 앞에 오며, 반응은 방출(emitted)됨 • 자극의 대치는 일어나지 않음

23 ①

자기 보고법은 자료 수집은 용이하지만 해석이 쉽지 않다.

24 ②

분노 억압 시에는 정적 감정도 함께 억압된다.

25 ②

행동을 학습하기 위한 초기 단계에는 계속 강화를 제공하는 것이 효과적이다.

오답분석

① 벌은 강화자로 사용할 수 없다.
③ 행동이 나타난 후 즉시 강화를 해 준다.
④ 부적 강화는 어떤 자극을 제거하여 특정 행동의 빈도를 높이는 것이다.

26 ④

제시된 내용 모두가 자기 효능감의 근원에 해당된다.

참고 자기 효능감의 근원

근원	내용
성공 경험	직접적 경험으로서, 효능감 정보에 대한 가장 강력한 근원이 됨. 성공은 효능감을 높이는 반면 실패는 효능감을 낮춤
각성 수준	그것이 어떻게 해석되는가에 따라 자기 효능감에 영향을 줌. 과제를 접하면서 가지게 되는 염려나 걱정은 효능감을 낮추는 반면 자극과 흥분은 효능감을 높임
대리 경험	누군가 다른 사람이 성취의 모델이 된다. 학생이 모델과 더 가까이 동일시한 경우, 효능감에 미치는 효과는 더 커짐. 모델이 수행을 잘 할 때 그 학생의 효능감은 고양되지만, 모델이 잘 못할 때 효능감의 기대는 줄어듦
사회적 설득	격려의 말이나 수행에 대한 구체적 피드백이 될 수 있음. 사회적 설득만으로 효능감의 지속적 증가는 이룰 수 없지만, 설득적 지원을 통해 학생의 노력을 유도하고 새로운 전략을 시도하도록 할 수 있음

27 ④

우측 대뇌 반구의 전두엽 피질의 증가된 활동성은 슬픔 및 도피적 성향과 관련이 있다. 슬픔은 다른 정서와 마찬가지로 두뇌 영역들의 넓은 회로에 의해 좌우된다. 사람들에게 슬픈 영화나 사진을 보게 하거나 과거 자신이 슬펐던 상황을 생각하게 하면서 뇌 영상을 촬영해 봤더니, 변연계와 그 주변의 뇌가 활성화되었다.

28 ③

스턴버그의 사랑의 유형을 설명하는 요인은 열정, 헌신, 친밀감이다.

29 ④

도구적 공격은 단순히 어떤 것을 얻거나 결과를 성취하기 위한 방법으로 해가 되는 행동이나 위협적 행동을 이용한다.

30 ②

외적 동기 유발의 기본적 계기가 되는 것이 성공감과 협동심이다.

31 ③

추동 없이는 행동이 일어날 수 없다.

참고 행동의 전개에 있어서 추동의 중요한 세 가지 측면
• 추동 없이는 학습이 일어날 수 없다.
• 추동 없이는 행동이 일어날 수 없다.
• 추동 없이는 적응적인 행동을 가져올 반응들과 연결될 수 있는 추동자극도 전혀 존재하지 않는다.

32 ④

망상활성계(RAS)는 뇌의 게이트 키퍼다. 감각 기관으로 입력되는 거의 모든 정보가 RAS를 거쳐 뇌로 들어간다. 이 관문에서 정보가 걸러진다. 어떤 정보를 뇌로 보내고, 어떤 정보를 무시할지 RAS가 결정한다.

33 ③

수행 능력은 과제 특성에 따라 달라지기도 한다. 이 법칙에 따르면 쉬운 과제는 각성 수준이 비교적 높을 때 수행 능력도 높고, 각성 수준이 높아져도 수행 능력이 떨어지지 않는다. 반면 어려운 과제는 각성 수준이 너무 높아지면 수행 능력이 현저히 떨어지는 양상을 보인다. 즉, 어려운 과제는 각성 수준이 낮을 때 최고의 수행 능력이 나타난다.

34 ④

반응 확률은 변동 비율 계획, 고정 비율 계획, 변동 간격 계획, 고정 간격 계획 순서로 높다.

35 ①

성패의 결과를 노력에 귀인하도록 훈련하고, 구체적이고 근접한 목표를 설정한다.

36 ②

내사 조절은 생각이나 행동에 대하여 타인의 요구를 받아들이지만 진심으로 수용되지 않은 것을 의미한다.

> **오답분석**
> ① 외적 조절은 매력적 유인, 결과 혹은 보상을 얻거나 처벌을 피하기 위해서 외적으로 조절된 행동을 한다.
> ③ 동일시 조절은 당면한 행동이 자신들에게 중요하거나 혹은 개인적으로 유용하다고 보기 때문에 자발적으로 그 생각이나 행동이 가지는 가치와 유용성을 받아들인다.
> ④ 통합된 조절은 자신의 가치감과 정체감을 반영하기 때문에 행동을 한다.

37 ③

ㄴ은 틀린 설명이다. 정서 지능이 높은 사람이 감성적이고 감정적으로 예민한 사람으로 보는 것은 정서 지능의 의미를 상당히 왜곡하거나 축소한 것이다.

38 ①

사회적 욕구에는 성취 욕구, 친애와 친밀 욕구, 권력 욕구 등이 있으며, 관계는 심리적 욕구에 해당한다.

> **참고** 사회적 욕구를 활성화시키는 환경적 유인

사회적 욕구	욕구를 활성화시키는 유인
성취(achievement)	개인의 유능감을 보여줄 수 있도록 어떤 일을 잘 하려고 하는 것
친애(affiliation)	다른 사람을 즐겁게 하고 그들의 승인, 인정을 받을 수 있는 기회
친밀(intimacy)	온화하고 안정적인 관계
권력(power)	다른 사람에게 영향력을 행사하는 것

39 ①

슬픔의 원인은 개인의 잘못보다는 보통 외부에 있다.

40 ③

비용 신념은 과제에 관여하는 것에 대한 부정적 측면이다. 가령 어떤 학생이 수학을 듣는 데 많은 노력이 필요하다고 생각했다면 다음 학기에는 수학을 선택하지 않을 것이다. 어떤 과목을 선택하는 것이 많은 공부 시간을 요구한다면 다른 사람을 만나거나 취미 활동을 즐기거나 사회적 활동 같은 기타 활동에 참여할 시간을 빼앗기게 될 것이라는 것이다.

> **참고** 과제 가치의 4가지 구성 요소

구성 요소	내용
내적 흥미	과제 자체에 대한 흥미로, 과제 자체에 흥미를 가질 때 학습 동기가 촉진됨
중요성 (획득 가치)	과제를 잘 수행하는 것이 삶에 중요한 의미를 가지는가의 정도이며, 과제 수행이 삶에 중요한 의미가 있다고 생각될 때 학습 동기가 촉진됨
효용 가치	과제가 현재나 미래의 목표 달성에 얼마나 유용한가의 정도이며, 과제가 목표 달성에 효용성을 지닐 때 학습 동기가 촉진됨
비용 가치	과제에 참여하기 위해 포기해야 하는 것들을 얼마나 감내할 수 있는가 정도이며, 과제 수행 결과로 얻는 가치가 비용보다 더 높다고 인식될 때 학습 동기가 촉진됨

무료 학습자료 제공·독학사 단기합격 **해커스독학사**
www.haksa2080.com

독학학위제
전공기초과정 **심리학과**

자세하고
신속하게 알려주는
감각 키워드

자신감 차세하고 신속하게 알려주는 감각 키워드

제1장 동기의 개념과 특성

★★★	**동기의 유형: 보상 관련 분류** p.023	• **외적 동기**(external motivation): 개인이 외부로부터 받을 수 있는 강화자로서의 동기 • **내적 동기**(internal motivation): 개인이 본질적으로 가지고 있는 동기로서, 개인의 흥미나 호기심과 같은 요인에서 유래하는 스스로의 욕구에 대한 반응
★★★	**뇌의 활성과 생리학** p.029	• **뇌 활동**: 편도체(공포) 혹은 전전두 피질(목표 설정하기) 같은 뇌 구조의 활성화 • **호르몬 활동**: 코르티솔(스트레스) 혹은 카테콜아민(투쟁-도주 반응) 같은 타액 또는 혈액 내의 화학 물질 • **심혈관계 활동**: 심장과 혈관의 수축 및 이완(매력적 유인, 어렵고 도전적인 과제) • **안구 활동**: 동공 크기(정신적 활동의 정도), 눈 깜빡임(인지적 상태의 변화), 안구 운동(반성적 사고) • **전기 피부 활동**: 피부 표현의 전기적 변화(위협 혹은 자극의 중요성의 표현) • **골격근 활동**: 얼굴 표정(특수한 정서)과 몸짓(떠나려는 욕망)에서와 같은 근육의 활동
★★	**동기의 유형: 학습 관련 분류** p.023	• **일반 동기**(general motivation): 학습 상황에서 지식의 습득과 지능의 숙달을 위해 노력하는 지속적이고 폭넓은 경향 • **특수 동기**(specific motivation): 학습에 있어서 특정 과목 혹은 특정 수업 시간의 학습에서만 학습을 촉진시키게 하는 동기
★★	**동기의 구성 요소** p.024	• **생물학적 요소** 　- 행동생물학에서 행동은 유전 구조의 산물이므로 유전자가 지시하는 대로 행동을 시작하고 방향을 결정한다고 가정함 　- 행동신경과학에서는 보상 중추가 동기와 관련되어 있다고 봄 • **학습된 요소** 　- 동기는 본능과 같이 생물학적으로 주어진 것이 아닌, 성장하면서 서서히 획득되는 추동, 즉 권력, 성공, 성취에 대한 욕구 등과 관련된 것 • **인지적 요소** 　- 인간의 기대, 목표, 신념, 태도 등이 동기를 결정한다고 봄
★★	**동기 연구의 관점** p.028	<table><tr><th>관점</th><th>동기 출현 원인</th></tr><tr><td>행동적</td><td>환경 자극</td></tr><tr><td>정신 분석</td><td>무의식</td></tr><tr><td>신경적</td><td>뇌 활성화</td></tr><tr><td>생리적</td><td>호르몬 활성화</td></tr><tr><td>인지적</td><td>정신적 사건·사고</td></tr><tr><td>사회인지적</td><td>세상에 노출됨에 의해 유도되는 사고 방향</td></tr><tr><td>문화적</td><td>집단·조직·국가</td></tr><tr><td>진화적</td><td>유전자와 유전적 능력</td></tr><tr><td>인본적</td><td>인간 잠재력 고취</td></tr></table>

★★	**동기의 측정법** p.030	• **심리 생리적 측정법**: 생리적 활동은 인간의 내적 과정을 추론하는 중요 요소이며, 동기, 정서가 자율신경계와 어떤 관련이 있는지 살펴보는 방법 • **자기 보고식 측정법**: 특정 척도를 사용해서 자신의 동기적 상태를 보고하는 방법 • **행동 관찰법**: 행동과 표정 등 겉으로 드러나는 움직임을 관찰하여 내적 상태를 추론하는 방법
★	**동기의 특성** p.022	• 개개인의 동기는 정확하게 파악하기 어려우며, 행동은 단 하나의 동기에 의해서 유발된다고 판단하기 어려움 • 동기는 행동의 다양성을 낳는 요인이며, 유발된 특정 행동을 일정 목표나 대상으로 이끌어 가는 역할을 함 • 생리적인 면, 심리적인 면, 연상적인 면, 감정적인 면 등을 지니고 있음 • 개인차가 존재함 • 시간적으로나 공간적으로 거리가 있는 목표 대상에 대해서도 작용
★	**동기 연구의 주제** p.026	• 동기는 적응을 도움 • 동기는 주의를 지시하고 행동을 준비시킴 • 동기는 시간에 따라 변하고 진행 중인 행동의 흐름에 영향을 줌 • 동기에는 유형이 존재함 • 동기는 접근 경향성과 회피 경향성을 포함함 • 동기 연구는 사람들이 원하는 것이 무엇인지를 밝혀줌 • 동기는 번영하기 위해서 지지 조건이 필요함 • 동기의 원리는 응용될 수 있으며, 좋은 이론이 가장 실용적임
★	**동기 연구를 이해하기 위한 틀** p.027	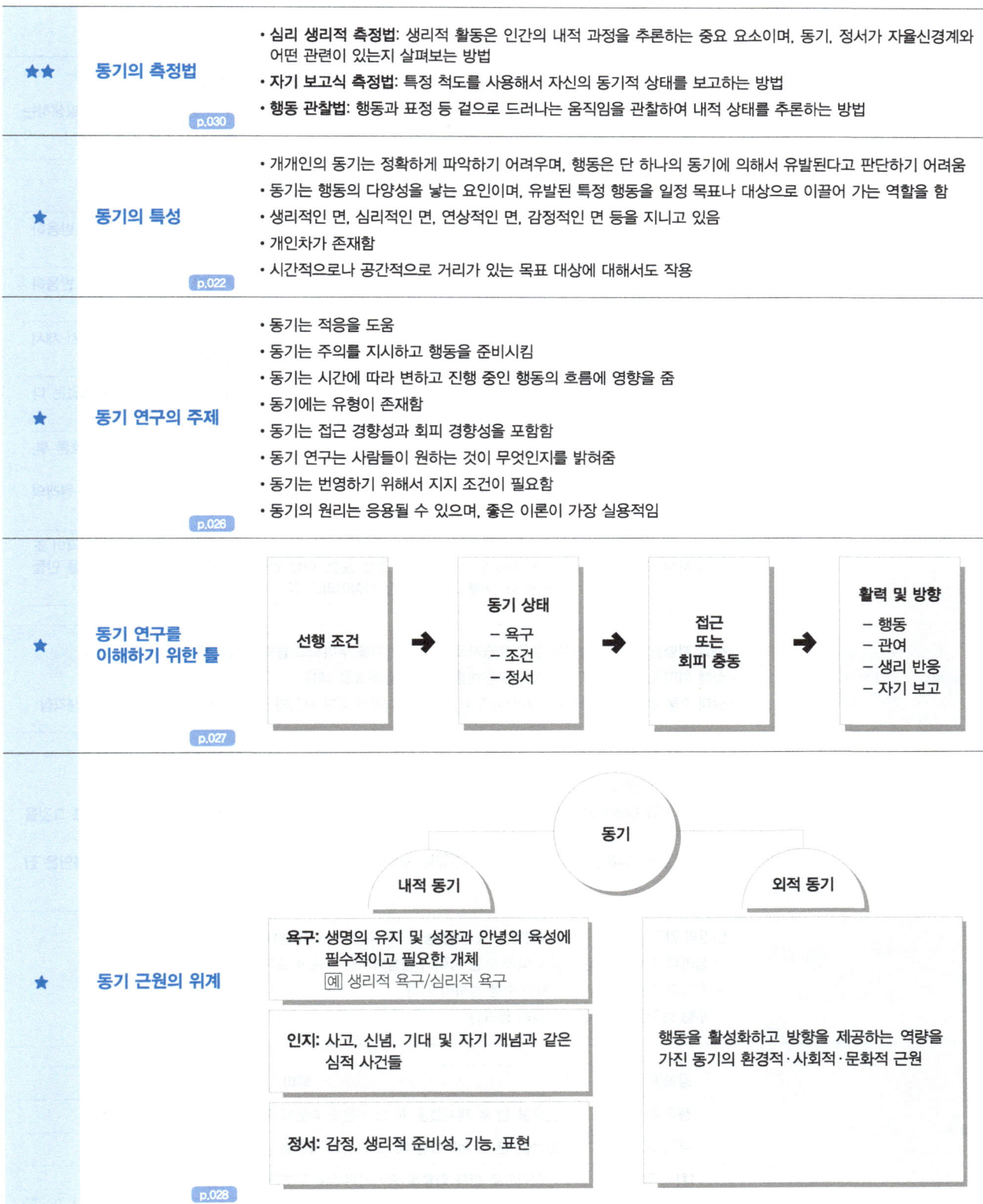
★	**동기 근원의 위계** p.028	

제2장 동기 이론

★★★	추동 감소 이론 p.049		• 추동은 생물적 욕구가 활성화시키며 유기체는 추동을 감소시키는 행동을 하고자 동기화됨 • 추동은 현재의 신체적 결핍으로 이루어진 종합 에너지원으로 음식, 물, 성, 수면 등의 결핍에 의해 발생하는 욕구가 합해져서 전체적인 신체적 욕구를 이룸

		구분	내용
★★★	고전적 조건화의 주요 현상	자극의 일반화	일단 조건이 형성되고 난 직후 유기체가 유사한 조건 자극에 대해서 모두 반응하는 것을 의미
		변별	조건화된 자극과 유사한 자극에 모두 반응하던 유기체가 자극을 구분해서 반응하게 되는 것을 의미
		소거	조건이 형성되고 난 후 무조건 자극이 제시되지 않고 조건 자극만 반복해서 제시될 경우, 조건 반응은 점점 약해져서 마침내 일어나지 않게 되는 현상
		제지(금지)	일단 형성된 조건 반응도 실험 장면에서 조건 자극과 무조건 자극과 관계없는 다른 자극이 개입되면 조건화 과정이 간섭 받아 약화되고 중단되는 현상
		자발적 회복과 재조건 형성	• 조건 반응이 일어나지 않게 된 후(소거 현상이 일어난 후) 일정 기간이 흐른 후, 조건 자극만을 제공할 경우 다시 조건 반응이 일어나게 되는 현상 • 그리고 조건 자극과 무조건 자극을 계속 연결하여 제시하면 조건 반응은 원래의 강도로 돌아가는데, 이를 재조건 형성이라고 함
		고차적 조건 형성	조건 자극이 조건 반응을 형성하고 난 후, 제2자극과 짝지어진 경우 제2자극이 조건 반응을 일으키게 되는 것을 말함. 이런 방식으로 제3, 제4의 조건 자극을 만들어 낼 때, 이를 고차적 조건 형성이라고 함

★★★	자기 가치 이론: 3가지 유형과 동기 상황 p.072	• 숙달 지향형: 자기 효능감이 높은 학습자로 성취에 가치를 부여하고 능력은 증가할 수 있는 것으로 봄 • 실패 회피형: 능력에 대한 고정적인 견해를 갖고 수행 목표를 세움 • 실패 수용형: 실패가 계속되면 자신이 무능하다고 인식하게 되며 자신의 실패가 낮은 능력 때문이라고 생각함
★★	추동의 4가지 특성 p.049	• 근원: 신체의 결핍이 추동을 일으킴 • 압력: 신체 결핍의 강도가 증가하고 불안과 같은 심리적 불편감으로 의식하도록 함 • 대상: 불안을 감소시키고 신체의 결핍을 충족시키기 위해 욕구를 충족시키는 환경의 대상을 탐색하고 그것을 소모시킴 • 목표: 환경의 대상이 성공적으로 신체의 결핍을 충족시킨다면 적어도 얼마 동안 충족 상태가 되고 불안은 잠잠해짐
★★	여키스-도슨 법칙 (Yerkes-Dodson law) p.053	• 인간의 감각 - 지각의 각성 상태와 과제 수행 능력 사이에는 역 U자 형태의 관계가 성립 - 생리적 또는 정신적 각성에 따라 수행 능력이 향상되지만 어느 정도까지만 증가 - 각성의 수준이 너무 높아지면 수행 능력이 저하 - 수행 능력은 과제 특성에 따라 달라짐

		강화물 유형	의미
★★	강화물의 유형	정적 강화물	반응을 한 후 제시했을 때 그 반응의 확률을 증가시키는 기능을 하는 자극
		부적 강화물	반응을 한 후 제거했을 때 그 반응의 확률을 증가시키는 기능을 하는 자극
		1차적 강화물	선천적으로 반응 확률을 증가시켜주는 무조건적 강화물

강화물 유형	의미
2차적 강화물	**학습된 강화물**: 중립 자극이었던 것이 1차적 강화물과 연결되어 반응 확률을 증가시키는 기능을 획득한 강화물, 즉 처음에는 강화의 기능이 없었던 물건이나 대상이 인간의 본능적 욕구를 충족시켜주는 1차적 강화물과 연결되어 강화의 기능을 지니게 된 것
일반화된 강화물	2차적 강화물 중에서 여러 개의 1차적 강화물과 결합된 강화물로, 박탈 조건이 아니더라도 효과를 발휘함

p.061

★★ 모델링의 유형

유형	내용
인지적 모델링	모델의 시범을 모델의 생각과 행동에 대한 언어적 설명과 함께 보여 주는 과정
직접 모델링	모델의 행동을 단순하게 모방하려는 시도
상징적 모델링	책, 연극, 영화 또는 TV에 등장하는 주인공들의 행동 모방
종합적 모델링	관찰한 행동의 부분들을 종합함으로써 행동으로 발전
자기 모델링	자기 자신의 행동을 관찰하고 반성한 결과로 일어나는 모방

p.066

★★ 귀인 세 차원의 8가지 조합

차원 분류	실패에 대한 이유
내적 – 안정적 – 통제 불가능	낮은 적성
내적 – 안정적 – 통제 가능	절대 공부를 안 함
내적 – 불안정적 – 통제 불가능	시험 당일에 아팠음
내적 – 불안정적 – 통제 가능	그 시험을 위해 공부하지 않았음
외적 – 안정적 – 통제 불가능	학교의 요구 수준이 너무 높음
외적 – 안정적 – 통제 가능	교사가 편파적임
외적 – 불안정적 – 통제 불가능	운이 나빴음
외적 – 불안정적 – 통제 가능	친구들이 도와주지 못했음

p.070

★★ 자기 효능감 증진 방법

- 학습 전략에 관한 훈련을 실시
- 성패의 결과를 노력에 귀인하도록 훈련
- 구체적이고 근접한 목표를 설정
- 실질적 성취에 대한 보상으로 자기 효능감을 증진시킴

p.074

★★ 동기 향상 방안

- 성공 기대 높이기
  - 구체적인 장기 및 단기 목표 설정
  - 도전적 과제 제공
  - 구체적·긍정적 피드백 제공
  - 과거의 수행과 성취 제시
- 과제 가치 높이기
  - 과제의 중요성 강조
  - 과제의 효용성 강조

p.075

제3장 동기의 종류

★★★	앳킨슨(Atkinson)의 성취 동기 모형 (p.110)	• 성취 행동과 세 가지 예언 요인으로 구성 • 성취 행동: 성공에 접근하는 경향성 • 세 가지 예언 요인 　- 성취 욕구: 개인의 성취 욕구의 강도 　- 성공의 확률: 지각된 성공의 확률 　- 성공에 대한 유인: 성공의 유인가
★★★	숙달 목표와 수행 목표 (p.112)	<table><tr><th>숙달 목표 (mastery goals)</th><th>수행 목표 (performance goals)</th></tr><tr><td>• 유능감을 더 향상시키려 함 • 과정에 더 초점을 두고 진보를 중시 • 자기 조절형 학습을 배양 • 자아를 더 개발시키고 향상시키고자 함 • 노력과 지속성을 통해 어려움을 극복함</td><td>• 유능감을 입증하려고 함 • 높은 능력을 보임 • 규준에 기초한 유능감을 평가함 • 남들보다 조금 더 노력함으로써 성공 • 주로 결과에 초점을 맞춤</td></tr></table>
★★	욕구의 종류 (p.088)	<table><tr><th>구분</th><th>예</th><th>내용</th></tr><tr><td>생리적 욕구 (physiological needs)</td><td>• 갈증 • 배고픔 • 성욕</td><td>• 생물학적 체계와 관계, 주기적 시간 과정 • 신체적 안녕을 조절하고 성장, 삶에 잠재적 위협이 되는 신체적 불균형을 조정하는 욕구 • 유기체의 생물학적 조건으로 생물학적 체계의 기능이 내재되어 있음</td></tr><tr><td>심리적 욕구 (psychological needs)</td><td>• 자율성 • 유능성 • 관계성</td><td>• 중추신경계 과정과 관계, 의식에 존재 • 개인적 성장, 사회적 발달, 심리적 안녕을 촉진할 수 있는 환경과의 상호 작용을 추구하는 주체적인 욕구 • 인간 본성 추구와 발달에 내재하는 인간 고유의 심리 처리</td></tr><tr><td>사회적 욕구 (social needs)</td><td>• 성취 • 친애 • 친밀 • 권력</td><td>• 중추신경계 과정과 관계, 의식에 존재 • 사회화 과정에서의 긍정적인 정서와 관련된 환경적 사건과의 상호 작용을 추구하고, 이에 시간을 사용하는 욕구 • 사회화에 의해 발달적으로 획득된 심리 처리</td></tr></table>
★★	외재 동기 4가지 유형 (p.101)	• 외적 조절 　- 외적 조절은 자기 결정 되지 않은 외재 동기의 전형임 　- 대체로 어떤 외적 요구를 충족시키기 위해서, 아니면 매력적 유인, 결과 혹은 보상을 얻거나 처벌을 피하기 위해서 외적으로 조절된 행동을 함 • 내사 조절 　- 내사 조절은 생각이나 행동에 대하여 타인의 요구를 받아들이지만 진심으로 수용되지 않은 것을 의미함 　- 내적 강요에 의해서, 죄책감과 수치 같은 내적으로 통제되는 정서를 피하기 위해서 행동을 함 • 동일시 조절 　- 동일시 조절은 당면한 행동이 자신들에게 중요하거나 개인적으로 유용하다고 보기 때문에 자발적으로 그 생각이나 행동이 가지는 가치와 유용성을 받아들임 • 통합된 조절 　- 통합된 조절은 자신의 가치감과 정체감을 반영하기 때문에 행동을 함 　- 새로운 방식의 생각이나 느낌, 행동을 이미 자신이 가지고 있는 생각, 느낌, 행동하는 방식과 일치시키는 것을 포함

구분		내용
★★	자극 추구 동기의 개념 p.104	• 생명 유지와는 관계가 없지만 생득적 동기 • 다양하고 복잡한 경험과 감각을 추구하고자 하는 동기 • 인간이나 동물이 어떤 목적을 향하여 특정한 행동을 유도하도록 하는 상태 • 자극 추구 동기 수준이 높은 청소년은 비행을 저지를 가능성이 높은 경향이 있음 • 자극 추구 동기의 결핍은 인간의 인지적 측면에도 부정적인 영향을 미침

		친애 욕구(부적 측면)	친밀 욕구(정적 측면)
★★	친애와 친밀 (affiliation and intimacy) p.112	• 결핍 지향성 동기 • 박탈-사랑 • 사회적 수용, 승인 및 재확인 • 대인 관계를 성립하고, 유지하고, 회복하는 것을 염려하는 욕구 • 만족될 때 안도의 정서를 초래하고, 갈등이나 경쟁적 상황을 회피 • 부정적 정서를 회피하기 위해 타인과 상호 작용하며 대인 관계에서 불안을 경험	• 성장 지향성 동기 • 존재-사랑 • 호혜적이고 지속적인 관계 • 온화하고, 긴밀하고, 긍정적인 관계를 가지려는 욕구 • 관계에서 밀접한 온화성을 성취함으로써 욕구 만족 • 어떤 사람의 사회적 참여의 질에 대한 관심을 반영

구분		내용
★	내재 동기에서 중요한 요인 p.095	• **지속성(persistence)**: 내재 동기가 높을수록 과제에 대한 지속성이 높아짐 • **창의성(creativity)**: 사람들은 외적 압력에 의해서보다는 일 자체의 흥미, 즐거움, 만족 및 도전에 의해 일차적으로 동기화될 때 가장 창의적임 • **개념적 이해·고품질의 학습(conceptual understanding·high quality learning)**: 사람들이 내재적으로 동기화될 때, 유연하고, 덜 경직되고 그리고 개념적인 방식으로 정보를 생각하고 통합함 • **최적 기능과 안녕(optimal functioning & well-being)**: 내재적 목표를 추구하는 것은 외재적 목표를 추구하는 것보다 더 나은 기능을 하도록 하고, 더 좋은 심리적 안정을 가져옴
★	대립 과정 이론 p.105	• **대립 과정**: 어떤 정서나 동기 상태와 상반되는 내적 상태가 유도되는 경향성 • 사람은 언제나 서로 대립하는 두 쌍의 정서를 동시에 느낌 • 두 가지 대립 정서 중에서 처음에 우세하던 정서는 반복될수록 약화되고, 처음에는 약하던 정서는 반복될수록 더 강해짐
★	사회적 욕구가 행동을 동기화 시키는 방식 p.108	• 사회적 욕구들을 충족시켜줄 수 있는 환경적 유인이 출현할 때, 사회적 욕구가 발생하고 잠재되어 있던 정서적·행동적 반응이 활성화됨 • 사람들은 시험이나 스포츠 활동 등과 같은 사건들을 경험하면서 이 사건들에 대해 긍정적 또는 부정적인 유인가를 학습함 • 대상들이 나타나면 사회적 욕구가 활성화되고, 사람들은 긍정적-부정적 정서와 접근-회피 행동을 통해 반응함 • 사회적 욕구는 성질상 대개 반응적임. 환경적 유인을 만나기 전까지 잠복 상태로 적절한 유인 출현의 예상을 학습하며 그러한 환경에 이끌림
★	성취 욕구를 포함하고 만족시키는 조건 p.112	• **적절히 어려운 과제**: 적절한 도전적인 과제는 성공으로부터 자존심과 능력 진단을 위한 정보의 혼합을 제공하는데 이 혼합은 높은 성취 욕구를 동기화함 • **경쟁**: 높은 성취 욕구를 가진 사람들에게는 정적 정서와 접근 행동을 격려하나, 낮은 성취 욕구를 가진 사람에게는 부적 정서, 회피 행동 및 무력한 수행을 조장함 • **기업가 정신**: 높은 성취 욕구를 가진 사람들은 도전, 독립적인 일, 개인적 책임감 및 신속한 수행 피드백을 제공하는 직업을 선호함

제4장 정서의 일반원리

★★★ **정서: 대처 기능**

근본적인 삶의 과제	정서	대처 기능(정서의 목적)
목표를 향한 전진, 성취	기쁨	진정, 놀이
이별 또는 실패	슬픔	이별이나 실패를 뒤집기
목적 추구의 방해	분노	장애물이나 제한을 극복하기
존재하는 위협이나 위험	공포	보호, 회피
상한 물건	혐오	밀어내기
새로움, 욕구 관여	흥미	탐색, 정보 흡수
성취	자부심	기술 습득, 지속하기
다른 사람을 열등하다고 판단	경멸	사회적 위계를 유지
열등감을 느낌	수치심	자기 보호, 자기 회복
부적절한 행동	죄책감	행동 반성 및 수정

p.127

★★ **정서의 구성 요소**

- 상황적 평가(situational evaluations)
- 신체적 변화(bodily changes)
- 표현적 행동(expressive behavior)
- 동기화된 행동(motivated action)

p.128

★★ **동기와 정서 관련 뇌 구조**

뇌 구조		연관된 동기나 정서
접근 지향 구조	시상 하부	먹기, 마시기, 성교와 관련된 쾌락적 감정
	내측 전뇌 신경다발	쾌, 강화
	안와 전두 피질	사건의 유인가 학습하기, 선택하기
	중격 영역	사회성, 성욕과 관련된 쾌 중추
	측좌핵	보상의 쾌락적 경험, 좋아하기를 위한 영역
	전대상 피질	기분, 의지, 선택하기
	전두엽	계획하기, 목표 설정하기, 의도를 공식화하기
	좌측 전전두 피질	접근 동기와 정서 경향성
	내측 전전두 피질	지각된 통제 신념과 숙달 동기의 바탕이 되는 반응-결과 수반성 학습하기
회피 지향 구조	우측 전전두 피질	회피 동기와 정서 경향성
	편도체	위협과 위험을 탐지하고 반응하기
	해마	기대하지 않은 사건이 발생하는 동안의 행동 억제 체계
각성 지향 구조	망상체	각성

p.131

★★ **정서의 측정 방법**

- **자기 보고법**: 피험자가 자신에 대한 관찰 결과를 스스로 보고하게 함으로써 검사 또는 평가 자료를 수집하는 방법
- **EEG(electroencephalography, 뇌파 검사)**: 두피에 전극을 부착하고 뇌의 미세한 전기 활동을 증폭하여 기록하는 검사로 시간이나 상황마다 변하는 뇌 기능의 변화를 볼 수 있는 검사

	p.150	• fMRI(functional magnetic resonance imaging, 기능적 자기 공명 영상): fMRI는 혈류와 관련된 변화를 감지하여 뇌 활동을 측정하는 방법 • 행동 관찰법: 개인이 특정한 상황에서 어떤 행동을 하는지를 관찰하여 그 행동의 내용을 구체적으로 기술하고 그 빈도나 강도를 수량화하는 방법
★	정서의 정의 (Plutchik, 1982) p.124	• 정서는 관찰되는 것이 아니라 추론됨 • 모든 정서는 자극에 대한 반응으로 기분, 감정, 기질임 • 모든 정서는 인지, 느낌 그리고 행동의 세 가지 측면을 포함 • 인지는 평가, 느낌은 일종의 감각, 행동은 행동 경향성을 의미 • 정서는 기능적임. 즉 유용함
★	정서적 의사소통의 발달 p.141	• **사회적 참조하기**: 타인의 정서에 대하여 자신의 인식을 근거로 상황에 대한 자신의 정서적 반응을 함 • **상호 주관성**: 상호 주관성은 개인들의 주관적 인식에서 서로 공유하는 공통 부분을 의미. 서로를 이해하고 서로에게 무엇을 기대할지를 알기 위한 중요한 수단
★	범불안 장애: 원인 p.143	• **정신 분석적 관점**: 막연한 불안과 걱정은 무의식적 갈등에 의한 것이기 때문에 그 불안의 이유를 자각하기 어려움 • **행동 주의적 관점**: 다양한 자극 상황에서 공포 반응이 경미한 형태로 나타나는 일종의 다중 공포증(multiple phobia) • **인지적 관점**: 주변의 생활 환경 속에 존재하는 잠재적인 위험에 예민함. 잠재적인 위험이 실제로 위험한 사건으로 발생할 확률을 과도하게 높이 평가
★	우울 장애: 원인 p.145	• **환경적 관점**: 상실과 실패를 의미하는 부정적인 생활 사건이 우울장애를 촉발함 • **정신 분석적 관점**: 프로이트(Freud)는 우울증은 상실에 대한 반응으로서 분노가 자기에게 향해진 현상이라고 봄 • **행동 주의적 관점**: 우울한 사람들은 그렇지 않은 사람에 비해 생활에서 더 많은 부정적 사건을 경험하고, 부정적 사건을 더 부정적인 것으로 평가하며, 혐오 자극에 대해서 더 민감한 반응을 보이고, 긍정적 강화를 덜 받음 • **인지적 관점**: 우울 장애를 유발하는 일차적인 요인은 부정적이고 비관적인 생각, 자동적 사고임 • **생물학적 관점**: 대부분의 항우울제는 카테콜아민의 수준을 증가시키고 우울증은 카테콜아민의 결핍에 의한 것이라고 추정되고 있음

★	양극성 장애: 원인
	p.146
		• 생물학적 관점
		  – 생물학적 요인에 의해서 많은 영향을 받음
		  – 유전적 요인 외에 신경 전달 물질, 신경 내분비 기능, 수면 패턴 등과 관련된 것으로 보고됨
		• 정신 분석적 관점
		  – 양극성 장애의 조증 증세를 무의식적 상실이나 자존감 손상에 대한 방어나 보상 반응으로 봄
		• 인지적 관점
		  – 조증을 나타내는 사람들은 우울증을 지닌 사람들과 마찬가지로 현실에 대한 인지적 왜곡을 보임
		  – 우울한 사람들은 부정적인 왜곡을 하는 반면에, 조증을 지닌 사람들은 긍정적인 왜곡을 통해 자신과 미래에 대한 비현실적인 긍정적 생각을 하게 됨

★	강박 장애: 원인	• 인지 행동적 관점
		  – 강박 장애를 지닌 사람들은 침투적 사고를 과도하게 위협적인 것으로 받아들이고 중요하게 여길 뿐만 아니라 그러한 사고에 대한 책임감과 통제 필요성을 강렬하게 느낌
		  – 불안을 유발하는 침투적 사고를 억제하거나 제거하려는 노력을 기울이게 되는데, 역설적이게도 이러한 노력은 오히려 침투적 사고가 자꾸 의식에 떠오르게 하는 결과를 초래하게 됨
		• 심리적 관점
		  – 불완전감(feeling of imperfection)은 어떤 행위를 했을 때 100% 만족스러움을 얻지 못했다는 불충분함의 느낌 또는 기대에 딱 맞아 떨어지지 않는 미흡함의 경험(not just right experience)을 의미

★ **강박 장애: 원인**
p.147

- 실제로 강박 장애 환자들은 무언가 완전하지 못하다는 찜찜함 때문에 좀 더 깔끔한 완결감을 느끼기 위해 강박 행동을 반복하는 경우가 많음
- **생물학적 관점**
  - 강박 장애 환자들이 융통성 없이 반복적인 행동을 하고 이러한 행동을 잘 통제하지 못하는 것은 전두엽의 기능 손상 때문임

제5장 정서 이론

★★★	제임스 – 랑게 (James – Lange) 이론: 특징 p.162	• 생리적 변화로 감정을 경험 • 자극 → 정서 → 신체적 변화의 순서가 아니라 자극 → 신체 변화 → 정서의 순서로 일어남 • 특정한 자극에 대한 지각을 기초로 신체 반응이 나타나고 이에 상응하는 정서를 경험하게 됨 • 신체적, 생리적인 변화는 자동적이고 반사적으로 일어남. 만약 이 변화를 느낄 수 없다면 정서는 유발되지 않음
★★★	제임스 – 랑게 (James – Lange) 이론: 정서 반응의 3단계 p.162	• 1단계: 정서 자극을 지각함 • 2단계: 지각이 신체적인 변화를 일으킴 • 3단계: 신체적 변화가 뇌로 전달되어 정서를 경험
★★★	캐논 – 바드 (Cannon – Bard) 이론: 특징 p.165	• 정서 유발 자극에 대한 생리적 반응과 그에 따른 정서 경험은 동시에 일어남 • 정서 유발 자극은 대뇌 피질에 입력되는 것과 동시에 교감신경계를 자극하며, 대뇌 피질에서 정서 경험을 일으키는 것과 교감신경계에 의한 생리적 반응은 동시에 일어남 • 시상 하부에서 대뇌 피질과 자율신경계에 동시에 신호를 보낼 때 대뇌에서는 정서를 경험하고, 자율신경계에서는 내장 반응 및 골격근 반응을 일으킴 • 시상은 감정의 경험을 제어하고, 시상 하부는 감정 표현을 제어함 • 정서 유발 자극은 정서의 생리적 반응과 인지적 반응을 동시에 유발함 • 정서의 생리적 변화를 감지하지 못할 경우에도 인지적 측면을 경험할 수 있음 • 정서에는 각기 상이한 특정한 뇌 신경 회로가 관여함
★★★	샥터 – 싱어 (Schachter – Singer) 이론: 특징 p.168	• 생리적 변화와 인지 평가를 종합하여 감정을 경험 • 정서를 경험하기 위해서는 교감신경계의 각성과 아울러 이를 정서적인 것으로 명명하는 인지적 과정이 있어야만 함 • 정서 경험은 신체 변화(행동)와 인지적 평가(판단)라는 두 요인 간의 상호 작용에 의해 결정 • 인지적 과정은 개인의 지식뿐만 아니라 사회적 상황의 영향을 받는다는 점에서 정서를 인지보다 사회인지의 영역으로 간주함
★★★	안면 피드백(facial feedback) 가설 이론: 개요 p.171	• 특정한 얼굴 표정이 그 표정과 관련된 정서를 유발시킨다는 것으로 안면 피드백 효과라고 함 • 대뇌의 감정 중추는 표정을 담당하는 운동 중추와 인접해 있으면서 서로 영향을 주고받기 때문에, 표정의 정보가 뇌에 전달되어 정서 반응을 이끌어냄
★★	제임스 – 랑게 이론의 예시 p.162	• 행복해서 웃는 것이 아니라, 웃기 때문에 행복함 • 슬퍼서 우는 것이 아니라 울기 때문에 슬픔
★★	캐논 – 바드 이론의 예시 p.165	이유 없이 눈물이 나고 슬픔

★★	샥터 – 싱어
	(Schachter –
	Singer)의 파급
	효과 실험(1962)
		• 참가자에게 생리적 각성제인 아드레날린을 주사함(주사 효과: 교감신경 자극)
		  – A, B 그룹에게 시력 테스트에 미치는 영향을 알아보기 위해 비타민 약물을 주사하겠다고 말하고는 아드레날린을 주입함
		  – C 그룹에게는 아드레날린을 주입했다고 사실대로 밝힘
		• 주사 후 가짜 참가자와 함께 대기
		  – A 그룹: 화를 내는 상황을 연출
		  – B 그룹: 기분 좋은 척하는 행동을 연출

★★	샥터 – 싱어 (Schachter – Singer)의 파급 효과 실험(1962) p.169	• 결과 – A 그룹 참가자: 매우 화가 났다고 응답함 – B 그룹 참가자: 기분이 좋다고 응답함 – C 그룹 참가자: 화를 내거나 기뻐하지 않음 – A, B 두 그룹은 아드레날린 때문에 흥분함. 하지만, 동일한 흥분 상태를 한쪽은 화로, 다른 한쪽은 즐거움으로 해석함 – C 그룹은 흥분 상태의 원인을 정확히 알고 있었기 때문에 감정의 원인을 따로 찾을 필요가 없었음
★★	안면 피드백 가설의 예시 p.172	• 감정이 먼저 있고 표정을 짓게 되는 것이 아니라, • 자극에 의해 표정이 반사적으로 나타나고, • 그 표정이 개개인이 느끼는 감정을 좌우하게 된다.
★	샥터 – 싱어 이론의 예시 p.168	• 이곳만 오면 가슴이 두근거린다. • 그 이유를 생각해 보니, • 아직 그를 사랑하는 감정이 남아있어서 그렇구나.

제6장 개별 정서

★★★ | **행동 억제 체계 (BIS; Behavioral Inhibition System)의 활성화** p.185
- 행동 억제 체계는 유기체가 처벌과 위험 단서에 반응하여 움직임을 억제하는 심리적 멈춤 체계임
- 행동 억제 체계는 혐오적 동기 체계에 해당하는 중격 해마 체계와 뇌간으로부터의 구심성 모노아민계, 특히 세로토닌 경로에 의해 조절됨

★★★ **공포와 자율신경계** p.187

구분	내용
폐	산소를 더 많이 받아들임
위	에너지를 절약하기 위해 소화력을 떨어뜨림
방광과 대장	몸에 있는 내용물을 밖으로 내보내려고 수축함
피부	체온이 올라 땀이 남. 체온을 낮추기 위해 열을 내보내면서 땀이 증발하는데, 이때 서늘함을 느끼게 됨
눈	눈동자가 커지고, 시야가 넓어져 더 많은 시각 정보를 받아들임
침	양이 줄어들어서 입안이 바싹바싹 마름
심장	심장 박동이 빨라지면서 뇌와 근육에 많은 양의 혈액을 공급함
털	피부 근육이 수축해 털이 바싹 섬

★★★ **당혹감, 수치심, 죄책감의 공통점과 차이** p.215

구분	당혹감	수치심	죄책감
공통점	• 사람들에게 불쾌감을 제공 • 도덕적 규범이나 사회적 관습을 어겼다는 신념을 포함 • 이러한 정서의 경험을 숨기거나 없애고 싶어 함		
경험	• 수행 과제를 잘 해내지 못한 것 • 신체적 실수 • 인지적 실수 • 부적절한 복장 • 사생활 노출 • 남의 이목을 끎	• 수행 과제를 잘 해내지 못한 것 • 상대방의 기분을 상하게 한 것 • 거짓말을 한 것 • 상대방의 기대에 부응하지 못한 것 • 자신의 기대에 부응하지 못한 것	• 자신의 의무를 제대로 수행하지 못한 것 • 거짓말을 하거나, 남을 속이거나, 남의 물건을 훔친 것 • 친구나 애인에게 소홀히 한 것 • 상대방의 기분을 상하게 한 것 • 다른 사람의 애인과 바람을 피운 것 • 다이어트에 실패한 것
차이	• 불쾌한 정서가 사라지기 전 잠시 동안 경험 • 예기치 못한 사건에 갑작스럽게 유발 • 자신에게 화를 내지 않음 • 도덕적 행동보다는 긍정이든 부정이든 다른 사람에게 주목의 대상이 되었을 때	• 유발 사건은 오랜 시간에 걸쳐 만들어진 것 • 자신에게 화가 남 • 도덕적으로 잘못된 행동과 연합	

★★	**스턴버그(Sternberg)의 8가지 사랑의 유형 (사랑의 삼각형 이론)** p.204	• 비사랑(nonlove) • 좋아함(liking) • 도취적 사랑(infatuation) • 공허한 사랑(empty love) • 낭만적 사랑(romantic love) • 얼빠진 사랑(fatuous love) • 동반자적 사랑(companionate love) • 완전한 사랑(consummate love)

★	**분노의 종류**
	 p.189
		• 특성 분노
		   – 개인의 분노 성향으로 비교적 지속적인 분노 유발 기질 및 경향성
		   – 상대적으로 조절이 어렵고 쉽게 변하지 않음
		 • 상태 분노
		   – 개인이 일시적으로 경험하는 정서 상태
		   – 가볍게 화가 나는 것부터 심한 격분에 이르기까지 다양한 주관적 감정의 심리 상태
		   – 외부 요인에 의해 변화가 가능

★	**분노 행동 유형**
	 p.190
		• 적대적 공격
		   – 분노를 표출하는 것 자체가 목적
		   – 분노와 연관된 사건이 동기화되어 해를 입히는 행동을 함
		 • 도구적 공격
		   – 단순히 어떤 것을 얻거나 결과를 성취하기 위한 방법
		   – 해가 되는 행동이나 위협적 행동을 이용

★	**슬픔의 기능** p.196	• 슬픔은 고통에서 비롯됨 • 슬픔을 유발하는 상황에서 잠시 떠나게 함 • 슬픔은 도움을 구하는 사회적 신호임
★	**혐오와 경멸의 기능** p.208	• 혐오는 동기적으로 긍정적인 역할을 함 • 혐오는 건강을 지켜줌 • 혐오는 사회 생활에서 중요한 기능을 함 • 경멸은 사회적 위계를 유지함
★	**당혹감을 유발하는 경험** p.211	• **사회적 실수**: 문제가 생기지 않도록 처리한다고 한 것이 오해로 인해 실수로 밝혀진 경우 • **관심의 중심**: 우발적으로 예측할 수 없는 상황에서 관심을 받게 된 경우 • **난처한 상황**: 요구에 반응하지 않던 대상에게 다시 요구하는 것 이외의 방법이 없는 경우 • **공감적 당혹감**: 다른 누군가가 당혹감을 경험하고 있거나 당혹스러워 한다고 생각할 때 같이 당혹해 하는 상태
★	**자부심(pride)의 의미** p.215	• 자부심(pride)은 자기 자신 또는 자기와 관련되어 있는 것에 대하여 스스로 그 가치나 능력을 믿고 당당히 여기는 마음임 • 자신을 다른 사람들이 어떻게 생각하는가를 반영하는 개인적 평가, 또는 개인이 자신의 가치에 대한 판단을 반영하는 능력의 정도 • 다른 사람의 반응이 자신의 긍정적 자기 개념에 부합할 경우에 나타나는 신체적, 정서적, 인지적 변화

제7장 정서와 인지

★★★	일반 적응 증후의 단계 p.238	• 1단계 경고 반응기(alarm stage) 　– 생체가 스트레서(stressor)에 대해 적극적으로 저항을 나타내는 시기로 1~48시간 안에 반응이 나타남 　– 정신적 혹은 육체적 위험 앞에 갑자기 노출되었을 때 나타나는 최초의 즉각적인 반응 단계를 말함 • 2단계 저항기(resistance stage) 　– 경고 반응기를 지나고도 계속 스트레서에 노출되면 저항기로 이행됨. 스트레서에 대한 저항이 가장 강한 시기. 그러나 다른 종류의 스트레서에 대해서는 저항력이 약화됨 　– 신체가 외부 자극에 대해 완전히 적응하여 저항하고 있는 시기로, 스트레스에 완전히 적응하기 때문에 증상은 호전되거나 없어져 버림. 이 단계에서는 경계 단계와는 아주 다른 특징을 가짐 • 3단계 탈진 단계(exhaustion stage) 　– 이 단계에서는 스트레스에 대한 적응 에너지가 제한되어 있기 때문에 스트레스에 계속 노출되면 증상은 다시 나타나고, 우리의 신체는 탈진 상태에 빠지게 됨
★★	정서와 기억의 삼원 구조 (emotion-and-memory triangle) p.228	• 패럿과 스팩만(Parrott & Spackman)은 정서와 기억의 관련성을 연구하면서 세 가지 측면을 정서와 기억의 삼원 구조로 제시함 • 삼원 구조: 기억이 형성(부호화)될 때, 기억이 회상(인출)될 때, 부호화와 인출의 사이(저장) • 이 세 가지 정서가 늘 함께 나타나는 것은 아니지만 회상할 때마다 이들 삼원 구조가 상호 작용한다고 봄 • 기억에 영향을 미칠 수 있는 정서는 정보를 부호화할 때의 정서 상태, 정보를 회상할 때의 정서 상태, 기억되는 자료의 질과 관련된 정서 상태라고 볼 수 있음 • 기억되는 정서 자극의 내용과 인출될 때의 정서 상태는 서로 상호 작용함
★★	기분 일치 효과 (mood-congruity effect) p.229	• 사람의 기억은 기분 정서 상태에 영향을 받음. 이에 정서가 긍정적일 때는 긍정적 기억이, 정서가 부정적일 때는 부정적 기억이 더 잘 떠오르는 것을 기분 일치성 효과라고 함 • 행복한 기분일 때에는 불쾌한 정보보다는 유쾌한 정보를, 슬프거나 우울한 기분일 때에는 유쾌한 정보보다는 불쾌한 정보를 잘 기억하는 현상 • 사람들이 자신의 현재 정서 상태와 맞는, 즉 일치하는 정서적 기억을 더 쉽게 인출할 수 있다는 것
★★	기분-상태 의존 기억(state dependent memory) p.230	• 자료의 특징과는 무관하게 부호화할 때와 인출할 때의 정서 상태가 일치하면 더 잘 기억한다는 것 • 인출 맥락이 부호화 맥락과 비슷할 때 회상을 더 잘한다는 부호화 특정성 원리의 한 예
★★	내·외 통제 소재 p.244	• 통제 소재는 로터(Rotter, 1966)가 발전시킨 개념으로, '개인의 행위가 환경을 통제하거나 지배하는 데 효과적일 것이라는 기대'를 지칭하는 말임 • 자신에게 일어나고 있는 모든 일들이 어디에서 무엇에 의해 통제된다고 믿고 있느냐에 따라 내적 또는 외적 통제 소재가 결정됨 • 한 개인이 자신의 행동이나 능력이 자신에게 일어난 일의 결과에 중요한 영향을 주었다고 생각한다면 그는 내적 통제를 한다고 볼 수 있음 • 이와 반대로 외부의 사건이나 다른 사람들 또는 운수나 우연에 의해서 일의 결과가 영향 받았다고 생각한다면 그는 외적 통제를 하고 있는 것임
★★	A형 성격 p.245	• A형 성격 또는 A형 행동 패턴이라고 불리는 성향을 가진 사람들은 자기의 고통이나 불행의 원인이 자기에게 있다고 생각하지 않으며, 자기가 동경하는 사람이나 사물 때문에 자신이 불행해진다고 믿기 때문에 그에 대해 공격적으로 행동하는 경향이 있음 • 적은 시간에 되도록 많은 일을 성취하려고 항상 투쟁하며, 적대적인 행동들을 많이 함. 경쟁과 승부에 집착하며 심지어는 어린아이들과의 게임에서도 이기려고 함

	영역	수준/요소	
정서 지능의 4영역 4수준 16요소 모형 (Salovey & Mayer, 1997) ★	정서의 인식과 표현	수준 1	자신의 정서를 파악하기
		수준 2	자신 외부의 정서를 파악하기
		수준 3	정서를 정확하게 표현하기
		수준 4	표현된 정서를 구별하기
	정서의 사고 촉진	수준 1	정서 정보를 이용하여 사고의 우선순위 정하기
		수준 2	정서를 이용하여 판단하고 기억하기
		수준 3	정서를 이용하여 다양한 관점 취하기
		수준 4	정서를 활용하여 문제 해결 촉진하기
	정서 지식의 활용	수준 1	미묘한 정서 간의 관계를 이해하고 명명하기
		수준 2	정서 속에 담긴 의미를 해석하기
		수준 3	복잡하고 복합적인 감정을 이해하기
		수준 4	정서들 간의 전환을 이해하기
	정서의 반영적 조절	수준 1	정적·부적 정서들을 모두 받아들이기
		수준 2	자신의 정서에서 거리를 두거나 반영적으로 바라보기
		수준 3	자신과 타인의 관계 속에서 정서를 반영적으로 들여다보기
		수준 4	자신과 타인의 정서를 조절하기

스트레스 연구 접근 방법 ★

- 생리학적 접근방법
  - 스트레스를 외적 요인이나 외적인 힘으로 보는 경우로 이러한 접근에서는 스트레스를 압력으로 봄
  - 사람들은 어느 정도의 압력에는 견디어 내지만 그에 대한 저항 수준에는 개인차가 있음. 어떤 사람은 일상적인 생활 속의 압력을 잘 견디어 내는 반면 어떤 사람은 쉽게 손상을 받음
- 사회심리학적 접근 방법
  - 스트레스를 환경적인 자극이나 요구에 대해 사람들이 보여주는 반응으로 보는 경우
  - 이때 반응이란 위궤양이 생기거나 심장 박동이 빨라지는 것과 같은 생리적 반응일 수도 있고 심리적인 것일 수도 있음
- 행동과학적 접근 방법
  - 스트레스를 사람들이 지각하는 요구 수준과 그 요구 수준에 맞추기 위한 개인의 자기 능력 간의 불균형의 결과로 나타나는 것으로 보고 접근하는 방법

우울 취약성 ★

- 우울 취약성은 우울증에 걸릴 개인적 소인을 지칭하는 말로 일종의 특성적 개념임
- 통제 상실이 우울증과 중요하게 연관되지만 모두에게 똑같은 정도로 연관되는 것이 아니라 사람들이 자신의 지배적인 유인가에 대한 통제를 상실했을 때만 자존심이 저하됨

스트레스 평가에 영향을 주는 요인들 ★

- 친숙성
- 통제 가능성
- 예측 가능성
- 불확실성
- 정서성

나만의 알짜 이론

* 학습한 내용 중 중요한 이론을 스스로 정리하여 시험 직전 확인해 보세요.

나만의 알짜 이론

* 학습한 내용 중 중요한 이론을 스스로 정리하여 시험 직전 확인해 보세요.

년도 전공기초과정 인정시험 답안지(객관식)

무료 학습자료 제공·독학사 단기합격 **해커스독학사**
www.haksa2080.com

년도 전공기초과정 인정시험 답안지(객관식)

컴퓨터용 사인펜만 사용

★ 수험생은 수험번호와 응시과목 코드번호를 표기(마킹)한 후 일치여부를 반드시 확인할 것

무료 학습자료 제공·독학사 단기합격 **해커스독학사**
www.haksa2080.com

년도 전공기초과정 인정시험 답안지(객관식)

무료 학습자료 제공 · 독학사 단기합격 **해커스독학사**

www.haksa2080.com

한 달 합격
해커스독학사
심리학과
최신기출 이론+문제 2단계 | 동기와 정서

초판 1쇄 발행	2022년 7월 12일
지은이	고인숙
펴낸곳	(주)위더스교육
펴낸이	해커스독학사 출판팀
주소	서울특별시 서초구 서초대로73길 12 세계빌딩 7층 해커스독학사
고객센터	1599-3081
교재 관련 문의	15993081@haksa2080.com
	해커스독학사 사이트(www.haksa2080.com) 교재 Q&A 게시판
	카카오톡 플러스 친구 [해커스독학사]
동영상강의	www.haksa2080.com
ISBN	979-11-6540-100-9(13180)
Serial Number	01-01-01

저작권자 ⓒ 2022, 해커스독학사
이 책의 모든 내용, 이미지, 디자인, 편집 형태는 저작권법에 의해 보호받고 있습니다.
서면에 의한 저자와 출판사의 허락 없이 내용의 일부 혹은 전부를 인용, 발췌하거나 복제, 배포할 수 없습니다.

해커스독학사
- 합격을 돕는 독학사 전문 교수님들의 본 교재 강의
- 최신 독학사 시험정보 및 대상자별 학습 가이드 제공
- 독학사 전문 플래너의 무료 1:1 학습 상담 가능